JIAOYUXUE JICHU

教育学基础

主 编 周 瑞

副主编 宋 璐 李 娜 尹 波

西南财经大学出版社

四川·成都

图书在版编目(CIP)数据

教育学基础/周瑞主编;宋璐,李娜,尹波副主编.—成都:西南财经大学出版社,2022.10
ISBN 978-7-5504-5470-5

Ⅰ.①教… Ⅱ.①周…②宋…③李…④尹… Ⅲ.①教育学 Ⅳ.①G40

中国版本图书馆 CIP 数据核字(2022)第 133623 号

教育学基础

主 编 周瑞
副主编 宋璐 李娜 尹波

责任编辑:冯雪
责任校对:王琳
封面设计:墨创文化
责任印制:朱曼丽

出版发行	西南财经大学出版社(四川省成都市光华村街55号)
网 址	http://cbs.swufe.edu.cn
电子邮件	bookcj@swufe.edu.cn
邮政编码	610074
电 话	028-87353785
照 排	四川胜翔数码印务设计有限公司
印 刷	郫县犀浦印刷厂
成品尺寸	185mm×260mm
印 张	21.75
字 数	516 千字
版 次	2022 年 10 月第 1 版
印 次	2022 年 10 月第 1 次印刷
书 号	ISBN 978-7-5504-5470-5
定 价	49.80 元

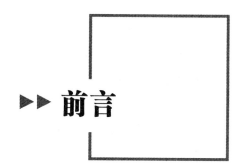

▶▶ 前言

"教育学基础"是师范类专业学生的公共基础课，是师范院校有别于其他综合性大学的标识性课程，也是教师教育专业的核心课程，更是一门集科学、哲学、技术与艺术为一体的综合课程。这门课程旨在引导师范类专业学生了解教育领域的基本知识，领会教育学的基本原理，掌握教育学的基本理论与先进思想，并能依据学生自身发展的特征及教育活动的基本特点，按照理论联系实际的原则，逐步学会理解学校教育、德育、课程、教学、班级管理等问题，养成符合新时代我国教育特色的教育观、教师观和学生观，以不断提升认识问题、分析问题和解决问题的能力。

本教材作为贵州省兴黔富民行动计划精品开放课程的建设成果，主要服务于师范类专业的学生和一线的中小学教师。我们编写团队希望能够通过本教材提升基础教育的质量，并拓宽师范类专业学生和一线教师的专业视野。

本教材的主要特色有以下三个方面：

1. 思政特色凸显

本教材的编写以《习近平总书记教育重要论述讲义》为蓝本，在每一模块内容的最后，带领学生理解党的十八大以来出台的相关教育理论方针政策，掌握习近平总书记有关教育的重要讲话精神，理解新时代中国特色社会主义教育的特点和规律，实现课程思政育人目标。

2. 实践性

学以致用，知识重在实际的运用和操作。本教材作为贵州省兴黔富民行动计划精品开放课程的建设成果，着重围绕贵州"乡村振兴、大数据、大生态"三大战略行动，增加乡村教育这一模块，培养师范类专业学生从事民族地区乡村教育事业的教育情怀和职业理想。此外，本教材还向读者提供了有关中小学不同学科教育的微课链接，帮助读者在实际学习过程中进行有效的操作，同时也帮助读者掌握中小学教育的教学方法和课堂管理方法。

3. 应试性

要成为一名教师，首先需要取得教师资格证。师范类专业学生在通过笔试和面试之后才能获得该职业资格证书。为此，本教材在编写过程中将以往的真题编辑成二维码，并对这些真题进行了分析。读者可通过扫二维码的方式进入真题演练模块进行巩固练习。这有助于读者在学习过程中重点掌握高频考点，从而提升应试能力。

本教材由周瑞任主编，宋璐、李娜和尹波任副主编。模块一、模块二、模块三、模块四和模块六由周瑞负责编写，宋璐负责编写模块八、模块十一，李娜负责编写模块九、模块十，尹波负责编写模块五、模块七。

由于编写者的水平有限，加之本教材的编写内容多是基于编者在实际教学中的手稿，难免存在不足和疏漏之处，敬请广大同行和使用本教材的师生提出宝贵意见。

周瑞

2022 年 3 月于贵阳

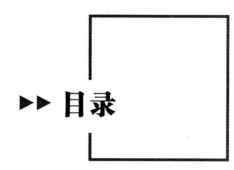

▶▶ 目录

模块一

教育与教育学概述

■学习目标

1. 理解教育与教育学的内涵、发展历史。
2. 通过讨论提高学生的逻辑分析能力。
3. 引导学生树立素质教育理念，培养学生从事教师职业的积极性。
4. 深入学习理解习近平总书记关于教育的重要论述。
5. 将习近平总书记关于教育改革发展的"九个坚持"内化为师范生的行为准则。

■知识框架

教育与教育学
- 项目一 教育概述
  - 教育的起源
  - 教育的内涵解析
  - 教育的基本要素
  - 教育的不同类型
  - 教育的历史发展
- 项目二 教育学的发展
  - 教育学概述
  - 教育学的发展历程
  - 素质教育
- 项目三 素质教育
  - 素质教育概述
  - 素质教育的基本特点
  - 素质教育实施
- 项目四 习近平总书记关于教育的重要论述（1）
  - 习近平总书记谈教育发展
  - 教育改革发展的"九个坚持"

项目一　教育概述

一、教育的起源

（一）神话起源

神话是有关教育起源的最古老的观点。在人类诞生之初，人们对未知的解读都来源于神话故事。该观点认为教育是由人格化的神（上帝或天）创造的，教育体现神或上天的意志，使人皈依于神或顺从于天。

（二）生物起源

生物起源是第一个被正式提出的教育起源学说，其代表人物是英国教育学家沛西·能和法国社会学家利托尔诺。该起源学说认为教育的产生完全来自动物的生存本能。

它的根本错误在于没有把握人类教育的目的性和社会性，从而没能区分出人类教育行为与动物类养育行为之间质的差别，仅从外在行为的角度而没有从内在目的的角度来论述教育的起源问题，从而把教育的起源问题生物学化。

（三）心理起源

心理起源的代表是孟禄，他提出教育起源于日常生活中儿童对成人的无意识模仿。心理起源说批判了"教育生物起源论"不区分人类教育与动物本能的庸俗教育观点，认为教育只存在于人类社会，而动物界不存在人类的教育。

从表面上看，这种观点不同于生物起源说，其实离生物起源说不远。因为如果教育起源于原始社会中儿童对成人行为的"无意识模仿"的话，那么这种"无意识模仿"不是获得性的，而是遗传性的，是先天的而不是后天的，即本能的，而非文化的和社会的。但其具有进步意义的是，这种本能是人类的类本能，而不是动物的类本能。

（四）劳动起源

我国及苏联的教育家大都认可教育的劳动起源学说，主要代表人物是米丁斯基、凯洛夫。他们坚持教育起源于劳动过程中社会生产需要和人的发展需要的辩证统一。

该观点是基于直接批判生物起源说和心理起源说，并在马克思主义历史唯物主义理论的指导下形成的。苏联的教育学家以及我国的教育学家大都认可这一观点。

二、教育的内涵解析

自人类诞生就有教育活动的开展，我国的象形文字中，"教"是指"老人拿着鞭子抽打孩子"的过程。最初，教和育是分开使用的，历史上第一个将教和育合用的人是孟子，其提出"得天下英才教育之，人生三乐也"。《说文解字》中对教育做如下定义：教，上所施下所效也；育，养子使作善也。

教育的概念有着狭义和广义之分。广义的教育是指凡是能够增进人的知识、能力和思想品德的活动都属于教育，包括社会教育、学校教育和家庭教育。而狭义的教育是指学校教育，它具有计划性、目的性和组织性。当今社会，自孩子 3 岁开始，便进入幼儿园，一路从小学、中学、高中到大学，学习活动都集中于学校进行，学校教育的重要性也就显而易见了。

三、教育的基本要素

1. 学习者

学习者是学习的主体。孩子一出生就面临学习这一任务。就因为有学习的需求，才有了教育这一活动的产生。

2. 教育者

教育者是教育活动的另一主体，也是教育活动的实施者。"师者，所以传道授业解惑也。"从古至今，教育者都起着举足轻重的作用，他们为文明的延续，为培养一代又一代人才付出了努力。

3. 教育影响

教育影响是学习者和教育者之间的桥梁和纽带，它主要包括教育环境、教育内容、教育方法和教育手段等。

四、教育的不同类型

（一）前制度化教育、制度化教育与非制度化教育

依据不同历史时期教育制度的系统性和正规性，教育可以分为前制度化教育、制度化教育和非制度化教育三种形态。

1. 前制度化教育

前制度化教育始于人类早期的原始社会教育，到奴隶社会后期逐渐出现了定型的形式化教育（实体化教育）。即此时出现了一些学校，但没有明确的制度，不论是在修业时间、教育任务，还是在教学内容上都没有明确规定，也没有制度对其进行约束。这一形态下的教育实体的形成具有以下特点：①教育主体确定；②教育对象相对稳定；③形成一系列的文化传播活动；④有相对稳定的活动场所和设施等；⑤由以上因素结合而形成的独立的社会活动形态。

2. 制度化教育（正规化）

制度化教育主要指的是正规教育，也就是指具有层次结构的、按年龄分级的教育制度，它从初等学校延伸到大学，并且除了普通的学术性学习以外，还包括适合于全日制职业技术训练的许多专业课程和教学机构。如我国现行的六三三学制，就是制度化教育的一个体现。近代学校系统的出现，开启了制度化教育的新阶段。中国近代制度化教育兴起的标志是清朝末年的"废科举、兴学堂"（新式学堂）。

3. 非制度化教育（超越、构建学习型社会）

非制度化教育提倡的是"教育不应再限于学校的围墙之内"。库姆斯等人所主张的非正规教育的概念和伊里奇所主张的非学校化观念都是非制度化教育思潮的代表。非制度化教育是在制度化教育基础上的超越，和制度化教育相比，它不仅是形式的改变，更是理念的转变。

（二）家庭教育、学校教育与社会教育

依据教育活动发生的不同空间特性，教育可以分为家庭教育、学校教育和社会教育。

1. 家庭教育

家庭教育通常指父母或其他年长者在家庭中对子女或其他晚辈的教育，其对象主要是家庭中的幼儿和少年。家庭教育的主要任务是使儿童的身心健康发展；在儿童入学前，帮助儿童接受学校教育；在儿童入学后，配合学校教育，使儿童在德、智、体、美等方面正常发展。家庭教育的内容主要包括培养儿童的卫生习惯，向儿童传授基本的社会文化规范和价值标准，发展儿童运用语言的能力，发展儿童的个性、兴趣和爱好等。

家庭教育有多种形式，最主要的是通过父母的言传身教对儿童施加影响。教育社会学视童年时期为个人社会化的关键时期，认为在这一时期家庭担负着主要的社会化责任，家庭教育对人的一生有着十分重要的影响；但随着儿童年龄的增长，家庭教育的作用会逐渐减弱。

2. 学校教育

学校教育指各级各类学校对学生的教育，其对象主要是少年和青年。学校教育的主要任务是有组织、有计划、有目的地向学生系统传授社会规范、价值标准、知识和技能，并把学生培养成为一定社会或阶级服务的人。学校教育的内容包括：①德育，旨在使学生具有合乎一定社会或阶级要求的信仰、思想、道德品质和世界观；②智育，旨在使学生逐步掌握人类积累的知识和经验，培养他们认识和改造世界的能力；③体育，旨在使学生具有健康的身体；④美育，旨在培养学生的审美观以及鉴赏美和创造美的能力。有些国家的学校教育还包括对学生进行劳动观念教育和传授基本的生产劳动技能。学校教育的形式以课堂教学为主，辅以丰富多彩的课外活动形式，如社会活动、科技活动、文体活动和劳动等。教育社会学认为，对于正处于早期社会化阶段的青少年来说，学校取代了家庭成为最主要的社会化途径。在学校里，教育者按照社会或阶级的要求，引导学生将前人的社会经验转变为个人掌握的经验，将社会规范和标准内化，以帮助学生适应不同的社会角色，成为社会需要的人才。

3. 社会教育

社会教育主要指学校以外的社会文化教育机构对青少年及成年人的教育。社会教育的主要任务是使受教育者进一步确立符合社会要求的思想品质和世界观；普及科学文化知识，增加和更新人们头脑中储存的知识和信息，引导人们从事健康的文体活动，使受教育者成为合格的公民。社会教育的内容很多，如传统教育、理想教育、道德教育、文化技术教育等。社会教育的形式也多种多样，如参观游览、举办讲座、开展文体活动、阅读书报杂志等。教育社会学将社会化视为贯穿人的一生的活动，认为个人在结束学校生活以后，社会教育取代学校教育继续影响人的社会化过程。社会教育在帮助个人正确履行自己所扮演的社会角色的职责和义务方面，也起着十分重要的作用。

五、教育的历史发展

根据社会生产方式的构成特点来划分，教育可划分为原始社会教育、古代社会教育和近现代教育。

（一）原始社会教育

原始社会经历了漫长的时期，包括母系氏族时期和父系氏族时期，虽然其间生产力和生产关系发生了很大的变化，但生产力水平低下和生产资料公有制的特征并没有改变。因此，这一时期的教育具有以下共同特征：

（1）无等级性。

原始社会主要是以部落群居的方式生存，没有等级之分，其生产资料是公有的，由此决定了儿童是公有的，也是公育的，教育机会对所有儿童都是均等的。

（2）教育与生产劳动紧密结合。

原始社会没有专门的学校和专门的教育者，其教育活动融合在生产、生活中；负责教育的是有丰富生产生活经验的长者，但这些长者还不是从事教育的专职人员。在五大社会历史形态中，原始社会是教育与生产劳动结合最紧密的时期。

（3）教育内容简单，教育方法单一。

原始社会的教育方式主要是部落里的长者以"口耳相传"的方式向年幼者传递生产生存的经验；其教育方法简单粗暴，而教育内容则直接来源于生产生活经验，十分简单。

（二）古代社会教育

古代社会主要是指奴隶社会和封建社会两种形态，中西方有着一定的区别：我国经历了较为短暂的奴隶社会时期和较长的封建社会时期；而西方则是经历了较为漫长的奴隶社会时期和较为短暂的封建社会时期。因此我们将分别从中国和西方来介绍古代社会教育的发展。

1. 中国古代社会教育的发展

（1）夏商时期的教育。

①教育场所：我国最早的学校产生于夏朝，其学校的设置，一类是"序"，一类是"校"。商朝的学校名称有"大学""小学""瞽宗""庠""序"。

②教育目的：为巩固和扩大奴隶制统治，一方面要镇压本部族奴隶的反抗，另一方面要不断掠夺其他部族，因此，此时的教育目的主要是培养能射善战的武士。

③教育内容：夏商统治者一方面重视军事教练，习射是教育的重点；另一方面重视宗教教育，以敬天尊祖为中心。

（2）西周时期的教育。

①教育场所：国学的教育场所在王城和诸侯国都内，乡学的教育场所设置在地方。

②教育内容："六艺"是西周各级各类学校教育的基本学科，具体指礼、乐、射、御、书、数。其中，礼是指政治、伦理、道德、礼仪等内容；乐是指诗歌、音乐、舞蹈；射是指射技教育；御是指驾驭战车的技术训练；书是指文字教育；数是指简单的计算教育。礼乐教育为六艺教育的中心。

（3）春秋战国时期的教育。

①教育场所：春秋时期，官学衰微，私学兴起，冲破了"学在官府"的限制，使教育的对象由贵族扩大到平民；战国时期，养士之风的盛行促进了私学的发达和百家争鸣的展开，出现了由官家举办、私家主持的学校——稷下学宫，其特点是学术自由。

②教育内容：由传统的六艺转向传授各学派的政治观点和道德思想，其中，儒墨两家的影响最大。

（4）汉代封建教育制度的形成。

汉武帝时，董仲舒提出"独尊儒术"的建议，主张由思想文化的统一来达到政治上的统一。儒家思想被确认为正统思想，儒家经典被视为"经"，学校教育以经学为教学内容，自此，儒家思想成为封建国家的统一思想。

汉代学校教育制度可分为官学和私学两大系统，具体如图1-1所示。

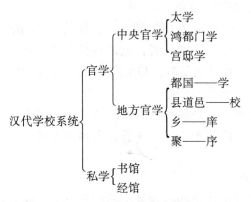

图1-1　汉代学校教育制度

（5）隋唐科举制的建立。

①教育场所：六学（国子学、太学、四门学、律学、书学、算学）、二馆（崇文馆、弘文馆）。

②教育内容：重振儒术，三教（儒、道、佛）并重。

③选士制度：科举制。

（6）宋代的书院教育。

宋代把尊孔尚儒作为指导思想，同时兼重佛道。

书院自唐朝开始出现，但兴盛于宋代，它是供个人读书治学的地方。受佛教禅林讲学制度影响，书院大多设在名胜之处。当时著名的书院主要有白鹿洞书院、岳麓书院等。

书院是我国特有的一种教学组织形式：实施开放式教学，盛行讲会制度，倡导百家争鸣。书院中既可以传授知识又可以进行研究，学生以自学为主。

（7）明清时期的教育。

明清统治者推崇程朱理学。清代确立之初，制定了"兴文教、崇经术、以开太平"的文教政策。明清时期建立了较为完备的中央官学和地方官学体系，官学在中央设有国子监，在地方有府州县学，在乡村有社学。

明清时期的科举制已开始走向没落，程式极为复杂，内容更加教条。明清科考内容主要是四书五经，科考中必须做八股文。

明清时期的书院逐渐依附于官府，学校教育只注重对八股文的训练。科场也成为投机取巧、营私舞弊的高发地区。

2. 西方古代社会的教育发展

（1）古埃及的教育。

学校名称：宫廷学校、僧侣学校、职官学校、文士学校。

教学内容：文士学校通常教授书写、计算、律令有关的知识。

（2）古印度的教育。

社会概况：古印度的种姓制度把人分为四个等级，即婆罗门、刹帝利、吠舍、首陀罗。

婆罗门教育：以《吠陀》为主要内容。

佛教教育：以寺院为场所，以佛教经典为主要学习内容。

（3）古希腊的教育。

在希腊的众多城邦中，影响最大的是斯巴达和雅典。

斯巴达的教育完全由国家控制，其教育目的完全取决于统治阶级的政治、军事需要。斯巴达重视军事体操和道德训练，而文化教育和科学教育被认为是无意义的事情。斯巴达体育训练的基本项目是"五项竞技"，即赛跑、跳跃、角力、投标枪、掷铁饼。

雅典也非常重视教育，但在教育内容中有更多智育的成分，注重身心和谐发展。教育机构有文法学校、弦琴学校和体操学校等。

苏格拉底、柏拉图和亚里士多德是著名的古希腊三哲，也是著名的教育家。

（4）古罗马的教育。

古罗马时期的学校教育制度既保留了古罗马自身的文化特点，又吸收了古希腊文化教育的成就。

一方面，古罗马教育成为国家的事业，学校成为培养各级官吏、文士和顺民的机关；另一方面，古罗马也加强国家对教师和学校的控制和监督。基督教教育在古罗马大范围地流行。

在古罗马史上，涌现出了许多著名的教育家，其中最有影响的是西塞罗、昆体良和奥古斯丁。西塞罗提出了培养雄辩家的教育思想；昆体良论述了实现这一教育理想所需要的各级教育，尤其论述了教学论思想；奥古斯丁是基督教教父哲学的集大成者，其教育哲学成为西欧中世纪教会教育的理论基础，影响深远。

（5）西欧中世纪的教育。

①教育场所：教会学校和骑士学校。

②教育内容：教会学校的教育内容是"七艺"，它包括"三科"（文法、修辞、辩证法）和"四学"（算数、几何、天文、音乐）。骑士学校的教育内容是"骑士七技"，即骑马、游泳、击剑、打猎、投枪、下棋、吟诗。

3. 古代社会教育的基本特征

通过上面的介绍，我们可看出，无论是中国还是西方，其教育发展都具有如下共同特征：

（1）产生了学校。

教育成为社会专门职能，是统治阶级统治社会的工具。

（2）教育与生产劳动相脱离。

在古代社会，"学而优则仕"，也就是教育成为走向仕途的方式和路径，教育开始脱离于生产劳动。

（3）阶级性、等级性。

随着私有制的产生，奴隶社会的教育具有一定的阶级性；而封建社会的教育则具有明显的等级性。

（4）道统性、专制性、刻板性和象征性。

古代社会的教育是为了迎合统治阶级的需要，符合古代思想文化的发展，因此具有一定的道统性、专制性、刻板性和象征性。

（三）近现代社会教育

1. 中国教育的近代转折

1840 年爆发的鸦片战争揭开了中国教育近代化的序幕。

（1）教会学校。

教会学校最初都是设立在沿海的通商口岸，它们的规模较小，多是小学，免费招收贫苦人家的孩子。第二次鸦片战争后，教会学校迅速发展和扩张，教会中学、大学开始出现。教会学校是帝国主义实施的殖民主义教育，但客观上，这些学校传播了西学，促进了中国传统教育向近代教育的转化。

（2）洋务教育。

19 世纪 60—90 年代，洋务派为向西方学习科学技术以"自强"，在全国创办外国语、军事、技术实业等类型的洋务学堂。这些学堂本着"中体西用"的原则，以传统经史和伦理道德为主体，辅之以西方科学技术的教育。

它有浓厚的封建性和买办性；开设"西学""西文"，对封建教育进行改革；在学习和传播近代自然科学知识方面、在社会实践方面开创讲究实用科学的新气象。

（3）维新教育。

维新运动中，改良派知识分子提出了改革科举、系统学习西学、建立新式学校制度、发展女子教育、普及全民教育的设想。

2. 中华民国初期的教育

（1）蔡元培的教育思想。

1912 年南京临时政府成立，蔡元培任南京临时政府教育总长，提出"五育并举"的教育方针——军国民教育、实利主义教育、公民道德教育、世界观教育和美感教育，并提出"以美育代替宗教"的口号。

1916 年蔡元培任北京大学校长，对北大进行了大刀阔斧的改革：抱定宗旨、改变校风；贯彻"思想自由，兼容并包"办学原则，认为大学的宗旨是研究高深学问，并且不拘一家之言，"大学者，囊括大典，网罗众家之学府也"；教授治校，民主管理；进行学科与教学体制改革。

另外，蔡元培还提出了教育独立思想，它主要包括以下内容：教育经费独立，教育总长不得因政局的变动而频繁变动；教育行政独立；教育学术和内容独立，教育方针应保持稳定，不受政治的干扰；教育脱离宗教而独立。

（2）晏阳初的教育思想。

晏阳初提倡乡村平民教育，"化农民"与"农民化"是晏阳初进行乡村建设试验的目标和途径。

（3）梁漱溟的教育思想。

梁漱溟提出乡村建设和乡村教育理论，乡村建设是一种力图在保存既有社会的基础上，通过乡村教育的方法，由乡村建设引发社会工商业发展，实现经济改造和社会改造。

（4）陈鹤琴的教育思想。

陈鹤琴很重视儿童教育，他研究总结出儿童生理心理发展的基本特征，明确提出了"活教育"主张。"活教育"的目的是"做人，做中国人，做现代中国人"。其中，"做人"是"活教育"最为一般意义的目的。

（5）陶行知的教育思想。

陶行知认为教育思想应贯穿于生活始终，内容包括生活即教育、社会即学校，以及教、学、做合一等。在陶行知的教育生涯中，生活即教育是他毕生所追求的。

【延伸阅读】

中国近代职业教育之父——黄炎培

黄炎培（1878年10月1日—1965年12月21日），字任之，号楚南，别号观我生，笔名抱一（见《小说月报》）、同父（见新中国成立前《展望》），影射名王培芝（见龙公《江左十年目睹记》），人称珐琅博士（早年欲以抵制舶来品的搪瓷器皿，曾在中华职业学校设置珐琅科，附设珐琅工场，提出"劳工神圣，双手万能"口号，以致遭到少数人的讥刺为"珐琅博士"）。

黄炎培的职业教育思想是在吸取西方先进国家的教育经验，反思中国自办新教育以来的问题和教训的基础上，通过不断探索逐步形成的。

洋务教育和维新教育的相继推进，促成了20世纪初清政府的教育改革，其中，普通教育和实业教育是两个热点。但在20世纪第一个10年过去后，普通教育的发展速度远高于实业教育，两者比例极不相称。大批受过普通教育的学生涌向社会，会给社会带去怎样的影响呢？黄炎培于1913年在《教育杂志》上发表的《学校教育采用实用主义之商榷》，对"癸卯学制"颁布以来中国教育尤其是普通教育发展中的问题做了考察，指出学生在学校中所受到的道德、知识、技能训练，对他们日后走上社会毫无用处。这就从理论上论证了改革普通教育，加强学校教育与个人生活和社会需要之间联系的必要性。文章发表后，在教育界引发强烈反响，形成早期实用主义教育思潮，引起人们教育观念的变化。

1917年，黄炎培在中华职业教育社成立后发表的《中华职业教育社宣言书》，标志着以其为代表的职业教育思潮的形成。

之后，黄炎培的职业教育思想不断发展、成熟。为反映民族资本主义工商业发展和改革普通教育的需要，黄炎培早期职业教育思想更多以解决个人生计问题为重，认为职业教育的要旨有三，即"为个人谋生之准备""为个人服务社会之准备"和"为世界及国家增进生产力之准备"。20世纪20年代起，黄炎培把职业教育的目的概括为"使无业者有业，使有业者乐业"：既强调个人谋生，也重视服务社会；既强调职业技能训练，也重视职业道德教育；既强调一技之长，也重视全面发展。可见，黄炎培在这一阶段更多地探讨了职业教育内部的规律问题。

20世纪20年代中后期，黄炎培总结近十年职业教育发展的经验，提出"大职业教育主义"的观念，认为"（一）只从职业学校做工夫，不能发达职业教育；（二）只从教育界做工夫，不能发达职业教育；（三）只从农、工、商职业界做工夫，不能发达职业教育"。即办职业教育必须联络和沟通所有教育界和职业界，参与全社会的活动和发展，更多地探寻了职业教育外部环境的适应问题。至此，黄炎培的职业教育思想基本成熟。进入30年代后，民族危机加甚，黄炎培积极投身于民族救亡事业，职业教育思潮逐渐消退，但其职业教育思想继续影响着此后年代中国的职业教育实践。

（资料来源：https://baike.so.com/doc/2109250-2231671.html）

3. 近现代教育的特点

（1）近代教育的特点。

①国家加强了对教育的重视和干预，公立教育崛起；

②初等义务教育的普遍实施；

③教育的世俗化；

④重视教育立法，倡导以法治教；

⑤出现了双轨制；

⑥形成了较系统的近代学校教育制度。

（2）20世纪以后教育的特点。

第一，教育的终身化。

教育的终身化是为适应科学知识的加速增长和人的持续发展要求而逐渐形成的一种教育思想和教育制度，包括各个年龄阶段的各种方式的教育，如正规、非正规和非正式的各种教育，还有学校教育、家庭教育和社会（社区）教育等。在内容上，它既包括基础教育，也包括职业教育和专业性教育，以及社会、文化生活方面的教育。它将终身教育贯穿于整个教育过程和教育形式中。

第二，教育的全民化。

教育的全民化是指教育必须面向所有的人，即人人都有接受教育的权利，且必须接受一定程度的教育。

第三，教育的民主化。

教育的民主化是对教育的等级化、特权化和专制性的否定。一方面，它追求让所有人都受到同样的教育，包括教育起点的机会均等，教育过程中享受教育资源的机会均等，甚至包括教育结果的均等，这就意味着要对处于社会不利地位的学生予以特别照顾。另一方面，教育的民主化追求教育的自由化，包括教育自主权的扩大，即可根据社会要求设置课程、编写教材更灵活、价值观念更多样等。

第四，教育的多元化。

教育的多元化具体表现为培养目标的多元化、办学形式的多元化、管理模式的多元化、教学内容的多元化、评价标准的多元化等。

第五，教育的现代化。

教育的现代化是指现代科学技术（工艺、设备、程序、手段等）在教育上的运用，并由此引起教育思想、教育观念的变化。

一、选择题

1. 教育的特质是（　　）。

　　A. 认识活动　　　　　　　　　　B. 生存活动

　　C. 传递活动　　　　　　　　　　D. 培养人的社会实践活动

2. "知子莫若父，知女莫若母"说明家庭教育比学校教育更具有（　　）。

　　A. 先导性　　　　B. 感染性　　　　C. 权威性　　　　D. 针对性

3. 构成教育活动的两个最基本要素是（　　）。

　　A. 教学内容和手段性　　　　　　B. 教师和教科书

　　C. 学生和教科书　　　　　　　　D. 教师和学生

4. 发挥教育合力必须注意三种教育形态的有机结合，这三种教育形态是（　　）。

①家庭教育；②学校教育；③社会教育；④自我教育

　　A. ①②④　　　B. ①③④　　　C. ①②③　　　D. ②③④

5. 人类的教育活动与动物的教育活动存在本质区别，这主要表现为人类的教育具有（　　）。

　　A. 延续性　　　　B. 模仿性　　　　C. 社会性　　　　D. 永恒性

二、辨析题

1. 凡是能影响人的身心发展的活动都是教育。（2013年上半年中学教育教学知识与能力真题）

【参考答案】

一、选择题

1. D　2. D　3. D　4. C　5. C

二、辨析题

答：这种说法是错误的。并不是所有能够影响人身心发展的活动都是教育。教育是一种有目的地培养人的社会活动，它的目的在于影响和促进人的发展，培养人的实践意识和实践能力。是否有目的地培养人是教育活动与其他社会活动的根本区别。除了教育之外，人类的其他活动也影响人的发展，如经济活动、政治活动、文化活动、休闲活动、日常生活等的影响或显或隐地与人的发展相关，这些活动与交往的直接目的并不在于培养人，它只是间接影响人的发展。

项目二　教育学的发展

一、教育学概述

教育学是研究教育现象和教育问题，揭示教育规律的一门科学。

教育规律是教育内部诸因素之间，教育与其他事物之间的本质联系，是不以人的意志为转移的。教育规律既有普遍意义的基本规律，又有作用于某一局部的具体规律。

教育的基本规律表现在两大方面：一是教育同社会发展的本质联系，二是教育同人的发展的本质联系。

教育现象是教育活动在运动发展中的表现形式，是教育活动外在的、表面的特征，包括教育社会现象和教育认识现象。教育社会现象是反映教育与社会关系的现象，比如学校布局的调整、教师工资的拖欠、学校管理体制的改革等。教育认识现象是反映教育与学生认识活动关系的现象。教育现象被认识和研究，便成为教育问题。

教育问题是指反映到人们大脑中的、需要探明和解决的教育实际矛盾和理论疑难。教育问题的类型一般有常识问题和未决问题、表象问题和实质问题、小问题和大问题。教育问题是推动教育发展的内在动力。

教育学的任务是揭示教育规律，深化人们对教育的认识，更新人们的教育观念，并为教育的发展和改进提供依据，为提高教育管理水平和教学水平提供理论支持和指导。

教育学是随着人类社会的发展和人类教育经验的丰富而逐渐形成和发展起来的一门科学。随着社会生产力的发展，出现了脑力劳动和体力劳动的分工，产生了文字，出现了学校，人们的教育经验逐渐丰富，教育工作也日益复杂，越来越需要对教育工作进行研究，对教育经验加以总结，这样就逐渐产生了教育学。

二、教育学的发展历程

（一）教育学的萌芽阶段

1. 特点

萌芽阶段的教育学还没有从哲学、伦理学、政治学中划分出来形成一门独立的学科，只表现为零星的教育思想和教育观点。其主要特点可以概括为：

第一，人们对教育的认知活动主要停留在经验和习俗的水平；

第二，教育学著作多属论文的形式，缺乏科学的理论分析，没有形成完整的体系；

第三，教育学思维与论述的方式以机械类比、比喻、格言、寓言等方式为主。

2. 代表著作和代表人物

（1）中国的代表著作和代表人物。

①《学记》。《学记》不仅是中国古代也是世界上最早的一篇专门论述教育、教学问题的论著。《学记》文字言简意赅、喻辞生动，系统而全面地阐明了教育的目的及作用，教育和教学的制度、原则和方法，教师的地位和作用，以及在教育过程中的师生关系和学生之间的关系。

《学记》提出的"化民成俗、其必由学""建国君民、教学为先"揭示了教育的重要性和教育与政治的关系。

《学记》提出"善学者，师逸而功倍，又从而庸之；不善学者，师勤而功半，又从而怨之"，体现了教会学生学习的教学观。

《学记》中体现的教育思想有"道而弗牵，强而弗抑，开而弗达""君子之教，喻也"，这体现了启发性教育原则；"不陵节而施之谓孙""杂施而不孙，则坏乱而不修"，这体现了循序渐进的教育原则；"学然后知不足，教然后知困。知不足，然后能自反也；知困，然后能自强也"，这体现了教学相长的教育原则；"学者有四失，教者必知之，人之学也，或失则多，或失则寡，或失则易，或失则止。此四者，心之莫同也。知其心，然后能救其失也。教也者，长善而救其失者也"，这体现了长善救失的教育原则。

②儒家的孔子。孔子的教育思想主要体现在他和弟子的言论专著《论语》中。孔子从探讨人的本性入手，认为人的先天本性相差不大，个性的差异主要是后天形成的，所以他很注重后天教育，主张"有教无类"，希望把人培养成"贤人"和"君子"。孔子大力创办私学，培养了大批人才。此外，孔子还提倡因材施教、循循善诱、不耻下问、身体力行、学思结合、温故知新的教学方法，以及学而不厌、诲人不倦的教学态度等。

孔子的学说是以"仁"为核心和最高道德标准的，并且把仁的思想归结到服从周礼上（"克己复礼为仁"），强调忠孝和仁爱；孔子还继承了西周六艺教育传统，其教学纲领是"博学于文，约之以礼"，教学基本科目是诗、书、礼、乐、易、春秋；教学思想和教学方法强调"学而知之"，重视因材施教。因材施教的基本方法是启发诱导，提出"不愤不启，不悱不发"，要求在教学过程中掌握学生学习的主动性和求知欲。孔子很强调学习与思考相结合、学习与行动相结合，要求学以致用，把知识运用到政治生活和道德实践中去。

③墨家的墨翟。墨翟即墨子，他以"兼爱"和"非攻"为基本主张，同时注重对文史知识的掌握和逻辑思维能力的培养，还注重对实用技术的传习，重视实践。同时，墨子认为获得知识的途径有"亲知""闻知"和"说知"三种，其中"说知"是依靠推理的方法来追求理性知识。

墨子提出判断言谈是非的三条标准，即"三表法"，也就是"上本之于古者圣王之事""下原察百姓耳目之实""中国家百姓人民之利"。

④道家的老子和庄子。道家主张回归自然、复归人的自然本性，一切任其自然便是最好的教育。

老子在《老子》一书中有关教育思想的主要论点如下：第一，文化堕落论；第二，人性"复归"论；第三，"绝圣弃智"论。

庄子继承了老子"道法自然"的思想，倡议不要用人力去改变自然。

（2）西方的代表著作和代表人物。

①苏格拉底被誉为西方教育思想史上有长远影响的第一位教育家。他认为，人天生就是有区别的，但不管这种区别有多大，都能在教育中得到改进。越是禀赋好的人，越需要接受教育，否则好的禀赋就会使人变得难以驾驭，仅凭财富不能使人有才德，以为富有就不需要接受教育的人是愚人。

苏格拉底认为教育的目的是培养治国人才，教育的首要任务是培养道德，即教人"怎样做人"；其次要教人学习广博而实用的知识。

苏格拉底认为，教育是思想上的"接生"，强调教育应该是由内而外的，是将儿童心灵中的智慧不断引出、发展的过程。因此，他的教育方法被称为"产婆术"，也称为"问答法"，这是苏格拉底探讨伦理哲学的研究方法，也是他的教学方法。问答法的第一步是讥讽，即就对方的发言不断提出追问，迫使对方自陷矛盾、无言以对，最终承认自己的无知；第二步是"助产术"，即帮助对方得到问题的答案；第三步是归纳，即从各种具体事物中找到事物的共性、本质，通过对具体事物的比较寻求"一般"；第四步是定义，即把个别事物归入一般概念，从而得到关于事物的普遍概念。

苏格拉底这种教学方法的优点是不将现成的结论硬性灌输或强加于对方，而是与对方共同讨论，并通过不断提问诱导对方认识并承认自己的错误，自然而然地得到正确的结论。

②柏拉图的《理想国》。柏拉图是对哲学的本体论研究做出重要贡献的古代哲学家，他把可见的"现实世界"与抽象的"理念世界"区分开来，认为"现实世界"不过是"理念世界"的摹本和影子，从而建立了本质思维的抽象世界。

他认为，人的肉体是人的灵魂的影子，灵魂才是人的本质。灵魂由理性、意志、情感三部分构成，理性是灵魂的基础。理性表现为智慧，意志表现为勇敢，情感表现为节制。

他把人分成三种集团或等级：一是运用智慧管理国家的哲学家；二是凭借勇敢精神保卫国家的军人；三是受情绪驱动的劳动者。

柏拉图认为人类要从现实世界走向理念世界，一个非常重要的途径就是教育。教育与政治有着密切的联系，以培养未来的统治者为宗旨的教育是在现实世界中实现这种理想的正义国家的工具。柏拉图是"寓学习于游戏"的最早提倡者。

③亚里士多德。他是古希腊百科全书式的哲学家。他在《论灵魂》和《尼各马可伦理学》中认为人的灵魂由三部分构成，即营养的灵魂、感觉的灵魂和理性的灵魂。

秉承柏拉图的"理性说"，亚里士多德提倡追求理性就是追求美德，这是教育的最高目的；他还注意到儿童心理发展的自然特点，主张按照儿童心理发展的规律对儿童进行分阶段教育，提倡对学生进行和谐全面发展的教育。

亚里士多德在历史上首次提出了"教育遵循自然"的原则，他的教育思想在其著作《政治学》中有大量的反映。

④古罗马的昆体良。他的《论演说家的教育》（又称《雄辩术原理》）是西方最早的教育著作，也是世界上第一部研究教学法的书。在这一著作中昆体良将学习过程概括为"模仿—理论—练习"三阶段。昆体良的教育理论和实践都以培养雄辩家为宗旨。昆体良提出的教育目的，就是培养善良而精于雄辩术的人。昆体良认为善良是第一位的，在雄辩术上达到完美境界是第二位的。

（二）教育学的创立阶段

1. 特点

①亚里士多德对象方面：教育问题已经成为一个专门的研究领域；

②概念方面：形成了专门的教育概念或概念体系；

③方法方面：有了科学的研究方法；

④结果方面：出现了系统的教育学著作；

⑤组织方面：产生了专门的教育研究机构。

2. 代表人物和著作

该阶段的代表人物和著作见表1-1。

表 1-1　教育学创立阶段的代表人物和著作

人物	著作	相关内容
培根（科学归纳法第一人）	《新工具》——号召采用实验调查法	①被马克思称为"英国唯物主义和整个现代实验科学的真正始祖"；②创立了科学研究的"新工具"——归纳法；③在《论科学的价值和发展》（1623）一文中首次指出应该把"教育学"作为一门独立学科从学科分类中提出来
夸美纽斯（教育学之父）	《大教学论》（1632）——教育学成为一门独立学科的标志	夸美纽斯以个体认识论为基础提出了自己的教学理论。①教学原则：教育要遵循人的自然发展的原则。②教学制度：系统论述班级授课制方法和实施内容。③教学思想："泛智教育"，即把广泛的自然知识传授给普通的人。④教学内容：规定了百科全书式的课程。⑤教学方法：首次提出并论证了直观性、系统性、量力性、巩固性和自觉性等一系列教学方法
康德	《康德论教育》（又称为《教育论》）	①他探究了道德的本质，充分肯定了个人的价值。他力图通过教育实现他的哲学理想，改造社会。②他认为，人的所有自然禀赋都有待于发展，才能生存，"人是唯一需要教育的动物"，教育的任务根本在于充分发展人的自然禀赋，使人人都成自身，成为本来的自我，都得到自我完善。③教育学作为一门课程在大学里讲授，最早始于康德。他于1776年在德国的哥尼斯堡大学的哲学讲座中讲授教育学
卢梭	《爱弥儿》	提倡自然主义教育思想。所谓自然教育，就是以儿童的"天性"为中心的教育，即尊重儿童身心发展规律，根据儿童年龄特征而实施的教育。他以"归于自然"的性善论为依据，认为"天性的最初的冲动永远是正当的"，所以"要以天性为师，而不以人为师"，要成为"天性所造成的人，而非人所造成的人"
洛克	《教育漫话》	①提出"白板说"；②倡导"绅士教育"
裴斯泰洛齐（慈爱的儿童之父）	《林哈德与葛笃德》	①提出教育的首要功能是促进人的发展，尤其是人的能力的发展；②最早提出"教育心理学化"的主张；③是西方教育史上第一位将"教育与生产劳动相结合"这一思想付诸实践的教育家
赫尔巴特（现代教育学之父、传统教育学派代表人物）	《普通教育学》（1806）——标志着教育学作为一门规范、独立的学科正式诞生	①将伦理学和心理学作为教育学的理论基础，将心理学引入教育学的第一人。②强调教师的权威作用，强调教师的中心地位，形成了传统教育教师中心、教材中心、课堂中心的特点。③提出"四阶段教学"理论，将教学过程分为清楚、联想、系统和方法四个阶段。后由他的学生齐勒修改为预备、提示、比较、总括、应用五段，简称"五段教学法"。④教育性教学原则："我想不到有任何无教学的教育，正如相反方面，我不承认有任何无教育的教学。"
杜威（实用主义哲学创始人、进步教育代表人物）	《民主主义与教育》《我们怎样思维》《经验与教育》	①三中心论："儿童中心（学生中心）""经验中心""活动中心"。②教育的本质：教育即生活、教育即生长、教育即经验的改组或改造（是其教育思想的基础与核心）。③学校即社会。④从做中学。⑤五步教学法：创设疑难情景、确定疑难所在、提出解决问题的种种假设、推断哪个假设能解决这个问题、验证这个假设

表1-1(续)

人物	著作	相关内容
斯宾塞	《教育论》	①对传统的古典主义教育的批判; ②他认为教育的目的是为"完满生活做准备"; ③斯宾塞的课程论以科学知识为中心,重视个人和社会生活

【延伸阅读】

自由的奠基人——卢梭

让-雅克·卢梭(Jean-Jacques Rousseau,1712年6月28日—1778年7月2日),法国18世纪启蒙思想家、哲学家、教育家、文学家,民主政论家和浪漫主义文学流派的开创者,启蒙运动代表人物之一。卢梭的主要著作有《论人类不平等的起源和基础》《社会契约论》《爱弥儿》《忏悔录》《新爱洛伊丝》《植物学通信》等。

卢梭出身于瑞士日内瓦的一个贫苦家庭,曾当过学徒、仆役、私人秘书、乐谱抄写员。他的一生颠沛流离,备历艰辛。1749年,他曾以《科学与艺术的进步是否有助敦化风俗》一文而闻名。1762年,他因发表《社会契约论》《爱弥儿》而遭法国当局的追捕,避居瑞士、普鲁士、英国。1778年,他在巴黎逝世。

自然主义教育理论是卢梭教育思想的主体。1762年出版的《爱弥儿》集中阐述了这一思想。歌德称这本书是教育的自然福利;康德因阅读《爱弥儿》而忘记了十几年定时散步的习惯;席勒则称卢梭为新的苏格拉底,是耶稣拟造的人。卢梭认为,人的教育的来源有三种,即"自然天性""事物"和"人为",只有三种教育良好的结合才能达到预期的目的。自然教育的最终目标是"自然人",自然人并不是回到原始社会的退化之人,而是生活在社会中的自然人,即身心两健、体脑并用、良心畅旺、能力强盛的新人。卢梭自然教育的一个必要前提就是改变对儿童的看法,即人们既不要把儿童当成待管教的奴仆,也不能把孩子当作缩小的成人,应当把成人看作成人,把孩子看作孩子。

(资料来源:https://baike.so.com/doc/5394827-5631969.html)

(三)教育学的发展阶段

1. 马克思主义教育学

马克思主义的思想体系揭示了教育与社会关系的本质联系及相互作用的辩证关系,社会发展水平与教育发展水平的一致性,深刻分析了人的全面发展的意义和教育对人的全面发展的重要性,强调无产阶级掌握了全人类的知识、通晓现代科学才能拥有全世界的意义。强调教育与生产劳动的有机联系是马克思主义教育思想的重要内容。

马克思主义教育学的代表人物和著作:

①马卡连柯主要从事对流浪儿和少年违法者的教育改造工作,他的《教育诗》就是他在高尔基工学团真实而形象的实践记录。集体主义教育是其教育思想体系的重要方面,"通过集体、在集体中、和为了集体"的教育,是集体教育理论的核心思想。

②克鲁普斯卡娅著有《国民教育与民主制度》,"她是最早以马克思主义为基础,探讨教育问题的教育家"。

③凯洛夫的《教育学》被公认为世界上第一部马克思主义的教育学著作,对现在

的教育产生了很大的影响。

④中国的杨贤江（化名李浩吾）的《新教育大纲》是我国第一部以马克思主义为指导的教育学著作。

2. 实验教育学

实验教育学是一种以教育实验为标志的教育思潮。1879 年德国心理学家冯特在莱比锡大学创设了世界上第一个心理学实验室。1901 年，德国教育家梅伊曼首先将实验教育思想称为"实验教育学"。1907 年，德国教育家拉伊出版了《实验教育学》一书，系统阐释了实验教育思想，因此，拉伊被称为德国"实验教育学"的奠基人之一。

实验教育学的特点是用自然科学实验的方法来研究教育问题，强调对研究现象加以简化，将受检验的方式、因素、条件与其他无关因素严格隔开，并借助实验仪器、特殊设备以及某些人为方法来观察实验对象在教育过程中的发展、变化特点；强调分组比较和以统计的方法定量地检验实验结果的可靠性，以发现教育变量间的因果关系，并据此揭示教育原理，确立教育原则。这就使教育实验从早先的教改实验性质的尝试性实践转变为科学主义范式下的具有严格操作规范的教育研究基本方法。

在教育实验学的推动下，实验方法引入教育研究领域，克服以往教育理论研究中的思辨加例证式的固有缺陷，形成了注重定量、追究原因的教育实验的基本形式。

3. 实用主义教育学

实用主义教育学和实验教育学一样，也是在批判以赫尔巴特为代表的传统教育学的基础上提出和发展起来的。很显然，实用主义教育学以实用主义作为哲学基础和理论依据。实用主义教育学是 19 世纪末 20 世纪初在美国兴起的一股教育思潮，对 20 世纪整个世界的教育理论研究和教育实践发展产生了极大的影响。其代表人物有美国哲学家、教育学家杜威和克伯屈等人，代表著作有杜威的《民主主义与教育》和《经验与教育》、克伯屈的《设计教学法》等。实用主义教育学以实用主义作为哲学基础和理论依据。

在此基础上，实用主义教育学提出了自己的基本观点：第一，教育即生活，教育的过程和生活的过程是合一的，而不是为将来的某种生活做准备；第二，教育即个人经验的增长，教育在于让学生在真实的情境中增长自己的经验，这是教育的最终目的；第三，教育即成长，这是个人经验的增长过程，其原因在于学校就是一个社会的雏形，学生在学校的学习实际上就是一个在社会中成长的过程；第四，学校的课程是以学生的经验为中心的，它打破了原来以学科为中心的课程体系；第五，教育教学中不再以教师为中心，教师只是学生成长的帮助者，学生才是教育教学的中心；第六，在教育教学过程中，要注重儿童的创造性的发挥，提倡让儿童在学习的过程中独立探讨、发现。实用主义教育学是以美国实用主义文化为基础的，它对以赫尔巴特为代表的传统教育理论进行了深刻的批判，推动了教育学的发展。

4. 文化教育学

文化教育学，又称精神科学教育学，是 19 世纪末以来出现在德国的一种教育学说，代表人物有狄尔泰、斯普朗格、利特等人，代表著作有狄尔泰的《关于普遍妥当的教育学的可能》（1888）、斯普朗格的《教育与文化》（1919）、利特的《职业陶冶、专业教育、人的陶冶》（1958）等。

文化教育学的主要观点：第一，人是一种文化的存在，人类历史是一种文化的历史；第二，教育过程是一种历史文化过程；第三，教育研究必须采用精神科学或文化科学的方法；第四，教育的目的就是要促使社会历史的客观文化向个体的主观文化的转变，并将个体的主观世界引向博大的客观文化世界，培养完整的人格；第五，培养完整的人格的主要途径就是"陶冶"与"唤醒"，建构对话的师生关系。

文化教育学作为科学主义的实验教育学和理性主义的赫尔巴特式教育学的对立面而存在与发展，深刻影响了德国乃至世界20世纪的教育学发展，在教育的本质等问题上给人以许多启发，不足之处是思辨气息很浓，在解决现实的教育问题上很难提出有针对性和可操作性的建议。

5. 教育学的多元化

（1）赞可夫的《教学与发展》。

他提出了发展性教学理论的五条教学原则，即高难度、高速度、理论知识起主导作用、理解学习过程、使所有学生包括差生都得到一般发展的原则。

（2）布鲁纳《教学过程》。

他强调学科结构，提出了结构主义学说和发现教学法。

（3）瓦·根舍因创立范例教学理论。

范例教学理论是指教师在教学中选择真正基础的本质的知识作为教学内容，通过"范例"内容的讲授，使学生达到举一反三掌握同一类知识的规律的方法。

（4）苏霍姆林斯基的全面和谐教育理论。

他在《给教师的建议》《把整个心灵献给孩子》《帕夫雷什中学》等著作中，系统论述了他的全面和谐教育思想。人们将他的著作称为"活的教育学"。

（5）布鲁姆的掌握学习理论。

他认为教学应该以掌握学习为指导思想，以教育目标为导向，以教育评价为调控手段，并形成了完整的掌握学习理论体系。

（6）巴班斯基的教学过程最优化理论。

在20世纪70年代初至80年代中期，巴班斯基以罗斯托夫地区的普通学校为基地，创造了大面积克服留级现象的经验，为教学过程最优化理论的创立提供了实验材料。

【真题再现】

选择题

1. 教育是人类社会特有的现象，任何社会进步与个人发展都离不开教育，这表明教育具有（　　）。

　　A. 永恒性　　　　　B. 依附性　　　　　C. 时代性　　　　　D. 独立性

2. 在人类历史上最早专门论述教育问题的著作是（　　）。

　　A.《学记》　　　　　　　　　　B.《论语》

　　C.《论演说家的教育》　　　　　D.《理想国》

3. 被毛泽东称为"学界泰斗，人世楷模"的教育家是（　　）。

　　A. 杨贤江　　　B. 徐特立　　　C. 蔡元培　　　D. 陶行知

4. 捷克教育家夸美纽斯高度评价了教师的作用，他把教师赞誉为（　　）。

    A. 人类灵魂的工程师   B. 心灵的建筑师

    C. 太阳底下最光辉的职业   D. 辛勤的园丁

5. "现在，我们教育中将引起的改变是重心的转移……在这里，儿童变成了太阳，教育的一切措施要围绕他们而组织起来。"这一儿童中心理念出自教育家（　　）。

    A. 洛克   B. 康德   C. 杜威   D. 培根

6. "庶"与"富"是"教"的先决条件。首次提出这一教育观点的教育家是（　　）。

    A. 孔子   B. 孟子   C. 荀子   D. 墨子

7. 国外最早的教育学著作是（　　）。

    A.《理想国》   B.《政治学原理》

    C.《论雄辩家》   D.《论演说家的教育》

8. 在近代教育史上，反对思辨，主张用实证方法研究知识价值，提出教育的任务是教导人们为完美生活做准备的教育家是（　　）。

    A. 夸美纽斯   B. 赫尔巴特   C. 斯宾塞   D. 卢梭

【参考答案】

参考题

1. A   2. A   3. C   4. C   5. C   6. A   7. D   8. C

项目三　素质教育

一、素质教育概述

（一）素质的内涵

素质是指个体的先天禀赋，在此基础上通过环境和教育影响所形成和发展起来的相对稳定的身心发展水平，以及人类文化在个体心理上的内化和积淀。基础素质大致包括如下方面：

第一，自然素质。它分为身体和生理的素质，主要包括身高、体重的正常发育，消化、循环、内分泌等主要生理系统的健康和良好发育，以及良好的运动和适应能力。

第二，心理素质。它包括直接承担人的认识过程的智力因素和影响人的认识过程及构成人的其他心理活动的智力因素。

第三，社会文化素质。它包括思想观念、道德行为规范、科学文化知识、劳动生活技能以及审美的知识和情趣等。

这三种素质之间是一种相互依存的关系。一般来说，生理和身体的素质是人的心理素质和科学文化素质赖以生存和发展的物质基础。

素质教育是依据人的发展和社会发展的需要，以全面提高全体学生的基本素质为根本目的，以尊重学生主体性和主动精神，注重开发人的智慧潜能，形成人的健全个性为根本特征的教育。

（二）素质教育的基本内涵

1. 素质教育以提高国民素质为根本宗旨

科教兴国靠人才，人才的培养靠教育。所以，教育必须以提高国民素质为根本宗旨。

首先，教育是人才培养的基础。发展教育，对提高中华民族素质、促进经济和社会发展具有战略性、全局性、先导性的作用。其次，提高全民素质是教育事业发展的根本宗旨。最后，把教育、科技摆在优先发展的战略地位。

2. 素质教育是面向全体学生的教育

素质教育倡导人人都有受教育的权利，强调在教育中使每个人都得到发展，而不是只注重一部分人，更不是只注重少数人的发展。我们强调的是"一种适合儿童的教育，而不是挑选适合教育的儿童"。因此，素质教育有以下三个要求：

第一，普遍提高教育质量，逐步缩小重点学校与非重点学校、城市学校与农村学校、经济发达地区学校与经济落后地区学校的差别，使不同地区、不同学校的儿童都享受平等的教育；

第二，全体适龄儿童都入学接受现代学校教育，防止由各种原因造成的学生流失，更反对以学生智力、成绩、行为不良等为借口强迫学生退学，以促进整个民族素质的提高；

第三，普遍提高学生素质，为每一个学生都成为合格的、现代的公民奠定基础。

由此可见，素质教育是面向全体学生的教育，也是全面发展与因材施教相统一的教育。

3. 素质教育是促进学生全面发展的教育

社会主义现代化大生产需要全面发展的新人。实施素质教育就是通过德育、智育、体育、美育等的有机结合，来实现学生的德、智、体、美等方面的全面发展。

4. 素质教育是促进学生个性发展的教育

素质教育是立足于人的个性的教育。它在承认人与人在个性上存在差异的基础上，从差异出发，以人的个性发展为目标，这实质上是一种个性发展的教育。

5. 素质教育是以培养学生的创新精神和实践能力为重点的教育

创新能力是一个民族进步的灵魂，是国家兴旺发达的不竭动力。培养具有创新精神和能力的新一代人才，是素质教育的时代特征。

创新教育是素质教育的核心，是教育对知识经济向人才培养提出挑战的回应。

（1）创新能力不仅是一种智力特征，更是一种人格特征、一种精神状态；

（2）创新精神与创新能力相辅相成；

（3）重视创新能力的培养，也是现代教育与传统教育的根本区别。

6. 素质教育是以立德树人为根本的教育

人无德不立，育人的根本在于立德。2018 年 9 月 10 日，习近平总书记在全国教育大会上指出："要把立德树人融入思想道德教育、文化知识教育、社会实践教育各环节，贯穿基础教育、职业教育、高等教育各领域，学科体系、教学体系、教材体系、管理体系要围绕这个目标来设计，教师要围绕这个目标来教，学生要围绕这个目标来学。凡是不利于实现这个目标的做法都要坚决改过来。"2018 年 5 月 2 日，习近平总书记在北京大学师生座谈会上指出:"要把立德树人的成效作为检验学校一切工作的根本标准,真正做到以文化人、以德育人,不断提高学生思想水平、政治觉悟、道德品质、文化素养,做到明大德、守公德、严私德。要把立德树人内化到大学建设和管理各领域、各方面、各环节,做到以树人为核心,以立德为根本。"

作为未来的教师,必须要把立德树人作为根本任务,切实全面地贯彻党的教育方针,落实立德树人的根本任务,发展素质教育,推进教育公平,培养德智体美劳全面发展的社会主义建设者和接班人。

7. 素质教育着眼于学生的终身可持续发展

终身教育(lifelong education)是指人们在一生各阶段当中所受各种教育的总和,是人所受不同类型教育的统一综合。它包括教育体系的各个阶段和各种方式,既有学校教育,又有社会教育;既有正规教育,也有非正规教育。终身教育主张在每一个人需要的时刻以最好的方式提供必要的知识和技能,已成为很多国家教育改革的指导方针。

在终身教育时代,需要培养学生的终身学习能力,从而促进学生的终身可持续发展。

二、素质教育的基本特点

1. 素质教育对象的全体性

美国当代著名教育家布鲁姆曾经指出,教育者的基本态度应是选择适合儿童的教育,而不是选择适合教育的儿童。素质教育作为一种以全面提高全体学生的基本素质为根本目的的教育,是与应试教育的"选拔性"和"淘汰性"相对立的。素质教育必须面向全体学生,使每个学生都具有作为新一代合格公民所应具备的基本素质。

素质教育的全体性要求:一方面必须使每个学生在原有基础上都能得到应有的发展;另一方面必须使每个学生在社会所要求的基本素质方面,达到规定的合格标准,使每个学生都成为合格的毕业生。

2. 素质教育目标的全面性

素质教育是与应试教育的这种"片面性"相对立的。它要求受教育者的基本素质必须得到全面的和谐发展,这就从教育内容上规定了素质教育的性质。素质教育的这种全面性要求是有其社会学、教育学和心理学依据的。社会发展对人的素质要求是全面的,而非单一的。从心理学的角度看,人的心理活动具有整体性,认知过程与情意过程的产生与发展自始至终是互相交织、相辅相成的。因而,人的素质发展也具有整体性。素质教育既不是"为升学做准备",也不是"为就业做准备",而是"为人生做准备",也即"为人生打基础"的教育。

3. 素质教育空间的开放性

应试教育中学生接受教育的场所主要是课堂教学,知识和信息的来源主要是教师和课本,形成了封闭的教育空间和单一的信息来源渠道,从而导致了应试教育的"封闭性"。素质教育由于涉及学生的全面发展,教育内容大大拓宽了,也有相应宽广的教育空间和多样化的教育渠道与之相适应。因而,从素质教育的空间和教育渠道看,素质教育不再局限于校内、课内和课本,具有开放性。素质教育的开放性,要求拓宽原有的教育教学空间,真正建立起学校教育、家庭教育和社会教育相结合的教育网络;

要求拓宽原有的教育途径，建立学科课程、活动课程和潜在课程相结合的课程体系。

4. 素质教育内容的基础性

中小学素质教育的内容是基础知识、基本技能、基本观点、基本行为规范、基本学习、生活能力等方面的教育；是为人的生存与发展增强潜力的教育，是为提高全民族素质、未来劳动者素质和各级各类人才素质奠定基础的教育。

5. 素质教育价值的多元化

素质教育的价值取向是多元化的。素质教育首先必须满足学生个体生存与持续发展的需要，使学生学会生存、学会学习、学会发展、学会做人、学会健体、学会审美、学会劳动、学会共同生活；其次必须满足学生的兴趣、爱好，发挥其特长及潜能，使个体得到充分而自由的发展，充满创造的活力。

三、素质教育的实施

为实现素质教育目标，我们在实施素质教育过程中要重视对路径和方法的选择。具体实施路径有以下几个方面：

（一）转变教育理念

转变传统的应试教育理念，树立独立自由的素质教育理念。从特征来看，素质教育与应试教育是有根本区别的，它至少有三大特征：首先，素质教育要尊重学生的志趣，主张尚自然、展个性，而应试教育是剥夺学生的志趣，压抑学生的个性；其次，素质教育倡导民主、自由、平等，因为它们是养成健康素质的前提条件；最后，素质教育鼓励质疑和批判精神，因为这些是实现发明创造的必要条件，而应试教育是循规蹈矩式的标准化的教育，树立权威思想，不允许离经叛道。

目前，世界正经历百年未有之大变局，教育者必须培养学生的综合素质和综合能力，以应对世界的不确定性。

（二）培养学生综合能力

目前教育十分重视培养学生分析问题和解决问题的能力。在我国中小学教育中，分析问题与解决问题涉及的是已知，而发现问题与提出问题涉及的是未知。因此，发现问题与提出问题比分析问题与解决问题更重要，难度也更高。对中小学生来说，发现问题更多地是指发现了书本上不曾教过的新方法、新观点、新途径以及知道了以前不曾知道的新东西。这种发现对教师可能是微不足道的，但对于学生是十分难得的，因为这是一种自我超越，可以获得成功的体验。学生可以在这个发现的过程中领悟很多东西，可以逐渐积累创新和创造的经验。更重要的是，可以培养学生学习的兴趣，树立信心，激发创造的激情。教师对于学生的发现要格外珍惜，要通过正确的引导鼓励他们的积极性。

在发现问题的基础上提出问题，需要逻辑推理和理论抽象，需要精准的概括。在错综复杂的事物中能抓住问题的核心，进行条分缕析的陈述，并给出解决问题的建议，不是一件简单的事情。提出问题的关键是能够认清问题、概括问题。问题的提出必须进行深入思考和自我组织，因而可以激发学生的智慧，调动学生的身心进入活动状态。提问需找到疑难，发现疑难就要动脑思考，这与跟着教师去验证、推断既有的结论是不同的思维方式。学生只有多次在这样的思维方式训练下，才能逐渐形成创新意识、创新精神和创新能力①。

（三）转变教学方式

必须摒弃灌输式的教学方法，而采用启迪智慧的教学方法。面对汹涌澎湃的信息汪洋大海，知识急剧的增加，同时又迅速地被淘汰。有知识的人不一定有智慧，而无学历拥有智慧的人，能够更有效地获取所需要的知识，甚至创造新知识②。素质教育鼓励中小学生采用自主、合作、探究这三种学习方式。

【延伸阅读】

学界泰斗，人世楷模——蔡元培

蔡元培（1868年1月11日—1940年3月5日），字鹤卿，又字仲申、民友、孑民，乳名阿培，并曾化名蔡振、周子余，汉族，浙江绍兴山阴县（今浙江绍兴）人，原籍浙江诸暨，革命家、教育家、政治家，民主进步人士，中华民国首任教育总长。

1916年至1927年，蔡元培任北京大学校长，革新北大，开"学术"与"自由"之风；1920年至1930年，蔡元培同时兼任中法大学校长。他早年参加反清朝帝制的斗争，在中华民国初年主持制定了中国近代高等教育的第一个法令——《大学令》。北伐时期，国民政府定都南京后，他主持教育行政委员会，筹设中华民国大学院及中央研究院，主导教育及学术体制改革。蔡元培数度赴德国和法国留学、考察，研究哲学、文学、美学、心理学和文化史，这为他致力于改革封建教育奠定思想理论基础。1940年3月5日，他在香港病逝，葬于香港仔山巅华人公墓。

一、"五育并举"的教育方针

蔡元培是第一位提出"军国民教育、实利主义教育、公民道德教育、世界观教育、美感教育皆近日之教育所不可偏废"的教育思想家，主张五育并举，这是蔡元培教育思想的一个显著特点。

1. 军国民教育

蔡元培从国内外环境分析入手，强调军国民教育主要在于强健国民体魄。

2. 实利主义教育

实利主义教育被蔡元培认为是富国的手段，他认为世界的竞争不仅仅是在武力，更是在财力。因此加强科学技术教育、提高生产力、发展国民经济，国家富强才能够在世界竞争中生存下来。

3. 公民道德教育

他把西方近代资产阶级"自由、平等、博爱"的道德观念，分别比作中国古代儒家所提倡的"义、恕、仁"。他主张广泛吸收国外文化，同时"必择其可以消化者而吸收之"，并且"必须以'我'食而化之，而毋为彼此所同化"。他批评有些志行薄弱者，一到国外留学，"即弃捐其'我'而同化于外人"。

4. 世界观教育

世界观教育是建立在把世界划分为现象世界和实体世界这个唯心主义世界观的基

---

① 史宁中，柳海民. 素质教育的根本目的与实施路径 [J]. 教育研究，2007（8）：10-14，57.

② 刘道玉. 论素质教育的本质特征与实施途径 [J]. 华中师范大学学报（人文社会科学版），2015（3）：147-153.

础上，要求人们遵循思想自由、言论自由的原则，不要被束缚于某一学说的思想，在当时具有打破几千年思想专制统治的解放作用。

5. 美育教育

美育教育是进行世界观教育最重要的途径，是人们从现象世界通向实体世界必经的桥梁。美育教育的重要性源于其特点，人从现象世界通向实体世界存在的障碍不外两种意识：一是人我之差别，二是幸福之营求。

二、教育独立思想

"教育独立"作为一种思潮，萌发于五四运动之前，发展兴盛于 20 世纪 20 年代。由于军阀混战，经济凋敝，北洋政府又不重视教育，国家预算中教育经费比例极低，如 1920 年前后国家预算中教育经费仅占 1.2% 左右。仅此有限的预算内经费还常被侵占挪用，也不能如数到位，导致教育经费奇绌，教育事业陷于难以为继的境地。

蔡元培一贯视教育为救国的基本途径，推崇思想、学术自由，加之身为北京大学校长，对政府官僚掣肘、摧残教育有深切的感受，因此是教育独立的积极倡导者和支持者，并从理论上加以引导。1922 年 3 月，他在《新教育》上发表了《教育独立议》一文，阐明教育独立的基本观点和方法，成为教育独立思潮中的重要篇章。

为实现教育的真正独立，蔡元培设计了教育经费独立、教育行政独立、教育独立于宗教的具体措施，其中关于教育行政独立的方案是：分全国为若干个大学区，每区设立一所大学，区内的高等专门教育，中、小学教育，社会教育，文化学术事宜均由该大学校组织办理。大学的事务，由大学教授组成的教育委员会主持，校长由教育委员会选举产生。各大学区大学的校长组成高等教育会议，处理各大学区间的事务。教育部只负责处理经高等教育会议议决而与中央政府发生关系的事务，及教育统计报告等，不干涉各大学区事务，教育总长必经高等教育会议认可。这一设想成为南京国民政府初期实施"大学区制"的框架基础。

三、"思想自由，兼容并包"的办学思想

蔡元培为人宽厚、恻隐为怀，对中国社会及陋俗有透彻观察；两度游学欧洲、亲炙文艺复兴后的科学精神及法国大革命后的思潮。他提倡民权与女权，倡导自由思想，致力革除"读书为官"的旧俗，开科学研究风气，重视公民道德教育及附带的世界观、人生观、美学教育。

梁漱溟曾说，蔡元培从思想学术上为国人开创出一股新潮流，冲破了旧有习俗，推动了大局政治，这是十分正确的。正是因为蔡先生的兼容并包、思想自由，使得新文化有了立足之地，使得北大成为新文化运动的堡垒，科学民主的思想得以传播。因此从这个意义上讲，蔡元培不仅是现代北大的缔造者，也是中国现代大学理念和精神的缔造者。

蔡元培作为近代中国文化界的卓越先驱者，其著名的文化思想和学术观点，曾对中国的历史进程产生过重要的影响。蔡元培任北京大学校长时提出的"兼容并包"的学术思想，不仅成为他主持北大教育工作的重要指导思想，而且是他所坚持的办学原则。此思想提出后，一批具有新文化、新思想的代表人物进入北大，北大因此成为中国思想活跃、学术兴盛的最高学府。因此，"兼容并包"思想在接纳新文化、反对封建文化方面起到了积极作用。

（资料来源：https://baike.so.com/doc/5400125-5637703.html）

一、选择题

1. 下列对素质教育的理解，存在片面性的是（　　）。

    A. 促进学生专业发展   B. 尊重学生个性发展

    C. 教育面向全体学生   D. 引导学生协调发展

2. 下列选项中，不属于素质教育任务的是（　　）。

    A. 增强学生的身体素质   B. 增强学生的心理素质

    C. 促进学生道德品质的发展   D. 促进学生能力的平均发展

3. 在教学活动中，教师既要重视学生的知识学习，又要注重学生的品德养成与能力发展，这说明教育具有（　　）。

    A. 全面性   B. 阶段性   C. 独立性   D. 片面性

4. 班主任马老师常对学生说："先学做人，后学做事，社会需要的是身体健康、和谐发展的建设者和接班人，而不是只会死读书的人。"这表明马老师具有（　　）。

    A. 开拓创新的理念   B. 素质教育的理念

    C. 自主发展的意识   D. 因材施教的意识

二、材料分析题

阅读材料，并回答问题。

接手高一新生两个月后，英语老师刘丽发现，自己所教的两个班，一班的课堂气氛比较活跃，二班的课堂气氛比较沉闷，两个班的作业完成情况也有些差距。她反复回顾教学细节，感觉二班学生似乎内向一些，还有几个学生跟不上教学进度，为什么会这样呢？刘老师主动找同事交流。语文老师说二班的学生内向一些，不过整体基础不错，勤奋的学生不少，如果引导得当，教学效果应该不会比一班差。数学老师也认可语文老师的说法。刘老师又去了解二班学生的想法。学生们提出了一些意见："老师，您有时在上课时说一班的学生反应比我们快，让我们很受打击"；"您上课时经常板着脸，很多同学都怕您"；"晓军有时不能按时完成作业，是因为基础不好，并不是故意跟您对着干"……

根据同事和学生的意见，刘老师调整了教育教学策略。她主动参加二班的一些集体活动，鼓励内向的学生积极举手发言。在学校举办的元旦晚会上，她还和二班学生一起唱起了英文歌曲。为了帮助学习困难的学生，她利用晚自习时间组织了"英语俱乐部"。

问题：从学生观的角度，评析刘老师的教育行为。

【参考答案】

一、选择题

1. A　2. D　3. A　4. B

二、材料分析题

答：刘老师的行为是值得赞扬的。

从教师职业理念的角度来看，该教师的教学行为体现了素质教育的学生观。全面发展的学生观，是把学生看作主体需求、能够主动发展的人；把学生看作完整的人；

把学生作为有发展潜力的人、一个整体，以及一个有差异、有个性的人。刘老师做到了以上几点，她调整教学策略，引导学生共同发展，这体现了她是以学生为主体，把学生当作一个完整的人来看待的。鼓励内向的人发言，可见刘老师把学生当作有发展潜力的人，并有的放矢地因材施教；在晚会上还和学生一起唱歌，主动拉近与学生的距离，这是真正把学生当作独立个体平等地对待。

因此，刘老师的做法是正确的，体现了素质教育的学生观理念。

项目四　习近平总书记关于教育的重要论述（1）

一、习近平总书记谈教育发展[①]

"教育兴则国家兴，教育强则国家强。"党的十八大以来，以习近平同志为核心的党中央高度重视教育问题，习近平总书记在不同场合多次强调发展教育的重要意义，为教育强国的建设指明了方向。

（1）教育决定着人类的今天，也决定着人类的未来。人类社会需要通过教育不断培养社会需要的人才，需要通过教育来传授已知、更新旧知、开掘新知、探索未知，从而使人们能够更好认识世界和改造世界、更好创造人类的美好未来。

——2013年4月，致清华大学苏世民学者项目启动仪式的贺信中强调

（2）中国将坚定实施科教兴国战略，始终把教育摆在优先发展的战略位置，不断扩大投入，努力发展全民教育、终身教育，建设学习型社会，努力让每个孩子享有受教育的机会，努力让13亿人民享有更好更公平的教育，获得发展自身、奉献社会、造福人民的能力。

——2013年9月25日，在联合国"教育第一"全球倡议行动一周年纪念活动上发表的视频贺词中强调

（3）要牢牢把握服务发展、促进就业的办学方向，深化体制机制改革，创新各层次各类型职业教育模式，坚持产教融合、校企合作，坚持工学结合、知行合一，引导社会各界特别是行业企业积极支持职业教育，努力建设中国特色职业教育体系。

——2014年6月，就加快发展职业教育做出重要指示

（4）教育投入要向民族地区、边疆地区倾斜，加快民族地区义务教育学校标准化和寄宿制学校建设，实行免费中等职业教育，办好民族地区高等教育，搞好双语教育。

——2014年9月28日至29日，在中央民族工作会议暨国务院第六次全国民族团结进步表彰大会上发表重要讲话

（5）基础教育是立德树人的事业，要旗帜鲜明加强思想政治教育、品德教育，加强社会主义核心价值观教育，引导学生自尊自信自立自强。基础教育是提高民族素质的奠基工程，要遵循青少年成长特点和规律，扎实做好基础的文章。基础教育要树立强烈的人才观，大力推进素质教育，鼓励学校办出特色，鼓励教师教出风格。

——2016年9月9日，在北京市八一学校考察时发表重要讲话

---

① 任佳晖，高雷. 习近平谈教育发展：教育兴则国家兴，教育强则国家强 [EB/OL]. (2018-09-10) [2021-11-20]. http://cpc.people.com.cn/n1/2018/0910/c164113-30282062.html.

（6）要加强对基础教育的支持力度，办好学前教育，均衡发展九年义务教育，基本普及高中阶段教育。要优化教育资源配置，逐步缩小区域、城乡、校际差距，特别是要加大对革命老区、民族地区、边远地区、贫困地区基础教育的投入力度，保障贫困地区办学经费，健全家庭困难学生资助体系。要推进教育精准脱贫，重点帮助贫困人口子女接受教育，阻断贫困代际传递，让每一个孩子都对自己有信心、对未来有希望。

——2016 年 9 月 9 日，在北京市八一学校考察时发表重要讲话

（7）建设教育强国是中华民族伟大复兴的基础工程，必须把教育事业放在优先位置，深化教育改革，加快教育现代化，办好人民满意的教育。要全面贯彻党的教育方针，落实立德树人根本任务，发展素质教育，推进教育公平，培养德智体美全面发展的社会主义建设者和接班人。

——2017 年 10 月 18 日，在中国共产党第十九次全国代表大会上强调

（8）古人说："师者，人之模范也。"在学生眼里，老师是"吐辞为经、举足为法"，一言一行都给学生以极大影响。教师思想政治状况具有很强的示范性。要坚持教育者先受教育，让教师更好担当起学生健康成长指导者和引路人的责任。

——2018 年 5 月 2 日，在北京大学师生座谈会上强调

（9）教育兴则国家兴，教育强则国家强。高等教育是一个国家发展水平和发展潜力的重要标志。今天，党和国家事业发展对高等教育的需要，对科学知识和优秀人才的需要，比以往任何时候都更为迫切。我在党的十九大报告中提出要"加快一流大学和一流学科建设，实现高等教育内涵式发展"。当前，我国高等教育办学规模和年毕业人数已居世界首位，但规模扩张并不意味着质量和效益增长，走内涵式发展道路是我国高等教育发展的必由之路。

——2018 年 5 月 2 日，在北京大学师生座谈会上强调

（10）我们的教育要培养德智体美全面发展的社会主义建设者和接班人。前不久，我在十三届全国人大第一次会议上向全体代表讲过："中国人民的特质、禀赋不仅铸就了绵延几千年发展至今的中华文明，而且深刻影响着当代中国发展进步，深刻影响着当代中国人的精神世界。"我讲到中国人民的伟大创造精神、伟大奋斗精神、伟大团结精神、伟大梦想精神。这种伟大精神是一代一代中华儿女创造和积淀出来的，也需要一代一代传承下去。

——2018 年 5 月 2 日，在北京大学师生座谈会上强调

二、教育改革发展的"九个坚持"[①]

教育是民族振兴、社会进步的重要基石，是功在当代、利在千秋的德政工程。

在全国教育大会上，习近平总书记发表重要讲话，站在新时代坚持和发展中国特色社会主义的战略高度，深刻回顾了党的十八大以来我国教育事业发展取得的显著成就，系统总结了推进我国教育改革发展的"九个坚持"，对当前和今后一个时期教育工作做出了重大部署，为加快推进教育现代化、建设教育强国、办好人民满意的教育提

---

① 姜虹羽，孙竞. 牢牢把握教育改革发展的"九个坚持"［EB/OL］. (2018-09-14)［2021-11-20］. http://edu.people.com.cn/n1/2018/0914/c1053-30294281.html.

供了根本遵循。

坚持党对教育事业的全面领导，坚持把立德树人作为根本任务，坚持优先发展教育事业，坚持社会主义办学方向，坚持扎根中国大地办教育，坚持以人民为中心发展教育，坚持深化教育改革创新，坚持把服务中华民族伟大复兴作为教育的重要使命，坚持把教师队伍建设作为基础工作。这"九个坚持"，深刻回答了培养什么人、怎样培养人、为谁培养人这一根本问题，思想深刻、内涵丰富，是我们党对我国教育事业规律性认识的深化，是我们党在实践基础上的理论创新成果，是习近平新时代中国特色社会主义思想的重要组成部分，来之不易，必须始终坚持并不断丰富发展。

教育是国之大计、党之大计。党的十八大以来，以习近平同志为核心的党中央高度重视教育事业，习近平总书记先后到托儿所、幼儿园、小学、中学、职业学校、高等学校考察并同师生们座谈，给小学生、中学生、大学生和老师们回信，主持中央重要会议通过一系列涉及教育改革发展的方案，对推进教育改革发展提出了一系列新理念新思想新观点。这些新理念新思想新观点，概括起来就是"九个坚持"。党的十八大以来，我国教育事业之所以取得显著成就，根本就在于以"九个坚持"指导教育改革发展的实践，使教育事业中国特色更加鲜明，教育现代化加速推进，教育方面人民群众获得感明显增强，我国教育的国际影响力加快提升。

新时代新形势，改革开放和社会主义现代化建设、促进人的全面发展和社会全面进步对教育和学习提出了新的更高的要求。要不断使教育同党和国家事业发展要求相适应、同人民群众期待相契合、同我国综合国力和国际地位相匹配，最根本的就要在以习近平同志为核心的党中央坚强领导下，牢牢把握教育改革发展的"九个坚持"，不断增强贯彻落实"九个坚持"的自觉性和坚定性。只有抓住机遇、超前布局，以更高远的历史站位、更宽广的国际视野、更深邃的战略眼光，对加快推进教育现代化、建设教育强国做出总体部署，坚持把优先发展教育事业作为推动党和国家各项事业发展的重要先手棋，我们才能筑牢建设教育强国这个中华民族伟大复兴的基础工程，不断培养一代又一代社会主义建设者和接班人。

教育兴则国家兴、教育强则国家强，教育对于提高人民综合素质、促进人的全面发展、增强中华民族创新创造活力、实现中华民族伟大复兴具有决定性意义。紧密团结在以习近平同志为核心的党中央周围，牢牢把握教育改革发展的"九个坚持"，真抓实干，开拓进取，我们就一定能在加快推进教育现代化、建设教育强国的伟大实践中，迎来中华民族伟大复兴的灿烂前景。

【延伸阅读】

感动中国人物之人民教师系列

一、2013 年度感动中国教师人物格桑德吉：格桑花开

事迹：格桑德吉，女，西藏自治区墨脱县帮辛乡小学的一名教师。2000 年，格桑德吉毕业于河北师范大学，毕业之后她毅然回到西藏。为了劝学，12 年来格桑德吉老师在极危险的道路上频繁往返；为了孩子们不停课，别村缺老师时她不顾六个月身孕毅然上路；为了把学生平安送到家，每年道路艰险、大雪封山时，作为校长的格桑德吉过冰河、溜铁索、走悬崖峭壁。2012 年，在格桑德吉的努力下，门巴族孩子从最初失学率 30% 变成入学率 95%。她教的孩子有 6 名考上大学、20 多名考上大专、中专。村民们亲切地称她为门巴族的"护梦人"。

颁奖辞：不想让乡亲的梦，跌落于悬崖，门巴的女儿执意要回到家乡。坚守在雪山、河流之间，把知识一点点注入一个个乡村。她用一颗心，脉动一群人的心；用一点光，点亮山间更多的灯火。

二、2014 年度感动中国教师人物朱敏才、孙丽娜：夕阳最美，晚照情浓

事迹：朱敏才，男，1942 年生人，退休外交官。孙丽娜，女，退休高级教师。朱敏才曾是一名外交官，妻子孙丽娜曾是一名高级教师，退休后两人没有选择过安逸的日子，而是奔赴贵州偏远山区支教。他们的足迹在 9 年中遍布贵州的望谟县、兴义市尖山苗寨、贵阳市孟关等地。2010 年两夫妇扎根遵义市龙坪镇，继续他们的支教生涯。尽管已近古稀之年，但他们表示："只要我们还能动，就希望在这里继续教下去，让山里娃也能和城里娃一样，大声流利地说好英语、学好英语。"山区洗澡难、买菜难、乘车难、看病就医难，各方面都极不方便。卧室跟厕所共用一面墙，夏天臭气熏天，孙丽娜晚上要戴着两个口罩才能睡觉。因为长时间在山区生活，加上高原强烈的紫外线照射，孙丽娜的右眼全部失明，左眼视力只剩下 0.03，检查身体时还发现体内重金属超标；而朱敏才也患有高血糖、高血脂、呼吸暂停综合征等疾病。但他们依然坚守岗位，带给孩子生动活泼的课堂氛围。他们义务执教不拿一分报酬，在省吃俭用资助贫困生的同时，还在积极为学校建电脑教室、修学生食堂，四处联系争取支持和帮助。夫妇俩在北京治病期间，仍心系山区的孩子，为他们捐来了 20 台电脑。孙丽娜还将阿里巴巴"天天正能量"奖给她和丈夫的 10 万元奖金转赠给了学校，用于建电脑教室。在支教 9 年后，他们被中央电视台评为"最美乡村教师"。

颁奖辞：你们走过半个地球，最后在小山村驻足，你们要开一扇窗，让孩子发现新的世界。发愤忘食，乐以忘忧。夕阳最美，晚照情浓。信念比生命还重要的一代，请接受我们的敬礼。

三、2015 年度感动中国教师人物莫振高：化作光明烛

事迹：莫振高，学生口中的"莫爸爸""校长爸爸"，是广西都安高中的原校长。都安在当时是全国贫困县，这个大山里的瑶乡，有着众多因贫困上不起学的孩子。于是，莫振高将"让瑶乡儿女走向世界"作为自己的座右铭，任教 30 多年来他跑遍每一位贫困生的家，将了解的情况一一记录在册，并用自己微薄的工资资助了近 300 名学生，圆了他们的大学梦。然而，自己的工资毕竟只是杯水车薪，面对数量众多的贫困学生，这位从未向别人伸手的"莫爸爸"走上了"化缘"之路。他利用休息时间，来到全国各地的机关、企事业单位，做演讲、做动员，只为通过社会力量，帮助更多的瑶乡儿女走出大山。就这样，莫振高一共筹集了 3 000 多万元善款，让 1.8 万个贫困学子圆了大学梦。因积劳成疾，莫振高于 2015 年 3 月 9 日突发心脏病去世。"莫爸爸"的"化缘"之路改变了数以万计贫困孩子的命运，现在他已桃李满天下，九泉之下也可含笑。

颁奖词：千万里，他们从天南地北回来为你送行。你走了，你没有离开。教书、家访、化缘，埋头苦干，拼命硬干。你是不灭的蜡烛，是不倒的脊梁。那一夜，孩子们熄灭了校园所有的灯，而你在天上熠熠闪亮。

四、2017 年度感动中国教师人物卢永根：天意怜幽草，人间重晚晴

事迹：卢永根教授将 10 多个存折的存款转入华南农业大学的账户，卢永根夫妇一共捐 8 809 446 元，这是他们毕生的积蓄。学校用这笔款设立了教育基金，用于奖励贫困学生与优秀青年教师。他说："党培养了我，将个人财产还给国家，是做最后的贡献。"卢永根的秘书赵杏娟说："钱都是老两口一点一点省下来的，对扶贫和教育，两位老人却格外慷慨，每年都要捐钱。"

颁奖辞：种得桃李满天下，心唯大我育青禾。是春风，是春蚕，更化作护花的春泥。热爱祖国，你要把自己燃烧。稻谷有根，深扎在泥土，你也有根扎根在人们心里。

五、2018 年度感动中国教师人物张玉滚：担起乡村未来的"80 后"教师

事迹：张玉滚大学毕业后，放弃在城市的工作机会，回到家乡，从一名每月拿 30 元钱补助、年底再分 100 斤①粮食的民办教师干起，一干就是 17 年。学校地处偏僻，路没修好时，他靠一根扁担，把学生的课本、文具挑进了大山，一挑就是 5 年。他是这里的全能教师，手执教鞭能上课，掂起勺子能做饭，握起剪刀能裁衣，打开药箱能治病。由于常年操劳，"80 后"的他鬓角斑白、脸上布满皱纹。

颁奖辞：扁担窄窄，挑起山乡的未来；板凳宽宽，稳住孩子们的心。前一秒，劈柴生火；下一秒，执鞭上课。艰难斑驳了岁月，风霜刻深了皱纹，有人看到你的沧桑，更多人看到你年轻的心。

【真题再现】

一、选择题

1. 开学了，为把素质教育落到实处，某中学语文教师为学生确定了学期素质教育目标：每个月读一本名著、识两位名人、听三首名曲、品四幅名画、背五首古诗。崔老师的做法（   ）。

    A. 干扰了学生学的节奏   B. 优化了学生学习的方法
    C. 窄化了素质教育的内涵   D. 指明了素质教育的途径

2. 下列关于素质教育的表述中，不正确的是（   ）。

    A. 素质教育更要重视德育   B. 素质教育主要适用于基础教育
    C. 素质教育应遵循教育规律   D. 素质教育不要求学生平均发展

二、辨析题

母猴教小猴爬树是教育。

【参考答案】

一、选择题

1. C   2. B

二、辨析题

答：本题说法错误。母猴教小猴爬树不是教育，是动物界的生存本能。教育是一种有目的培养人的社会活动。只有人类才有教育，动物界没有教育。因此题干说法错误。

---

① 注：1 斤等于 0.5 千克。

模块二

教育功能

■**学习目标**

1. 理解教育功能的内涵及类型。
2. 掌握教育的个体和社会发展功能。
3. 通过案例分析与讨论提高学生的逻辑分析能力。
4. 培养学生正确的教育观，提高学生学习教育学的积极性。

■**知识框架**

教育功能
- 项目一 教育功能概述
  - 内涵
  - 类型
- 项目二 教育的个体发展功能
  - 个体发展的影响因素
  - 个体发展的一般规律
- 项目三 教育的社会发展功能
  - 教育与政治发展
  - 教育与经济发展
  - 教育与文化发展
- 项目四 习近平总书记关于教育的重要论述（2）
  - 习近平总书记阐述教育的根本任务
  - 习近平总书记谈人才培养

项目一　教育功能概述

一、内涵

在社会科学的视野内，"功能"问题最初属于社会学的范畴。教育功能是教育活动和系统对个体发展和社会发展所产生的各种影响和作用。

学校教育功能问题也正是经由涂尔干的研究，从社会学过渡到教育学之中，并最终成为教育社会学，乃至于教育学的基本问题。作为关于学校教育功能问题的经典论述，在《教育的性质与任务》一文中，涂尔干在深入分析批判理性主义者及功利主义者对教育定义解释的基础上，认为教育的任务在于：培养个人具备作为社会成员与特定群体成员所必须具备的身心状况。更确切地说，"教育是年长的几代人对社会生活方面尚未成熟的几代人所施加的影响。其目的在于，使儿童的身体、智力和道德状况都得到某些激励与发展，以适应整个社会在总体上对儿童的要求，并适应儿童将来所处的特定环境的要求。"归纳起来，涂尔干认为，教育具有三个方面的功能：其一，教育在于使年轻一代系统地社会化，即教育在于使每个人实现由"个体我"向"社会我"的转变；其二，教育的功能在于促使个体所隐藏并竭力想要表现出来的能力得到显示，在此基础上培养个体遵守社会秩序、服从政治权威等品质；其三，教育还可以将个体适应社会生活所必需的各种能力，进行代际的传递。简言之，涂尔干认为，教育的根本功能就在于促进儿童的社会化，并通过儿童的社会化来维持社会的存在与发展①。

二、类型

（一）按教育功能作用的对象划分，教育功能分为个体发展功能和社会发展功能

教育的个体发展功能是指教育对个体发展的影响和作用。它由教育活动的内部结构特征决定，发生于教育活动内部，也称为教育的本体功能。

教育的社会发展功能是指教育对社会发展的影响和作用。

现代教育的社会功能包括人口功能、经济功能、政治功能、文化功能、科技功能等。教育的社会发展功能是教育的本体功能在社会结构中的衍生，是教育的派生功能。

（二）按教育作用的性质划分，教育功能分为正向功能与负向功能

教育的正向功能（积极功能）是指教育有助于社会进步和个体发展的积极影响和作用。教育的育人功能、经济功能、政治功能、文化功能等往往是指教育正面的、积极的功能。在实施教育的过程中，要促进教育正向功能的实现，必须充分遵循社会发展和人的发展的客观规律。

教育的负向功能（消极功能）是指阻碍社会进步和个体发展的消极影响和作用。教育的负向功能是由于教育与政治、经济发展不相适应，教育者的价值观念与思维方式不正确，教育内部结构不合理等因素，使教育在不同程度上对社会和人的发展起阻碍作用。

---

① 王建华. 国外学校教育功能研究的缘起与现状［J］. 民办教育研究，2006（1）：48-52，108.

（三）按教育功能呈现的形式划分，教育功能分为显性功能与隐性功能

教育的显性功能是指教育活动依照教育目的，在实际运行中所出现的与之相吻合的结果。如促进人的全面和谐发展、促进社会进步等，就是显性教育功能的表现。显性功能的主要标志是计划性。

教育的隐性功能是指伴随显性教育功能所出现的非预期性的功能。显性功能与隐性功能的区分是相对的，一旦隐性的潜在功能被有意识地开发、利用，就可以转变成显性教育功能。

【真题再现】

一、选择题

1. 我国当前大力发展高等职业教育的举措反映了哪一因素对教育的影响？（　　）
   A. 生产力　　　　　B. 政治经济制度　C. 文化　　　　　　D. 人口
2. 对儿童青少年的成长发展起主导作用的因素是（　　）。
   A. 遗传素质　　　　　　　　　B. 环境
   C. 教育　　　　　　　　　　　D. 个体的主观能动性

二、辨析题

教育对人发展的作用总算积极的。

三、材料分析题

一天，黄老师要求学生背诵课文。才过了五六分钟，几个成绩比较优秀的学生就来找老师背诵，并得到了老师表扬。这时，小伟也要求背诵，几个同学听了哈哈大笑，因为小伟有智力缺陷，思维缓慢，说话不流畅，普通孩子用几秒钟说的一句话，他却需要两分钟才能讲清楚，黄老师望着小伟涨红的脸，微笑着说："好的。小伟，你来背，不着急，慢慢来。"小伟用他那特有的发音，一字一句认真地背诵起来。5分钟过去了，小伟一字不差地背完了。黄老师激动地竖起大拇指说："小伟，你真棒！"教室里响起了热烈的掌声，小伟的脸上露出了灿烂的笑容。

问题：

（1）结合材料，评析黄老师的做法。
（2）教师应如何对随班就读的"特殊儿童"进行教育。

【参考答案】

一、选择题

1. A　2. C

二、辨析题

答：这种说法是错误的。按教育作用的性质可将教育的功能分为正向功能与负向功能。教育的正向功能（积极功能）是指教育有助于社会进步和个体发展的积极影响和作用。教育的负向功能（消极功能）是指阻碍社会进步和个体发展的消极影响和作用。所以教育对人的发展的作用既有积极作用，也有消极作用。因此题干的描述是错误的。

三、材料分析题

答：（1）案例中黄老师的做法是值得赞赏和借鉴的。主要体现在以下几个方面：

首先，黄老师遵循个体身心发展的一般规律——个别差异性，在教学过程中进行因材施教。案例中小伟有智力缺陷，跟班级其他普通孩子相比，存在一些问题。黄老师认识到这一差异性后，针对小伟的特殊情况，采用了个性化教育方式。

其次，黄老师身体力行发展性评价基本理念。案例中，当小伟一字不差背诵完，黄老师给予了他积极肯定的评价，肯定了小伟的学习过程，有利于促进小伟的发展，树立学习上的自信心。

最后，黄老师持有正确的教育观、积极的学生观，并恪守师德要求。师德规范要求教师热爱学生，尊重学生的人格，平等、公正对待学生。黄老师并没有因为小伟的智力问题歧视他，而是积极乐观地鼓励他、帮助他；黄老师在班级其他同学面前也做到了为人师表，给学生树立了榜样，这有利于营造互帮互助、健康的氛围。

（2）作为教师，在随班就读的"特殊儿童"的教育中，应注意以下几点：

①树立正确的教育理念。

②掌握对随班就读特殊儿童进行教育的基本知识和技能。

③为随班就读特殊儿童制订个性化的成长发展计划。

④积极引导班级其他普通儿童正确看待，为特殊儿童的随班就读营造健康的环境。

项目二　教育的个体发展功能

一、个体发展的影响因素

（一）个体发展的内涵

个体发展包括身体发展和心理发展两个方面。

身体发展是指人的生理方面的发展，包括机体各种组织系统正常发育和体质的增强。

心理发展是指个体从出生、成熟、衰老直至死亡的整个生命进程中所发生的一系列心理变化。心理发展包括认知发展和社会性发展。

（二）个体发展的动因

1. 内发论

（1）主要观点。

内发论强调人的身心发展的力量主要源于人自身的内在需要，身心发展的顺序也是由身心成熟机制决定的。内发论强调遗传在人的发展中的决定作用。教育所起作用只是为人的发展创造条件，却不能改变和决定人的发展。

（2）代表人物。

①孟子。其主要观点：提出"仁义礼智非由外铄我也，我固有之也"（《孟子·告子》）。

②弗洛伊德。其主要观点：人的性本能是最基本的自然本能，它是推动人发展的根本动因。

③威尔逊。其主要观点："基因复制"是决定人的一切行为的本质力量。

④格赛尔。其主要观点：成熟机制对人的发展起决定作用。

⑤霍尔。其主要观点："一两的遗传胜过一吨的教育。"

⑥高尔登。他是"优生学"的代表人。

⑦卢梭。其主要观点："出自造物主之手的东西都是好的，而一旦到了人的手里就全变坏了。"

⑧柏拉图。其主要观点："观念"先天地存在于人的灵魂之中。

（3）局限性。

内发论着重强调人的内在因素具有不可替代作用，而忽略了外在因素对人的影响，也忽略了环境、人的能动性以及教育等作用。内发论还认为心理发展与生理发展没有什么实质性区别，心理发展是先天因素成熟的结果，完全否定了后天学习、经验在其中的作用。

2. 外铄论（塑造说）

（1）主要观点。

外铄论认为人的发展主要依靠外在力量，如环境的刺激和要求、他人的影响和学校的教育等。由于外铄论强调外部力量的作用，故一般都注重教育的价值，对教育改造人的本性，形成社会所要求的知识、能力、态度等方面，都保持积极乐观的态度。他们关注的重点是人的学习、学习什么和怎样学习才能有效地学习。

（2）代表人物。

①荀子。他提出"人之性恶，其善者伪也""化性而起伪"。

②洛克。他提出"白板说"。

③华生。其主要观点："给我一打健康的婴儿，不管他们祖先的状况如何，我可以任意把他们培养成从领袖到小偷等各种类型的人。"

④欧文。他提出"性格形成说"，认为"人的性格不是由他自己形成的，而是由外力为他形成的"。

（3）局限性。

外铄论否定了人的生物遗传素质在儿童发展中所起的作用，确信在儿童发展中，其后天的生活经历和环境影响在起决定作用。

（三）个体发展的影响因素

1. 遗传

遗传是指从上代继承下来的生理解剖上的特点，如机体的结构、形态、感官和神经系统等的特点，这些生理特点也叫遗传素质。遗传素质主要指人的感觉知觉的灵敏度、注意的持久性、记忆的强度、思维的敏捷性等。遗传在个体的发展中起着前提作用，具体表现如下：

（1）遗传素质是人的身心发展的前提，为个体的身心发展提供了可能性。

（2）遗传素质的差异对人的身心发展有一定的影响作用，但是遗传素质具有可塑性。

（3）遗传素质的成熟机制制约着人的身心发展水平及阶段，为一定年龄阶段的身心特点的出现提供了可能和限制。

人的遗传素质是逐步成熟的。人的身心发展的阶段和过程受遗传素质的成熟过程制约。遗传素质的成熟过程为一定年龄阶段的人的身心发展特点的出现提供了可能与限制。超越遗传素质成熟程度的教育和学习是不容易获得成功的。人的一些活动能力，是随着遗传素质的成熟程度而表现出来的，人的某些方面的发展，有的就是直接建立在生理成熟的基础上，如格塞尔所做的孪生儿的爬梯实验（直立行走）。

【延伸阅读】

格赛尔——"成熟势力说"

美国心理学家格赛尔提出"成熟势力说"，强调成熟机制对人的身心发展的决定性作用，并通过双生子的爬梯实验来证明他的观点。

被试者是一对出生才46周的同卵双生子A和B。格塞尔先让A每天进行10分钟的爬梯训练，B则不进行此种训练。6周后，A爬5级梯只需26秒，而B却需45秒。从第7周开始，格塞尔对B连续进行两周爬梯训练，结果B反而超过了A，只要10秒钟就爬上了5级梯。格塞尔据此提出了个体发展是由成熟因素决定的。

2. 环境

环境泛指个体生活中影响个体身心发展的一切外部因素，包括自然环境和社会环境。自然环境是人与动物共同赖以存在和发展的客观条件，它是由天然存在的自然界构成的。社会环境包括人类在自然环境基础上创造和积累的物质文明、精神文明和社会关系的总和。环境在个体发展中属于外部因素，具体作用表现如下：

（1）环境为个体的发展提供了多种可能，包括机遇、条件和对象。

（2）环境是人的身心发展的外部的客观条件，环境使遗传提供的发展可能性变成现实。环境对个体发展的影响又有积极和消极之分。

（3）人在接受环境影响和作用时，也不是消极的、被动的。人具有主观能动性，人在改造环境的实践中发展着自身。因此，夸大环境对人的发展的作用，特别是环境决定论，是错误的。

3. 学校教育

学校教育在个体发展中起着主导作用，有以下具体原因：

（1）学校教育是有目的、有计划、有组织的培养人的活动。有明确的目的性是教育与其他社会环境对人的作用相区别的重要标志。

（2）学校教育是通过专门训练的教师来进行的，相对而言效果较好。教师不仅精通自己所教的学科，而且熟悉儿童心理，懂得采取恰当方法，根据学生的实际情况进行教学。

（3）学校教育能有效地控制、影响学生发展的各种因素。学校能在一定程度上协调各种因素，汲取积极因素，排除消极因素，让学生处于最佳的发展环境之中。

（4）学校教育给人的影响比较全面、系统和深刻。学校教育的组织性、计划性和时间的集中性，保证了学生所受教育的系统性；学校教育内容的基础性、普遍性和广泛性，使得这种教育对人的影响更加全面和持久；学校教育集中时间和精力，通过各种活动、训练、练习等方式使人在知识、思想、道德、身体等方面的发展得到及时强化，进而使教育成果得到巩固和加强，因此，对人的影响是深刻的。学校教育的主导作用表现如下：

①学校教育按社会对个体的基本要求对个体发展方向做出社会性规范。

②学校教育具有加速个体发展的特殊功能。

③学校教育，尤其是基础教育对个体发展的影响具有即时和延时的价值。

④学校教育具有开发个体特殊才能和发展个性的功能。

4. 个体的主观能动性

主观能动性是指通过自我意识、自我态度，根据自己的意愿和思想，主动、自觉地而不是被动地按照自己的意愿进行认识和实践的特性。个体主观能动性是人的主体性的表现，其最高层次表现为创造性。个体的主观能动性是个体发展的内部动力，具体表现如下：

（1）主观能动性是推动人身心发展的动力。

人是在实践中按照自我需要自觉主动地改造客观世界，并在改造世界的过程中得到自身发展和提高的。主观能动性是人的一种内在需要和动力，是一种积极的学习动机和渴望，是人的发展的内因。"外因是变化的条件，内因是变化的根据，外因通过内因而起作用。"根据这一原理，环境和教育的影响，只有通过学生身心的活动才能起作用，这种身心的活动表现为学生的主观愿望、动机、需要、意志和实践等，它们构成了人身心发展的动力。

所以，个体的主观能动性是推动人身心发展的动力。创造性是人的主体性的高度体现。

（2）个体的实践活动是个体发展的决定性因素。

人的主观能动性是通过人的活动表现出来的，这里所说的活动包括生命活动、心理活动和社会实践活动。其中，生命活动是其他活动的前提，正常的生命活动直接影响着人的身心发展；心理活动是通过人脑对世界的认识而形成的思维意识、情感等心理过程，它具有心理性特征，支配着社会实践活动；社会实践活动是人认识世界、改造世界的行动，它是人的心理活动产生的源泉。实践活动对人的生命活动和心理活动具有促进作用。随着实践活动内容和范围的不断丰富和扩大，人的身心发展水平会不断提高。人的发展只有通过活动才能实现。

以上对影响人的发展因素及其作用的分析说明，影响人发展的因素是相互作用、相互补充、相互交织，并错综复杂地作用于人而产生的合力；或者说，人的发展，就是先天因素与后天因素、内部因素与外部因素、主观因素与客观因素等各种因素在人的发展的不同方面、不同程度地发挥的不同作用所产生的综合效果。我们不能孤立、片面地强调某一种因素的作用，过分夸大它，也不能忽视某些因素的影响。

二、个体发展的一般规律

在影响人的发展的各种因素中，教育起着主导作用，但这种作用的发挥不能脱离人的身心发展规律。

（一）顺序性

人的身心发展的顺序性是指人的身心发展是一个由低级到高级、由简单到复杂、由量变到质变的连续不断的发展过程。

教育工作者应按照发展的序列进行施教，做到循序渐进。"拔苗助长""陵节而施"等都是有违身心发展顺序性规律的。

（二）阶段性

个体的发展是一个分阶段的连续过程，前后相邻的阶段是有规律的更替的，前一阶段为后一阶段的过渡做准备。个体在不同的年龄阶段表现出身心发展不同的总体特征及主要矛盾，面临着不同的发展任务。

人的身心发展的阶段性规律决定教育工作者必须根据不同年龄阶段的特点分阶段进行，在教育教学的要求、内容和方法的选择上，不能搞"一刀切"，还要注意各阶段间的衔接和过渡。

（三）不平衡性

个体发展的不平衡性主要体现在两个方面：一是同一方面的发展在不同的年龄阶段是不均衡的；二是不同方面在不同发展时期具有不平衡性。也就是说，有的方面在较早的年龄阶段已经达到较高的发展水平，有的则要到较晚的年龄阶段才能达到较为成熟的水平。

教育要遵循儿童身心发展的不均衡性，要适时而教，即要在儿童发展的关键期或最佳期及时地进行教育。

发展的关键期是指身体或心理的某一方面机能和能力最适宜于形成的时期。在这一时期对个体的某一方面训练可以获得最佳效果。"关键期"这一概念最早是由奥地利生态学家劳伦兹提出的。

（四）互补性

互补性主要是指协调性，是对具有生理缺陷的儿童发展的重要保障，它使这些儿童不至于因某种生理机能的缺陷而严重地阻碍其整体发展水平的实现。这一规律也是对残疾儿童进行教育的重要依据。

要求教育应结合学生实际，扬长避短，注重发现学生的自身优势，促进学生的个性化发展。

（五）个体身心发展的个别差异性

个别差异性在不同层次上存在。从群体的角度看，首先表现为男女性别的差异；不仅是自然性别上的差异，还包括由性别带来的生理机能和社会地位、角色、交往群体的差别。其次，个别差异表现在身心的所有构成方面，其中有些是发展水平的差异，有些是心理特征表现方式上的差异。

教育必须因材施教，充分发挥每个学生的潜能和积极因素，有的放矢地进行教学，使每个学生都得到最大的发展。

【真题再现】

一、选择题

1. 英国哲学家洛克提出"白板说"，认为外部的力量决定了人的发展。这种观点属于（　　）。
    A. 外铄论　　　　B. 内发论　　　　C. 多因素论　　　　D. 相互作用论
2. "近朱者赤，近墨者黑"反映了下列哪一因素对人的发展的影响？（　　）
    A. 遗传　　　　B. 环境　　　　C. 教育　　　　D. 个体活动
3. 我国古代思想家墨子认为，人的发展有如白布放进染缸，"染于苍则苍，染于黄则黄，所入者变，其色亦变"。墨子的这种观点属于（　　）。
    A. 遗传决定论　　B. 环境决定论　　C. 教育主导论　　D. 主体能动论

4. 人们常说"三翻六坐八爬叉，十二个月喊爸爸"，这一说法所体现的儿童身心发展规律是（　　）。

　　A. 稳定性　　　　B. 顺序性　　　　C. 不平衡性　　　　D. 个体差异性

5. 人的身心发展是由低级到高级、连续的、不可逆的过程。这反映人的身心发展具有（　　）。

　　A. 阶段性　　　　B. 整体性　　　　C. 顺序性　　　　D. 差异性

6. 李老师在教育过程中，深入了解学生，针对学生不同的发展水平、兴趣、爱好和特长，引导学生扬长避短，发展个性，不断促进学生的自由发展。李老师的这种做法适应了人身心发展的哪一特点？（　　）

　　A. 顺序性　　　　B. 阶段性　　　　C. 连续性　　　　D. 差异性

7. 在某个时期内，个体对某种刺激特别敏感，过了这个时期，同样的刺激则影响很小或没有影响，这个时期称为（　　）。

　　A. 关键期　　　　B. 发展期　　　　C. 转折期　　　　D. 潜伏期

8. 儿童身心发展存在高速发展期，某一时期某一方面的发展特别迅速而在其他阶段相对平稳。这一现象体现了儿童身心发展的那一阶段？（　　）

　　A. 顺序性　　　　　　　　　　　B. 阶段性

　　C. 个别差异性　　　　　　　　　D. 不平衡性

二、辨析题

遗传在人的发展中起决定作用。

三、简答题

1. 为什么说学校教育对人的发展起主导作用？

2. 简述主观能动性在个体发展中的作用。

【参考答案】

一、选择题

1. A　2. B　3. B　4. B　5. C　6. D　7. A　8. D

二、辨析题

答：这种说法是错误的。遗传素质是人的身心发展的必要物质前提，但并不起着决定性作用，只是为个体身心发展提供可能性。

具体地讲，遗传素质是人的身心发展的生理前提，为人的身心发展提供了可能性；遗传素质的生理成熟程度制约着人的身心发展的过程及其阶段；遗传素质的差异性在构成身心发展的个别特点上具有一定的影响；遗传素质在个体发展的不同阶段作用的大小不同，随着个体不断地发展，遗传的作用日益减弱；遗传素质对人发展影响的大小与其本身是否符合常态有关。

同时，个体的主观能动性是人的身心发展的动力，是促进个体发展的决定性因素，所以说遗传在人的发展中起决定作用的说法是错误的。

三、简答题

答：1. 学校教育是由承担教育责任的教师与接受学校教育的学生共同参与和进行的特定的社会实践活动，目的在于通过有目的、有计划的教育促进学生健康成长。首先，学校教育以文化教材影响学生，其影响具有价值性、发展性和简洁性；其次，学校教育是有目的地影响学生，其影响具有全面性、系统性和深刻性。

2. 个体的主观能动性是人的一种内在需要和动力，是一种寻求发展的积极动机和渴望。所以，个体的主观能动性是人的身心发展的内在动力，也是促进个体发展从潜在的可能状态转向现实状态的决定性因素。

项目三　教育的社会发展功能

一、教育与政治发展

（一）政治经济制度对教育的制约

1. 政治经济制度决定教育的领导权

教育的领导权直接关系到教育为谁服务和怎样服务的问题，从某种意义上说，这是教育的首要问题。这一问题决定着教育的社会性质和价值方向等一系列教育上的大政方针，进而直接或间接地影响着教育的方方面面。

在人类社会，谁掌握了国家政权，谁就能够控制精神产品的生产，谁就控制学校教育的领导权，并且可以通过教育方针政策的颁布、教育目的的制定、教育经费的分配、教育内容的规定、教师和教育行政人员的任命等，实现对教育领导权的控制。

2. 政治经济制度决定着受教育的权利

由于不同社会集团在一定的社会政治结构中所处的地位不同，因此，不同社会集团在物质财富的分配中所占的比例也会不同。这就决定了在不同社会集团之间，教育机会分配的比例也会有所不同。在奴隶社会和封建社会，教育主要是对统治阶级子女的教育，具有鲜明的等级性。在资本主义社会，由于资产阶级掌握生产资料，无产阶级的受教育权利和受教育机会受到资产阶级的严格控制。

由此，国家设立怎样的教育制度，什么人接受什么样的教育，进入不同教育系列的标准怎样确定，基本上是由政治经济制度决定的。

3. 政治经济制度决定着教育目的

培养什么样的人，特别是培养出来的人应当具有怎样的政治方向和思想意识倾向，是由一定的社会经济制度决定的。政治经济制度，特别是政治制度是直接决定教育目的的因素。

（二）教育对政治经济制度的影响作用

1. 教育为政治经济制度培养所需要的人才

通过培养人才实现对政治经济制度的影响，是教育作用于政治经济制度的主要途径。

2. 教育是一种影响政治经济的舆论力量

学校是宣传、灌输、传播一定阶级的思想体系、道德规范、政策路线的有效阵地，是宣传某种思想，借以影响群众、服务于一定政治经济制度的现实力量。

3. 教育可以促进民主

一个国家的民主程度直接取决于这个国家的政体，但又间接取决于这个国家人民的文化程度、教育事业发展的程度。普及教育的程度越高，人们的知识越丰富，就越能增强人民的权利意识，认识民主的价值，推崇民主的政策，从而推动政治的改革和进步。

总之，一定社会的政治经济制度直接制约着教育的性质和方向，反过来，教育又对一定的政治经济制度有着很大的影响。这种影响作为促进社会进步的力量，随着现代化进程的加快，变得越来越重要。当然，尽管教育对社会政治有巨大的促进作用，但并不能决定社会的政治力量。

二、教育与经济发展

（一）经济发展对教育的影响与制约

1. 生产力水平决定了教育发展的水平

生产力水平是教育发展的物质基础，同时也对教育提出了与生产力发展水平相适应的要求。纵观历史，不难发现，生产力发展水平与教育发展水平基本呈现一致性。

2. 生产力水平决定教育的规模和速度

生产力水平对教育事业的发展规模和速度有着直接的影响和最终的决定性作用。

第一次科技革命提出了普及初等教育的要求；第二次科技革命提出了普及初级中等教育的要求；第三次科技革命提出了普及高级中等教育的要求；信息革命后，提出了高等教育大众化的要求。

3. 生产力水平制约教育体制、结构的变化

教育结构通常指包括基础教育、职业技术教育、高等教育、成人教育在内的各种类型和层次的学校组合和比例构成。社会生产力发展水平，以及在这个基础上形成的社会经济体系结构，制约着教育结构。

4. 生产力水平制约着教育的内容和手段

首先，经济发展水平、科技进步，促进知识以几何级数的速度增长，这就要求教育内容及时反映这种增长，并通过教育教学活动刻画在未来的劳动者身上。因此，要促进学校的课程结构与内容不断改进与更新。

其次，经济发展带来的知识增长，为教育内容的丰富和课程的调整提供了可能性。

（二）教育的经济功能

1. 教育再生产劳动力

教育为经济发展的各部门提供了一支具有足够数量、较高质量的人才队伍，能够使潜在的生产力转化为现实的生产力，为经济发展提供人力支持。

2. 教育再生产科学技术知识

教育可以通过科学技术的创新，直接推动科学技术的发展，为经济发展提供科技成果。

3. 教育再生产经济效益

教育能够产生经济效益，是经济发展新的增长点。

舒尔茨的人力资本理论

西奥多·舒尔茨（Theodore William Schultz，1902 年 4 月 30 日—1998 年 2 月 26 日），美国经济学家，1979 年获得诺贝尔经济学奖。他分析了农业发展是推动工业化的不可或缺的重要条件，无论是在发展中国家还是在发达国家，都符合这个规律。在将古典经济分析应用于贫困国家的农业问题时，西奥多·舒尔茨还提出人力资本的概念需要像对待其他形式的资本概念一样纳入分析体系；提出对人力资本的投资和回报理论，指出人力资本的累积是社会经济增长的源泉，是解决贫困问题的唯一真正的途径。

舒尔茨研究为什么第二次世界大战结束后德国和日本以奇迹般的速度从严重的破坏中得以复苏，相比之下，英国在战争结束后很久仍然需要配给粮食。他的结论是，能快速恢复是因为有较多健康的、受过良好教育的人，教育促进生产力，进行教育投资能够促进经济增长。他的一个主要贡献后来被称为人力资本理论，这一理论在 20 世纪 80 年代给国际上的大量工作带来了启发，激励国际货币基金组织和世界银行等布雷顿森林体系国际金融机构投资于职业和技术教育。

主要观点之一：人力资本的积累是社会经济增长的源泉。

其主要原因有三个：

其一，人力资本投资的收益率超过物力资本投资的收益率。舒尔茨认为人力资本与物力资本投资的收益率是有相互关系的，认为人力资本与物力资本相对投资量，主要是由收益率决定的。收益率高，说明投资量不足，需要追加投资；收益率低，说明投资量过多，需要相对减少投资量。当人力资本与物力资本二者间投资收益率相等时，就是二者之间的最佳投资比例。在二者还没有处于最佳状态时，就必须追加投资量不足的方面。当前相对于物力投资来说，人力资本投资量不足，必须增加人力资本投资。

其二，人力资本在各个生产要素之间发挥着相互替代和补充作用。舒尔茨认为，现代经济发展已经不能单纯依靠自然资源和人的体力劳动，生产中必须提高体力劳动者的智力水平，增加脑力劳动者的成分，以此来代替原有的生产要素。因此，由教育形成的人力资本在经济增长中会更多地代替其他生产要素。例如，在农业生产中，对农民的教育和农业科学研究、推广、应用，可以代替部分土地的作用，促进经济的增长。

其三，具体数量化计算进一步证明人力资本是经济增长的源泉。舒尔茨运用自己创造的"经济增长余数分析法"，估计测算了美国 1929—1957 年国民经济增长额中约有 33% 是由教育形成的人力资本做出的贡献。

教育促进经济增长是通过提高人们处理不均衡状态的能力的具体方式实现的。

所谓处理不均衡状态的能力，是指人们对于经济条件的变化、更新所做出的反应及其效率，即人们根据经济条件的变化，重新考虑合理分配自己的各种资源，如财产、劳动、金钱及时间等。舒尔茨称这种"分配能力"为处理不均衡能力。这种能力的取得与提高，主要是由于教育形成的人力资本的作用。这种"分配能力"可以带来"分配效益"，从而促进个人或社会的经济增长，增加个人和社会的经济收入。

主要观点之二：教育也是使个人收入的社会分配趋于平等的因素。

人力资本可以促进经济增长，增加个人收入，从而使个人收入、社会分配的不平等现象趋于减少。因为通过教育可以提高人的知识和技能，提高生产的能力，从而增加个人收入，使个人工资和薪金结构发生变化。舒尔茨认为个人收入的增长和个人收入差别缩小的根本原因是人们受教育水平普遍提高，是人力资本投资的结果。教育对个人收入的影响主要表现如下：

首先，工资的差别主要是由于所受教育的差别引起的，教育能够提高工人收入的能力，影响个人收入的社会分配，减少收入分配的不平衡状态。

其次，教育水平的提高会使因受教育不同而产生的相对收入差别趋于减缓。舒尔茨认为随着义务教育普及年限的延长，随着中等和高等教育升学率的提高，社会个人收入不平衡的状况将趋于减少。

最后，人力资本投资的增加，还可以使物力资本投资和财产收入趋于下降，使人们的收入趋于平等化。舒尔茨指出在国民经济收入中，依靠财产收入的比重已相对下降，依靠劳动收入的比重在相对增加，其中人力资本对经济增长的贡献也随之增加。

（资料来源：https://baike.so.com/doc/7537317-7811410.html）

三、教育与文化发展

（一）文化对教育的影响与制约

文化对教育的影响与制约是多方面的，主要表现在两个层次上：宏观层次和微观层次。

1. 在宏观层次上，文化通过为教育提供文化背景和民族文化传统对教育产生影响

文化作为人类所创造的精神财富的总和，存在于社会的每个时间和空间中，因此，教育总是在一定的社会文化背景下进行的。所以，教育必然要受到文化的影响，这种影响主要表现在两个方面。

其一，社会文化的发展必然提高人们对教育的需求，而满足人们对教育的需求，就必须发展教育事业。究其原因，主要有两个：

（1）文化的发展对享受文化的人的素质提出了新的要求。

（2）文化的发展使人们更加深刻地认识到教育的价值。

其二，文化的发展促使教育与社会之间的联系加强。文化的发展造就了文化的日益丰富。丰富的社会文化与封闭的学校文化的有限性之间必然产生矛盾，这种矛盾必然刺激教育的开放，增强学校文化的多样性和丰富性，拓展教育的形式、层次和类型。

2. 在微观层次上，社会文化深入学校内部，直接影响学校教育活动内部的文化构成

（1）文化影响教育目的的确立。

教育目的的确立，除了取决于社会政治经济制度和生产力发展水平以外，还受文化的影响。

（2）文化影响教育内容的选择。

教育内容就是人类的文化，不同时期的文化和不同国家与民族的文化影响着教育内容的不同选择。

（3）文化影响教育教学方法的使用。

不同文化影响着人们对知识及其来源的认识，在教育上影响着人们对师生关系的

认识，由此决定了人们对教育教学方法的不同应用。

（二）教育对文化发展的促进作用

1. 教育具有筛选、整理、传递和保存文化的作用

教育通过培养人来传承文化，为特定社会服务，实现个体的社会化，这就决定了教育必须按照社会的要求和人的身心发展规律来选择教育的内容，从而实现对文化的筛选、整理、传递、保存。

2. 教育具有传播和交流文化的作用

教育通过传播文化，使不同国家和民族的文化相互交流、交融，以促进文化的优化和发展。国际性的文化交流使各个民族文化之间相互补充，使得各民族文化精华汇合、交融起来，逐渐形成全人类的共同文化财富，这是民族文化融入全球文明的进程。

3. 教育具有选择、提升文化的作用

文化选择，是对某种、某部分文化的吸收和舍弃。教育对文化的选择意味着对价值的取舍和认知意向的改变，并且是为了文化自身的发展与进步。

4. 教育具有更新和创造文化的作用

教育激活文化的功能，最根本的体现就是对文化的创新。教育对文化的更新与创造体现在以下三方面：

（1）教育为文化的更新与发展提供大量具有创造活力的人才。

（2）教育选择文化并将选择后的文化确定为教育内容，使得文化更具有生命力。

（3）教育带来的文化交流，使原生文化在与多元文化交融后，激发出文化创新的生机和活力。

（三）学校文化

1. 学校文化的概念

学校文化是指学校全体成员或部分成员习得且共同具有的思想观念和行为方式。

2. 学校文化的特性

（1）学校文化是一种组织文化。

学校是一个社会组织，学校文化必然是一种组织文化。

（2）学校文化是一种整合性较强的文化。

学校有着明确的价值取向和目的要求，它是以学校内部形成的内化了的观念为核心，以预定的目标为动力，通过一系列活动形成多层面、多类型的文化。因此学校具有突出的整体性的特点。

（3）学校文化以传递文化传统为己任。

教材作为教师与学生活动的中介，是千百年来文化的积聚，它所呈现的知识经验，是对人类文化已有成果的提炼和概括。学校还集中了一大批创造文化、传递文化的教师，他们正是文化的拥有者。所以学校是文化传统的产物，传递文化传统成了学校教育的任务。

（4）校园文化——学校文化的缩影。

校园文化是人们为了保证学校中教育活动顺利进行而创立和形成的一种特有的文化形态。按照不同的层次和标准，校园文化可以再细分为校园物质文化、校园精神文化、校园制度文化等。

第一，校园物质文化。

校园物质文化是校园文化的空间物态形式，是校园精神文化的物质载体。它又分为校园环境文化和校园设施文化。

①校园环境文化：校园在校园建筑、校园标识、校容校貌、校园绿化、教育教学场所、校园环境卫生等，即自然因素方面所体现出来的价值观念与教育理念。

②校园设施文化：教学仪器、图书、实验设备、办公设备和后勤保障设施。

第二，校园精神文化。

校园精神文化是校园文化的核心，也是校园文化的最高层次。它主要包括办学宗旨、教育理念、共同愿望、道德观念、共有价值观、班风、教风、学风、校旗、校歌、校徽、校报等。

第三，校园制度文化（规范文化）。

校园制度文化主要指保证校园运行的组织形态、规章制度和角色规范。它包括教育方针政策、校园规章制度、管理体制、道德规范、行为准则、行为取向、典礼仪式、节日活动、公共关系、文化传播等。

校风是学校物质文化、精神文化与制度文化的统一体，是经过长期实践形成的，一旦形成就不易消散。良好的校风是学校整体优化的一种表现形态。校园文化具有导向功能、凝聚功能、规范功能，具有互动性、渗透性、传承性。

3. 学生文化

学生文化是学生群体的价值取向、集体氛围、人际关系、行为特点的总体特征。

（1）学生文化具有过渡性。

学生文化是介于儿童世界与成人世界的一种文化现象，是学生从儿童迈向成人的一种过渡性的产物。一方面，它表现为与成人相异的一些价值观念和行为方式，反映出其有自主、独立的需求；另一方面，由于学生受教师的引导及家长的影响，因此他们也在一定程度上认同成人的价值观念。

（2）学生文化具有非正式性。

学生文化中蕴涵着学生群体的价值和规范，这些文化特征构成一种"环境"，影响着处于这种文化情境中的每一个学生，使得学生在不知不觉中就习得了这种文化。具体来说，学生文化往往是在学生日常的相互交往中、有着共同的价值观念和行为方式、结为一个群体而表现出来的。同时，它对学生所产生的影响也是非正式性的。

（3）学生文化具有多样性。

学生文化的类型是多种多样的。学生可能会因为共同的种族、民族等特征，结成一个相对独立的文化群体；可能会因为共同的社会经济背景而形成独特的社会阶层文化；可能会因性别的差异，表现出不同的性别文化特征；可能会因年龄的不同，在不同的年龄阶段显现出不同的社会文化需求。

（4）学生文化具有互补性。

从整个学校文化来讲，学生文化作为一种独特的文化类型，是与学校文化的一种互补。从学生文化的不同类型方面来讲，年龄文化、性别文化、同伴文化等，也是在发挥各自作用的同时互相渗透、互为补充。

【真题再现】

一、选择题

1. 良好的学校文化氛围能够促使师生员工认同学校的办学理念和办学目标，自觉为实现学校的目标而努力，这主要体现了学校文化的（　　）。

    A. 激励功能　　　B. 凝聚功能　　　C. 约束功能　　　D. 教化功能

2. "玉不琢，不成器；人不学，不知道。是故古之王者建国君民，教学为先。"《学记》中的这句话反映了（　　）。

    A. 教育与经济的关系　　　　　　B. 教育与文化的关系

    C. 教育与政治的关系　　　　　　D. 教育与科技的关系

3. 在当代，教育被人们视为一种投资，一种人力资本，这是因为教育具有（　　）。

    A. 政治功能　　　B. 文化功能　　　C. 经济功能　　　D. 人口功能

二、简答题

1. 简述教育的文化功能。

2. 简述教育的政治功能。

【参考答案】

一、选择题

1. A　　2. C　　3. C

二、简答题

答：1. 第一，教育具有文化的传递的功能。

第二，教育具有文化选择的功能。

第三，教育具有文化更新与创造功能。

第四，现代教育的开放性还促进文化的交流与融合。

2.（1）教育为政治经济制度培养所需要的人才。

（2）教育是一种影响政治经济的舆论力量。

（3）教育可以促进民主。

（4）教育可以促进年轻一代的政治社会的形成。

项目四　习近平总书记关于教育的重要论述（2）

一、习近平总书记阐述教育的根本任务①

国无德不兴，人无德不立。习近平总书记一贯高度重视培养社会主义建设者和接班人，把立德树人作为教育的中心环节。

（1）好老师应该懂得，选择当老师就选择了责任，就要尽到教书育人、立德树人

---

① 金佳绪. 立德树人，习近平这样阐释教育的根本任务［EB/OL］.（2019-03-18）［2021-11-25］. http://www.xinhuanet.com/politics/xxjxs/2019-03/18/c_1124247058.htm.

的责任，并把这种责任体现到平凡、普通、细微的教学管理之中。

——2014 年 9 月 9 日，同北京师范大学师生代表座谈时的讲话

（2）高校立身之本在于立德树人。只有培养出一流人才的高校，才能够成为世界一流大学。

——2016 年 12 月 7 日至 8 日，在全国高校思想政治工作会议上的讲话

（3）要坚持把立德树人作为中心环节，把思想政治工作贯穿教育教学全过程，实现全程育人、全方位育人，努力开创我国高等教育事业发展新局面。

——2016 年 12 月 7 日至 8 日，在全国高校思想政治工作会议上的讲话

（4）要全面贯彻党的教育方针，落实立德树人根本任务，发展素质教育，推进教育公平，培养德智体美全面发展的社会主义建设者和接班人。

——2017 年 10 月 18 日，在中国共产党第十九次全国代表大会上的报告

（5）人无德不立，育人的根本在于立德。这是人才培养的辩证法。办学就要尊重这个规律，否则就办不好学。

——2018 年 5 月 2 日，在北京大学师生座谈会上的讲话

（6）要把立德树人的成效作为检验学校一切工作的根本标准，真正做到以文化人、以德育人，不断提高学生思想水平、政治觉悟、道德品质、文化素养，做到明大德、守公德、严私德。

——2018 年 5 月 2 日，在北京大学师生座谈会上的讲话

（7）要把立德树人内化到大学建设和管理各领域、各方面、各环节，做到以树人为核心，以立德为根本。

——2018 年 5 月 2 日，在北京大学师生座谈会上的讲话

（8）要在加强品德修养上下功夫，教育引导学生培育和践行社会主义核心价值观，踏踏实实修好品德，成为有大爱大德大情怀的人。

——2018 年 9 月 10 日，在全国教育大会上的讲话

（9）要深化教育体制改革，健全立德树人落实机制，扭转不科学的教育评价导向，坚决克服唯分数、唯升学、唯文凭、唯论文、唯帽子的顽瘴痼疾，从根本上解决教育评价指挥棒问题。

——2018 年 9 月 10 日，在全国教育大会上的讲话

（10）要把立德树人融入思想道德教育、文化知识教育、社会实践教育各环节，贯穿基础教育、职业教育、高等教育各领域，学科体系、教学体系、教材体系、管理体系要围绕这个目标来设计，教师要围绕这个目标来教，学生要围绕这个目标来学。凡是不利于实现这个目标的做法都要坚决改过来。

——2018 年 9 月 10 日，在全国教育大会上的讲话

二、习近平总书记谈人才培养[①]

党的十八大以来，习近平总书记把创新摆在国家发展全局的核心位置，高度重视科技创新，围绕实施创新驱动发展战略、加快推进以科技创新为核心的全面创新，提

---

① 沈王一，谢磊. 习近平谈人才培养：既要重视成功，更要宽容失败 [EB/OL]. (2016-04-06) [2021-11-25]. http://cpc.people.com.cn/xuexi/n1/2016/0406/c385474-28252669.html.

出一系列新思想、新论断、新要求。习近平总书记说，"要在全社会积极营造鼓励大胆创新、勇于创新、包容创新的良好氛围，既要重视成功，更要宽容失败"。他指出，"要坚持竞争激励和崇尚合作相结合，促进人才资源合理有序流动。""完善好人才评价指挥棒作用，为人才发挥作用、施展才华提供更加广阔的天地。"

（1）我们要树立强烈的人才意识，寻觅人才求贤若渴，发现人才如获至宝，举荐人才不拘一格，使用人才各尽其能。

——《在全国组织工作会议上的讲话》（2013 年 6 月 28 日），《十八大以来重要文献选编》（上），中央文献出版社 2014 年版，第 344 页

（2）"致天下之治者在人才。"人才是衡量一个国家综合国力的重要指标。没有一支宏大的高素质人才队伍，全面建成小康社会的奋斗目标和中华民族伟大复兴的中国梦就难以顺利实现。

——2013 年 10 月 21 日，在欧美同学会成立一百周年庆祝大会上的讲话

（3）当今世界，综合国力竞争日趋激烈，新一轮科技革命和产业变革正在孕育兴起，变革突破的能量正在不断积累。综合国力竞争说到底是人才竞争。人才资源作为经济社会发展第一资源的特征和作用更加明显，人才竞争已经成为综合国力竞争的核心。谁能培养和吸引更多优秀人才，谁就能在竞争中占据优势。

——2013 年 10 月 21 日，在欧美同学会成立一百周年庆祝大会上的讲话

（4）希望广大留学人员坚持面向现代化、面向世界、面向未来，瞄准国际先进知识、技术、管理经验，以韦编三绝、悬梁刺股的毅力，以凿壁借光、囊萤映雪的劲头，努力扩大知识半径，既读有字之书，也读无字之书，砥砺道德品质，掌握真才实学，练就过硬本领。已经完成学业的留学人员也要拓宽眼界和视野，加快知识更新，优化知识结构，努力成为堪当大任、能做大事的优秀人才。

——2013 年 10 月 21 日，在欧美同学会成立一百周年庆祝大会上的讲话

（5）科教兴国已成为中国的基本国策。我们将秉持科技是第一生产力、人才是第一资源的理念，兼收并蓄，吸取国际先进经验，推进教育改革，提高教育质量，培养更多、更高素质的人才，同时为各类人才发挥作用、施展才华提供更加广阔的天地。

——2013 年 10 月 23 日，在会见清华大学经济管理学院顾问委员会海外委员时的讲话

（6）不拒众流，方为江海。当今世界，经济全球化、信息社会化所带来的商品流、信息流、技术流、人才流、文化流，如长江之水，挡也挡不住。一个国家对外开放，必须首先推进人的对外开放，特别是人才的对外开放。如果人思想禁锢、心胸封闭，那就不可能有真正的对外开放。因此，对外开放要着眼于人、着力于人，推动人们在眼界上、思想上、知识上、技术上走向开放，通过学习和应用世界先进知识和技术，进而不断把整个对外开放提高到新的水平。

——2014 年 5 月 22 日，在同外国专家座谈时的讲话

（7）中华民族历来具有尚贤爱才的优良传统。现在，我们比历史上任何时期都更需要广开进贤之路、广纳天下英才。要实行更加开放的人才政策，不唯地域引进人才，不求所有开发人才，不拘一格用好人才，在大力培养国内创新人才的同时，更加积极主动地引进国外人才特别是高层次人才，热忱欢迎外国专家和优秀人才以各种方式参与中国现代化建设。要积极营造尊重、关心、支持外国人才创新创业的良好氛围，对

他们充分信任、放手使用，让各类人才各得其所，让各路高贤大展其长。

——2014 年 5 月 22 日，在同外国专家座谈时的讲话

（8）外国专家主管部门要继续完善外国人才引进体制机制，切实保护知识产权，保障外国人才合法权益，对做出突出贡献的外国人才给予表彰奖励，让有志于来华发展的外国人才来得了、待得住、用得好、流得动。要遵循国际人才流动规律，更好发挥企业、高校、科研机构等用人单位的主体作用，使外国人才的专长和中国发展的需要紧密契合，为外国专家施展才能、实现事业梦想提供更加广阔的舞台。

——2014 年 5 月 22 日，在同外国专家座谈时的讲话

（9）"盖有非常之功，必待非常之人。"人是科技创新最关键的因素。创新的事业呼唤创新的人才。尊重人才，是中华民族的悠久传统。"思皇多士，生此王国。王国克生，维周之桢；济济多士，文王以宁。"这是《诗经·大雅·文王》中的话，说的是周文王尊贤礼士，贤才济济，所以国势强盛。千秋基业，人才为先。实现中华民族伟大复兴，人才越多越好，本事越大越好。我国是一个人力资源大国，也是一个智力资源大国，我国十三亿多人大脑中蕴藏的智慧资源是最可宝贵的。知识就是力量，人才就是未来。我国要在科技创新方面走在世界前列，必须在创新实践中发现人才、在创新活动中培育人才、在创新事业中凝聚人才，必须大力培养造就规模宏大、结构合理、素质优良的创新型科技人才。

——2014 年 6 月 9 日，在中国科学院第十七次院士大会、中国工程院第十二次院士大会上的讲话

（10）我国科技队伍规模是世界上最大的，这是我们必须引以为豪的。但是，我们在科技队伍上也面对着严峻挑战，就是创新型科技人才结构性不足矛盾突出，世界级科技大师缺乏，领军人才、尖子人才不足，工程技术人才培养同生产和创新实践脱节。"一年之计，莫如树谷；十年之计，莫如树木；终身之计，莫如树人。"我们要把人才资源开发放在科技创新最优先的位置，改革人才培养、引进、使用等机制，努力造就一批世界水平的科学家、科技领军人才、工程师和高水平创新团队，注重培养一线创新人才和青年科技人才。

——2014 年 6 月 9 日，在中国科学院第十七次院士大会、中国工程院第十二次院士大会上的讲话

（11）要按照人才成长规律改进人才培养机制，"顺木之天，以致其性"，避免急功近利、拔苗助长。要坚持竞争激励和崇尚合作相结合，促进人才资源合理有序流动。要广泛吸引海外优秀专家学者为我国科技创新事业服务。要在全社会积极营造鼓励大胆创新、勇于创新、包容创新的良好氛围，既要重视成功，更要宽容失败，完善好人才评价指挥棒作用，为人才发挥作用、施展才华提供更加广阔的天地。

——2014 年 6 月 9 日，在中国科学院第十七次院士大会、中国工程院第十二次院士大会上的讲话

（12）未来总是属于年轻人的。拥有一大批创新型青年人才，是国家创新活力之所在，也是科技发展希望之所在。"我劝天公重抖擞，不拘一格降人才。"广大院士不仅要做科技创新的开拓者，更要做提携后学的领路人。希望广大院士肩负起培养青年科技人才的责任，甘为人梯，言传身教，慧眼识才，不断发现、培养、举荐人才，为拔

尖创新人才脱颖而出铺路搭桥。广大青年科技人才要树立科学精神、培养创新思维、挖掘创新潜能、提高创新能力，在继承前人的基础上不断超越。

——2014年6月9日，在中国科学院第十七次院士大会、中国工程院第十二次院士大会上的讲话

（13）要树立正确人才观，培育和践行社会主义核心价值观，着力提高人才培养质量，弘扬劳动光荣、技能宝贵、创造伟大的时代风尚，营造人人皆可成才、人人尽展其才的良好环境，努力培养数以亿计的高素质劳动者和技术技能人才。

——2014年6月，在全国职业教育工作会议上的讲话

（14）在前进道路上，我们要始终高度重视提高劳动者素质，培养宏大的高素质劳动者大军。劳动者素质对一个国家、一个民族发展至关重要。劳动者的知识和才能积累越多，创造能力就越大。提高包括广大劳动者在内的全民族文明素质，是民族发展的长远大计。面对日趋激烈的国际竞争，一个国家发展能否抢占先机、赢得主动，越来越取决于国民素质特别是广大劳动者素质。要实施职工素质建设工程，推动建设宏大的知识型、技术型、创新型劳动者大军。

——2015年4月28日，在庆祝"五一"国际劳动节暨表彰全国劳动模范和先进工作者大会上的讲话

（15）我们一定要深入实施科教兴国战略、人才强国战略、创新驱动发展战略，把提高职工队伍整体素质作为一项战略任务抓紧抓好，帮助职工学习新知识、掌握新技能、增长新本领，拓展广大职工和劳动者成长成才空间，引导广大职工和劳动者树立终身学习理念，不断提高思想道德素质和科学文化素质。

——2015年4月28日，在庆祝"五一"国际劳动节暨表彰全国劳动模范和先进工作者大会上的讲话

【真题再现】

选择题

1. "君子如欲化民成俗，其必由学乎。"《学记》中这句话反映了（　　）。
　　A. 教育与经济的关系　　　　B. 教育与科技的关系
　　C. 教育与政治的关系　　　　D. 教育与人口的关系

2. 教育具有自身的特点和规律，对政治经济制度和生产力有能动作用，这说明教育具有（　　）。
　　A. 历史性　　　B. 阶段性　　　C. 社会生产性　　　D. 相对独立性

3. 发达国家已经普及12年义务教育，而发展中国家一般仅普及9年义务教育，这说明从根本上制约教育发展规模和速度社会因素是（　　）。
　　A. 政治经济制度　　　　　　B. 生产力发展水平
　　C. 人口数量和质量　　　　　D. 社会意识形态

4. 社会成员经由教育的培养、筛选和提高，可以在不同的社会区域、社会层次、职业岗位以及科层组织之间转化和调动。这种教育功能是（　　）。
　　A. 社会流动性功能　　　　　B. 文化传递功能
　　C. 社会改造功能　　　　　　D. 人口控制功能

5. 不同时期、地域、民族和阶层中生活的人的思想、品行、才能和习性，无不打上历史、地域、民族和阶层的烙印，表现出很大的差别，这种现象表明的影响人发展的因素是（　　）。

　　A. 遗传素质　　　　B. 社会环境　　　　C. 教育影响　　　　D. 个体实践

6. 近年来，越来越多的"一带一路"沿线国家留学生来我国学习，并把中国文化带回自己的祖国。这反映了教育具有（　　）。

　　A. 文化传承功能　　　　　　　B. 文化创造功能
　　C. 文化更新功能　　　　　　　D. 文化传播功能

【参考答案】

选择题

1. C　　2. D　　3. B　　4. A　　5. B　　6. D

模块三

教育目的

■**学习目标**

1. 理解教育目的的内涵、制定、价值取向及功能。
2. 掌握我国的教育方针与目的。
3. 通过讨论提高学生的逻辑分析能力。
4. 培养学生的职业认同感。

■**知识框架**

教育目的
- 项目一　教育目的概述
  - 教育目的的内涵
  - 有关教育目的的理论
- 项目二　我国的教育目的
  - 新中国教育目的的历史回顾
  - 确立我国教育目的的理论基础
  - 现阶段我国教育目的的内涵及基本精神
- 项目三　用社会主义核心价值观培育合格公民
  - 内涵
  - 社会主义公民教育
- 项目四　习近平总书记关于教育的重要论述（3）
  - 建设教育强国
  - 树立社会主义核心价值观

项目一　教育目的概述

一、教育目的的内涵

（一）教育目的的概念

1. 教育目的的重要作用

教育目的是教育的核心问题，是国家对教育培养人的总的要求，它规定着人才的质量和规格，对教育工作具有全程性的指导作用。

2. 广义和狭义的教育目的

人们的这些教育目的有共同之处，也有这样或那样的差异，这些对教育目的的认识是从广义上来说的。也就是说，广义的教育目的是指人们对受教育者的期望，即人们希望受教育者通过教育在身心诸方面发生什么样的变化，或者产生怎样的结果。

狭义的教育目的是指各级各类学校在国家对受教育者培养的总的要求指导下，对人才培养的质量和规格上的具体要求。

在我国，教育目的不仅要在学校中加以贯彻，而且调节着校外教育机构、家庭等一切存在教育因素的场所的活动；不仅指引着学校的受教育者的成长，而且也是民族素质提高的方向。

【延伸阅读】

教育方针与教育目的的联系和区别

教育方针是国家教育工作的基本政策和指导思想，是国家根据政治经济的要求，为实现教育目的所规定的教育工作的总方向。教材方针包括教育工作的服务方向、教育目的、实现教育目的的途径。教育目的则强调了教育活动要达到的最终结果，它是教育方针的重要组成部分。

由此可见，教育方针与教育目的既有联系又有所不同。从二者的联系看，它们在对教育社会性质的规定上具有内在的一致性，都含有"为谁（哪个阶级、哪个社会）培养人"的规定性，都是一定社会（国家或地区）各级各类教育在其性质和方向上不得违背的根本指导原则。从二者的区别来看，一方面，教育方针所含的内容比教育目的更多些：一方面，教育目的一般只包含"为谁培养人""培养什么样的人"的问题，而教育方针除此之外，还含有"怎样培养人"的问题和教育事业发展的基本原则；另一方面，教育目的在对人培养的质量规格方面要求较为明确，而教育方针则在"办什么样的教育""怎样办教育"方面显得更为突出。

（二）教育目的的层次

教育目的的层次包括国家的教育目的、各级各类学校的培养目标、教师的教学目标。

1. 国家的教育目的

国家的教育目的是国家对培养人的总的要求，它规定着各级各类教育培养人的总的质量规格和标准要求。

2. 各级各类学校的培养目标

（1）培养目标是教育目的的具体化，是结合教育目的、社会要求和受教育者的特点制定的各级各类教育的培养要求。

基础教育的培养目标主要是为人的成长发展奠定德、智、体等方面的基础，高等教育的培养目标则是培养各种专门人才。

（2）教育目的与培养目标之间是普遍与特殊的关系。

教育目的是针对所有受教育者提出的，而培养目标是针对特定的教育对象提出的。各级各类学校的教育对象有各自不同的特点，制定培养目标需要考虑各自学生的特点。

3. 教师的教学目标

第一，教学目标是教育者在教育教学的过程中，在完成某一阶段（一节课、一个单元或一个学期）工作时，希望受教育者达到的要求或产生的预期变化。

第二，教师的教学目标是微观层次的教育目的，是一切教育活动的基础，也是进一步具体化的培养目标，它具有很强的操作性。课程是为实现教育目标而选择的教育内容的总和。

教学目标与教育目的、培养目标之间的关系是具体与抽象的关系。它们彼此相关，但又不能相互取代。目的与目标根本不同，目标能测量，但目的不能测量。我们可以把教育目的和培养目标理解为教育意志，它们落实在一系列实现教学目标的行动上。教学目标有秩序的渐进和积累是向教育目的和培养目标的接近。

（三）教育目的的作用

1. 导向作用

教育目的一经确立，就成为人们行动的指南，不仅为受教育者指明了发展方向，预定了发展结果，也为教育工作者指明了工作方向和奋斗目标。

教育政策的制定、教育制度的确立、教育内容的取舍、教育方法和手段的选择、教育效果的评价，都是以教育目的为依据和前提的。教育目的无论是对教育者还是受教育者都有目标导向作用。

2. 激励作用

目的是一种结果指向。既然人类的活动是有目的、有意识、有计划的，那么也就应该有着明确的方向和目标。教育活动因为有可以达成的最终目标，最终目标就可反过来成为一种激励的力量。

3. 评价作用

教育目的既是一个国家人才培养的质量规格和标准，也是衡量教育质量和效益的重要依据。教育目的的评价作用集中体现在现代教育评估或教育督导行为中。

教育目的是衡量和评价教育实施效果的根本依据和标准。评价学校的办学方向、办学水平和办学效益，检查教育教学工作的质量，评价教师的教学质量和工作效果，检查学生的学习质量和发展程度，都必须以教育目的为根本标准和依据。

二、有关教育目的的理论

1. 宗教本位论

西欧中世纪盛行宗教本位论，代表人物有奥古斯丁、托马斯·阿奎那等。

所谓教育目的的宗教本位论，就是主张人在宗教的影响下，以皈依上帝为其生活理想，把人培养成虔诚的宗教人士。宗教本位的教育目的论促使教育为神学服务、将神道压抑人道推到了极端的地步。

在中世纪漫长的时间里，宗教本位论在西方教育思想中长期占据统治地位，并对近现代西方教育思想的发展产生了影响。这种教育目的论强调教育对人的精神世界的作用。它认为教育需要，也能够净化人们的心灵，此外，教育还对人们的良知具有唤醒功能。

2. 社会本位论

社会本位论由来已久，《学记》中曾谈道："君子欲化民成俗，其必由学乎。"中国古代教育一直以修身为本，但修身的最终目的是"治国平天下"。古希腊哲学家柏拉图在其著作《理想国》中提出，一个完美的、理想的国家必须由三部分人组成：哲学家、军人和劳动者。教育的目的就是培养和选拔这些人，使其各司其职。教育也因此成为社会政治的附庸。

社会本位论的代表人物：赫尔巴特、柏拉图、孔德、涂尔干等。

社会本位论的主要观点：社会本位论主张教育的最终目的是满足社会的需要，个人没有价值，不能作为教育的目的。因此，要倡导民族主义，培养人们的爱国主义精神。该观点强调社会需要，并在此基础上发展成为国家主义的教育目的观，即视国家利益高于一切，把为国家服务作为教育的最高目标。

我国教育目的的取向：我国的教育目的观长期以来是社会本位论，并且这种社会本位表现偏重于教育维护社会统治方面，而对其发展社会生产、促进科学技术解决社会问题方面的价值未予以重视。拘泥于社会本位一元论的思维模式，教育容易沦为"工具"，如果过分强调教育的社会发展目标而无视个体发展需要，则会培养大批"工匠"类的人才，但这种人才会因缺乏应变能力而无法满足社会需要。

【延伸阅读】

《学记》全文

《学记》是我国古代的一篇教育论文，是古代中国典章制度专著《礼记》（《小戴礼记》）中的一篇，是我国也是世界上最早的专门论述教育和教学问题的文章。一般认为是战国晚期思孟学派的作品，据郭沫若考证，《学记》的作者为乐正克。《学记》的文字言简意赅、喻辞生动，系统而全面地阐明了教育的目的及作用，教育和教学的制度、原则和方法，教师的地位和作用，教育过程中的师生关系以及学生之间的关系，比较系统和全面地总结和概括了中国先秦时期的教育经验。其全文内容如下：

发虑宪，求善良，足以謏闻，不足以动众；就贤体远，足以动众，未足以化民。君子如欲化民成俗，其必由学乎！

玉不琢，不成器；人不学，不知道。是故古之王者建国君民，教学为先。《兑命》曰："念终始典于学。"其此之谓乎！

虽有嘉肴，弗食不知其旨也；虽有至道，弗学不知其善也。是故学然后知不足，教然后知困。知不足，然后能自反也，知困，然后能自强也。故曰：教学相长也。《兑命》曰："斅学半。"其此之谓乎？

古之教者，家有塾，党有庠，术有序，国有学。比年入学，中年考校。一年视离经辨志；三年视敬业乐群；五年视博习亲师；七年视论学取友，谓之小成。九年知类通达，强立而不反，谓之大成。夫然后足以化民易俗，近者说服而远者怀之，此大学之道也。《记》曰："蛾子时术之。"其此之谓乎！

大学始教，皮弁祭菜，示敬道也。《宵雅》肄三，官其始也。入学鼓箧，孙其业也。夏楚二物，收其威也。未卜禘不视学，游其志也。时观而弗语，存其心也。幼者听而弗问，学不躐等也。此七者，教之大伦也。《记》曰："凡学，官先事，士先志。"其此之谓乎！

大学之教也，时教必有正业，退息必有居学。不学操缦，不能安弦；不学博依，不能安诗；不学杂服，不能安礼。不兴其艺，不能乐学。故君子之于学也，藏焉修焉，息焉游焉。夫然，故安其学而亲其师，乐其友而信其道，是以虽离师辅而不反也。《兑命》曰："敬孙务时敏，厥修乃来。"其此之谓乎！

今之教者，呻其占毕，多其讯，言及于数，进而不顾其安，使人不由其诚，教人不尽其材。其施之也悖，其求之也佛。夫然，故隐其学而疾其师，苦其难而不知其益也。虽终其业，其去之必速，教之不刑，其此之由乎！

大学之法：禁于未发之谓豫，当其可之谓时，不陵节而施之谓孙，相观而善之谓摩。此四者，教之所由兴也。

发然后禁，则扞格而不胜；时过然后学，则勤苦而难成；杂施而不孙，则坏乱而不修；独学而无友，则孤陋而寡闻；燕朋逆其师；燕辟废其学。此六者，教之所由废也。

君子既知教之所由兴，又知教之所由废，然后可以为人师也。故君子之教，喻也。道而弗牵，强而弗抑，开而弗达。道而弗牵则和，强而弗抑则易，开而弗达则思。和易以思，可谓善喻矣。

学者有四失，教者必知之。人之学也，或失则多，或失则寡，或失则易，或失则止。此四者，心之莫同也。知其心然后能救其失也。教也者，长善而救其失者也。

善歌者，使人继其声；善教者，使人继其志。其言也，约而达，微而臧，罕譬而喻，可谓继志矣。

君子知至学之难易，而知其美恶，然后能博喻，能博喻然后能为师，能为师然后能为长，能为长然后能为君。故师也者，所以学为君也，是故择师不可不慎也。《记》曰："三王四代唯其师。"其此之谓乎！

凡学之道：严师为难。师严然后道尊，道尊然后民知敬学。是故君之所以不臣于其臣者二：当其为尸，则弗臣也；当其为师，则弗臣也。大学之礼，虽诏于天子无北面，所以尊师也。

善学者，师逸而功倍，又从而庸之。不善学者，师勤而功半，又从而怨之。善问者如攻坚木，先其易者，后其节目，及其久也，相说以解。不善问者反此。善待问者如撞钟，叩之以小者则小鸣，叩之以大者则大鸣，待其从容，然后尽其声。不善答问者反此。此皆进学之道也。

记问之学，不足以为人师，必也听语乎！力不能问，然后语之，语之而不知，虽舍之可也。

良冶之子，必学为裘；良弓之子，必学为箕；始驾马者反之，车在马前。君子察于此三者，可以有志于学矣。

古之学者，比物丑类，鼓无当于五声，五声弗得不和；水无当于五色，五色弗得不章；学无当于五官，五官弗得不治；师无当于五服，五服弗得不亲。

君子曰：大德不官，大道不器，大信不约，大时不齐。察于此四者，可以有志于学矣。三王之祭川也，皆先河而后海，或源也，或委也，此之谓务本！

（资料来源：https://baike.so.com/doc/586865-621255.html）

3. 个人本位论

个人本位论的代表人物：卢梭、罗杰斯、福禄贝尔、裴斯泰洛齐等。

个人本位论的主要观点：从个体本能需要出发，强调教育要服从人的成长规律和满足人的需要；注重教育对个人的价值；主张教育的目的是培养"自然人"，发展人的个性，增进人的价值，促使个人自我实现。

个人本位的教育目的具有如下特点：

第一，重视人的价值、个性的发展及其需要，把人的个性发展及需要的满足视为教育的价值所在；第二，认为教育目的的根本在于使人的本性、本能得到自然发展，使其需要得到满足；第三，主张应根据人的本性发展和自身完善这种"天然的需要"来选择确立教育目的，按照人的本性和发展需要来规定教育目的。

4. 教育无目的论

教育无目的论是杜威提出来的，他在《民主主义与教育》中指出："教育的过程，在它自身以外没有目的，它就是它自己的目的。"杜威所否定的是教育的一般的、抽象的目的，强调的是教育过程内的目的，即每一次教育活动的具体目的，并非主张教育完全无目的。基于这样的教育目的观，杜威倡导儿童"在做中学"，不仅使儿童有兴趣，而且能调动儿童的学习自主性。

5. 社会需要与人的自身发展的辩证统一论

教育目的的制定要从社会发展需要和人的自身发展需要两方面出发。

【真题再现】

一、选择题

1. 18 世纪法国思想家卢梭认为，"儿童的自然"决定教育目的。这种教育目的价值取向属于（   ）。

  A. 个人本位论 B. 社会本位论 C. 国家本位论 D. 生活本位论

2. 马克思主义经典作家关于人的全面发展的基本含义是指（   ）。

  A. 德智体美劳全面发展   B. 人的身心全面发展

  C. 人的劳动能力全面发展   D. 人的独立个性全面发展

3. 教育目的的制定受到诸多因素的影响，其中决定教育目的的性质、方向和内涵的因素是（   ）。

A. 受教育者的身心发展特点　　　　B. 哲学思想和教育思想

C. 生产力水平和政治经济制度　　　　D. 文化传统和教育传统

4. 在教育目的价值取向问题上，主张"教育是为了使人增长智慧、发展才能，生活更加充实幸福"的观点属于（　　）。

A. 个人本位论　　B. 社会本位论　　C. 知识本位论　　D. 能力本位论

二、辨析题

1. 教育目的和培养目标是统一概念。

2. 教育既然是培养人的活动，教育目的就只能按照人的发展需求确定。

【参考答案】

一、选择题

1. A　2. A　3. C　4. A

二、辨析题

答：1. 错误。教育目的是一个国家对其各级各类学校的总体要求，即不论初等、中等、高等教育，还是理、工、农、医、师等，都要按照这个总的要求培养人。而培养目标是根据教育目的制定的某一级或某一类学校或某一个专业人才培养的具体要求，是国家总体教育目的在不同教育阶段、不同类型学校、不同专业的具体化，二者是一般与个别的关系。

2. 错误。教育目的是国家对培养人的总的要求，是一切工作的出发点和归属。而教育目的制定的依据除了包括学生的身心发展规律外，还包括特定的政治、经济、文化背景，以及制定者的教育思想。

项目二　我国的教育目的

一、新中国教育目的的历史回顾

新中国成立以来，伴随我国社会的发展变化和对教育的不断探索，党和国家根据社会主义革命和建设的需要，依据马克思主义有关教育理论，曾多次规定过我国社会主义教育目的。其具体表述如表 3-1 所示。

表 3-1　我国社会主义教育目的

时间	文件	教育目的
1957 年	《关于正确处理人民内部矛盾的问题》	我们的教育方针，应该使受教育者在德育、智育、体育几方面都得到发展，成为有社会主义觉悟的有文化的劳动者
1982 年	《中华人民共和国宪法》	国家培养青年、少年、儿童在品德、智力、体质等方面全面发展（第一个以法定形式出现的教育目的）
1985 年	《关于教育体制改革的决定》	教育要为我国经济和社会发展培养各级各类合格人才，这些人才都应该有理想、有道德、有文化、有纪律，热爱社会主义祖国和社会主义事业，具有为国家富强和人民富裕而艰苦奋斗的献身精神，都应该不断追求新知，具有实事求是、独立思考、勇于创造的科学精神

表3-1(续)

时间	文件	教育目的
1999 年	《中共中央 国务院关于深化教育改革全面推进素质教育的决定》	实施素质教育,就是全面贯彻党的教育方针,以提高国民素质为根本宗旨,以培养学生的创新精神和实践能力为重点,造就"有理想、有道德、有文化、有纪律"的、德智体美等全面发展的社会主义事业建设者和接班人
2001 年	《国务院关于基础教育改革与发展的决定》	高举邓小平理论伟大旗帜,以邓小平同志"教育要面向现代化、面向世界、面向未来"和江泽民同志"三个代表"的重要思想为指导,坚持教育必须为社会主义现代化建设服务,为人民服务,必须与生产劳动和社会实践相结合,培养德智体美等全面发展的社会主义事业建设者和接班人
2006 年	《中华人民共和国义务教育法》	义务教育必须贯彻国家的教育方针,实施素质教育,提高教育质量,使适龄儿童、少年在品德、智力、体质等方面全面发展,为培养有理想、有道德、有文化、有纪律的社会主义建设者和接班人奠定基础

二、确立我国教育目的的理论基础

1. 特定的社会政治、经济、文化背景

(1) 不同社会发展阶段有不同的教育目的。

教育目的具有历史性、时代性、社会性,在阶级社会具有鲜明的阶级性。教育目的随时代的变迁及社会条件的变化而变化,没有万古不变的教育目的。

(2) 不同的社会制度有不同的教育目的。

社会主义制度和资本主义制度下的教育目的有本质区别,主要表现在教育目的和教育的社会属性上。社会主义教育是为人民服务,为中国共产党治国理政服务,为巩固和发展中国特色社会主义制度服务,为改革开放和社会主义现代化建设服务。

(3) 不同国家的文化背景也使教育培养的人各具特色。

文化是一个民族、国家或一个地区世代沿袭下来的文化性格或文化模式,国家和民族的文化背景关系到人们对教育内容的选择和安排。

总之,不同国家、不同时代的教育,其教育目的的制定都受当时社会政治、经济、文化等因素的影响。教育目的是社会需求的集中反映,是教育性质的集中体现,它反映了社会政治和社会生产的需求,体现了教育的历史性、阶级性和生产力的性质。

2. 受教育者的身心发展规律

(1) 顺序性。

个体身心发展的顺序性是指人的身心发展是一个由低级到高级、由简单到复杂、由量变到质变的连续不断的发展过程。例如思维的发展是从具体形象思维到抽象逻辑思维。

(2) 阶段性。

阶段性是指个体的发展是一个分阶段的连续过程,前后相邻的阶段是有规律更替的,前一阶段为后一阶段的过渡做准备。个体在不同的年龄阶段表现出身心发展不同的总体特征及主要矛盾,面临着不同的发展任务。例如小学阶段的学生的思维以具体形象思维为主，中学阶段的学生的思维以抽象逻辑思维为主。

（3）不平衡性。

不平衡性体现在两个方面：一是同一方面的发展在不同的年龄阶段是不均衡的，即同一方面不同速，例如儿童身高在出生后和青春期长得最快；二是不同方面在不同发展时期具有不平衡性，即不同方面不同步，例如感知成熟在先，思维成熟在后，情感成熟则更晚。

（4）互补性。

互补性反映出个体身心发展各组成部分的相互关系。一方面是指机体某一方面的机能受损甚至缺失后，可通过其他方面的超常发展得到部分补偿，例如盲人的听力一般比普通人好；另一方面是指互补性也存在于心理机能和生理机能之间，如身患重病或有残缺的人，如果他有顽强的意志和战胜疾病的信心，身心依然能都得到很好的发展，如司马迁受宫刑后写出了流传千古的《史记》。

（5）个别差异性。

个别差异性在不同层次上存在。从群体的角度看，首先表现为男女性别的差异；不仅是自然性别上的差异，还包括由性别带来的生理机能和社会地位、角色、交往群体的差别。例如：男性的逻辑能力强于女性，女性的语言表达能力优于男性。其次，个别差异表现在身心的所有构成方面，其中有些是发展水平的差异，有些是心理特征表现方式上的差异。例如：有的人大器晚成，有的人聪明早慧。

3. 人们的教育思想

教育目的具有主观的性质，是一种理想，它与社会的政治理想、社会理想等紧密联系在一起。

4. 我国确立教育目的的理论依据是马克思关于人的全面发展学说

马克思在《资本论》等著作中阐述了关于人的全面发展的学说，其主要包括以下内容：

一是人的全面发展。全面发展的人是指精神和身体、个体性和社会性得到普遍、充分而自由发展的人。

二是社会条件决定了人朝什么方向发展，怎样发展，发展到什么程度。

三是从历史发展的进程上来看，人的发展受社会分工的制约。

四是现代大工业生产的高度发展必将对人类提出全面发展的要求，并提供全面发展的可能性。

五是马克思预言，人类的全面发展只有在共产主义社会才能得到实现。

六是教育与生产劳动相结合是实现人的全面发展的唯一方法。

三、现阶段我国教育目的的内涵及基本精神

1999 年 6 月，《中共中央 国务院关于深化教育改革全面推进素质教育的决定》颁布，其提出教育要"以培养学生创新精神和实践能力为重点，造就'有理想、有道德、有文化、有纪律'的德、智、体、美等全面发展的社会主义事业的建设者和接班人"。

教育目的的这一表述体现了时代的特点，反映了现阶段我国教育目的的基本精神：

第一，我们要培养的人是社会主义事业的建设者和接班人，因此要坚持思想政治

道德素质与科学文化知识能力的统一。

第二，要求学生在德、智、体等方面全面发展，要求坚持脑力劳动与体力劳动两方面的和谐发展。

第三，适应时代发展的要求，强调学生个性的发展，培养学生的创造精神和实践能力。

全面发展的教育由德育、智育、体育、美育和劳动技术教育构成。它们相互依存、相互促进、相互制约，构成一个有机整体，共同促进人的全面发展。

1. 德育在全面发展教育中起着灵魂与统帅作用

德育的主要任务是培养学生正确的世界观、价值观、人生观，使学生具有良好的道德品质和正确的政治观念，形成正确的思想教育的方法。

2. 智育在全面发展教育中起着前提和支持作用

智育的主要任务是授予学生系统的科学文化知识、技能，发展他们的智力和与学习有关的非认知因素的教育。

3. 体育是全面发展教育的重要物质基础

增强学生的体质是中小学体育的根本任务。中小学体育的主要任务：使学生逐步掌握体育运动的基本知识和技能技巧；通过体育，培养学生热爱党、热爱社会主义祖国、热爱集体、遵守革命纪律、勇敢顽强、努力进取、朝气蓬勃的革命精神。

4. 美育在全面发展教育中起着动力作用

中小学美育的主要任务：帮助学生树立正确的审美观点，提高审美能力；培养学生健康的审美情趣，激发他们对美的热爱和追求；发展学生表现美和创造美的能力。

5. 劳动技术教育可以综合德育、智育、体育和美育的作用

劳动技术教育的根本任务是使学生形成劳动情感、态度和习惯，掌握基本的生产技术和技能。劳动技术教育可以使学生更好地理解和巩固德育、智育、美育和体育中所获得的知识、情感、态度、方法和能力，其实质是培养学生的创造性实践能力，它是实现个体与社会协调统一、和谐发展的纽带和桥梁。

【延伸阅读】

美育的力量

习近平总书记在全国教育工作大会上提出了"培养德智体美劳全面发展的社会主义建设者和接班人"的重要论断，将"美育"置于重要的地位。认识、领会这一重要论断的深刻意义，首先要求我们就"美的历程"、人类对于美的认识，加以回顾和总结。

教育所面对的首先是人类的精神世界

审美是人类重要的精神活动。马克思和恩格斯在《德意志意识形态》中指出，人类社会史不等于自然史，人类的发展不仅是自然进化的过程，更是在文明发展中不断进行自我教育的历史。马克思还指出，"实践的唯物主义"与费尔巴哈的"直观的唯物主义"的重要区别，就在于人与自然界里的动物不同——因为人有"本质力量"。

"人的本质力量对象化"学说，体现了马克思主义的唯物主义与英国经验主义、法国自然主义的区别，也深刻体现了马克思对德国古典哲学，特别是康德、黑格尔思想的继承、扬弃与发展。德国古典哲学把"人的本质力量"理解为"精神的力量"，而

按照中国哲学的说法，这就是"初心"，即毛泽东青年时代在读《伦理学原理》笔记中所谓"立此大心"。在北京大学师生座谈会上，习近平总书记深刻论述了中国人的特质、禀赋、中国人的"精神世界"。

习近平总书记这样说："前不久，我在十三届全国人大一次会议上向全体代表讲过：'中国人民的特质、禀赋不仅铸就了绵延几千年发展至今的中华文明，而且深刻影响着当代中国发展进步，深刻影响着当代中国人的精神世界。'我讲到中国人民的伟大创造精神、伟大奋斗精神、伟大团结精神、伟大梦想精神。这种伟大精神是一代一代中华儿女创造和积淀出来的，也需要一代一代传承下去。"

学术与教育所面对的，首先是人类的精神世界。因此，我们必须从精神文明建设的高度去理解教育与学术工作。"精神"不等于知识，教育也不等于智育。德国古典哲学家康德，曾将人的精神世界划分为三个领域：知识、意志与情感，即纯粹理性、实践理性和判断力，或科学、伦理与审美。

康德的论述，在很大程度上成为现代教育和学科体系划分的基础。例如，正是受到康德的启发，蔡元培曾经提出了"以美育代宗教"的观点，并力图将美育纳入现代教育学科体制之中。但是，我们必须看到，也正是康德的这种划分，无形中造成了知识、意志和情感的对立，而随着资产阶级意识形态的形成，审美和情感领域日益与知识和道德领域疏离，随着现代学科体制藩篱的形成，在"审美无功利"和"艺术主体性"教条、"规范"的支配下，艺术和审美日益沦为一个追求个人感受和形式技巧的领域——正是通过回顾"美的历程"，我们才能认识到：这是一个十分值得深思的变化，更是现代教育发展中一个值得深刻反思的问题。

教育应追求理智、意志、情感的统一

实际上，审美领域与知识和道德领域从来就不是对立的，更是难以用学科规范来硬性划分。作为严谨深厚的学者，鲁迅强调"文艺是国民精神前进的灯火"，而这就是在"精神文明"建设的意义上，倡导审美和艺术的作用，强调"文艺要为人生"，就是主张在审美领域中，必须反对那种割裂艺术和思想与道德之间关系的肤浅、庸俗论调。鲁迅当年这些论述，对于反思今天我们的学科区隔，发展我们的文学艺术教育，都具有重要启示。

毛泽东认为，正是由于人的"精神活动"由理智、意志和情感几个方面构成，因此，教育所追求的应该是这几个方面的统一，而不是对立和割裂。从这个意义上说，知识与理智的增强，并不意味着情感和意志的发展，比如为了职业的考虑使学生偏向法律与经济，而蔑视诗歌与艺术，为了智育而忽视体育、美育，这就是让学生去做违背和压制自己自由意志和情感的事情，而这种扭曲就是"异化"，这样培养出来的人才一定是畸形的。

毛泽东还指出，"文化高低和才智大小这两件事情不是一致的东西"，因为有书本知识的人，未必有动手实践的能力，有理性知识的人，未必有热情、意志和信仰。因此，文明的进程不仅是提升劳动者"素质"、文化水平的过程，也是有文化的脑力劳动者必须不断提高自己的热情、信仰、觉悟与意志力的过程。知识并非知识者的特权，劳动也绝非劳动者的宿命，而出路就在于知识与生产劳动的结合、知识分子与劳动人民的结合。据此，他把"培养德智体全面发展，有社会主义觉悟有文化的劳动者"作为新中国教育的发展方向。

美育关乎社会主义精神文明建设，关乎社会意识、社会风气，关乎广大青年学生"本质力量"的发挥和素质禀赋的养成，因此，习近平总书记深刻指出，以辩证的、全面的、平衡的观点正确处理物质文明和精神文明的关系，把精神文明建设贯穿改革开放和现代化全过程、渗透社会生活各方面。习近平总书记的重要论述是有鲜明针对性的，我们必须看到：一个时期、一些地方，在这个问题上存在着思想的偏差。他们往往以为：经济上去了，精神文明自然就上去了，甚至以为经济是"实的"，精神文明是"虚的"，要出政绩，就要抓"实的"，甚至还有人主张精神文明建设要为经济发展"让路"，从而放任拜金主义、享乐主义、利己主义泛滥，对社会风气的庸俗化不闻不问，乃至以为，精神文明建设，只要给钱、撒钱，就一定能上得去。

教育关乎人的本质力量的实现，关乎人的全面发展。人类大脑具备诸般重要能力，如知性、感受、直觉、想象力、创造力，人的全面发展，人的本质力量的实现，是指这些能力的协调、平衡和全面发展，正是这些与理性互相补充的能力的协调发展，使我们成为全面的人。习近平总书记关于"培养德智体美劳全面发展的社会主义建设者和接班人"的重要论述，切实找到我们工作中的短板，在教书育人中，不断与庸俗的、功利主义的社会风气做斗争，树立良好的社会风气，从人的全面发展的角度，去理解社会主义教育的基本方针和本质特征，办好人民满意的教育，努力建设中国特色社会主义的世界一流的教育。

（资料来源：《光明日报》2019年3月19日13版）

【真题再现】

一、选择题

1. 学校教育的直接目标是（　　　）。

　　A. 推动社会发展　B. 增强人的体质　C. 增进社会公平　D. 促进人的发展

2. 与群众体育、竞技体育相比，学校体育的突出特点是（　　　）。

　　A. 娱乐与竞技性　　　　　　　　B. 普及性与文化性

　　C. 教育性与基础性　　　　　　　D. 全体性与全面性

3. 2015年修订的《中华人民共和国教育法》中明确规定，我国教育的性质和方向是（　　　）。

　　A. 教育必须为社会主义现代化建设服务，为社会生活服务

　　B. 教育必须为社会主义现代化建设服务，为人民服务

　　C. 教育必须为社会主义物质文明建设服务，为精神文明建设服务

　　D. 教育必须为社会主义建设服务，为人的发展服务

二、辨析题

全面发展就是指学生德智体诸方面平均发展。

三、简答题

1. 简述传授知识和发展智力之间的辩证关系。

2. 简述学校美育的基本任务。

3. 简述美育对促进学生德智体全面发展的意义。

四、材料分析题

四年级班主任李老师做了一项调查，发现班上多数学生在家几乎从来不干家务活，过着饭来张口、衣来伸手的生活，有些家长对学生劳动也不支持，认为学习才是孩子的主要任务，劳动不仅浪费时间，而且没有必要，家长完全可以代劳。在班级开展的一些劳动活动中，李老师发现，学生不仅缺乏一般的劳动技能习惯，而且缺乏劳动意识，甚至讨厌劳动。

问题：

（1）结合材料谈谈对小学生进行劳动教育的必要性？

（2）如果你是李老师，将如何在班级开展劳动教育？

【参考答案】

一、选择题

1. D　　2. C　　3. B

二、辨析题

答：错误。

全面发展是指人的劳动能力，即人的体力和智力的全面、和谐、充分的发展，还包括人的道德的发展，并不是德智体诸方面的平均发展。

三、简答题

答：1. 它们之间的辩证关系是：（1）掌握知识是发展智力的基础；（2）智力发展是掌握知识的重要条件；（3）防止单纯抓知识教学或只重能力发展的片面性；（4）掌握知识与发展智力可以相互转化。

2. 学校美育的基本任务是帮助学生树立正确的审美观点，提高审美能力，培养审美情趣，在掌握有关美的知识的基础上发展表现美和创造美的能力。

具体来讲，主要包括以下几个方面：

（1）帮助学生树立正确的审美观点，提高审美能力；

（2）培养学生健康的审美情趣，激发他们对美的热爱和追求；

（3）发展学生表现美和创造美的能力。

3. 美育能促进教育目的的实现，促进学生德智体全面发展。具体表现为：①美育对德育的促进作用——以美储善，美育能够陶冶个体的性情，抑制其功利化倾向，在潜移默化中修养超越生死、不计功利的道德情操，使人逐渐高尚起来，即起到以美储善的作用。②美育对智育的促进作用——以美启真，从生理角度来看，美育可以开发大脑的潜能。审美教育可以促进大脑两半球的协调发展，可提高学生学习的兴趣，为学生了解客观世界提供了更广阔的空间，使其在对自然美、艺术美和社会美的体验中，激发强烈的求知欲，培养广泛的兴趣和创造的精神。③美育对体育的促进作用——以美助健，健康的身体是探索知识、攀登科学高峰和从事劳动的基础。美育则可以从身心两个方面来促进体育，起到以美健体的作用。一方面美育可以促进人的生理健康，另一方面美育可以促进形体美和体育技巧的提高。

四、材料分析题

答：（1）学生进行劳动教育的必要性分析如下：①劳动教育能够培养学生的自觉

性和独立性。材料中家长认为让学生参加劳动会耽误学生的学习时间，其实是错误的。因为学生在劳动中可以摆脱脆弱性和依赖性，形成强大的自我约束能力。学生的自制力一旦形成，将会应用到学习中去。②劳动教育能够培养学生各方面的素质。材料中的家长不让学生干家务活，使学生缺乏劳动技能，不利于良好素质的培养。学生在劳动中能够养成良好的品德，获得更多的知识，锻炼身体。③劳动教育能够培养学生形成良好的劳动习惯。材料中有些学生过着饭来张口、衣来伸手的生活，不利于他们劳动习惯的形成。从小培养学生的劳动习惯，使其增强爱劳动的意识，激发其对不劳而获的厌恶感，能够使其珍惜自己和别人的劳动果实。

总之，应该从小培养学生的劳动习惯，帮助其树立强烈的劳动观念，促进学生基本素质的提高。

（2）如果我是李老师，我会通过以下方式开展劳动教育：①通过节假日、班会等对学生进行渗透教育；②家校配合共同开展劳动教育；③开展多种活动让学生积极主动参与劳动；④开展劳动课程，有效搭建活动载体；⑤通过激励评价，激励学生热爱劳动。

总之，我会通过多种方式，运用恰当的评价手段，开展劳动教育。

项目三　用社会主义核心价值观培育合格公民

一、内涵

（一）社会主义核心价值观的内涵

社会主义核心价值观是社会主义核心价值体系的内核，体现社会主义核心价值体系的根本性质和基本特征，反映社会主义核心价值体系的丰富内涵和实践要求，是社会主义核心价值体系的高度凝练和集中表达。

党的十八大以来，中央高度重视培育和践行社会主义核心价值观。习近平总书记多次做出重要论述、提出明确要求。中央政治局围绕培育和弘扬社会主义核心价值观、弘扬中华传统美德进行集体学习。中共中央办公厅印发了《关于培育和践行社会主义核心价值观的意见》。党中央的高度重视和有力部署，为加强社会主义核心价值观教育实践指明了努力方向，提供了重要遵循。

2017年10月18日，习近平总书记在十九大报告中指出，要培育和践行社会主义核心价值观，要以培养担当民族复兴大任的时代新人为着眼点，强化教育引导、实践养成、制度保障，发挥社会主义核心价值观对国民教育、精神文明创建、精神文化产品创作生产传播的引领作用，把社会主义核心价值观融入社会发展各方面，转化为人们的情感认同和行为习惯。

党的十八大提出，倡导富强、民主、文明、和谐，倡导自由、平等、公正、法治，倡导爱国、敬业、诚信、友善，积极培育和践行社会主义核心价值观。其中，富强、民主、文明、和谐是国家层面的价值目标，自由、平等、公正、法治是社会层面的价值取向，爱国、敬业、诚信、友善是公民个人层面的价值准则，这24个字是社会主义核心价值观的基本内容。其具体内涵如下：

1. 富强、民主、文明、和谐

这是我国社会主义现代化国家的建设目标，也是从价值目标层面对社会主义核心价值观基本理念的凝练，在社会主义核心价值观中居于最高层次，对其他层次的价值理念具有统领作用。富强即国富民强，是社会主义现代化国家经济建设的应然状态，是中华民族梦寐以求的美好夙愿，也是国家繁荣昌盛、人民幸福安康的物质基础。民主是人类社会的美好诉求。我们追求的民主是人民民主，其实质和核心是人民当家作主。它是社会主义的生命，也是创造人民美好幸福生活的政治保障。文明是社会进步的重要标志，也是社会主义现代化国家的重要特征。它是社会主义现代化国家文化建设的应有状态，是对面向现代化、面向世界、面向未来的，民族的科学的大众的社会主义文化的概括，是实现中华民族伟大复兴的重要支撑。和谐是中国传统文化的基本理念，集中体现了学有所教、劳有所得、病有所医、老有所养、住有所居的生动局面。它是社会主义现代化国家在社会建设领域的价值诉求，是经济社会和谐稳定、持续健康发展的重要保证。

2. 自由、平等、公正、法治

这是对美好社会的生动表述，也是从社会层面对社会主义核心价值观基本理念的凝练，它反映了中国特色社会主义的基本属性，是我们党矢志不渝、长期实践的核心价值理念。自由是指人的意志自由、存在和发展的自由，是人类社会的美好向往，也是马克思主义追求的社会价值目标。平等指的是公民在法律面前的一律平等，其价值取向是不断实现实质平等。它要求尊重和保障人权，人人依法享有平等参与、平等发展的权利。公正即社会公平和正义，它以人的解放、人的自由平等权利的获得为前提，是国家、社会应然的根本价值理念。法治是治国理政的基本方式，依法治国是社会主义民主政治的基本要求。它通过法制建设来维护和保障公民的根本利益，是实现自由平等、公平正义的制度保证。

3. 爱国、敬业、诚信、友善

这是公民基本道德规范，是从个人行为层面对社会主义核心价值观基本理念的凝练。它覆盖社会道德生活的各个领域，是公民必须恪守的基本道德准则，也是评价公民道德行为选择的基本价值标准。爱国是基于个人对自己祖国依赖关系的深厚情感，也是调节个人与祖国关系的行为准则。它同社会主义紧密结合在一起，要求人们以振兴中华为己任，促进民族团结、维护祖国统一、自觉报效祖国。敬业是对公民职业行为准则的价值评价，要求公民忠于职守，克己奉公，服务人民，服务社会，充分体现了社会主义职业精神。诚信即诚实守信，是人类社会千百年传承下来的道德传统，也是社会主义道德建设的重点内容，它强调诚实劳动、信守承诺、诚恳待人。友善强调公民之间应互相尊重、互相关心、互相帮助，和睦友好，努力形成社会主义的新型人际关系。

（二）社会主义公民的内涵

公民指具有某一国国籍，并根据该国法律规定享有权利和承担义务的人。公民意识与臣民意识等相对，指一个国家的民众对社会和国家治理的参与意识。公民政治权利是指公民依法享有参与国家政治生活的权利。它包括以下的内容：公民有选举权及被选举权；参与国家管理的权利；政治参与的基本条件是知情权。《中华人民共和国宪法》第三十三条规定："凡具有中华人民共和国国籍的人都是中华人民共和国的公民。中华人民共和国公民在法律面前一律平等。国家尊重和保障人权。任何公民享有宪法和法律规定的权利，同时必须履行宪法和法律规定的义务。"

公民属性的内涵十分丰富，其表现是多角度和多层次的，并随着时代的发展而不断发展。通过前面对公民属性历史沿革的梳理，以及各个时期学者的理论成果，并结合我国的政治和社会环境，我国社会主义公民具有国家性、主体性、平等性、公共性和道德性等基本属性①。

二、社会主义公民教育

关于公民教育的含义，学界讨论的主要指向是公民教育该培养怎样的人，还有通过回顾国内外公民教育的历史，讨论如何继续推动中国的公民教育等，并以此为议题展开一系列讨论。有学者提出，公民教育是指通过教育生成具有以权力意识为主的公民意识、公民美德、公民行为能力的人。有学者认为："公民教育是指国家与社会根据自身发展需要和时代的要求培养其成员的公民权利与义务知识、技能与价值观和品格的教育。"还有学者认为："公民教育是以公民的本质特征为核心，以公民的权利和义务为主要内容的一种主体性教育。"有学者分析，公民教育是关涉公民资格或公民身份的教育，是旨在促进国民形成公民身份认同的教育，其实质是培养合格公民或"好公民"的教育实践活动。有学者认为，公民教育是一个历史性的概念，有广义和狭义之分：广义的公民教育是使社会共同体成员成为享有法定权利和履行法定义务的公民的活动；狭义的公民教育是提供培养参与国家和社会公共事务管理主体的公民知识体系。中国公民教育必须是符合中国国情的中国特色社会主义性质的公民教育，对国内外公民教育的历史回顾，不仅有利于人们认清教育的本质，而且有利于促进我国的公民道德教育②。

党的十八大以来，学术界对公民教育内容体系的构建主要是以中国自身为基本依据展开讨论的，学者认为中国公民教育的内容应该以中华民族的优秀传统文化、革命文化以及中国特色社会主义的先进文化等中华民族的历史传承内容为主。有学者指出，公民教育要与社会主义核心价值观教育有机结合，其内容也应该是以社会主义核心价值观为核心，以体现中华民族历史传承的内容为辅，共同互补成为公民教育的主要内容，以期更好地来提升中国的国民素质。还有学者指出，要正确解决公民教育与中国传统文化之间的冲突，完成公民教育的中国化，发挥重要作用的便是中国的传统文化，而中国传统文化的基因是基于血缘关系的"家文化"，所以开展当前的公民教育，还需要注意的就是要发挥家文化的重要作用来培养中国公民。也有学者指出，在中国开展公民教育，就要在马克思主义的指导下，保持中国文化的高度自觉，以中华文化传统为根本，以"关系中的人"为立足点，以"国家—社会"的互构合作为现实支撑，以"人的自由全面发展"为主要内容进行中国的公民培养，以预制公民教育，使"公民教育"这个舶来品在中国落地生根。还有学者认为，公民教育是一种文化现象，是对文化传统的反映，也是对文化合理性的表达，所以，表现在诉求上，便是理性精神、伦

① 王文香. 社会主义公民基本属性及其培育研究 [D]. 郑州：郑州大学，2013.
② 张天浩. 十八大以来中国特色社会主义公民教育研究综述 [J]. 渭南师范学院学报，2018，33（14）：83-91.

理精神和公民精神。由此，也决定了公民教育的主要内容应该由公民意识教育、公民伦理教育和公民责权教育这三部分组成。还有学者总结，当前我国公民教育的主要内容应当包括政治教育、民主与法制教育、爱国主义和中华民族优良传统教育、社会公德教育，教育途径和方法主要是通过开设专门的公民教育课程，融入其他课程的公民教育，将公民教育作为高校研究方向，开展相关的实践活动，通过媒体进行有关公民教育，开展公民教育理论和实践研讨会、讲座。

【延伸阅读】

苏霍姆林斯基——《公民的诞生》

瓦·阿·苏霍姆林斯基（1918—1970 年），全称瓦西里·亚历山德罗维奇·苏霍姆林斯基，苏联著名教育实践家和教育理论家。

苏霍姆林斯基在帕夫雷什中学任教，担任这所农村中学的校长、教师和教育者长达 22 年，并于 1969 年获乌克兰社会主义加盟共和国功勋教师称号，并获两枚列宁勋章、1 枚红星勋章、多枚乌申斯基和马卡连柯奖章等。苏霍姆林斯基虽然一生短暂，但他持之以恒地探索和孜孜不倦地写作，奇迹般地写出了 40 部专著、600 多篇论文、约 1 200 篇儿童小故事。苏霍姆林斯基的全部著作都是面向教师、教育家、教育者、父母和自己孩子们的。他把自己的思维、思索、建议和见解全部倾注到了他的著作当中，即怎样培养"真正的人"。教师和父母应当历经何等艰难之路，才能使孩子成长为好学上进、聪颖、心地善良而高尚的人和好公民。苏霍姆林斯基的作品深受人们的喜爱，在国外许多国家也被广为出版。如众所周知的《我把心给了孩子们》《公民的诞生》《给女儿的信》以及某些论文和小故事。苏霍姆林斯基在从事学校实际工作的同时，进行了一系列教育理论问题的研究，写有《给教师的一百条建议》《把整个心灵献给孩子》《巴甫雷什中学》《公民的诞生》《失去的一天》《学生的精神世界》《致女儿的信》《妈妈，我不是最弱小的》等收录在《苏霍姆林斯基选集》（五卷本）。《给教师的一百条建议》为苏联师范类专业学生入学必读。

苏霍姆林斯基从多角度论述了教育目的，提出了"培养共产主义建设者""培养全面发展的人""聪明的人""幸福的人""合格的公民"等。其中最集中的也最深刻的一个观点是要把青少年培养成为"全面和谐发展的人、社会进步的积极参与者"。而培养这种人需要实现全面发展的教育任务，即应使"智育、体育、德育、劳动教育和审美教育深入地相互渗透和相互交织在一起，使这几个方面的教育呈现一个统一的完整的过程"。

关于德育，他明确指出，"和谐全面发展的核心是高尚的道德"。他特别强调要使学生具有丰富的精神生活和精神需要，认为"精神空虚是人的最可怕的灾难"。要求教师和家长尊重儿童的人格，全面关心儿童。他说："如果有人问我，生活中什么是最主要的呢？我可以毫不犹豫地回答说'爱孩子'。"他提出了"要让每个学生都抬起头来走路"的主张，并努力创设良好的教育环境，"让学校的墙壁也说话"。同时，他指出爱不等于无原则的溺爱，应该用严格的纪律和道德规范去要求儿童，并注重通过集体教育培养学生的道德品质。

关于智育，他认为智育就其本质与任务来说，包括给学生以系统的科学知识、形成科学世界、发展智力等方面。智育是在获取知识的过程中进行的，通过传授，帮助学生形成科学的世界观，并发展他们的智力。他是知识与智力的统一论者，提出学生的知识要建立在广阔的"智力背景"上，创造了许多新鲜经验，其中包括给儿童上思维课；开展课外读书；按自己的兴趣和爱好参加课外小组活动等。在帕夫雷什中学，所有学生整个下午都参加各种课外小组活动，小组达到一百多个。

关于体育，他说，"对健康的关注，这是教育工作者首要的工作。孩子的精神生活、世界观、智力发展、知识的巩固和对自己力量的信心，都要看他们是否乐观愉快、朝气蓬勃"，并响亮地喊出了"健康、健康，再一个还是健康"的口号。他不允许低年级儿童在室内进行三小时以上的脑力劳动，反对让12~15岁的少年每天花费四五个小时去做家庭作业。他带领师生在校园内外种植大量植物，为孩子们建立天然的"氧气厂"。在教室内，注意合理采光，定期检查课桌椅与学生身高之间的适合程度，注意学生合理的营养等。他钻研了15年之久，为帕夫雷什中学制定了新作息制度，保证劳动和休息、活动与睡眠的适当交替。

关于美育，他指出："美是道德纯洁、精神丰富和体魄健全的有力源泉。"在青少年受教育的整个过程中，必须抓紧美育的实施。他十分注重培养学生美的情感和塑造他们美的心灵，并提出了进行美育的多种多样的途径和手段，如通过观赏大自然感受美，通过文学艺术作品鉴赏美，通过动手劳动创造美等，甚至要求儿童重视衣着美和仪表美。总之，在整个美育过程中，美育应随时、随处进行。

关于劳动教育，他明确指出："劳动以外的教育和没有劳动的教育是不存在也不可能存在的。"他认为，如果对学生进行十年制教育，仅仅教给他科学基础知识，从不让他接受劳动训练，而在他毕业时把一把铲子交给他开始劳动，那么这对于学生来说"是一个悲剧"。因为他在十年过程中脱离了劳动，脱离了生活，精神生活是空虚的，没有劳动技能，没有做好生活准备，特别是没有劳动情感，这无论从社会对青年一代的期望来说，还是对青少年的个性发展来都说是一种失败。因此，在他的教育实践中一向重视劳动教育的实施。

总之，苏霍姆林斯基对教育的论述，既提出了明确的教育目的，又提出了具体的五育任务。在论述五育时，他既强调了各育的"相对独立职能"，又阐明了在实施过程中必须相互联系、相互渗透、相辅相成。

《公民的诞生》是苏联伟大的教育家苏霍姆林斯基的重要著作之一。全书以公民教育精神为主线，全面论述了培养真正的公民所进行的智能教育、文化知识教育、体育、道德教育、情感教育、美感教育以及劳动教育。

作者在细致分析了童年期、少年期及童年向少年过渡时期的生理和心理发展变化过程的基础上，以独特的视角，抓住发生在学生身上的点滴变化，通过倾听学生的言语观察学生的眼神和表情，来感知和展现学生的内心世界；并且通过由浅入深的分析，揭示了真正的公民的内涵、价值与意义。

全书文字优美、生动、感情真挚、细腻，实例真实、丰富，说理简洁、透辟，行文通俗、易懂，具有重大的理论和实践价值，可供我国教育工作者特别是小学教师、中学教师，甚至是广大的家长借鉴与参考。

（资料来源：https://baike.so.com/doc/5373358-5609333.html）

项目四 习近平总书记关于教育的重要论述（3）

一、建设教育强国①

教育兴则国兴，教育强则国强。在习近平总书记的心中，教育一直被放在优先发展的战略位置上。党的十八大以来，总书记关于建设教育强国，提出了诸多重点工作。

（一）弘扬尊师重教的社会风尚

（1）全党全社会要弘扬尊师重教的社会风尚，努力提高教师政治地位、社会地位、职业地位，让广大教师享有应有的社会声望，在教书育人岗位上为党和人民事业做出新的更大的贡献。

——2018 年 9 月 10 日，在全国教育大会上的讲话

（2）要加强教师教育体系建设，加大对师范院校的支持力度，找准教师教育中存在的主要问题，寻求深化教师教育改革的突破口和着力点，不断提高教师培养培训的质量。要让全社会广泛了解教师工作的重要性和特殊性，让尊师重教蔚然成风。

——2014 年 9 月 9 日，同北京师范大学师生代表座谈时的讲话

（二）办好人民满意的教育

（1）建设教育强国是中华民族伟大复兴的基础工程，必须把教育事业放在优先位置，深化教育改革，加快教育现代化，办好人民满意的教育。

——2017 年 10 月 18 日，在中国共产党第十九次全国代表大会上的报告

（2）教育要注重以人为本、因材施教，注重学用相长、知行合一，着力培养学生的创新精神和实践能力，促进学生德智体美全面发展。

——2016 年 9 月 9 日，在北京市八一学校考察时的讲话

（三）大力推进素质教育

（1）基础教育要树立强烈的人才观，大力推进素质教育，鼓励学校办出特色，鼓励教师教出风格。

——2016 年 9 月 9 日，在北京市八一学校考察时的讲话

（2）要深化教育改革，推进素质教育，创新教育方法，提高人才培养质量，努力形成有利于创新人才成长的育人环境。

——2013 年 9 月 30 日，在主持十八届中央政治局第九次集体学习时的讲话

（四）教育公平是社会公平的重要基础

（1）教育公平是社会公平的重要基础，要不断促进教育发展成果更多更公平惠及全体人民，以教育公平促进社会公平正义。

——2016 年 9 月 9 日，在北京市八一学校考察时的讲话

（2）中国将坚持实施科教兴国战略，始终把教育摆在优先发展的战略位置，不断扩大投入，努力发展全民教育、终身教育，建设学习型社会，努力让每个孩子享有受

---

① 王晗. 建设教育强国 习近平划下这些重点 ［EB/OL］. （2018 - 09 - 10）［2021 - 11 - 30］. http://china. chinadaily.com.cn/2018-09/10/content_36883049.htm.

教育的机会，努力让 13 亿人民享有更好更公平的教育，获得发展自身、奉献社会、造福人民的能力。

——2013 年 9 月 25 日，在联合国"教育第一"全球倡议行动一周年纪念活动上的视频贺词

（五）加大对基础教育的支持力度

（1）基础教育是立德树人的事业，要旗帜鲜明加强思想政治教育、品德教育，加强社会主义核心价值观教育，引导学生自尊自信自立自强。

——2016 年 9 月 9 日，在北京市八一学校考察时的讲话

（2）教育很重要。革命老区、贫困地区要脱贫致富，从根儿上还是要把教育抓好，不能让孩子输在起跑线上。国家的资金会向教育倾斜、向基础教育倾斜、向革命老区基础教育倾斜。

——2015 年 2 月 14 日，在陕西察看杨家岭福州希望小学办学情况时说

（六）实现高等教育内涵式发展

（1）当前，我国高等教育办学规模和年毕业人数已居世界首位，但规模扩张并不意味着质量和效益增长，走内涵式发展道路是我国高等教育发展的必由之路。

——2018 年 5 月 2 日，在北京大学师生座谈会上的讲话

（2）加快一流大学和一流学科建设，实现高等教育内涵式发展。健全学生资助制度，使绝大多数城乡新增劳动力接受高中阶段教育、更多接受高等教育。

——2017 年 10 月 18 日，在中国共产党第十九次全国代表大会上的报告

（七）建设中国特色职业教育体系

（1）完善职业教育和培训体系，深化产教融合、校企合作。

——2017 年 10 月 18 日，在中国共产党第十九次全国代表大会上的报告

（2）要牢牢把握服务发展、促进就业的办学方向，深化体制机制改革，创新各层次各类型职业教育模式，坚持产教融合、校企合作，坚持工学结合、知行合一，引导社会各界特别是行业企业积极支持职业教育，努力建设中国特色职业教育体系。

——2014 年 6 月，就加快发展职业教育做出重要指示

二、树立社会主义核心价值观①

党的十八大以来，以习近平同志为核心的党中央高度重视培育和践行社会主义核心价值观。习近平总书记曾这样总结 24 字的社会主义核心价值观：富强、民主、文明、和谐是国家层面的价值要求，自由、平等、公正、法治是社会层面的价值要求，爱国、敬业、诚信、友善是公民层面的价值要求。这个概括，实际上回答了我们要建设什么样的国家、建设什么样的社会、培育什么样的公民的重大问题。

针对社会主义核心价值观，习近平总书记曾多次做出重要论述并提出明确要求，为我国国家发展进步、社会安定团结、人民诚信友爱指明方向。本文梳理习近平总书记相关讲话，以飨广大网友。

① 李慧. 树立社会主义核心价值观，习近平这些话要牢记［EB/OL］.（2018-07-25）［2021-11-30］. http://news.cctv.com/2018/07/24/ARTINguiUtmrYtDMebTQcZVW180724.shtml.

模块三 教育目的

（一）指路国家发展

（1）国家富强，民族复兴，最终要体现在千千万万个家庭都幸福美满上，体现在亿万人民生活不断改善上。千家万户都好，国家才能好，民族才能好。

——2018 年 2 月 14 日，在 2018 年春节团拜会上的讲话

（2）中国共产党领导的多党合作和政治协商制度，既强调中国共产党的领导，也强调发扬社会主义民主。政治协商、民主监督、参政议政，就是这种民主最基本的体现。

——2018 年 3 月 4 日，在看望参加政协会议的民盟致公党无党派人士侨联界委员时的讲话

（3）我们要立足中国，面向现代化、面向世界、面向未来，巩固马克思主义在意识形态领域的指导地位，发展社会主义先进文化，加强社会主义精神文明建设，把社会主义核心价值观融入社会发展各方面，推动中华优秀传统文化创造性转化、创新性发展，不断提高人民思想觉悟、道德水平、文明素养，不断铸就中华文化新辉煌。

——2018 年 5 月 4 日，在纪念马克思诞辰 200 周年大会上的讲话

（4）一个好的社会，既要充满活力，又要和谐有序。社会建设要以共建共享为基本原则，在体制机制、制度政策上系统谋划，从保障和改善民生做起，坚持群众想什么、我们就干什么，既尽力而为又量力而行，多一些雪中送炭，使各项工作都做到愿望和效果相统一。

——2015 年 5 月，在浙江调研时的讲话

（二）促进社会进步

（1）我们要随时随刻倾听人民呼声、回应人民期待，保证人民平等参与、平等发展权利，维护社会公平正义，在学有所教、劳有所得、病有所医、老有所养、住有所居上持续取得新进展，不断实现好、维护好、发展好最广大人民根本利益，使发展成果更多更公平惠及全体人民，在经济社会不断发展的基础上，朝着共同富裕方向稳步前进。

——2013 年 3 月 17 日，在第十二届全国人民代表大会第一次会议上的讲话

（2）我们提出要努力让人民群众在每一个司法案件中都感受到公平正义，所有司法机关都要紧紧围绕这个目标来改进工作，重点解决影响司法公正和制约司法能力的深层次问题。要坚持司法为民，改进司法工作作风，通过热情服务，切实解决好老百姓打官司难问题，特别是要加大对困难群众维护合法权益的法律援助。

——2013 年 2 月 23 日，主持中共中央政治局第四次集体学习时的讲话

（3）当前，中国正在建设中国特色社会主义法治体系，推进全面依法治国，坚持依法治国、依法执政、依法行政共同推进，坚持法治国家、法治政府、法治社会一体建设，全面推进科学立法、严格执法、公正司法、全民守法，营造法治化、国际化、便利化的营商环境，建设社会主义法治国家。

——2018 年 5 月 25 日，向第十三次上海合作组织成员国最高法院院长会议致贺信

（4）各类企业都要把守法诚信作为安身立命之本，依法经营、依法治企、依法维权。法律底线不能破，偷税漏税、走私贩私、制假贩假等违法的事情坚决不做，偷工减料、缺斤短两、质次价高的亏心事坚决不做。

——2016 年 3 月 4 日，在看望出席全国政协十二届四次会议民建、工商联界委员并参加联组讨论时的讲话

（三）铸就人民信仰

（1）你们要注意培养追求真理、报效祖国的志向，爱祖国、爱人民、爱劳动、爱科学、爱社会主义，时刻把祖国和人民放在心中，从小听党的话、跟着党走，努力做祖国和人民需要的好孩子，做祖国和人民事业发展的接班人。

——2015年6月1日，在北京人民大会堂会见中国少年先锋队第七次全国代表大会全体代表时的讲话

（2）世界上最难的事情，就是怎样做人、怎样做一个好人。要做一个好人，就要有品德、有知识、有责任，要坚持品德为先。你们现在都是小树苗，品德的养成需要丰富的营养、肥沃的土壤，这样才能茁壮成长。现在把自己的品德培育得越好，将来人就能做得越好。要学会做人的准则，就要学习和传承中华民族传统美德，学习和弘扬社会主义新风尚，热爱生活，懂得感恩，与人为善，明礼诚信，争当学习和实践社会主义核心价值观的小模范。

——2015年6月1日，在北京人民大会堂会见中国少年先锋队第七次全国代表大会全体代表时的讲话

（3）要认真汲取中华优秀传统文化的思想精华和道德精髓，大力弘扬以爱国主义为核心的民族精神和以改革创新为核心的时代精神，深入挖掘和阐发中华优秀传统文化讲仁爱、重民本、守诚信、崇正义、尚和合、求大同的时代价值，使中华优秀传统文化成为涵养社会主义核心价值观的重要源泉。

——2014年2月24日，在中共中央政治局第十三次集体学习时的讲话

（4）对突出的诚信缺失问题，既要抓紧建立覆盖全社会的征信系统，又要完善守法诚信褒奖机制和违法失信惩戒机制，使人不敢失信、不能失信。对见利忘义、制假售假的违法行为，要加大执法力度，让败德违法者受到惩治、付出代价。

——2016年12月9日，在中共中央政治局第三十七次集体学习时的讲话

模块四

教育制度

■学习目标

1. 理解教育制度和学制的内涵、类型及功能。
2. 掌握我国的学制体系。
3. 通过对比分析提高学生的逻辑分析能力。
4. 培养学生的职业认同感，激发学生学习教育学的积极性。

■知识框架

教育制度
- 项目一　教育制度概述
  - 教育制度的内涵
  - 影响教育制度的因素
- 项目二　学校教育制度
  - 学校教育制度的内涵
  - 学校教育制度的类型
  - 现代学校教育制度的变革
- 项目三　我国的学校教育制度
  - 我国学校教育制度的历史发展
  - 我国学校教育制度改革
- 项目四　习近平总书记关于教育的重要论述（4）
  - 加快科技体制改革步伐
  - 大力推进教育体制改革创新

项目一　教育制度概述

一、教育制度的内涵

（一）教育制度的概念

教育制度是指一个国家各级各类教育机构与组织的体系及其管理规则。它包括相互联系的两个基本方面：一是各级各类教育机构与组织的体系；二是教育机构与组织体系赖以存在和运行的一整套规则，如各种各样的教育法律、规则、条例等。

广义的教育制度指国民教育制度，是一个国家为实现其国民目的，从组织系统上建立起来的一切教育设施和有关规章制度。

首先，广义的教育制度包括一切教育设施。这些教育设施除了各级各类学校的系统，还包括儿童教育机关，如少年宫、少年之家、儿童图书馆、儿童科技站等，也包括成人文化教育机关，如文化宫、博物馆、图书馆、美术馆等。

其次，广义的教育制度还包括有关规章制度，如国家教育领导体制、办学体制、管理体制、招生考试制度等一系列规章制度。

狭义的教育制度指学校教育制度，简称"学制"，是一个国家各级各类学校的总体系，它具体规定了各级各类学校的性质、任务、目的、入学条件、修业年限以及它们之间的关系。

其中，学校教育制度处于国民教育制度的核心和主体地位，体现了一个国家国民教育制度的实质。

（二）教育制度的特点

1. 客观性

教育制度作为一种制度化的东西，不是从来就有的，而是一定时代的人们根据自己的需要制定的。虽然教育制度反映着人们的一些主观愿望和特殊的价值需要，但有其自身的客观基础，是有规律可循的。这个客观基础和规律性主要由社会生产力发展水平决定。

2. 取向性

任何教育制度的变革都可以说是重新对教育取向选择的结果。在阶级社会中，教育制度的取向性主要表现为阶级性；社会主义的教育制度要为广大人民的利益服务，应最大限度地保障和满足广大人民日益增长的文化教育需要。

3. 历史性

教育制度是随着时代和文化背景的变化而不断创新的。教育制度的创新是教育改革的一个重要内容，也是教育实践得以深化的一个重要条件。

4. 强制性

教育制度作为教育系统活动的规范是面向整个教育系统的。在某种意义上说，它独立于个体之外，对个体的行为具有一定的强制作用。只要是制度，在没有被废除之前，都不管个人的好恶，无条件地要求个体遵守，违反制度就要受到不同形式的惩罚。

（三）教育制度的类型

按照不同的标准可以划分出不同的教育制度类型。我们一般采用发展历史、学校教育层次、学校教育的类别结构和学校教育的形式等标准，将学校教育制度的类型具体划分为以下四类：

一是根据历史发展，可以把学校教育制度划分为古代学制和现代学制；

二是根据学校教育的层次，可以把学校教育分为幼儿教育、初等教育、中等教育、高等教育；

三是按学校教育的类别机构划分，可把中国教育分为基础教育、职业教育、高等教育和成人教育。

四是按学校教育的形式划分，我国有三类学校，即全日制学校、半日制学校和业余制学校。

二、影响教育制度的因素

1. 社会政治制度

国家的各项决策都是以本国的政治制度为根本准则的，因此，学校教育制度也必然以政治制度的要求为依据，国家政权机关控制着学制的颁布与实施。社会主义国家也应按照本国的政治经济制度的要求，改革学制、调整教育结构，培养出符合国家发展需要的各级各类人才。

2. 社会经济发展水平和科技发展状况

学制的重大变化，究其根本原因，与社会经济发展水平和科技发展状况密切相关。

3. 人口发展状况

教育事业的规模、投资、发展规划及其结构调整等，都要考虑到人口因素，因此，学校必须做出及时而又合理的调整，才能满足社会的整体需求。

4. 青少年儿童身心发展规律

学制的建立与改革必须遵循青少年儿童身心发展规律，否则就有可能贻误对青少年进行教育的最佳时机。

5. 本国学制的历史发展和外国学制的影响

各国的学校教育制度总是植根于本国的文化历史土壤之中的，即使从国外引进，也会或多或少地根据国情加以改革。

【真题再现】

一、选择题

1. 我国唐代中央官学设有"六学二馆"，其入学条件中明文规定不同级别官员的子孙应进入不同的学校。这主要体现了我国封建社会教育制度的哪一特征？（ ）

    A. 继承性   B. 等级性   C. 历史性   D. 民族性

2. 在学校教育制度的发展变革中，义务教育制度产生于（ ）。

    A. 原始社会   B. 奴隶社会   C. 封建社会   D. 资本主义社会

3. 通常把一个国家各级各类学校的总体系称为（   ）。

  A. 国民制度学制   B. 学校教育制度

  C. 教育管理体制   D. 学校教育结构

二、辨析题

目前，我国普通高中不属于基础教育。

【参考答案】

一、选择题

1. B 2. D 3. B

二、辨析题

答：错误。

我国普通高中属于基础教育并且是基础教育的重要组成部分。基础教育重在"基础"，重在学习基础知识（这里指广义的知识，包括知识与能力、过程与方法、情感态度与价值观三个目标领域），"基础知识"的本质在于"一是它的普遍性，二是它的实用性"。基础教育阶段不是培养人才的，而是为培养人才打基础的，要为学生进一步接受高一级学校教育打下基础，为学生进入和适应社会打下基础，总之，要为学生的全面发展打好基础。因此，我国普通高中不属于基础教育的观点错误。

项目二　学校教育制度

一、学校教育制度的内涵

学校教育制度是教育制度的主体。学校教育制度简称"学制"，是指一个国家各级各类的学校系统，具体规定着学校的性质、任务、入学条件、修业年限及彼此之间的关系。学制的建立为实施正规的学校教育提供了基本的制度保障。

学校教育制度是一个国家各级各类具有不同性质和任务的学校为主体而形成的体系，这个体系通过教育行政机构来制定学历与学位相关规范与标准，并且统筹、规划、监督、落实统一的教育政策，使得求学者能够在统一的入学条件和学习年限中，在整体上达到国家要求的一定水平，从而在各级学校之间升学和转换。

学校教育制度是我国教育制度的主要部分，是接受教育者的身心发展规律而系统实施的，具体包括学前教育、初等教育、中等教育、高等教育四个阶段。

（一）学前教育

学前教育，又称幼儿教育，是指实施幼儿教育的机构根据一定的培养目标和幼儿身心特点，对入小学前的幼儿进行有计划的教育，其主要任务是使儿童身心获得协调发展，为进入小学接受小学阶段的教育做好准备。实施学前教育的机构主要有托儿所、幼儿园、附设在小学的学前班等，其年限为 1~3 年。

（二）初等教育

初等教育是使受教育者打下文化知识基础，具备基本的写算能力，为接受更高一阶段的教育做好准备的教育。初等教育是国家学制中的第一阶段，又称小学教育。我国实施初等教育的机构一般分为两类：一类是对 6 至 12 岁的儿童实施教育的普通小学；另一类是为未能接受初等教育的成年公民开办的成人初等教育学校，主要是进行扫盲教育和基本的文化知识教育。此外还包括承担实施小学教育任务的其他机构，如招收儿童、少年学员的文艺、体育及特种工艺等机构。

（三）中等教育

中等教育是指在初等教育基础上继续实施的中等普通教育和职业教育。中等教育在整个学校教育体系中有承上启下的重要作用，它分为初级中等教育和高级中等教育两个阶段。实施中等教育的机构也分为两类：一类主要为普通初级中学和普通高级中学，另一类就是初等和高等的职业学校。中等教育的数量和质量在很大程度上直接决定一个国家劳动者的素质，对于经济建设和社会发展起着重要作用。

（四）高等教育

高等教育是指建立在中等教育基础上的各种专业教育，一般分为高等专科教育、本科教育和研究生教育。高等教育担负着培养专门人才、开展科学研究、从事社会服务的多重任务。实施高等教育的机构主要有专科学校、独立设置的学院、大学等。

二、学校教育制度的类型

（一）学校教育制度在形式上的发展

前制度化教育、制度化教育及非制度化教育已在前文讲解，此处不再赘述。

（二）西方现代学制的发展

1. 纵向划分学校系统——双轨学制

19 世纪欧洲把学校分为两个互不相同的轨道：一轨自上而下，其结构是大学（后来也包括其他高等学校）、中学（包括中学预备班）；另一轨自下而上，其结构是小学（后来是小学和中学）及其后的职业学校（先是与小学相连的初等职业教育，后发展为和初中衔接的中等职业教育）。它们是两个平行的系列，既不相通也不相接，这样就剥夺了在国民教育学校上学的劳动人民子女升入中学和大学的权利。

2. 横向划分学校系统——单轨学制

单轨学制是 19 世纪末 20 世纪初在美国形成的一种学制，其特点是所有的学生在同样的学校系统中学习，从小学、中学到大学，各级各类学校相互衔接。其特点是一个系列，多种分段，即六三三、五三四、四四四、八四、六六等。单轨制最早产生于美国，后被世界许多国家先后采纳。这种学制相对于来说，是一种历史的进步，有利于教育的普及，有利于提高全民的素质。

3. 分支型学制

分支型学制是 20 世纪上半叶在苏联建立的一种学制。这是一种在初等教育阶段强调共同的基础性教育，到中等教育阶段分职业教育和普通教育两个分支的学制。

分支型学制

　　分支型学制是现代学校教育制度的一种，跟以西欧各国为代表的双轨学制和以美国为代表的单轨学制相对应，以苏联为代表。分支型学制是一个国家的学校体系在初等教育阶段和中等教育阶段的一定阶段由单一的学校系统构成，而在此后的阶段（初中或高中以后）开始分化的多种学校系统与之衔接。这样构成的整个学校体系就像一把叉子，所以这种学制类型又被称为分叉型学制。

　　分支型学制是在苏联发展起来的。沙皇俄国时代的学制也是双轨学制。十月革命后，苏联制定了单轨的社会主义统一劳动学校。后来在发展过程中，又恢复了原来文科中学的某些传统和职业学校单设的做法，于是就形成了既有单轨学制特点又有双轨学制特点的苏联型学制。这种学制不同于欧洲的双轨学制，因为它一开始并不分轨，所有的孩子都能进入公立幼儿园，然后进入初等教育机构。但它和美国单轨学制又不同，因为它进入中学阶段又开始分支，学生们有的进入普通中学学习，有的进入职业学校、师范学校、医科学校等专业技术学校学习。无论哪种学校的优秀毕业生都能升入相应的高等学校学习。这就是苏联的分支型学制，这种学制上通（高等学校）下达（初等学校），左（中等专业学校）右（中等职业学校）互连，有一定的优点。

　　（资料来源：https://baike.so.com/doc/25890256-27042276.html）

三、现代学校教育制度的变革

　　从纵向来看，双轨制在向分支制和单轨制方向发展。随着义务教育的发展，教育机会均等原则的实施，双轨学制从小学开始向上与中学教育衔接；西欧双轨学制在20世纪80年代初已变成分支型学制，即小学、初中单轨，其后多轨。总体而言，首先，义务教育延长到哪里，双轨学制就要并轨到哪里，单轨学制是机会均等地普及教育的好形式；其次，综合中学是双轨学制并轨的一种理想形式，它成为现代中学教育发展的一种趋势。

　　从横向来看，现代教育制度有如下发展趋势：

　　（1）加强学前教育并重视与小学教育的衔接；

　　（2）强化普及义务教育并延长义务教育年限；

　　（3）普通教育与职业教育朝着相互渗透的方向发展；

　　（4）高等教育的类型日益多样化；

　　（5）学历教育与非学历教育的界限逐渐淡化；

　　（6）教育制度有利于国际交流。

【真题再现】

一、选择题

　　1. 在学制发展过程中，有些国家规定学生在小学和初中阶段接受统一的教育，进入高中以后可以接受普通教育或职业教育。这些国家的学制类型属于（　　）。

　　　A. 单轨学制　　　B. 双轨学制　　　C. 多轨学制　　　D. 分支型学制

2. 世界各国的学制存在着差异，但在入学年龄、中小学分段等方面有较高的一致性。这说明学制建立的主要依据为（　　）。

    A. 社会政治经济制度　　　　　B. 生产力发展水平

    C. 青少年身心发展规律　　　　D. 民族和文化传统

3. 英国政府1870年颁布的《初等教育法》中，一方面保持原有的专为资产阶级子女服务的学校系统，另一方面为劳动人民的子女设立国民小学、职业学校。这种学制属于（　　）。

    A. 双轨学制　　　B. 单轨学制　　　C. 中间型学制　　　D. 分支型学制

4. 下列属于学校教育制度内容的是（　　）。

    A. 修业年限　　　B. 教学大纲　　　C. 课程标准　　　D. 课程设置

二、简答题

答：1. 简述现代学校教育制度的类型。

2. 一个国家学制建立的主要依据有哪些？

【参考答案】

一、选择题

1. D　　2. C　　3. A　　4. A

二、简答题

1. ①双轨制；②单轨制；③Y型学制（或分支型学制）。

2. （1）学校教育制度的建立取决于社会生产力发展的水平和科学技术发展的状况。

（2）学校教育制度的建立受社会制度的制约，反映一个国家教育方针的要求。

（3）学校教育制度的建立要考虑到人口状况。

（4）学校教育制度的建立要依据青少年儿童的年龄特征。

（5）学校教育制度的建立要吸取原有学制中的有用的部分，参考外国学制的经验。

项目三　我国的学校教育制度

一、我国学校教育制度的历史发展

（一）我国古代学校教育制度的发展①

现有历史文献和考古发现的资料证明：我国学校教育诞生于夏、商时期，到西周时期就有了从中央到地方的学校教育制度。封建制度建立后，学校教育制度逐步完备。综观我国古代的学校，可以分为三类：一是官立学校，二是书院，三是私学。在这三类学校中又分别设有程度不同、性质不同的各级各类学校。

---

① 熊明安. 我国古代学校教育制度的形成、发展及其历史作用 [J]. 西南师范大学学报（人文社会科学版），1985（3）：50-57，107.

1. 中央官立学校与地方官立学校

古籍文献对西周官立学校的记载有很多传说，而且内容互异，历代注释也各不相同，但从出土的周朝金文中，证明了有些传说具有一定程度的可靠性。按照各种典籍的记载，西周的中央官立学校主要是国学，是由夏、商时期的学校发展而成的。国学建立在王城，按学生入学年龄与学业程度的高低，分为大学与小学两级。大学的规模较大，内分五学：中间的叫辟雍，又叫太学；另外四学分别设于四周，在南的叫成均，在北的叫上庠，在东的叫东胶，又叫东序，在西的叫西雍，又叫瞽宗。五学以辟雍为尊，所以大学统称为辟雍。

西周的地方官学主要是各诸侯国设立的泮宫和乡学。泮宫设在诸侯国的都城里；乡学则设在都城以外的地区。西周地方学校的名称叫塾、庠、序，统称为乡学。

春秋战国时期，中央官学衰落，旧有制度几乎破坏无遗。秦灭六国，统一天下后，实行吏师制度。因此中央和地方都没有专设的官立学校。

到了汉朝，官学才得到恢复和发展。汉朝的中央官学也分为两级，分别是汉武帝元朔五年（公元前124年）开始设立的太学和汉灵帝光和元年（178年）设立的鸿都门学，属于大学性质。汉朝地方官学，主要是郡国学，它创始于蜀郡守文翁。汉武帝在全国推广蜀郡设学的办法，郡国学校才逐步发展起来。

魏晋南北朝时期，中央官学曾一度中落，西晋虽设立太学，但学生人数少、学校规模小。不过西晋王朝为了培养高级贵族子弟成为统治者，于晋武帝咸宁二年（276年）设立国子学。从此以后，我国历代封建王朝都设立国子学，成为与太学并立的中央最高学府。在魏晋南北朝特殊的政治、经济条件下，太学与国子学的教育虽然不很发达，可是这一时期仍开创了我国实科教育和分科教学的先河。魏晋南北朝封建割据政权设立的地方官学是州郡学，以北朝较发达。

隋唐的中央官学，有了更大的发展，特别是唐朝除了设立国子学、太学之外，还设立了分科大学和修业时间短即可参加科举考试或委以一定官职的大学，其名称有四门学、广文馆、算学、律学、书学、医学、崇玄学。另外，隋唐还设有国立小学。在这些学校中，以太学的规模最大，太学生曾达到八千多人。太学里除我国的学生外，还接收了由日本、朝鲜等邻国派遣来的留学生。另外唐朝皇室子弟的教育也有了进一步的发展。除皇室小学之外，还设置了皇室的高等教育机构——弘文馆与崇文馆。唐朝的地方官立学校也十分发达，主要设立在府、州和县两级地方政府所在地。

宋朝的中央官学，基本上沿用唐朝的制度，设有国子学、太学、四门学、广文馆、算学、律学、书学、医学等。

宋朝的地方官学，仿照唐朝制度，主要设在府、州、军、监和县两级地方政府所在地。

辽、金、元时期中央官学逐步走向衰落，而元朝的地方官学比较发达。

明、清两朝中央官学比辽、金、元时期有所发展。明朝中央官学有南京国子监和北京国子监、太学、皇宗学、武学、医学、阴阳学。清朝中央官学有国子监、宗学、觉罗学、旗学、算学馆，以及专为俄国留学生设立的俄罗斯学馆。明清时期的中央官学，以明朝初年的国子监最为兴盛。明朝的地方官学仍采用元朝的制度。清朝的地方官学，基本上沿用了明朝的制度。

2. 书院

书院是我国宋、元、明、清时期与官立学校并行的一种学校教育机构，有私立、官办和官私合办三种，其学业程度可区别为高等的和中等的两类。高等的相当于大学性质，中等的相当于中学性质。

从唐末五代至宋朝初年，官立学校废弛，书院大兴。白鹿洞书院、石鼓书院、嵩阳书院、岳麓书院、应天府书院、茅山书院称为宋初的六大书院。宋朝的书院大都是私立的，但书院设置有院田，这些院田或由私人捐赠，或由政府拨给，因此到书院读书的学生仍可享受书院的膳食供给。书院的老师教学比较认真，有讲求学问的风气，因此愿意求学的青年人都奔赴书院读书，从而促进了书院的发展。

3. 私学

我国西周以前，学校都是由官府举办的。到春秋时期官学衰落，统治阶级和庶民的子弟都要求入学受教育，私学由此发展起来。孔子是春秋时期创办私学的著名大师，后来他的学生继续发展了他开创的私学教育。与孔子齐名的私学大师还有墨子。墨子逝世后，他的学生也继承了他的私学教育事业。到战国时期，这种私学进一步发展，如荀况、孟轲、田骈、许行等也都各以所长聚徒讲学，学生多者数百人，少者数十人。自春秋战国时期开创私学以来，历代相传，私学教育迅速发展。历代封建统治者对私学一般都采取支持的态度，目的是使私学教育为统治阶级服务。但在我国教育史上，也有过特例，那就是秦始皇曾下令禁止私学，北魏太武帝于太平真君五年（444 年），也曾下令禁私学，凡创私学者，"师身死，主人门诛"。所以私学也曾受到过打击。除此之外，历代私学教育都较发达，成为封建教育的重要组成部分。

我国古代的私学教育的学业程度参差不齐，各代学校的名称也不同。有的属于启蒙教育，有的属于中等性质的教育，有的属于大学性质的教育，而有的则包括各种不同程度的教育。私学也有各种名称，如精舍、精庐、书院、蒙馆、村塾、家塾、义学等。它们主要是招收中小地主阶级的子弟和中下层人民的子弟。其教学内容，仍以儒家的典籍为主，兼习一般的文化科学知识。

（二）我国现代学校教育制度的确立与发展

如表 4-1 所示，我国现代学制的建立是从清末开始的。"废科举、兴学校"，改革教育，制定现代学制。

表 4-1　我国现代学制介绍

学制名称	颁布时间	颁布者	特点	地位
壬寅学制（《钦定学堂章程》）	1902 年	清政府	—	中国颁布的第一个现代学制，但只颁布而没有实行
癸卯学制（《奏定学堂章程》）	1904 年	清政府	主要承袭了日本的学制，反映了"中学为体，西学为用"的思想。规定男女不许同校，轻视女子教育	中国开始实施的第一个现代学制或实行新学制的开端

表4-1（续）

学制名称	颁布时间	颁布者	特点	地位
壬子癸丑学制	1912—1913年	南京临时政府	除去自小学、中学到大学的普通教育系统外，还有师范教育和实业教育两个系统。师范教育分师范学校和高等师范学校两级。实业学校分甲乙两种，均为三年毕业，分农业、工业、商业、商船各类。它第一次规定男女同校，废除读经，充实了自然科学的内容，并将学堂改为学校	我国教育史上第一个具有资本主义性质的学制
壬戌学制	1922年	北洋政府	以美国学制为蓝本，规定小学六年、初中三年、高中三年。主要特点：①缩短小学修业年限，延长中学修业年限；②若干措施可根据地方实际需要调整，不做硬性规定；③重视学生的职业训练和补习教育；④课程和教材内容侧重实用；⑤实行选科制和分科教育，兼顾学生升学和就业两种准备	新学制的颁布和实施，标志着中国资产阶级新教育制度的确立，标志着中国近代以来的学制体系建设的基本完成。"1922年学制""壬戌学制""新学制""六三三学制"指的是同一个学制
《关于学制改革的决定》	1951年	政务院	产生了新中国第一个学制	
《中国教育改革和发展纲要》	1993年	中共中央、国务院	在结构上确立了基础教育、职业教育、成人教育、高等教育四种类型	
《中华人民共和国教育法》	1995年	全国人民代表大会	以法律形式规定了我国基本教育制度	

我国当前的学制由横向划分的学校系统与纵向划分的学校阶段构成：横向划分可分为普通教育、专业教育、成人教育等类型，纵向划分可分为幼儿教育、初等教育、中等教育、高等教育等阶段。从形态上看，我国现行学制是从单轨学制发展而来的分支型学制。

二、我国学校教育制度改革

（一）推进学前教育普及普惠安全优质发展

学前教育是终身学习的开端，是国民教育体系的重要组成部分，是重要的社会公益事业。办好学前教育、实现幼有所育，是党的十九大做出的重大决策部署，是党和政府为老百姓办实事的重大民生工程，关系亿万儿童健康成长，关系社会和谐稳定，关系党和国家事业未来。2018年我国出台《中共中央 国务院关于学前教育深化改革规范发展的若干意见》，其中指出："党的十八大以来，我国学前教育事业快速发展，资源迅速扩大、普及水平大幅提高、管理制度不断完善，'入园难'问题得到有效缓解。同时也要看到，由于底子薄、欠账多，目前学前教育仍是整个教育体系的短板，发展

模块四 教育制度

不平衡不充分问题十分突出，'入园难''入园贵'依然是困扰老百姓的烦心事之一。主要表现为：学前教育资源尤其是普惠性资源不足，政策保障体系不完善，教师队伍建设滞后，监管体制机制不健全，保教质量有待提高，存在'小学化'倾向，部分民办园过度逐利、幼儿安全问题时有发生。为进一步完善学前教育公共服务体系，切实办好新时代学前教育，更好实现幼有所育，现就学前教育深化改革规范发展提出如下意见。"

其中提到的三个主要目标如下：

到 2020 年，全国学前三年毛入园率达到 85%，普惠性幼儿园覆盖率（公办园和普惠性民办园在园幼儿占比）达到 80%。广覆盖、保基本、有质量的学前教育公共服务体系基本建成，学前教育管理体制、办园体制和政策保障体系基本完善。投入水平显著提高，成本分担机制普遍建立。幼儿园办园行为普遍规范，保教质量明显提升。不同区域、不同类型城市分类解决学前教育发展问题，大型、特大型城市率先实现发展目标。

到 2020 年，基本形成以本专科为主体的幼儿园教师培养体系，本专科学前教育专业毕业生规模达到 20 万人以上；建立幼儿园教师专业成长机制，健全培训课程标准，分层分类培训 150 万名左右幼儿园园长、教师；建立普通高等学校学前教育专业质量认证和保障体系，幼儿园教师队伍综合素质和科学保教能力得到整体提升，幼儿园教师社会地位、待遇保障进一步提高，职业吸引力明显增强。

到 2035 年，全面普及学前三年教育，建成覆盖城乡、布局合理的学前教育公共服务体系，形成完善的学前教育管理体制、办园体制和政策保障体系，为幼儿提供更加充裕、更加普惠、更加优质的学前教育。

（二）全面提高义务教育质量

2019 年《中共中央 国务院关于深化教育教学改革全面提高义务教育质量的意见》出台，指出义务教育质量事关亿万少年儿童健康成长，事关国家发展，事关民族未来。为深入贯彻党的十九大精神和全国教育大会部署，加快推进教育现代化，建设教育强国，办好人民满意的教育，现就深化教育教学改革、全面提高义务教育质量提出如下意见：

1. 坚持立德树人，着力培养担当民族复兴大任的时代新人

（1）指导思想。

坚持以习近平新时代中国特色社会主义思想为指导，全面贯彻党的教育方针，落实立德树人根本任务，遵循教育规律，强化教师队伍基础作用，围绕凝聚人心、完善人格、开发人力、培育人才、造福人民的工作目标，发展素质教育，培养德智体美劳全面发展的社会主义建设者和接班人。

（2）基本要求。

树立科学的教育质量观，深化改革，构建德智体美劳全面培养的教育体系，健全立德树人落实机制，着力在坚定理想信念、厚植爱国主义情怀、加强品德修养、增长知识见识、培养奋斗精神、增强综合素质上下功夫。坚持德育为先，教育引导学生爱党爱国爱人民爱社会主义；坚持全面发展，为学生终身发展奠基；坚持面向全体，办好每所学校、教好每名学生；坚持知行合一，让学生成为生活和学习的主人。

2. 坚持"五育"并举，全面发展素质教育

（1）突出德育实效。

完善德育工作体系，认真制订德育工作实施方案，深化课程育人、文化育人、活

动育人、实践育人、管理育人、协同育人。大力开展理想信念、社会主义核心价值观、中华优秀传统文化、生态文明和心理健康教育。加强爱国主义、集体主义、社会主义教育，引导少年儿童听党话、跟党走。加强品德修养教育，强化学生良好行为习惯和法治意识养成。打造中小学生社会实践大课堂，充分发挥爱国主义、优秀传统文化等教育基地和各类公共文化设施与自然资源的重要育人作用，向学生免费或优惠开放。广泛开展先进典型、英雄模范学习宣传活动，积极创建文明校园。健全创作激励与宣传推介机制，提供寓教于乐的优秀儿童文化精品；强化对网络游戏、微视频等的价值引领与管控，创造绿色健康网上空间。突出政治启蒙和价值观塑造，充分发挥共青团、少先队组织育人作用。

（2）提升智育水平。

着力培养认知能力，促进思维发展，激发创新意识。严格按照国家课程方案和课程标准实施教学，确保学生达到国家规定学业质量标准。充分发挥教师主导作用，引导教师深入理解学科特点、知识结构、思想方法，科学把握学生认知规律，上好每一堂课。突出学生主体地位，注重保护学生好奇心、想象力、求知欲，激发学习兴趣，提高学习能力。加强科学教育和实验教学，广泛开展多种形式的读书活动。各地要加强监测和督导，坚决防止学生学业负担过重。

（3）强化体育锻炼。

坚持健康第一，实施学校体育固本行动。严格执行学生体质健康合格标准，健全国家监测制度。除体育免修学生外，未达体质健康合格标准的，不得发放毕业证书。开齐开足体育课，将体育科目纳入高中阶段学校考试招生录取计分科目。科学安排体育课运动负荷，开展好学校特色体育项目，大力发展校园足球，让每位学生掌握1至2项运动技能。广泛开展校园普及性体育运动，定期举办学生运动会或体育节。鼓励地方向学生免费或优惠开放公共运动场所。通过购买服务等方式，鼓励体育社会组织为学生提供高质量体育服务。精准实施农村义务教育学生营养改善计划。健全学生视力健康综合干预体系，保障学生充足睡眠时间。

（4）增强美育熏陶。

实施学校美育提升行动，严格落实音乐、美术、书法等课程，结合地方文化设立艺术特色课程。广泛开展校园艺术活动，帮助每位学生学会1至2项艺术技能、会唱主旋律歌曲。引导学生了解世界优秀艺术，增强文化理解。鼓励学校组建特色艺术团队，办好中小学生艺术展演，推进中华优秀传统文化艺术传承学校建设。通过购买服务等方式，鼓励专业艺术人才到中小学兼职任教。支持艺术院校在中小学建立对口支援基地。

（5）加强劳动教育。

充分发挥劳动综合育人功能，制定劳动教育指导纲要，加强学生生活实践、劳动技术和职业体验教育。优化综合实践活动课程结构，确保劳动教育课时不少于一半。家长要给孩子安排力所能及的家务劳动，学校要坚持学生值日制度，组织学生参加校园劳动，积极开展校外劳动实践和社区志愿服务。创建一批劳动教育实验区，农村地区要安排相应田地、山林、草场等作为学农实践基地，城镇地区要为学生参加农业生产、工业体验、商业和服务业实践等提供保障。

（三）全面提高普通高中教育质量

《国务院办公厅关于新时代推进普通高中育人方式改革的指导意见》（国办发〔2019〕29号）中指出："普通高中教育是国民教育体系的重要组成部分，在人才培养中起着承上启下的关键作用。办好普通高中教育，对于巩固义务教育普及成果、增强高等教育发展后劲、进一步提高国民整体素质具有重要意义。为贯彻落实全国教育大会精神，统筹推进普通高中新课程改革和高考综合改革，全面提高普通高中教育质量，经国务院同意，现就新时代推进普通高中育人方式改革提出如下意见。"

其中提到的改革目标如下：

到2022年，德智体美劳全面培养体系进一步完善，立德树人落实机制进一步健全。普通高中新课程新教材全面实施，适应学生全面而有个性发展的教育教学改革深入推进，选课走班教学管理机制基本完善，科学的教育评价和考试招生制度基本建立，师资和办学条件得到有效保障，普通高中多样化有特色发展的格局基本形成。

（四）完善国家职业教育制度体系

《国家职业教育改革实施方案》指出职业教育与普通教育是两种不同教育类型，具有同等重要地位。改革开放以来，职业教育为我国经济社会发展提供了有力的人才和智力支撑，现代职业教育体系框架全面建成，服务经济社会发展能力和社会吸引力不断增强，具备了基本实现现代化的诸多有利条件和良好工作基础。随着我国进入新的发展阶段，产业升级和经济结构调整不断加快，各行各业对技术技能人才的需求越来越紧迫，职业教育重要地位和作用越来越凸显。但是，与发达国家相比，与建设现代化经济体系、建设教育强国的要求相比，我国职业教育还存在着体系建设不够完善、职业技能实训基地建设有待加强、制度标准不够健全、企业参与办学的动力不足、有利于技术技能人才成长的配套政策尚待完善、办学和人才培养质量水平参差不齐等问题，到了必须下大力气抓好的时候。没有职业教育现代化就没有教育现代化。

其中提到的具体指标如下：

到2022年，职业院校教学条件基本达标，一大批普通本科高等学校向应用型转变，建设50所高水平高等职业学校和150个骨干专业（群）。建成覆盖大部分行业领域、具有国际先进水平的中国职业教育标准体系。企业参与职业教育的积极性有较大提升，培育数以万计的产教融合型企业，打造一批优秀职业教育培训评价组织，推动建设300个具有辐射引领作用的高水平专业化产教融合实训基地。职业院校实践性教学课时原则上占总课时一半以上，顶岗实习时间一般为6个月。"双师型"教师（同时具备理论教学和实践教学能力的教师）占专业课教师总数超过一半，分专业建设一批国家级职业教育教师教学创新团队。从2019年开始，在职业院校、应用型本科高校启动"学历证书+若干职业技能等级证书"制度试点（以下称"1+X证书"制度试点）工作。

【延伸阅读】

职业技能提升行动方案（2019—2021年）

为贯彻落实党中央、国务院决策部署，实施职业技能提升行动，制定以下方案。

一、总体要求和目标任务

（一）总体要求。

以习近平新时代中国特色社会主义思想为指导，全面贯彻党的十九大和十九届二中、三中全会精神，把职业技能培训作为保持就业稳定、缓解结构性就业矛盾的关键举措，作为经济转型升级和高质量发展的重要支撑。坚持需求导向，服务经济社会发展，适应人民群众就业创业需要，大力推行终身职业技能培训制度，面向职工、就业重点群体、建档立卡贫困劳动力（以下简称"贫困劳动力"）等城乡各类劳动者，大规模开展职业技能培训，加快建设知识型、技能型、创新型劳动者大军。

（二）目标任务

2019年至2021年，持续开展职业技能提升行动，提高培训针对性实效性，全面提升劳动者职业技能水平和就业创业能力。三年共开展各类补贴性职业技能培训5 000万人次以上，其中2019年培训1 500万人次以上；经过努力，到2021年年底技能劳动者占就业人员总量的比例达到25%以上，高技能人才占技能劳动者的比例达到30%以上。

二、对职工等重点群体开展有针对性的职业技能培训

（一）大力开展企业职工技能提升和转岗转业培训

企业需制订职工培训计划，开展适应岗位需求和发展需要的技能培训，广泛组织岗前培训、在岗培训、脱产培训，开展岗位练兵、技能竞赛、在线学习等活动，大力开展高技能人才培训，组织实施高技能领军人才和产业紧缺人才境外培训。发挥行业、龙头企业和培训机构作用，引导帮助中小微企业开展职工培训。实施高危行业领域安全技能提升行动计划，化工、矿山等高危行业企业要组织从业人员和各类特种作业人员普遍开展安全技能培训，严格执行从业人员安全技能培训合格后上岗制度。支持帮助困难企业开展转岗转业培训。在全国各类企业全面推行企业新型学徒制、现代学徒制培训，三年培训100万名新型学徒。推进产教融合、校企合作，实现学校培养与企业用人的有效衔接。鼓励企业与参训职工协商一致灵活调整工作时间，保障职工参训期间应有的工资福利待遇。

（二）对就业重点群体开展职业技能提升培训和创业培训

面向农村转移就业劳动者特别是新生代农民工、城乡未继续升学初高中毕业生（以下简称"两后生"）等青年、下岗失业人员、退役军人、就业困难人员（含残疾人），持续实施农民工"春潮行动""求学圆梦行动"、新生代农民工职业技能提升计划和返乡创业培训计划以及劳动预备培训、就业技能培训、职业技能提升培训等专项培训，全面提升职业技能和就业创业能力。对有创业愿望的开展创业培训，加强创业培训项目开发、创业担保贷款、后续扶持等服务。围绕乡村振兴战略，实施新型职业农民培育工程和农村实用人才带头人素质提升计划，开展职业农民技能培训。

（三）加大贫困劳动力和贫困家庭子女技能扶贫工作力度

聚焦贫困地区特别是"三区三州"等深度贫困地区，鼓励通过项目制购买服务等方式为贫困劳动力提供免费职业技能培训，并在培训期间按规定通过就业补助资金给予生活费（含交通费，下同）补贴，不断提高参训贫困人员占贫困劳动力比重。持续推进东西部扶贫协作框架下职业教育、职业技能培训帮扶和贫困村创业致富带头人培训。深入推进技能脱贫千校行动和深度贫困地区技能扶贫行动，对接受技工教育的贫困家庭学生，按规定落实中等职业教育国家助学金和免学费等政策；对子女接受技工教育的贫困家庭，按政策给予补助。

三、激发培训主体积极性，有效增加培训供给

（一）支持企业兴办职业技能培训

支持各类企业特别是规模以上企业或者吸纳就业人数较多的企业设立职工培训中

心，鼓励企业与职业院校（含技工院校，下同）共建实训中心、教学工厂等，积极建设培育一批产教融合型企业。企业举办或参与举办职业院校的，各级政府可按规定根据毕业生就业人数或培训实训人数给予支持。支持企业设立高技能人才培训基地和技能大师工作室，企业可通过职工教育经费提供相应的资金支持，政府按规定通过就业补助资金给予补助。支持高危企业集中的地区建设安全生产和技能实训基地。

（二）推动职业院校扩大培训规模

支持职业院校开展补贴性培训，扩大面向职工、就业重点群体和贫困劳动力的培训规模。在院校启动"学历证书+若干职业技能等级证书"制度试点工作，按《国务院关于印发国家职业教育改革实施方案的通知》（国发〔2019〕4号）规定执行。在核定职业院校绩效工资总量时，可向承担职业技能培训工作的单位倾斜。允许职业院校将一定比例的培训收入纳入学校公用经费，学校培训工作量可按一定比例折算成全日制学生培养工作量。职业院校在内部分配时，应向承担职业技能培训工作的一线教师倾斜，保障其合理待遇。

（三）鼓励支持社会培训和评价机构开展职业技能培训和评价工作

不断培育发展壮大社会培训和评价机构，支持培训和评价机构建立同业交流平台，促进行业发展，加强行业自律。民办职业培训和评价机构在政府购买服务、校企合作、实训基地建设等方面与公办同类机构享受同等待遇。

（四）创新培训内容

加强职业技能、通用职业素质和求职能力等综合性培训，将职业道德、职业规范、工匠精神、质量意识、法律意识和相关法律法规、安全环保和健康卫生、就业指导等内容贯穿职业技能培训全过程。坚持需求导向，围绕市场急需紧缺职业开展家政、养老服务、托幼、保安、电商、汽修、电工、妇女手工等就业技能培训；围绕促进创业开展经营管理、品牌建设、市场拓展、风险防控等创业指导培训；围绕经济社会发展开展先进制造业、战略性新兴产业、现代服务业以及循环农业、智慧农业、智能建筑、智慧城市建设等新产业培训；加大人工智能、云计算、大数据等新职业新技能培训力度。

（五）加强职业技能培训基础能力建设

有条件的地区可对企业、院校、培训机构的实训设施设备升级改造予以支持。支持建设产教融合实训基地和公共实训基地，加强职业训练院建设，积极推进职业技能培训资源共建共享。大力推广"工学一体化""职业培训包""互联网+"等先进培训方式，鼓励建设互联网培训平台。加强师资建设，职业院校和培训机构实行专兼职教师制度，可按规定自主招聘企业技能人才任教。加快职业技能培训教材开发，规范管理，提高教材质量。完善培训统计工作，实施补贴性培训实名制信息管理，探索建立劳动者职业培训电子档案，实现培训评价信息与就业社保信息联通共享，提供培训就业一体化服务。

四、完善职业培训补贴政策，加强政府引导激励

（一）落实职业培训补贴政策

对贫困家庭子女、贫困劳动力、"两后生"、农村转移就业劳动者、下岗失业人员和转岗职工、退役军人、残疾人开展免费职业技能培训行动，对高校毕业生和企业职工按规定给予职业培训补贴。对贫困劳动力、就业困难人员、零就业家庭成员、"两后生"中的农村学员和城市低保家庭学员，在培训期间按规定通过就业补助资金同时给予生活费补贴。符合条件的企业职工参加岗前培训、安全技能培训、转岗转业培训或初级工、中级工、高级工、技师、高级技师培训，按规定给予职业培训补贴或参保职工技能提升补贴。职工参加企业新型学徒制培训的，给予企业每人每年4 000元以上的职业培训补贴，由企业自主用于学徒培训工作。企业、农民专业合作社和扶贫车间等各类生产经营主体吸纳贫困劳动力就业并开展以工代训，以及参保企业吸纳就业困难人员、零就业家庭成员就业并开展以工代训的，给予一定期限的职业培训补贴，最长不超过6个月。

（二）支持地方调整完善职业培训补贴政策

符合条件的劳动者在户籍地、常住地、求职就业地参加培训后取得证书（职业资格证书、职业技能等级证书、专项职业能力证书、特种作业操作证书、培训合格证书等）的，按规定给予职业培训补贴，原则上每人每年可享受不超过3次，但同一职业同一等级不可重复享受。省级人力资源社会保障部门、财政部门可在规定的原则下结合实际调整享受职业培训补贴、生活费补贴人员范围和条件要求，可将确有培训需求、不具有按月领取养老金资格的人员纳入政策范围。市（地）以上人力资源社会保障部门、财政部门可在规定的原则下结合实际确定职业培训补贴标准。县级以上政府可对有关部门各类培训资金和项目进行整合，解决资金渠道和使用管理分散问题。对企业开展培训或者培训机构开展项目制培训的，可先行拨付一定比例的培训补贴资金，具体比例由各省（区、市）根据实际情况确定。各地可对贫困劳动力、去产能失业人员、退役军人等群体开展项目制培训。

（三）加大资金支持力度

地方各级政府要加大资金支持和筹集整合力度，将一定比例的就业补助资金、地方人才经费和行业产业发展经费中用于职业技能培训的资金，以及从失业保险基金结余中拿出的1 000亿元，统筹用于职业技能提升行动。各地拟用于职业技能提升行动的失业保险基金结余在社会保障基金财政专户中单独建立"职业技能提升行动专账"，用于职工等人员职业技能培训，实行分账核算、专款专用，具体筹集办法由财政部、人力资源社会保障部另行制定。企业要按有关规定足额提取和使用职工教育经费，其中60%以上用于一线职工培训，可用于企业"师带徒"津贴补助。落实将企业职工教育经费税前扣除限额提高至工资薪金总额8%的税收政策。推动企业提取职工教育经费开展自主培训与享受政策开展补贴性培训的有机衔接，探索完善相关机制。有条件的地区可安排经费，对职业技能培训教材开发、师资培训、教学改革以及职业技能竞赛等基础工作给予支持，对培训组织动员工作进行奖补。

（四）强化资金监督管理

要依法加强资金监管，定期向社会公开资金使用情况，加强监督检查和专项审计工作，加强廉政风险防控，保障资金安全和效益。对以虚假培训等套取、骗取资金的依法依纪严惩，对培训工作中出现的失误和问题要区分不同情况对待，保护工作落实层面干事担当的积极性。

五、加强组织领导，强化保障措施

（一）强化地方政府工作职责

地方各级政府要把职业技能提升行动作为重要民生工程，切实承担主体责任。省级政府要建立职业技能提升行动工作协调机制，形成省级统筹、部门参与、市县实施的工作格局。各省（区、市）要抓紧制定实施方案，出台政策措施，明确任务目标，进行任务分解，建立工作情况季报、年报制度。市县级政府要制定具体贯彻落实措施。鼓励各地将财政补助资金与培训工作绩效挂钩，加大激励力度，促进扩大培训规模，提升培训质量和层次，确保职业技能提升行动有效开展。

（二）健全工作机制

在国务院就业工作领导小组框架下，健全职业技能提升行动工作协调机制，充分发挥行业主管部门等各方作用，形成工作合力。人力资源社会保障部门承担政策制定、标准开发、资源整合、培训机构管理、质量监管等职责，制定年度工作计划，分解工作任务，抓好督促落实。发展改革部门要统筹推进职业技能培训基础能力建设。教育部门要组织职业院校承担职业技能培训任务。工业和信息化、住房城乡建设等部门要发挥行业主管部门作用，积极参与培训工作。财政部门要确保就业补助资金等及时足额拨付到位。农业农村部门负责职业农民培训。退役军人事务部门负责协调组织退役军人职业技能培训。应急管理、煤矿安监部门负责指导协调化工、矿山等高危行业领域安全技能培训和特种作业人员安全作业培训。国资监管部门要指导国企开展职业技能培训。其他有关部门和单位要共同做好职业技能培训工作。支持鼓励工会、共青团、妇联等群团组织以及行业协会参与职业技能培训工作。

（三）提高培训管理服务水平

深化职业技能培训工作"放管服"改革。对补贴性职业技能培训实施目录清单管理，公布培训项目目录、培训和评价机构目录，方便劳动者按需选择。地方可采取公开招投标等方式购买培训服务和评价服务。探索实行信用支付等办法，优化培训补贴支付方式。建立培训补贴网上经办服务平台，有条件的地区可对项目制培训探索培训服务和补贴申领告知承诺制，简化流程，减少证明材料，提高服务效率。加强对培训机构和培训质量的监管，健全培训绩效评估体系，积极支持开展第三方评估。

（四）推进职业技能培训与评价有机衔接

完善技能人才职业资格评价、职业技能等级认定、专项职业能力考核等多元化评价方式，动态调整职业资格目录，动态发布新职业信息，加快国家职业标准制定修订。建立职业技能等级认定制度，为劳动者提供便利的培训与评价服务。从事准入类职业的劳动者必须经培训合格后方可上岗。推动工程领域高技能人才与工程技术人才职业发展贯通。支持企业按规定自主开展职工职业技能等级评价工作，鼓励企业设立首席技师、特级技师等，提升技能人才职业发展空间。

（五）加强政策解读和舆论宣传

各地区、各有关部门要加大政策宣传力度，提升政策公众知晓度，帮助企业、培训机构和劳动者熟悉了解、用足用好政策，共同促进职业技能培训工作开展。大力弘扬和培育工匠精神，落实提高技术工人待遇的政策措施，加强技能人才激励表彰工作，积极开展各类职业技能竞赛活动，营造技能成才良好环境。

（五）加快构建高质量高等教育体系

依据教育部 2021 年的工作要点可知，我国高等教育改革以习近平新时代中国特色社会主义思想为指导，深入贯彻党的十九大和十九届二中、三中、四中、五中全会精神，贯彻落实全国教育大会精神和新时代全国高等学校本科教育工作会议精神，增强"四个意识"，坚定"四个自信"，做到"两个维护"，围绕立德树人根本任务，全面提升高等教育根本质量、整体质量、服务质量、成熟质量，加快构建高质量高等教育体系，全力打赢高质量本科教育攻坚战和中西部高等教育振兴攻坚战，深入推进高等教育"质量革命"，加快高等教育强国建设。

目前我国高等教育正在进行"双一流"建设，即世界一流大学和一流学科建设。建设世界一流大学和一流学科，是党中央、国务院做出的重大战略决策，也是中国高等教育领域继"211 工程""985 工程"之后的又一国家战略，有利于提升中国高等教育综合实力和国际竞争力，为实现"两个一百年"奋斗目标和中华民族伟大复兴的中国梦提供有力支撑。

（六）终身教育制度

1. 概念

终身教育，是指人们在一生中都应当和需要受到各种教育。

终身教育具有两个本质特征：一是贯穿人生始终的一种教育形态，具有时间的延展性；二是包括了所有现存的教育形态在内的教育过程，它并非单一或纯粹的教育形态，更多的是一种教育理论和教育观念。

终身教育意味着，在时间上贯穿人的整个一生，直至生命的终结；在空间上打破了学校与社会、家庭的阻隔。它是多元的、立体的整合，不仅是教育内部一切因素的整合，而且是教育与其他外部诸因素的整合。

概括起来，时间上延展和空间上包容共同构成了终身教育概念的内涵和外延。

2. 终身教育思想的产生与发展

终身教育作为一种思想，最早可追溯到古代希腊教育家和哲学家柏拉图关于哲学的教育思想，此后，亚里士多德提出的闲暇教育思想同样具有现代终身教育思想的本质性萌芽。

到了西方文艺复兴时期，由于成人教育的大规模出现，传统的学校教育体系被打破，从而引入了成人教育的内容。

此后，随着工业革命进程的深入，成人教育不仅被公众、社会意识接受，而且，到了 20 世纪初期，一些思想家逐步意识到成人教育应是具有普遍教育形式和终身教育性的教育。由此，奠定了终身教育思想最终形成的历史和思想基础。

1929 年英国成人教育家耶克斯利出版了世界上第一本终身教育专著《终身教育》。该书的核心思想是学校教育仅仅是教育过程的开始，应该将各种教育（包括初等、中等、职业、大学教育）统一起来，将教育看成真正贯穿于人的一生的活动。20 世纪 50 年代，终身教育思想在法国、瑞典得到进一步发展。

终身教育的概念化和体系化则是在 20 世纪 60 年代，其标志是法国成人教育家保罗·朗格朗《论终身教育》报告的发表。该报告是他在 1965 年联合国教科文组织召开的国际成人教育促进会上做的总结性报告。这次大会还提出联合国教科文组织应批准把终身教育作为各国进行教育发展的重要原则的建议。由此，终身教育受到世界各国的关注和重视，发展成为一种世界性的教育思潮。

终身教育，作为一种世界性教育潮流，其发展趋势达到顶峰，是以联合国教科文组织《教育——财富蕴藏其中》报告的发表为标志。该报告明确提出，"终身教育的概念是进入 21 世纪的关键所在"。并且，终身教育不再是一种乌托邦式的理想，而是已经成为世界领域内一种实实在在的教育现实。该报告还提出了教育社会化和社会教育化主张，这是现在盛行的学习化社会的最为核心的思想。

因此，我们说 1996 年联合国教科文组织发表的报告《教育——财富蕴藏其中》标志着终身教育体系的最终形成，其中提出"终身教育建立在 4 个支柱基础上"，这"4 个支柱"分别指"学会认知""学会做事""学会共同生活"和"学会生存"。

【真题再现】

选择题

1. 我国近代教育，对封建教育制度所进行的废科举、兴学堂等改革始于（　　）。
    A. 明朝末期　　　　B. 清朝初期　　　　C. 清朝末期　　　　D. 中华民国初期

2. 我国教育史上首次纳入师范教育并实施的学制是（　　）。
    A. 癸卯学制　　　　B. 五四三学制　　　C. 壬寅学制　　　　D. 六三三学制

3. 北京师范大学学制研究小组于 1981 年在其附属中小学开始进行的学制实验是（　　）。
    A. 六三制　　　　　B. 双轨制　　　　　C. 分支型　　　　　D. 五四制

4. 我国制度化学校教育体系包括（　　）。
    ①幼儿教育；②初等教育；③中等教育；④成人教育；⑤高等教育
    A. ①②③④　　　　B. ①②③⑤　　　　C. ①②④⑤　　　　D．②③④⑤

5. 在我国近现代学制改革中，明确规定将学堂改为学校，实行男女教育平等，允许初等小学男女同校的学制是（　　）。
    A. 壬寅学制　　　　B. 癸卯学制　　　　C. 壬子癸丑学制　　D. 壬戌学制

6. 在"中学为体，西学为用"的指导思想下，我国从清末开始试图建立现代学制，在颁布的诸多学制中，第一次正式实施的是（　　）。
    A. 壬寅学制　　　　B. 癸卯学制　　　　C. 壬子癸丑学制　　D. 壬戌学制

7. 在我国历史上，以"中学为体，西学为用"为指导思想，以读经尊孔为教育宗旨，第一次以法令形式颁布并实施的学制是（　　）。
    A. 壬寅学制　　　　B. 癸卯学制　　　　C. 癸丑学制　　　　D. 壬戌学制

【参考答案】

选择题

1. C　　2. A　　3. D　　4. B　　5. C　　6. B　　7. B

项目四　习近平总书记关于教育的重要论述（4）

一、加快科技体制改革步伐①

党的十八大以来，习近平总书记把创新摆在国家发展全局的核心位置，高度重视科技创新，围绕实施创新驱动发展战略、加快推进以科技创新为核心的全面创新，提出一系列新思想、新论断、新要求。

（1）创新的实质效果是优胜劣汰、破旧立新。我们要着力构建以企业为主体、市场为导向、产学研相结合的技术创新体系，注重发挥企业家才能，加快科技创新，加强产品创新、品牌创新、产业组织创新、商业模式创新，提升有效供给，创造有效需求。

——2012 年 12 月 15 日，在中央经济工作会议上的讲话

（2）实施创新驱动发展战略，提高自主创新能力是关键环节，而提高自主创新能力需要从体制机制等多方面来保证。

——2013 年 3 月 4 日，在参加全国政协十二届一次会议科协、科技界委员联组讨论时的讲话

（3）深化科技体制改革。关于深化科技体制改革，中央已经做出全面部署。要进一步突出企业的技术创新主体地位，使企业真正成为技术创新决策、研发投入、科研组织、成果转化的主体，变"要我创新"为"我要创新"。促进科技和经济结合是改革创新的着力点，也是我们与发达国家差距较大的地方。要围绕产业链部署创新链，聚集产业发展需求，集成各类创新资源，着力突破共性关键技术，加快科技成果转化和产业化，培育产学研结合、上中下游衔接、大中小企业协同的良好创新格局。科技体制改革必须与其他方面改革协同推进，加强和完善科技创新管理，促进创新链、产业链、市场需求有机衔接。

——2013 年 3 月 4 日，在参加全国政协十二届一次会议科协、科技界委员联组讨论时的讲话

（4）要深化科技体制改革，坚决扫除阻碍科技创新能力提高的体制障碍，有力打通科技和经济转移转化的通道，优化科技政策供给，完善科技评价体系，营造良好创新环境。

——2013 年 7 月 17 日，在中国科学院考察工作时的讲话

（5）要加强规划和重点支持，优先支持促进经济发展方式转变、开辟新的经济增长点的科技领域，重点突破制约我国经济社会可持续发展的瓶颈问题，加强新兴前沿交叉领域部署，筑牢科学基础。

——2013 年 7 月 17 日，在中国科学院考察工作时的讲话

（6）实施创新驱动发展战略是一项系统工程，涉及方方面面的工作，需要做的事

---

① 李晶瑶. 加快科技体制改革步伐［EB/OL］.（2016-02-29）［2021-11-30］. http://www.xinhuanet.com//politics/2016-02/29/c_128761312.htm.

情很多。最为紧迫的是要进一步解放思想，加快科技体制改革步伐，破除一切束缚创新驱动发展的观念和体制机制障碍。

——2013 年 9 月 30 日，在十八届中央政治局第九次集体学习时的讲话

（7）着力推动科技创新与经济社会发展紧密结合。科研和经济联系不紧密问题，是多年来的一大痼疾。这个问题解决不好，科研和经济始终是"两张皮"，科技创新效率就很难有一个大的提高。科技创新绝不仅仅是实验室里的研究，而是必须将科技创新成果转化为推动经济社会发展的现实动力。

解决这一问题根本上要靠改革，关键是要处理好政府和市场的关系。实践证明，产业变革具有技术路线和商业模式多变等特点，必须通过深化改革，让市场真正成为配置创新资源的力量，让企业真正成为技术创新的主体。特别是要培育公平的市场环境，发挥好中小微企业应对技术路线和商业模式变化的独特优势，通过市场筛选把新兴产业培育起来。同时，政府要管好该管的，在关系国计民生和产业命脉的领域，政府要积极作为，加强支持和协调，总体确定技术方向和路线，用好国家科技重大专项和重大工程等抓手，集中力量抢占制高点。

——2013 年 9 月 30 日，在十八届中央政治局第九次集体学习时的讲话

（8）深化科技体制改革这篇文章怎么做？要在借鉴国内外经验和广泛征求各方面意见的基础上，抓紧组织研究。改革的目标只有一个，那就是要进一步打通科技和经济社会发展之间的通道。

——2013 年 9 月 30 日，在十八届中央政治局第九次集体学习时的讲话

（9）我们已经具备了自主创新的物质技术基础，当务之急是要加快改革步伐、健全激励机制、完善政策环境，从物质和精神两个方面激发科技创新的积极性和主动性。要把强化基础前沿研究、战略高技术研究和社会公益技术研究作为重大基础工程来抓，增强预见性和前瞻性，提高原始创新水平。要坚持科技面向经济社会发展的导向，围绕产业链部署创新链，围绕创新链完善资金链，消除科技创新中的"孤岛现象"，破除制约科技成果转移扩散的障碍，提升国家创新体系整体效能。特别是要加强创新驱动的组织整合。现在突出的问题是我们的科技计划、投入、管理分散，创新资源有些碎片化。关于创新体系怎么建，要认真考虑。项目出去了，钱也批出去了，到底怎么样？要评估分析。这个问题不解决，就会事倍功半，成效就会打折扣。

——2013 年 9 月 30 日，在十八届中央政治局第九次集体学习时的讲话

（10）着力营造良好政策环境。科技创新要取得突破，不仅需要基础设施等"硬件"支撑，更需要制度等"软件"保障。近年来，我国科技"硬件"条件得到很大改善，而"软件"环境改善则相对滞后。要加大政府科技投入力度，引导企业和社会增加研发投入。要加强知识产权保护工作，依法惩治侵犯知识产权和科技成果的违法犯罪行为。要完善推动企业技术创新的税收政策，激励企业开展各类创新活动。要引导金融机构加强和改善对企业技术创新的金融服务，加大资本市场对科技型企业的支持力度。

——2013 年 9 月 30 日，在十八届中央政治局第九次集体学习时的讲话

（11）随着科学技术不断发展，多学科专业交叉群集、多领域技术融合集成的特征日益凸显，靠单打独斗很难有大的作为，必须紧紧依靠团队力量集智攻关。要加强自主创新团队建设，搞好科研力量和资源整合，健全同高校、科研院所、企业、政府的

协同创新机制，最大限度发挥各方面优势，形成推进科技创新整体合力。

——2013 年 11 月 5 日，在视察国防科学技术大学时强调

（12）政府要集中力量抓好少数战略性、全局性、前瞻性的重大创新项目。政府要做好加强知识产权保护、完善促进企业创新的税收政策等工作。要强化激励，用好人才，使发明者、创新者能够合理分享创新收益。要加快建立主要由市场评价技术创新成果的机制，打破阻碍技术成果转化的瓶颈，使创新成果加快转化为现实生产力。

——2013 年 12 月 10 日，在中央经济工作会议上的讲话

（13）要积极开展重大科技项目研发合作，支持企业同高等院校、科研院所跨区域共建一批产学研创新实体，共同打造创新发展战略高地。

——2014 年 2 月 26 日，在北京市考察工作结束时的讲话

（14）要加大科技惠及民生力度，推动科技创新同民生紧密结合。要探索建立高效协同的创新体系，加快科技体制改革步伐，解决好"由谁来创新""动力哪里来""成果如何用"的三个基本问题，培育产学研结合、上中下游衔接、大中小企业协同的良好创新格局。

——2014 年 5 月 23 日、24 日，在上海考察时的讲话

（15）我一直在思考，为什么从明末清初开始，我国科技渐渐落伍了。有的学者研究表明，康熙曾经对西方科学技术很有兴趣，请了西方传教士给他讲西学，内容包括天文学、数学、地理学、动物学、解剖学、音乐，甚至包括哲学，光听讲解天文学的书就有一百多本。是什么时候呢？学了多长时间呢？早期大概是 1670 年至 1682 年间，曾经连续两年零五个月不间断学习西学。时间不谓不早，学的不谓不多，但问题是当时虽然有人对西学感兴趣，也学了不少，却并没有让这些知识对我国经济社会发展起什么作用，大多是坐而论道、禁中清谈。1708 年，清朝政府组织传教士们绘制中国地图，后用十年时间绘制了科学水平空前的《皇舆全览图》，走在了世界前列。但是，这样一个重要成果长期被作为密件收藏内府，社会上根本看不见，没有对经济社会发展起到什么作用。反倒是参加测绘的西方传教士把资料带回了西方整理发表，使西方在相当长一个时期内对我国地理的了解要超过中国人。这说明了一个什么问题呢？就是科学技术必须同社会发展相结合，学得再多，束之高阁，只是一种猎奇，只是一种雅兴，甚至当作奇技淫巧，那就不可能对现实社会产生作用。

——《在中国科学院第十七次院士大会、中国工程院第十二次院士大会上的讲话》（2014 年 6 月 9 日），人民出版社单行本，第 13~14 页

（16）多年来，我国一直存在着科技成果向现实生产力转化不力、不顺、不畅的痼疾，其中一个重要症结就在于科技创新链条上存在着诸多体制机制关卡，创新和转化各个环节衔接不够紧密。就像接力赛一样，第一棒跑到了，下一棒没有人接，或者接了不知道往哪儿跑。

要解决这个问题，就必须深化科技体制改革，破除一切制约科技创新的思想障碍和制度藩篱，处理好政府和市场的关系，推动科技和经济社会发展深度融合，打通从科技强到产业强、经济强、国家强的通道，以改革释放创新活力，加快建立健全国家创新体系，让一切创新源泉充分涌流。

——《在中国科学院第十七次院士大会、中国工程院第十二次院士大会上的讲话》（2014 年 6 月 9 日），人民出版社单行本，第 14~15 页

（17）如果把科技创新比作我国发展的新引擎，那么改革就是点燃这个新引擎必不可少的点火系。我们要采取更加有效的措施完善点火系，把创新驱动的新引擎全速发动起来。

——《在中国科学院第十七次院士大会、中国工程院第十二次院士大会上的讲话》（2014年6月9日），人民出版社单行本，第15页

（18）科技体制改革要紧紧扭住"硬骨头"攻坚克难，加快把党的十八届三中全会确定的科技体制改革各项任务落到实处。要着力把科技创新摆在国家发展全局的核心位置，加快制定创新驱动发展战略的顶层设计，对重大任务要有路线图和时间表。要着力从科技体制改革和经济社会领域改革两个方面同步发力，改革国家科技创新战略规划和资源配置体制机制，完善政绩考核体系和激励政策，深化产学研合作，加快解决制约科技成果转移转化的关键问题。要着力加强科技创新统筹协调，努力克服各领域、各部门、各方面科技创新活动中存在的分散封闭、交叉重复等碎片化现象，避免创新中的"孤岛现象"，加快建立健全各主体、各方面、各环节有机互动、协同高效的国家创新体系。要着力完善科技创新基础制度，加快建立健全国家科技报告制度、创新调查制度、国家科技管理信息系统，大幅提高科技资源开放共享水平。要着力围绕产业链部署创新链、围绕创新链完善资金链，聚焦国家战略目标，集中资源、形成合力，突破关系国计民生和经济命脉的重大关键科技问题。要着力加快完善基础研究体制机制，把基础前沿、关键共性、社会公益和战略高技术研究作为重大基础工程来抓，实施好国家重大科学计划和科学工程，加快在国际科学前沿领域抢占制高点。要着力以科技创新为核心，全方位推进产品创新、品牌创新、产业组织创新、商业模式创新，把创新驱动发展战略落实到现代化建设整个进程和各个方面。

——《在中国科学院第十七次院士大会、中国工程院第十二次院士大会上的讲话》（2014年6月9日），人民出版社单行本，第15~16页

（19）深化改革，建立健全体制机制。实施创新驱动发展战略，必须深化改革。八月八日，我在《中国科学院"率先行动"计划暨全面深化改革纲要》上做了一个批示，强调要面向世界科技前沿、面向国家重大需求、面向国民经济主战场，精心设计和大力推进改革，清除各种有形无形的栅栏，打破各种院内院外的围墙，让机构、人才、装置、资金、项目都充分活跃起来，形成推进科技创新发展的强大合力。我们现行的经济体制机制和经济政策，很多是适应传统发展方式的，有利于企业简单再生产和扩大再生产，但并不利于企业推进优化升级。要加快体制机制创新，形成新的利益轨道。一个是科技创新的轮子，一个是体制机制创新的轮子，两个轮子共同转动，才有利于推动经济发展方式根本转变。

——2014年8月18日，在中央财经领导小组第七次会议上的讲话

（20）全面深化改革，要围绕使企业成为创新主体、加快推进产学研深度融合来谋划和推进。要建立完善的产权保护制度，创造平等竞争的良好环境，鼓励企业加大科技研发投入，加大对创新型小微企业支持力度。要消除价格、利率、汇率等经济杠杆的扭曲，强化风险投资机制，发展资本市场，增强劳动力市场灵活性，形成有利于创新发展的财税、金融体制。在国有企业改革中，要考虑组建国有资本运营公司或投资公司，设立国有资本风险投资基金，用于支持创新型企业包括小微企业。要加快军民

融合式发展步伐，发挥军民各自优势，全面提高企业核心竞争力。

——2014 年 8 月 18 日，在中央财经领导小组第七次会议上的讲话

（21）要继续深化科研院所改革，总的是要遵循规律、强化激励、合理分工、分类改革。对承担国家基础研究、前沿技术研究、社会公益技术研究的科研院所，要以增强原始创新能力为目标，尊重科学、技术、工程各自运行规律，扩大院所自主权，扩大个人科研选题选择权。对已经转制的科研院所，要以增强共性技术研发能力为目标，进一步实行精细化的分类改革，实行一院一策、一所一策，有些要公益为主、市场为辅，形成产业技术研发集团；有些要进一步市场化，实现混合所有制，建立产业技术联盟；有些要考虑回归公益，改组成国家重点实验室，承担国家任务。

——2014 年 8 月 18 日，在中央财经领导小组第七次会议上的讲话

（22）要推进政府科技管理体制改革，以转变职能为目标，做好"三个分工"和"一个加强"。一是政府和市场分工，能由市场做的，要充分发挥市场在资源配置中的决定性作用，政府从分钱分物的具体事项中解脱出来，提高战略规划水平，做好创造环境、引导方向、提供服务等工作。二是中央各部门功能性分工，有的重点抓基础性研究，有的重点抓应用性研究，有的则要重点抓产业化推广。三是中央和地方分工，中央政府侧重抓基础，地方要更多抓应用。同时，要加强党对科技工作的领导，把握方向，突出重点，形成拳头，狠抓落实。要保持财政对科技的投入力度，并全面提高科技资金使用效率。投入加大了，但不能浪费了、挥霍了，或者以各种形式进入个人腰包了，那就打水漂了。科研资金要进一步整合，不能分割和碎片化，不要作为部门的一种权威和利益，该集中的就要合理集中起来。

——2014 年 8 月 18 日，在中央财经领导小组第七次会议上的讲话

（23）科技部要会同相关部门加快研究提出创新驱动发展顶层设计方案，全面分析影响创新驱动发展的体制机制因素，以建设创新型国家为目标，在构建国家创新体系特别是保护知识产权、放宽市场准入、破除垄断和市场分割、建设协同创新平台、加大对创新型小微企业支持力度、完善风险投资机制、财税金融、人才培养和流动、科研院所改革等方面提出管长远的改革方案。

——2014 年 8 月 18 日，在中央财经领导小组第七次会议上的讲话

（24）抓紧修改完善相关法律法规，尽快完成促进科技成果转化法的修订，加快标准化法、反垄断法、公司法以及知识产权保护等方面的法律法规修订工作，研究制定商业秘密保护法、职务发明条例、天使投资条例等。

——2014 年 8 月 18 日，在中央财经领导小组第七次会议上的讲话

（25）遵循创新区域高度集聚的规律，研究在一些省区市系统推进全面创新改革试验，授权这些地区在知识产权、科研院所、高等教育、人才流动、国际合作等多方面进行改革，形成几个具有创新示范和带动作用的区域性创新平台。

——2014 年 8 月 18 日，在中央财经领导小组第七次会议上的讲话

（26）我们的科技计划在体系布局、管理体制、运行机制、总体绩效等方面都存在不少问题，突出表现在科技计划碎片化和科研项目取向聚焦不够两个问题上。要彻底改变政出多门、九龙治水的格局，坚持按目标成果、绩效考核为导向进行资源分配，

统筹科技资源，建立公开统一的国家科技管理平台，构建总体布局合理、功能定位清晰、具有中国特色的科技计划体系和管理制度，以此带动科技其他方面的改革向纵深推进，为实施创新驱动发展战略创立一个好的体制保障。政府部门主要负责科技计划（专项、基金）的宏观管理，不再直接具体管理项目，通过统一的国家科技管理平台，建立决策、咨询、执行、评价、监管各环节职责清晰、协调衔接的新体系。要根据国家战略需要和科技创新规律，构建新型科技计划（专项、基金）管理体系，避免重复申报和重复资助。科技布局上既要注重全面布局，也要讲究重点突破、非对称发展，坚持有所为有所不为的方针，形成聚焦重点任务配置资源、集成攻关的新体制。

——2014年9月29日，在中央全面深化改革领导小组第五次会议上的讲话

（27）总体上看，现在一些地方和部门，科技资源配置分散、封闭、重复建设问题比较突出，不少科研设施和仪器重复建设和购置，闲置浪费比较严重，专业化服务能力不高。要从健全国家创新体系、提高全社会创新能力的高度，通过深化改革和制度创新，把公共财政投资形成的国家重大科研基础设施和大型科研仪器向社会开放，让它们更好为科技创新服务、为社会服务。推进这项改革要细化公开有关实施操作办法，加强统筹协调，一些探索性较强的问题可先试点。

——2014年10月27日，在中央全面深化改革领导小组第六次会议上的讲话

（28）推进科技创新，必须破除体制机制障碍。现在，科技成果转化不顺不畅问题突出，一个重要症结是科研成果封闭自我循环比较严重，必须面向经济社会发展主战场，围绕产业链部署创新链，消除科技创新中的"孤岛现象"。要注重突破制约产学研用有机结合的体制机制障碍，突出市场在创新资源配置中的决定性作用，突出企业创新主体地位，推动人财物各种创新要素向企业集聚，使创新成果更快转化为现实生产力。要推进协同创新，健全创新服务支撑体系，加强知识产权运用和保护，维护好公平竞争的市场秩序。

——2015年3月5日，在参加十二届全国人大三次会议上海代表团审议时的讲话

（29）抓创新就是抓发展，谋创新就是谋未来。不创新就要落后，创新慢了也要落后。要激发调动全社会的创新激情，持续发力，加快形成以创新为主要引领和支撑的经济体系和发展模式。要积极营造有利于创新的政策环境和制度环境，对看准的、确需支持的，政府可以采取一些合理的、差别化的激励政策。要改善金融服务，疏通金融进入实体经济特别是中小企业、小微企业的管道。

——2015年7月17日，在长春召开的部分省区党委主要负责同志座谈会上的讲话

二、大力推进教育体制改革创新

《人民日报》于2018年9月17日发表评论员文章《大力推进教育体制改革创新——论学习贯彻习近平总书记全国教育大会重要讲话》①，其主要内容如下：

改革是教育事业发展的根本动力。大力推进教育体制改革创新，才能使我国教育越办越好、越办越强。

---

① 韩家慧. 大力推进教育体制改革创新——论学习贯彻习近平总书记全国教育大会重要讲话 [EB/OL].
(2018-09-16) [2021-11-30]. http://www.xinhuanet.com/politics/2018-09/16/c_1123437941.htm.

在全国教育大会上，习近平总书记发表重要讲话，着眼我国教育事业的长远发展，对深化教育体制改革做出了重点部署，为坚决破除制约教育事业发展的体制机制障碍指明了方向和路径，对于加快推进教育现代化、建设教育强国、办好人民满意的教育具有重大意义。

党的十八大以来，以习近平同志为核心的党中央坚持把教育摆在优先发展的战略位置，全面深化教育领域综合改革，一批标志性、引领性的改革举措取得明显成效。但也要看到，教育改革点多面广线长，需要做的事情很多，目前我国教育还存在一些突出问题和短板。要解决这些问题，就必须大力推进教育体制改革创新，更加注重教育改革的系统性、整体性、协同性，及时研究解决教育改革发展的重大问题和群众关心的热点问题，以改革激活力、增动力。

大力推进教育体制改革创新，就要坚持我国教育现代化的社会主义方向，坚持教育公益性原则，把教育公平作为国家基本教育政策。教育公平是社会公平的重要基础，必须坚持以人民为中心发展教育，努力让每个人享有受教育的机会，获得发展自身、奉献社会、造福人民的能力。要加快建成伴随每个人一生的教育，让学习成为每个人的生活习惯和生活方式，实现人人皆学、处处能学、时时可学；要加快建成平等面向每个人的教育，努力使每个人不分性别、不分城乡、不分地域、不分贫富、不分民族都能接受良好教育；要加快建成适合每个人的教育，努力使不同性格禀赋、不同兴趣特长、不同素质潜力的学生都能接受符合自己成长需要的教育；要加快建成更加开放灵活的教育，努力使教育选择更多样、成长道路更宽广，使学业提升通道、职业晋升通道、社会上升通道更加畅通。

大力推进教育体制改革创新，就要坚决贯彻落实深化教育体制改革的重点任务，坚决破除制约教育事业发展的体制机制障碍。要按照习近平总书记提出的明确要求，健全立德树人落实机制，扭转不科学的教育评价导向，坚决克服唯分数、唯升学、唯文凭、唯论文、唯帽子的顽瘴痼疾，从根本上解决教育评价指挥棒问题；深化办学体制和教育管理改革，充分激发教育事业发展生机活力，着眼于"教好""学好""管好"推进改革，提高教育质量；提升教育服务经济社会发展能力，调整优化高校区域布局、学科结构、专业设置，建立健全学科专业动态调整机制，加快一流大学和一流学科建设，推进产学研协同创新，积极投身实施创新驱动发展战略，着重培养创新型、复合型、应用型人才；扩大教育开放，同世界一流资源开展高水平合作办学，提升我国教育的世界影响力。

"新故相推，日生不滞。"认真学习贯彻落实习近平总书记在全国教育大会上的重要讲话精神，遵循教育规律、人才成长规律，大力推进教育体制改革创新，我们就一定能形成充满活力、富有效率、更加开放、有利于高质量发展的教育体制机制，我们的教育就一定能让人民更加满意。

模块五

教学

1. 理解教学、教学理论流派、教学设计原理和方法、教学方法与教学策略。
2. 通过实训提高学生的课堂教学能力。
3. 培养学生基本职业能力。

■知识框架

教学
- 项目一 教学与教学理论
  - 教学的概念
  - 教学思想
  - 教学理论流派
- 项目二 教学设计
  - 教学设计概述
  - 教学设计的内容
- 项目三 教学方法
  - 教学方法的含义
  - 课堂教学方法
- 项目四 教学的组织形式
  - 概念
  - 现代教学的基本形式——班级授课制
  - 现代教学的辅助形式——个别教学
  - 现代教学的特殊组织形式——复试教学
  - 其他教学组织形式
- 项目五 课堂教学过程
  - 课堂教学过程概述
  - 课堂教学过程基本环节

项目一　教学与教学理论

要了解教学理论，必须先理解"教学的概念"，知道"教学是什么"，才能更加清楚地知道教学实践的工作重心和教学理论的思维取向。因此，先理解教学的概念，再对教学思想和教学理论进行梳理，能够有效指导教学实践活动。

一、教学的概念

理解教学的概念，可从不同国家语言中的"教学"的含义着手，通过分析教学与教育、智育等概念之间的关系，理解、掌握教学的意义和作用。

（一）教学的含义

1. 汉语中的"教学"

在我国，"教学"一词在不同的历史时期有着不同的释义。

教学的第一种解释是不严格区分"教"与"学"，即古代汉语中提到的"教学"。"教学"两个字连用最早见于《尚书·兑命》："斅學半。"孔颖达解释："上学为教（音 xiao）；下学者，学习也。言教人乃是益己学之半也。"《学记》引用它作为"教学相长"的经典依据，指出"学然后知不足，教然后知困，知不足然后能自反，知困然后能自强也。故曰：教学相长。"宋人蔡沈解释："斅，教也……始之自学，学也；终之，教人，亦学也。"因此，这里所说的"教学"并不是现代意义上的教学，确切地说是指"学"。可见，古代汉语中的"教"与"学"是不可分离的，"教学"就是学习，是不同途径的学习，即自学和通过教人来学习。

教学的第二种解释是"教授"，即教学的一种方法。19 世纪末 20 世纪初，光绪皇帝宣布废除科举制度，兴办新式学校。一时间，学校猛增、学生猛涨，被临时召集的教师没有受过专业培训，讲解不透彻，教学质量有限却苦无善策。当时，班级授课制非常盛行，有很多留日回国的学生又非常推崇日本的"五段教学法"，人们越来越重视教师的"教"。1928 年版的《中国教育辞典》中"教学法"的定义为"各种教授方术者"。所以，这时的"教学"一词更多地被理解为"教授方法"。

教学的第三种解释是"教学生学"。我国教育家陶行知从美国学成回国后，考察了许多学校发现，学校的教学现状是"先生只管教，学生只管受教"。在《陶行知教育学》一书中，他提到当时的学校"论起名字来，居然是学校；讲起实在来，却又像是教校，这都是因为重教太过，所以不知不觉地将教与学分离了"①。他说："然而教学两者，实在是不能分离的，实在是应当合一的。""老师的责任在于教学生学，教的法子必须根据学的法子。"所以他主张重视学生的学，主张将"教授"改为"教学"，认为教师的教重在于让学生学会，非常符合现在新课改的要求。

教学的第四种解释是"教师教和学生学的统一活动"。中华人民共和国成立后，我国学者不断学习国外经典，凯洛夫在《教育学》一书中提到，苏联学者普遍认为"教

---

① 何国华. 陶行知教育学 [M]. 广州：广东高等教育出版社，1991：14.

学过程应该包括教师的活动（教）和学生的活动（学），并且教和学是同一过程的两个方面，彼此不可分割的联系着"。我国学者也同意这样的说法，于是这种解释沿用至今。

2. 外语中的"教学"

英语中的"教学"是"teaching"，与"学习"，即"learning"是同一词源派生出来的。目前，"教学"这一概念在英语中通常有三种表达，即"teaching""instruction"和"teaching and learning"。相应地，学者也有三种不同的解释：一是把教学（teaching）看成教师向学生传授知识与技能的活动；二是把教学（instruction）看成教师指导学生学习并引起行为变化的过程；三是把教学（teaching and learning）看成教师的教与学生的学组成的一种双边活动过程。

俄语中的"教学"一词也有传授和学习的意思。

美国教育学家史密斯（B. O. Smith）在《教学的含义》一文中，将英语中的教学的含义归为五大类[①]：

一是描述性定义，即教学是传授知识或技能，这是传统意义上的教学。

二是成功式定义，即教学是成功，教学的核心就是"教必须保证学"。教学可以定义为 X 学习 Y 所教的内容的一种活动。教与学两者相互交织，密不可分。

三是意向式定义，即教学是一种有意识的意向性活动，目的在于诱导学生学习。教学并不一定包含学习，但教学可能导致学习，教师的教学可能并不成功，但他会争取成功。教师的教学会受教师自身的信念体系和思维方法的影响。

四是规范式定义，即教学是一种规范性的行为活动方式。也就是说，教学必须符合特定的道德条件，是"善意"的行为。比如讲授、训练、引导等是教学，但宣传、威胁、恐吓不是教学。

五是科学式定义，这是由得到经验证实的教学效果与有关的教师行为之间的关系来表示的。赖辛巴赫将其称为"由若干命题配合而成的定义"，其公式是 $a = \mathrm{d}f\ (b,\ c \cdots)$，其中 a 表示"教学是有成效的"，$(b,\ c \cdots)$ 表示各种命题组合，如"教师做出反馈""教师说明定义规则并举出正反两方面实例"等，$\mathrm{d}f$ 表示 a 和 $(b,\ c \cdots)$ 之间的关系变化。这是严格意义上的科学概念和命题对于教学概念和命题渗透的典型表现。

我国的教育学、教学论、教科书或教育方面的辞典对"教学"的解释说法不一，但内容大都相似，且本质一致。中外学者对教学概念的具体理解：

苏联教育家斯卡特金（Mrxaun HnKoraeBHy CkarkH，1900—1991 年）认为："教学是一种传授社会经验的手段，通过教学传授的是社会活动中各种关系的模式、图式、总的原则和标准。"[②]

美国教育心理学家布鲁纳认为："教学是通过引导学习者对问题或知识体系循序渐进的学习来提高学习者正在学习中的理解、转换和迁移能力。"[③]

王策三认为："所谓教学，乃是教师教、学生学的统一活动；在这个统一活动中，

① 中央教育科学研究所比较教育研究室. 简明国际教育百科全书·教学（下）[M]. 北京：教育科学出版社，1990：223-240.

② 顾明远. 教育大辞典（上）[M]. 上海：上海教育出版社，1998：711.

③ 顾明远. 教育大辞典（上）[M]. 上海：上海教育出版社，1998：711.

学生掌握一定的知识和技能，同时身心获得一定的发展，形成一定的思想品德。"①

李秉德认为："教学就是指教的人指导学的人进行学习的活动。进一步说，指的是教和学相结合或相统一的活动。"②

钟启泉将教学主要理解为主体之间的语言性沟通或语言性活动，认为："教学是拥有教育理论素养的教师与学生进行沟通的文化。这种文化是现实的交互主体性关系的一种表现。在教学中，教育者和受教育者作为拥有各自不同语言文化和沟通文化的前代与后代，作为成人和成长中的新一代，作为各自在现代社会中生存的个人，在沟通和沟通关系中进行心灵的碰撞，从而提供了'发现世界''发现自我'乃至'相互发现的契机....'。教学，就是在语言文化与沟通文化的创造过程中，为每一个学生的发展奠定人格成长和学历发展的基础。"③

可以看出，国内外学者对"教学"的表述虽有差异，但其本质认识仍然是一致的。第一，他们都强调了教师教和学生学的结合或统一，即教师教和学生学是同一活动的两个方面，是辩证统一的。一方面，教是教师行为，学是学生行为。教主要是一种外化过程，学主要是一种内化过程。另一方面，教与学相互依存，相辅相成。"教"离不开"学"，"学"离不开"教"。第二，他们都明确了教师教的主导作用和学生学的主体地位。在教学过程中，教师主导着教学活动的方向和性质，学生就是学习活动的主人；教师只能指导学生学习而不能代替学生学习，学生只有在教师的有效指导下才能更好地学习；我们既不能以任何形式削弱教师的主导作用，也不能以任何借口剥夺学生的主体地位。第三，他们都指出了教学对学生全面发展的促进作用。学生身心的健康成长离不开教学的深刻影响，教学不仅能使学生掌握一定的知识和技能，更积极促进了学生的身心发展、全面发展，并形成良好的思想品德。

因此，如何循循善诱激发学生的学习兴趣和求知欲，让学生依靠自己已有的经验去观察思考学习或探究新的课题，主动地获取知识是教学的根本。教学的质量如何，归根结底只能由学生的学习与发展的成效来检验与证实。施教过程中必须将"教"与"学"相互结合、相互配合，才能使教学获得好的效果。由此，教学是在一定教育目的的规范下，在教师有计划的引导下，学生能动的学习、掌握系统的课程预设的科学文化基础知识，发展自身的智力与体力，养成良好的品行与美感，逐步形成全面发展的个体素质的活动。简言之，教学是在教师引导下学生能动的学习知识，以获得全面发展的活动。

（二）教学与其他概念的关系

理解教学概念，还要注意教学与其他相关概念的联系与区别。

教学与教育，是部分与整体的关系。教育包括教学、学校的课外活动、生产劳动、社会实践等途径。因此，教学只是学校教育的一个重要组成部分，是学校教育的中心工作（如图5-1所示）。

① 王策三. 教学论稿 [M]. 北京：人民教育出版社，1985：88-89.
② 李秉德. 教学论 [M]. 北京：人民教育出版社，1991：2.
③ 钟启泉. 文本与对话：教学规范的转型 [J]. 教育研究，2001（3）：34-40.

教学与智育，是交叉关系。智育是指向学习者传授系统的文化科学知识和技能，专门发展学习者智力的教育活动，是教育的一个组成部分。教学是智育的一个途径，但不是唯一的途径，智育还需要课外活动等途径才能全面实现。而教学是进行德育、智育、体育、美育的基本途径，智育只是教学的一个主要内容（如图5-2所示）。若教学等同于智育，会导致教学功能狭隘化或智育途径单一化的认识，从而背离了教学让学习者全面发展的意义和方向，也容易让课堂教学脱离社会生活实际。

图5-1　教学与教育的关系　　　　图5-2　智育的途径与教学的关系

教学与自学的关系较复杂。学生的自学分为两种：一种是在教师指导下的自学，包括配合教学进行的预习、复习、自习和作业，它是教学的组成部分；另外一种是在教学过程以外，完全由学生自主进行的自学。

（三）教学的意义和任务

1. 教学的意义①

教学是学校教育中最基本的活动，在学校教育系统中居中心地位，发挥着核心作用。

第一，教学是社会经验得以再生产的一种主要手段。

教育是解决个体经验和人类社会历史经验之间矛盾的强有力工具之一，教学作为一种专门组织起来的传递人类知识经验的活动，能简洁地将人类积累的科学文化知识转化为学生个体的精神财富，使他们在短时间内达到人类发展的一般水平。教育不仅能促进个体实现社会化，而且能使人类文化一代代地继承发展。

第二，教学为个人的全面发展提供科学的基础和实践。

教学的作用直接地、具体地表现在对个体发展的影响上。首先，它使个体的认识突破时空局限及个体直接经验的局限，从而扩大了人们的认识范围，加快了人们认识的速度；其次，教学作为教育中组织性、系统性最强的活动，能使个体的身心发展建立在科学的基础上，结合科学知识的传授和学习，在一个统一的过程中实现德智体美诸方面的和谐发展。学生是通过自身的实践活动来实现自身发展的目的的，而在教学中，学生的学习活动是最主要的实践活动，学生正是主要通过这种实践活动迅速掌握人类的知识经验，促进自身的全面发展的。

第三，教学是教育工作构成的主体部分，又是教育的基本途径。

学校工作应坚持以教学为主，但是教学必须与其他教育形式结合，必须与生活实践加强联系，才能充分发挥作用，因此应妥善安排教学与其他教育活动，建立正常的教学秩序，保证全面提高学校教育的质量。时间上，应将大部分用于教学；内容上，要以传授间接知识为主；组织形式上，要以课堂教学为主。同时，教学又必须与其他教育方式相结合，实现全面发展的培养目标。

---

① 教育部人事司教育部考试中心. 教育学考试大纲［M］. 北京：北京师范大学出版社，2002：109-110.

2. 教学的任务

教学的任务是由人们所追求的教学价值决定的，它明确指出了教学应该实现的目标要求和根本目的。教学的任务主要包括以下内容：

（1）传授系统的科学文化基础知识和基本技能。

教学的基础性任务是引导学生掌握科学文化基础知识和基本技能。因为只有扎扎实实完成这个教学任务，引导学生掌握知识和技能之后才能实现教学的其他任务，保证教学所培养的人才的质量。

基础知识，是指构成各门学科的基本事实及其相应的基本概念、原理、公式等及其系统。因为知识是人们对客观世界认识的成果，是对人类历史实践经验的概括和总结，科学的知识反映了客观世界的本质和规律。基础知识是组成一门学科知识的基本结构，揭示了学科研究对象本质及发生变化的规律性，反映了科学文化的现代水平。

基本技能，是指各门学科中最主要、最常用的技能，如语文和外语的阅读、写作技能，数学的运算技能，音乐的歌唱技能，美术的绘画技能，理、化、生学科的实验技能等。技巧是指一种技能操作或动作的自动化，技能通过多次操作可以发展成为技巧，如读、写、算的技巧。但不是所有的技能都能发展成为技巧，比如复杂智力操作的技能，写提纲、写作文、解决实际问题的计算等，无论怎样训练也很难转化为技巧。

一般来说，知识的掌握是形成技巧、技能的基础，而技能、技巧的形成又有助于进一步理解和掌握知识。普通中小学中的教学，应把现代自然科学和社会科学中的基础知识和基本技能系统地传授给学生，具体指标是：①能促进青少年学生德、智、体、美等的全面发展，使他们具有一个现代人所具有的素质；②能为他们参加现代生产劳动和政治、文化生活创造必要的条件；③能为他们进一步学习各种专门知识和从事科学研究、进行创造发明奠定基础。

教学的重要任务是将储存在书本或其他的信息载体中的物化知识作为学生认识的客体，经过有指导的学习活动，将人类总体的知识转化为学生个体的内在知识结构。在现代社会，世界各国都十分重视对基础知识的教学，注意引导学生掌握学科知识的基本结构。

（2）发展学生智力、体力和创造才能。

发展学生的智力、体力和创造才能，是教学的一项重要任务。因为这是高质量教学的必要条件，更是培养全面发展的新人的要求。

智力，是指个人在认识过程中表现出来的认知操作能力系统。智力包括观察力、记忆力、想象力和思维力，其核心成分是能够对事物进行分析、推理与反思的抽象思维能力。

体力，是指人体在活动时所付出的力量，如持久力、适应力和抵抗力等，都与身体健康水平有关。发展学生的体力不只是体育课和课外体育活动的任务，也是各科教学的任务，如引导学生在坐、立、阅读、书写和其他学习活动中保持正确的姿势，保护视力，防止课业负担过重，使之具有健康的身体和顽强持久的学习能力。

创造才能，是指运用自己已有的知识、智能、灵感、态度与意志去探索、发现、建构尚未知晓的新的知识或方法的能力，即创新。这种创新，是学生个人求知欲望、进取心和创造精神、意志力与自我实现信心的综合表现，它有助于学生知识与视野的开拓、思维方法的改进。

新时代的教学，必须注重对实践能力和创造才能的培养。教学不仅使学生掌握知识，更要发展学生以思维为核心的认识能力；不仅发展学生智力，还要发展学生的体力，使其养成自觉锻炼的习惯，保护学生视力，增强学生的体质，让学生有规律、有节律地生活、学习；尤其需要重视在教学中启发诱导学生进行推理、证明、探索和发现，培养学生独立学习的能力、分析和解决问题的能力，以适应现代科学技术发展的新时代要求。

（3）培养学生正确的情感、态度和价值观。

情感，是指同人的社会性需要相联系的一种较稳定的精神体验，如道德感、正义感、责任感、义务感、友谊感、美感、理智感等。

态度，是指与价值观和情感相连的个人对某一对象所坚持的评价标准和行为倾向。

价值观，是指评判、引导并推动个人做出决定和采取行动的准则与信念。

教学本身具有特定的教育性，教学让学生不断进行学习、认识世界，开展社会交往，在掌握自然科学、社会科学知识和联系实际中，将自己的道德修养和审美情趣提高，在班级的集体活动中依据一定的规范和要求来调节自己的思想和行为。教学的这些特定意义在培养优良的道德品质方面起着重要作用，为学生形成科学的世界观提供了坚实的基础。

（4）关注学生的个性发展。

以马克思主义关于人的全面发展学说为指导的"以人为本"的学生观，主张学生是具有独立意义的人，是发展的人，是具有个性与差异的人。因此，新时代的教学应该更加关注学生的个性发展，这是教学的一项重要任务。新时代的教学，需要更加关注学生的个性，协调学生知识、智力、兴趣、情感、意志、性格等方面的因素，追求教学与教育的统一，激励发展每个学生的主体能动性、独立性和开拓创新性，让学生成为具有竞争意识、平等观念和合作精神的新时代青少年。

二、教学思想

（一）古代教学思想

伴随着社会的进步，学校教育随之出现，教学思想也逐渐迸发且越来越系统。

中国古代教学思想非常丰富。我国古代教育思想的奠基者——孔子首创"私学"，打破了"学在官府"的局面，主张"有教无类"，编订了"六经"教材。孔子及儒家注重伦理政治教育，倡导修身以齐家、治国、平天下，其教学思想将道德教育放在首位，重视因材施教，主张"启发式教学"，讲求学、思、行结合等思想，对古代中国的教育教学发展产生了深远的影响。《学记》① 是我国和世界上最早的较为系统地论述教育教学思想的专著，它以极其精练的语言论述了当时的教育和教学的地位与作用、目的和任务、制度及内容；阐述了"教学相长"的辩证关系；深刻揭示了当时教学的弊病，指出"今之教者，呻其占毕，多其讯，言及于数，进而不顾其安，使人不由其诚，教人不尽其材，其施之也悖，其求之也佛。夫然，故隐其学而疾其师，苦其难而不知

---

① 王道俊，郭文安. 教育学 [M]. 7 版. 北京：人民教育出版社，2016：152-153.

其益也。虽终其业，其去之必速，教之不刑，其此之由乎"。《学记》还明确论述了教师循循善诱的经验，注重教与学双向的互动，提出："故君子之教，喻也；道而弗牵，强而弗抑，开而弗达。道而弗牵则和，强而弗抑则易，开而弗达则思。和、易、以思，可谓善喻矣。"

古希腊和古罗马时代，著名的思想家非常多，如苏格拉底、柏拉图、亚里士多德和昆体良等人。苏格拉底十分重视对知识与美德的教学。他强调完善人格的道德教育，在帮助学生获得真知的时候主张采用启发式教学法——"产婆术"，即教学时不是把真知直接教给学生，而是通过对话、诘问，让学生自己经过思考、辨析而获得真知。启发式教学法至今仍有着实践指导意义。柏拉图主要从构建所谓的"理念世界"出发，主张寓教于乐、重视思想训练等，他根据培养军人和哲学家的目的提出了较为完整的教学思想体系，并著有《理想国》等书。他的思想在追求爱情上被称为"柏拉图式爱情"，即追求心灵的沟通，排斥肉欲。亚里士多德是教育史上第一个提出儿童成长过程的年龄分期，主张体育、德育、智育的和谐教育思想，这一思想至今仍有重要的理论价值。昆体良是古罗马的教育家，他从自己的实践经验出发，对古希腊以来的教育思想做了总结，提出了"模仿、理论、练习"三个循序渐进的学习过程理论。他在《论演说家的教育》一书中主张对儿童进行早期训练，教学要根据儿童的年龄特点因材施教和量力而行，要劳逸结合和给学生以奖励、反对体罚等。

总体来说，古代中西方的教学都以学生的学为主要活动，强调学生学习的能动性，主张在实践中落实教学的要求，旨在为统治阶层培养人才。

（二）近代教学思想

近代以来，随着教育活动范围的扩大和教学内容的改革与增加，学者的思想也发生了变化，教学思想越来越丰富了。捷克教育家夸美纽斯的《大教学论》中提到了狭义的教学问题，还谈到了智育、德育、体育、美育等的相互关系和各自的任务，里面的教育原理、教育制度、学校组织、课程、教学法等，是当时的一部教育概论或教育通论。德国教育家赫尔巴特的教学思想和理论，从目的与手段出发构建了教学体系，为后人提供了一种关于教学的解释框架。他认为，道德培养是人类的最高目的，也是教育的最高目的，他认为道德培养主要集中在"内心自由""完善""仁慈""正义"和"公平"五种观念上。教育性教学是赫尔巴特教学体系的核心，他主张道德教与学科知识的教学要统一在同一个教学过程中，教师要善于传授知识并掌握传授知识的科学。班级授课制兴起后，人们更加关注"教师的教"，于是"怎样教"的问题成为当时的热门话题，同时，"教授"与"教学"成了同义词。清末著名改良主义教育家梁启超（1873—1929 年）提出"趣味"教学思想主张，学生应该"乐知"；强调教学应该与社会实际想联系，使学生有所"发现、发明、创造"；推行自动、自主、自治自立教学法。著名教育家蔡元培（1868—1940 年）强调教学不是简单的讲授和灌输，应重视对学生"自动自学、自助自研"能力的培养。著名教育家陶行知（1891—1946 年）深刻地批判了"教授论"，认为"教的法子必须要根据学的法子，先生的责任不在教而在教学，教学生学"，因此，他认为教学就是教学生学习，并非"教授"，主张把"教授法"改为"教学法"。

（三）新时代的教学观念

随着信息时代和网络时代的到来、新课程改革的推进，教育教学正从专才教育转向通识教育，教育教学的重心正在转移。为了适应新课程倡导的教育理念，教师应该具备新时代的教学观念。

1. 从重视教师向重视学生转变

随着社会的发展、新课程改革的推进，传统的教师中心说受到越来越深刻的批判，人们看到教师并不是支配课堂教学活动的绝对权威，学生虽然是教育的对象，却是学习活动的主体和主人。教师当然重要，但更重要的是学生，因此当代教学非常强调研究学生身心发展的规律，研究学生在课堂情景中的学习规律并遵循这些规律组织安排教学。

2. 从重视知识传授向重视知识探析、能力培养转变

"授人以鱼不如授人以渔"，知识信息时代，教育教学不能只重视知识的传授，而需要更加重视培养学生从生活经验中探究获得知识，重视培养学生探析知识的能力，以及学习掌握和更新知识的能力。

3. 从重视教法向重视学法转变

新时代的学生是独立的、具有个性的个体，教育教学需要更加关注学生，而教学过程本身就是学生学习的过程，因此，教学应该更加重视对学生学习方法的培养，即重视"学法"。目前的教学方法如问题解决法、发现学习法、学导式方法、掌握学习法、异步教学法等，都是重视学法的表现。

4. 从重视结果向重视过程转变

教学结果固然重要，但教学结果是经过了教学过程才能得到的，所以教学过程中学生的切身体验、认知体验、情感体验以及道德体验等更重要。因此，教学需要更加重视过程：第一，强调激发学生的兴趣，力求形成学生强烈的学习动机和热爱上学的学习态度；第二，强调在教师启发引导的基础上，让学生通过独立思考，获得对基础知识的领悟和习得技能技巧；第三，强调知情对称，注重学生在学习过程中，对寓于知识经验中的情感的充分觉察和体验；第四，注重教学方法的灵活多样以及多种方法的综合应用，为儿童设计出合乎年龄特点的活动，促使学生在学习过程中得到充分发展。

【延伸阅读】

中国古代私学

在古代中国社会中，私学是与官学相对而存在的，并在中国教育史上占有重要的地位。

私学产生

中国古代私学教育产生于春秋时期，其中以孔子的私学规模最大，影响最深远。

春秋战国时期是奴隶制向封建制过渡的历史转变时期。教育也随着经济政治的变更而发生了剧烈的变化，即由"学在官府"变为"学在四夷"。私学就是在这种历史条件下应运而生的。由于"士"这一阶层中的人为谁服务就代表哪个阶级的利益，且他们的学说所传承体系也各不相同，所以产生了各种学派林立与诸子争鸣的局面。其

中影响最大的是儒家、墨家、道家和法家四大学派，各学派在学术上互有长短、相辅相成。春秋孔丘在曲阜杏坛讲学、战国时齐国都城临淄稷下之学等，对中国古代学校教育的发展具有重要意义。其中创立儒家学派的孔丘虽在政治上持守旧态度，但在整理文化遗产和创办私学方面则是功垂千秋。孔丘是中国古代著名的教育家，拥有三千弟子、七十二贤人门生，培养了大批掌握文化知识的人才。以孔丘为代表的儒家重视教育，以六经为教科书：诗——文学课，书——政治课，易——数学课，礼——道德伦理课，乐——音乐艺术美学课，春秋——历史课。孔子不愿讲怪力神乱，也很少谈宗教内容。以孔丘为代表的儒家私学不重视对生产知识和科学技术的研究和传授，实为儒家教育的不足之处，对中国古代文化产生了长期的消极影响。孔丘教学态度认真，一生"学而不厌，诲人不倦"，并创造了一套以培养自觉性为中心的因材施教的教学方法，如注意个性差异，善于启发诱导、学习与思考相结合、学习与行动相结合等。所以，从办私学教育时间之长久，从事私学活动精力之集中、私学教育经验之丰富、对后世影响之深远来说，是其他任何学派的私学所不及的。与儒家处在同一时期的还有墨家，他代表农业手工业者的利益，注重科学技术教育。儒墨并称，成为春秋时代的显学。

私学发展

秦朝采纳丞相李斯的建议颁"禁私学令"，否定教育的作用，违背历史发展规律，实为秦二世速亡的原因之一。汉武帝罢黜百家、独尊儒术，以今文经学为官学，但是并不禁止私学。于是古文经学变为由私人传授的私学，到东汉末年已取得了压倒官学的地位，如马融、郑玄等古文经学大师的私学学生多达千人。汉代尤其重视师传家法，皆由孔丘以来的私学培养而成。古文经学讲究名物训诂，注重考证，后世名之为"汉学"。汉代私学在组织形式上可分为"蒙学和精舍"（精庐）两种。前者是小学程度的书馆、学馆，属启蒙教育；后者为专攻经学的经馆精舍、精庐等，属提高教育。魏晋南北朝时期，官学衰颓，私学却呈现繁荣局面，名儒聚徒讲学仍占重要地位，学生人数上百人或计千人屡见不鲜。这个时期的私学教学内容突破了传统的儒学，还包括玄学、佛学、道学，以及科学技术等。萧梁周兴嗣编辑了影响深远的蒙学读物《千字文》，颜之推的《颜氏家训》则成为家庭教育的代表作。《五经》《论语》《千字文》等教材还传入日本。唐代私学遍布城乡，制度不一，程度悬殊：一方面有名士大儒，如颜师古、孔颖达在任官之前，均是私学教师，"以教授为业""以教授为务"，一代名儒刘焯、国子学博士尹知章，不仕尹知章，不仕归田后均在家乡教授生徒；另一方面也有村野启蒙识字的私立小学。

唐代以后，宋元明清私学教育有两大特征：一方面是书院制度的产生和发展；另一方面蒙学教育主要是私人设立的学塾、村学和蒙学。宋代启蒙教材有《百家姓》《三字经》，以及以后编的《千家诗》《杂字》等。明清时期的学塾有坐馆（或教馆）、家塾（或私塾）、义学（或义塾）三种形式。清代一钧（1783—1854 年）撰《教童子法》，该书是一部专门论述启蒙教育著作，对蒙学教授方法做全面论述，并对蒙学的一般原理提出了独特的见解。

三、教学理论

（一）教学理论概述

1. 教学理论的概念

教学理论是教育科学中的一门分支学科，它是研究教学情景中教师引导或促进学生学习的行为，并形成一种普遍适用的方法，提供一般性的规定以指导教学实践的一门学科。教学活动是由教师的教和学生的学构成的，教是影响学生学的重要条件之一，但学生不用教也能学，即使教师在教，倘若学生不予注意或知识准备不足，教也不一定导致学，教和学是既相互关联又相互独立的活动。学习主要是学习理论的研究对象，研究的是"怎样学"的问题；教学是教学理论的研究对象，研究的是"怎样教"的问题。

2. 教学理论与相关概念的关系

（1）教学理论与学习理论。

教学理论关注的是研究教学的基本原理和"怎样教"的问题。学习理论关注的则是"怎么学，学什么，学习后会如何"等问题。

（2）教学理论与课程理论。

关于教学与课程的关系，有两种极端的观点：一种观点是"大教学小课程"，这种观点认为教学是上位概念，课程是教学的一个要素，因此教学理论包含课程理论，课程理论主要研究教学内容的设计、编制和改革；另一种观点是"大课程小教学"，这种观点认为课程的范围更广，教学是课程的实施与设计，是课程的一个部分，而教学理论也是课程理论的一个组成部分。其实，课程与教学两者之间是相互联系的，可以说是内容与形式的关系，或是目的与手段之间的关系。

3. 教学理论的形成与发展

从教学经验总结，到教学思想成熟，再到教学理论的形成，是人们对教学实践活动认识的不断深化、不断丰富和不断系统化的过程，非常漫长。在这一进程中，系统化是教学理论形成的标志。

《学记》是最早论述教学理论的专著，它的出现标志着我国古代教学思想发展到了一个很高的水平，具有划时代的意义。新中国成立初期，我国全面引进苏联教育学，我国的教学理论发展深受赫尔巴特学派教学理论苏联版的影响。到20世纪50年代中期，有学者提出"教育学的中国化"就是马克思列宁主义教育学与中国教育实践相结合，并尝试总结中国教育实践的优秀经验，出版了一批著作。

西方国家中，最早使用"教学论"一词的是德国教育家拉特克（1571—1635年）和捷克教育家夸美纽斯，他们用的词是"didactica"，并将其解释为"教学的艺术"。夸美纽斯的《大教学论》是独立的系统化的教学理论或教育学形成的标志。

赫尔巴特在1806年出版了《普通教育学》，教育性教学是赫尔巴特教育学的核心，赫尔巴特第一个明确提出这一概念，把道德教育与学科知识教学统一在同一个教学过程中，并提出了著名的教学形式四阶段理论，即明了、联想、系统和方法。《普通教育学》是科学化教学理论的标志，是将心理学的研究成果应用于教学过程最初尝试的典范。

（二）教学理论的主要流派

1. 哲学取向的教学理论

哲学取向的教学理论源于苏格拉底和柏拉图的"知识即道德"的传统。这种理论认为，教学的目的是形成人的道德，道德是通过知识积累自然形成的。所以，道德是可以教出来的。为了实现道德目的，知识就成为教学的一切，由此形成了以知识传授为核心的教学理论体系，代表作有苏联达尼洛夫（1889—1973年）等的《教学论》(1957)、斯卡特金主编的《中学教学论》(1982)和我国教学论专家王策三的《教学论稿》(1985)。这种理论的基本主张包括以下几个方面：

（1）教学目的是知识-道德。

凯洛夫（1893—1978年）在其《教育学》中说道："教学是指旨在依照共产主义教育的一般目的与具体任务，在学校中有计划地实现下列工作：以知识、技能和熟练技巧来武装学生，建立他们的共产主义世界观和有计划地发展他们的智力与道德；在教师领导之下，组织学生积极活动以实现这种工作。"

王策三的《教学论稿》提出"教学目的和任务"是："第一，传授和学习系统的科学基础知识和基本技能；第二，在这个基础上发展学生的智力和体力；第三，在这个活动过程中培养学生共产主义世界观和道德品质。"[①]

（2）教学过程是知识授受。

凯洛夫主编的《教育学》认为教学过程是：①授予学生并使他们领会具体的东西，使他们形成观念；②理解所学客体中的相同点与相异点，本质的、主要的和次要的地方，认清原因与结果、相互作用关系及其各种关系；③形成学生的概念，使他们认识定律、定理、规则、主导思想、规范；④使学生牢固地领会事实与概括的工作；⑤技能和熟练技巧的养成和加强；⑥用实践来测验知识，把知识应用于包括创造性作业在内的各种课业中。

（3）教学内容是各科目。

哲学取向的教学理论认为教学内容有：①强调要以书本知识为主，以讲授间接经验为主，主张教学内容是"百科全书式"的；②以学科课程或分科课程为主；③以学科逻辑来组织教材，强调教材的系统性；④以教科书为课程范本。

（4）教学方法以语言呈现为主。

教学方法倡导讲授法。讲授法是教师通过口头语言向学生系统地传授知识的教学方法，包括讲述、讲解、讲演三种基本方式。教学时主要是以教师口头语言讲授为主。

2. 行为主义教学理论

20世纪初，以美国心理学家华生（J. B. Watson, 1878—1958年）为首发起的行为革命对心理学的发展进程影响很大。他在《行为主义者心目中的心理学》(1919)中指出，心理学是自然科学的一个纯客观的实验分支，它的理论目标在于预见和控制行为。因此，把刺激—反应作为行为的基本单位，学习即"刺激—反应"之间联结的加强，教学的艺术在于如何安排强化。由此派生出程序教学、计算机辅助教学、自我教学单元、个别学习法和视听教学等多种教学模式和方式。其中，斯金纳（1904—1990

---

① 王策三. 教学论稿［M］. 北京：人民教育出版社，1985：236.

年）的程序教学理论影响最大，他的基本主张包括以下几个方面：

（1）教学目标是预期行为结果。

斯金纳将行为作为基本的研究对象，认为"学习"即反应概率的变化；"理论"是对所观察到的事实的解释；"学习理论"所要做的，就是指出引起概率变化的条件。所以，教学的目的就是提供特定的刺激，以便引起学生的特定反应，所以教学目标越具体、越精确越好。

（2）教学过程是相倚组织。

相倚组织，是指对强化刺激的系统控制。斯金纳认为，学生的行为是受行为结果影响的，若要学生做出合乎需要的行为反应，必须形成某种相倚的关系，即在行为后有一种强化性的后果；倘若一种行为得不到强化，它就会消失。根据这一原理，形成了一种相倚组织的教学过程，包括五个阶段：

①具体说明最终的行为表现：确定并明确目标，具体说明想要得到的行为结果，制定测量和记录行为的计划。

②评估行为：观察并记录行为的频率，如有必要，记录行为的性质和当时的情境。

③安排相倚关系：做出有关环境安排的决定，选择强化物和强化安排方式，确定最后的塑造行为的计划。

④实施方案：安排环境并告知学生具体要求。

⑤评价方案：测量所想到的行为反应，重现原来的条件，测量行为，然后再回到相倚安排中去。

简单地说，行为主义者关注的是"怎样教"，而不是"教什么"。事实上，根据行为科学的原理设计程序，直接涉及要教什么、不教什么。他们侧重的是行为，并要以一种可以观察、测量的形式来具体说明课程内容和教学过程。

（3）教学方法采用程序教学。

程序教学法是根据强化作用理论而来的。斯金纳认为，强化相倚关系应说明：反应发生的场合、反应本身、强化结果，这三者之间的相互关系便是"强化相倚关系"。程序教学是指将教材分成连续的小步子，严格地按逻辑编成程序的一种自动教学模式。

20 世纪 60 年代兴起了两种以斯金纳的学习理论为根据的教学理论与方法——掌握学习与凯勒计划（又称个人化系统教学法，PSI）。关于掌握学习，国外相关的研究结果显示：①在中小学教学中，短期实施较长期实施有效；②由于它可以帮助学生克服学习困难，增加成就感，故经过这种训练的学生的求学态度较为积极。另外，心理学家根据实验研究得出结论，PSI 这种自学辅导的教学方式，用在大学生身上很有效。

3. 认知主义教学理论

认知心理学家批判行为主义是在研究"空洞的有机体"，他们认为在个体与环境的相互作用方面，是个体作用于环境，而不是环境引起人的行为，环境只是提供潜在刺激，至于这些刺激是否受到注意或被加工，取决于学习者内部的心理结构；学习的基础是学习者内部心理结构的形成和改组，而不是"刺激—反应"联结的形成或行为习惯的加强或改变。教学就是促进学习者内部心理结构的形成或改组。

认知主义教学理论是美国教育心理学家布鲁纳和奥苏贝尔等提出的，其中影响较大的是布鲁纳的认知结构教学理论，他提出以下主张：

（1）教学目标是理智发展。

布鲁纳认为，发展学生的智力应是教学的主要目的。他强调教育不仅要培养成绩优异的学生，而且要帮助每个学生获得最好的智力发展。教育主要是"培养学生的操作技能、观察技能、想象技能以及符号运算技能"。

（2）教学原则是动机-结构-序列-强化。

布鲁纳认为教学必须考虑学生的本性、知识的本质和获得知识过程的性质。由此，他提出了相应的四条教学原则：第一，动机原则，即教师要利用好学生的好奇心和学习的愿望，激发学生参与探究活动的积极性，从而促进学生智慧的发展；第二，结构原则，即教师应该认识到教学内容与学生已有知识之间的关系，知识结构应与学生的认知结构相匹配；第三，序列原则，即要按最佳顺序展现教学内容，由于学生的发展水平、动机状态、知识背景可能会影响教学序列的作用，因此，若教学效果不理想，教师要随时准备修正或改变教学序列；第四，强化原则，即要学生适时地知道自己学习的结果，同时教师要将强化从外部奖励转向学生本人的内能奖励，以免学生过于依赖教师的指点或奖励。

（3）教学内容是学科知识。

布鲁纳认为，任何学科知识都是一种结构性存在，知识结构本身具有理智发展的效力。他认为学习基本结构有四个好处：第一，如果学生知道了一门学科的基本结构或逻辑组织，就能理解这门学科；第二，如果学生了解了基本概念和基本原理，则有助于学生把学习内容迁移到其他情境中去；第三，如果把教材组织成结构的形式，则有助于学生记忆具体细节的知识；第四，如果给予学生适当的学习经验和对结构的合理陈述，即便是年幼儿童也能学习高级知识，从而缩小高级知识与初级知识之间的差距。

（4）教学方法采用发现学习法。

布鲁纳认为，学生并非被动接受知识，而是一直在积极的加工信息。他强调采用发现学习法，教师应创设可让学生自己学习的环境，强调学习过程，强调直觉思维，强调内在动机，强调信息提取，而不是直接传授知识。

布鲁纳的教学理论是为了适应教育现代化要求的一种可贵探讨，其理论曾促进了美国20世纪60年代中小学的课程与教学改革，但实践证明，这种教学理论在运用时是有条件的。第一，其使用的先决条件是学生具有相当的背景知识和技能，这在多半缺乏知识经验的小学中低年级是很难使用的一种教学方式。第二，发现学习法之下的学生在自行探索问题答案的过程中，往往会因遇到困难得不到老师的帮助而感到气馁，这种情况可能会降低学生的知欲水平。第三，班级团体中的个体差异会造成学生发现问题答案的先后不一，这会对较慢得出答案的学生造成不良的精神压力。第四，采用发现学习法时，一般是以团体讨论的方式展开课堂活动的，而团体讨论本身具有一定的缺陷。

4. 建构主义教学理论

建构主义认为，学习是在社会文化背景下，通过人与人之间的协作活动而实现的意义建构的过程。建构主义教学理论认为教学要把学生现有的知识经验作为新知识的生长点，引导他们从原有的知识经验中"生长"出新的知识，其核心观点为知识是建构的，而不是传授的。早期建构主义教学理论的代表人物有皮亚杰、维果斯基和布鲁纳，之后有加德纳、古德曼、布鲁克思。建构主义的教学观包括：

（1）知识观。

建构主义者强调，知识不可能以实体的形式存在于具体个体之外，它只是一种解释、假设，并不是问题的最终答案。学生对知识的"接受"只能靠自己的建构来完成，以自己的经验、信念为背景来分析知识的合理性。学生的学习不仅是对新知识的理解，而且也是对新知识的分析、检验和批判。

（2）学习观。

建构主义者认为，知识不是通过教师的传授获得的，而是学习者在一定的情境即社会文化背景下，借助其他人（包括教师和学习伙伴）的帮助，利用必要的学习资料，通过意义建构的方式获得的。学习是个体建构自己知识的过程，这意味着学习是主动的。

（3）课程观。

建构主义者强调，用情节真实、复杂的故事呈现问题、营造解决问题的环境，以帮助学生在解决问题的过程中活化知识，变事实性知识为解决问题的工具；主张用产生于真实背景中的问题启发学生思维；主张课程既要基于学科，又要超越学科，面向真实世界。

（4）教学观。

建构主义者强调，教学是帮助学习者成为学习主体，要始于课堂，走出课堂，融于社会。建构主义学习环境由情境、协作、会话和意义建构四个要素构成。其中，情境是意义建构的基本条件，教师与学生之间、学生与学生之间的协作和会话是意义建构的过程，而意义建构则是建构主义学习的目的。

（5）学生观。

建构主义者强调，学生并不是空着脑袋走进教室的，他在日常生活、以往的学习中，已经具备了丰富的经验，有一定的认知能力，会形成对问题的某种解释。而且，这种解释是从他们的经验背景出发推出的合乎逻辑的假设。所以，教学要把学生现有的知识经验作为新知识的生长点，引导学生从原有的知识经验中"生长"出新的知识经验。

建构主义教学式的共同点在于反对传统教学中的机械客观主义，主张知识是在主体与环境、他人的交互作用中建构的。因此，建构主义教学理论本质上是对人的主体价值给予了充分肯定的理论。但它在我国中小学课堂中的应用尚需各方面的条件支持。建构主义教学理论的教学方法包括"发现式"方法、"探究式"方法，以及"基于问题""基于情境""基于资源"等方法。直接讲授为主的传统教学可以在结构良好的学科领域（如数学、物理等学科）取得较好的教学效果，但在结构不良的学科领域（如医疗诊断等），建构主义教学方法可以让学生取得优异成绩，但它并非适合所有情境的最佳教学模式。

传统课堂与建构主义课堂的比较如表5-1所示。

表 5-1 传统课堂与建构主义课堂的比较

传统课堂	建构主义课堂
·课程内容的传递是从部分到整体的，而且强调基本技能的掌握。	·课程内容的呈现是从整体到部分的，而且强调核心概念的掌握。
·强调教师严格坚持课程内容的顺序性。	·鼓励教师回答学生的问题。
·课堂教学活动必须依靠教材和练习册进行。	·课堂教学活动的开展依靠原始的资料和可操作的材料进行。
·学生被看成一块白板，教师是在这块白板上雕刻信息的人。	·学生被看成一个有思想的人，他们有自己关于周围世界的看法。
·教师基本上被看成一个向学生传授信息的说教者。	·教师基本上被看成一个为学生创造良好学习环境的互动者。
·教师通常是通过寻找正确答案来促进学生的有效学习。	·为了了解学生已经掌握的概念对今后学习的作用，教师通常会积极探索学生的学习问题。
·通过与教学活动分离的测验来评价学生的学习。	·评价是伴随着教学进行的，评价的方法不仅有观察，而且还有学生的才能展示和学习档案袋等。
·学生的学习通常是个人的事。	·学习通常是通过小组进行的。

5. 人本主义教学理论

人本主义心理学家认为，真正的学习涉及整个人，而不仅仅是为学习者提供的事实。真正的学习经验能够使学习者发现自己独特的品质，发现自己作为一个人的特征。教学的本质即促进学生成为一个完善的人。美国人本主义心理学家罗杰斯（1912—1987 年）的非指导性教学就是这一流派的代表。

（1）他认为教学目标使学生成为完善的人。

罗杰斯认为，最好的教育目标应该是"从充分发挥作用的人、自我发展的人到形成自我实现的人"。学校要培养的人就是能从事自发的活动，并对这些活动负责的人；能理智地选择和制定方向的人；是批判性的学习者，能评价他人贡献的人；获得有关解决问题知识的人；更重要的是，能灵活和理智地适应新的问题情境的人；在自由和创造性地运用所有有关经验时，能灵活地选择问题处理方式的人；能在各种活动中有效地与他人合作的人；不是为了他人的赞许，而是按照他们自己的社会化目标工作的人。

（2）他认为教学过程是非指导性的。

非指导性的教学模式以解决学生的情感问题为目标，包括五个阶段：①确定帮助的情境，即教师要鼓励学生自由地表达自己的情感；②探索问题，即鼓励学生自己来界定问题，教师要接受学生的情感，必要时加以澄清；③形成见识，即让学生讨论问题，自由地发表看法，教师给学生提供帮助；④计划和抉择，即由学生做出初步的决定，教师帮助学生澄清这些决定；⑤整合，即学生获得较深刻的见识，并做出较为积极的行动，教师对此要予以支持。

（3）有关意义学习与非指导性学习的主张。

意义学习不是仅涉及事实累积的学习，而是一种使个体的行为、态度、个性以及在未来选择行动方式时发生重大变化的学习。这是一种增长知识的学习，更是一种与每个人各部分经验都融合在一起的学习。这种意义学习包括四个要素：第一，学习具有个人参与的性质；第二，学习是自我发起的；第三，学习是渗透性的；第四，学习是由学生自我评价的。

（4）有关师生关系的主张。

罗杰斯认为，教师是学生学习的"促进者"，其作用表现在四个方面：①帮助学生澄清自己想要学什么；②帮助学生安排适宜的学习活动与材料；③帮助学生发现他们所学东西的个人意义；④维持某种滋育学习过程的心理气氛。但是，发挥促进者的作用，关键不在于课程设置、教师知识水平及视听教具，而在于"促进者和学习者之间的人际关系的某些态度品质"。这种态度品质包括三个方面：真诚、接受、理解。

罗杰斯的教学主张一向被称作"学生中心的教育"。这种教学理论降低了教师在教学中的地位，强调在教学过程中激发学生的学习动机，满足学生合理的需要，这对于学生个性与创造力的发展有很大的促进作用。从教育哲学的观点来看，人本主义心理学的主张是很崇高的教育理想。

【真题再现】

一、选择题

1. 把大班上课、小班讨论、个人独立研究结合在一起，并采用灵活的时间单位代替固定划一的上课时间，以大约20分钟为一个课时。这种出现于美国20世纪50年代的教学组织形式是（　　）。

  A. 文纳特卡制   B. 活动课时制
  C. 道尔顿制   D. 特朗普制

2. 巴班斯基认为，应该把教学看作一个系统，从系统的整体与部分之间、部分与部分之间，以及系统与环境之间的相互联系、相互作用之中设计教学。这种教学理论称为（　　）。

  A. 教学环境最优化   B. 教学内容最优化
  C. 教学过程最优化   D. 教学方法最优化

3. 为了大面积提高教学质量，苏联教育家巴班斯基将系统论的方法引入教育改革，他提出的教育理论是（　　）。

  A. 教育过程化理论   B. 最近发展区理论
  C. 建构主义教学理论 D. 范例教学理论

4. 奥苏伯尔提倡在教学中采用"先行组织者"这一技术，其精神实质是（　　）。

  A. 强调直观教学
  B. 强调新知识与学生认知结构中原有的适当知识的相互联系
  C. 激励学生的学习动机
  D. 引导学生的发现行为

5. 下面情况发生了学习的是（　　）。

  A. 小亮从亮处走向暗处，视力显著提高
  B. 小明喝酒后脾气变得暴躁

    C. 小张服用兴奋剂后在百米赛跑中获得冠军

    D. 大猩猩模仿游客吃饼干

二、简答题

简述维果斯基"最近发展区"理论及其教育启示。

【参考答案】

一、选择题

1. D   2. C   3. A   4. B   5. D

二、简答题

答：维果斯基认为，至少要确定两种发展水平。第一种水平是现有发展水平，这是指由于一定的已经完成的发展系统的结果而形成的心理机能的发展水平。第二种是在有指导的情况下借别人的帮助所达到的解决问题的水平，也是通过教学所获得的潜力。这样，在智力活动中，所要解决的问题和原有独立活动之间可能有差异，由于教学，而在别人的帮助下消除这种差异，这就是"最近发展区"。教育启示：维果斯基提出"教学应当走在发展的前面"。教学"可以定义为人为的发展"，教学决定着智力的发展，这种决定作用既表现在智力发展的内容、水平和智力活动的特点上，也表现在智力发展的速度上。

项目二 教学设计

一、教学设计的概述

（一）教学设计的含义

中外学者对教学设计的含义提出了不同的认识。从国外看，学者从各个不同视角对教学设计进行了界定，归纳起来有以下三种说法：一是将教学设计看作系统计划或规划教学的过程。美国心理学家加涅在《教学设计原理》中认为，"教学是以促进学习的方式影响学习者的一系列事件，而教学设计是一个计划教学系统的系统化过程"[①]。赖格卢特认为，"教学设计是一门涉及理解与改进教学过程的学科"。因此，教学设计是提出最优教学方法使学生的知识和技能发生预期变化的一门学科。二是将教学设计视为一门设计科学，认为其是在一定思想指导下的策划过程。美国教育家伯顿提出"教学设计是设计科学大家庭的一员，设计科学各成员的共同特性是用科学原理及应用来满足人的需要。因此，教学设计是对学业业绩问题的解决措施进行策划的过程"[②]。三是将教学设计看作一门与学习开发有关的技术。如梅里尔在《教学设计宣言》中指出："教学设计是一种用以开发学习经验和学习环境的技术……，是一种将不同学习策略整合进教学经验的一门技术……"[③]。

①　加涅. 教学设计原理［M］. 皮连生，等译. 上海：华东师范大学出版社，1999：11.

②　盛群力，李志强. 现代教学设计论［M］. 杭州：浙江教育出版社，1998：2-3.

③　王较过. 中学物理教材研究与教学设计［M］. 西安：陕西师范大学出版社，2011：115.

我国从 20 世纪 80 年代开展教学设计方面的研究，随着研究的深入，很多学者也对教学设计进行了不同的界定。归纳起来大致有以下几种说法：一是"方法"说，即把教学设计看作一种方法。如原国家教委电教司组织编译的《教学媒体与教学设计》中提出，教学设计是一种研究教学系统、教学过程和制订教学计划的系统方法，即运用系统方法优化教学要素和过程，以期达到教学最优化的方法。二是"措施"说，即把教学设计看作实现教学最优化的一种重要措施。如刘高佶认为教学设计就是用系统的观点和方法，按照教学目标和教学对象的特点，仔细安排和组织各种学习资源，使之程序化。三是"计划"说，即把教学设计看作一种制订计划。如张旭、许林认为，教学设计是用系统的方法分析教学问题，研究解决问题途径，评价教学结果的计划过程或系统规划。四是"学科"说，即把教学设计看作一门提出最优教学方法的独立学科。教学设计是帮助教师搞好教学，促进专业成长的基础性学科。五是"方案"说，即把教学设计看作对方案的制订和修改。如乌美娜认为，教学设计是运用系统方法分析教学问题和确定教学目标、建立解决教学问题的策略方案、试行解决方案、评价试行结果和对方案进行修改的过程。六是"技术"说，即把教学设计看作一种"技术"。如鲍嵘认为，教学设计是一种旨在促进教学活动程序化、精确化和合理化的现代教学技术[1]。

综合来看，教学设计是在一定的教育教学理论指导下，应用系统方法对教学过程的诸要素、环节及其相互关系进行科学的分析、描述、规划，为教学活动制定具体可行的程序或方案的过程。

（二）教学设计的特征[2]

1. 指导性

教学设计是教师为组织和指导教学活动精心设计的施教蓝图，是教师有关下一步教学活动的一切设想，如将要达到的目标、所要完成的任务、将要采取的各种教学措施等均应反映在教学设计中。

2. 统合性

教学是由多种教学要素组成的一个复杂系统，教学设计则是对这诸多要素的系统安排与组合。以系统科学的方法指导教学设计，要求对由诸多要素构成的教学活动进行综合的、整体的规划与安排。

3. 操作性

教学设计既有一定的理论色彩，但又明确指向教学实践。在教学设计方案中，各类教学目标被分解成具体的、具有可操作性的目标。教学设计者对教学内容的选择、教学方法的运用、教学时间的分配、教学环境的调适、教学评价手段的实施等都做了具体明确的规定和安排，成为教师组织教学的可行依据。

4. 预演性

教师进行教学设计的过程，实质上就是实际教学活动的每个环节、每个步骤在教师头脑中的预演过程。预演和教学情境能使教师如临真实的教学情境，对教学过程的每一个细节周密考虑、仔细策划，为教学活动的顺利进行提供可靠保证。

---

[1] 李定仁，徐继存. 教学论研究二十年 [M]. 北京：人民教育出版社，2001：235.

[2] 全国十二所重点师范大学. 教育学基础 [M]. 北京：教育科学出版社，2002：214-215.

5. 凸显性

教师在设计教学方案时，可以有目的、有重点地突出某一种或某几种教学要素，以达到特定的教学目标。如教师可以在教学方案中突出某一教学方法的运用、某一部分教学内容的讲述、某一种新教学环境的设计，从而使教学活动重点突出、特色鲜明、富有层次感。

6. 易控性

易控性主要表现在两个方面：一是由于教学设计是对教学活动的预先规划和准备，教师有充足的时间对整个教学过程进行周密计划、反复检查；二是教学设计要确定明确的教学目标，教学目标对教学活动的诸要素具有较强的控制作用，它既控制着教学活动的方向，也控制着教学活动的大致进程、内容、程序和活动中主客体间的动态关系。

7. 创造性

教学设计的过程，实际上就是教师根据不同的教学目标和不同学生的特点，创造性地思考、设计教学实施方案的过程。教学设计会受到教师个人的教学经验、风格、智慧的影响，每个教师设计的教学方案都会不同程度地带有个人风格与色彩，因而它为教师个人创造才能的发挥提供了广阔天地。

（三）教学设计的依据

1. 教学理论和学习理论

理论的指导是教学设计和教学实践的基本依据。现代丰富的教学理论和学习理论为教学设计提供了理论指导，避免了教学设计的盲目性，也让教学设计由教师的感性经验上升到理性层次，最大限度地保证了教学设计的合理性与有效性。

2. 系统理论

教学是一个复杂的系统，需要运用系统、科学的方法分析课堂教学系统中的各因素及其关系，使教师、教学内容、教学方法、学生情况等各因素得到最紧密、最佳的组合，从而优化课堂教学效果，这是教学设计成功的关键。

3. 教学的实际需要

教学活动的完美呈现需要有科学合理的教学设计，即为实际教学活动提供最优的行动方案。

4. 学生的需要和特点

学生的学习活动是教学活动的一个组成部分，教学设计则更加需要重视学生的需要和特点，依据学生进行教学，这样教师的教才能促进学生积极主动的学。

二、教学设计的内容

（一）教学目标设计

1. 教学目标设计的含义

教学目标是教育目的的具体化，而教学目标设计是对教学活动预期所要达到的结果的规划。合理的教学目标是保证教学活动顺利进行的必要条件，因为教学目标不仅规定着教学活动的方向、进程和预期结果，而且是评价教学效果的基本依据。此外，教学目标还是学习者自我激励、自我评估、自我调控的重要手段。

2. 教学目标设计的步骤

（1）研读课程标准，分析教材内容。

（2）分析学生现有知识储备和学习能力。

（3）确定教学目标分类及要求。

（4）列出一级教学目标（综合性目标）。

（5）陈述具体的行为目标。

【延伸阅读】

教学目标分类

1. 布卢姆等人的教学目标分类

布卢姆等人的教学目标分类的三种目标领域、学习水平及其定义如表5-2所示。

表5-2　教学目标分类一

目标领域	学习水平	定义
认知领域	1. 知识	事实性信息的回忆或再认
	2. 领会	理解材料，但不需要与其他的材料相联系
	3. 应用	使用一般的概念来解决特定的问题
	4. 分析	区分和领会各种互相关系
	5. 评价	判断材料或方法在特定情境中被应用时的价值
	6. 创造	结合各个组成部分以形成一个新的整体
情感领域	1. 接受	意识到或注意到特定现象、行为或对象
	2. 反应	根据该现象、行为或对象调整自己的行为
	3. 价值化	表现出某种特定的参与或承诺
	4. 组织	把新的价值整合到个人原有的一整套价值系统中，并能恰当地评判其作用与价值
	5. 性格化	长期控制自己的行为，将经验转化为性格
动作技能领域	1. 模仿	按照指示和在指导下从事简单的技能
	2. 操作	能独立地完成一项技能
	3. 熟练	能准确地、自动化地完成一项技能

2. 教学目标分类表

根据不同维度，可对教学目标进行分类，具体如表5-3所示。

表5-3　教学目标分类二

知识维度	认知过程维度					
	1. 记忆	2. 理解	3. 运用	4. 分析	5. 评价	6. 创造
A. 事实性知识						
B. 概念性知识						
C. 程序性知识						
D. 元认知知识						

3. 教学目标的表述

教学目标的表述应该包括行为主体、行为动词、情境或条件以及表现水平或标准四个要素。

其中，行为主体指的是学习者，所以教学目标表述应该是学生的行为。行为动词用以描述学生所形成的可观察、可测量的具体行为。情境或条件是影响学生产生学习结果的特定的限制或范围，主要说明学生在何种情境下完成指定的操作。对条件的表述有四种类型：①使用手册和辅助手段或者不允许使用；②提供信息和提示；③使用工具和特殊设备或者不用；④完成行为的情境。表现水平或标准是指学生对目标所达到的最低表现水准，用以评价学习表现或学习结果所达到的程度。

比如，"学生能写出既清楚又有条理的社会学科计划的报告"这个目标。其中，"学生"就是行为主体，"写出报告"指明了一种行为，"社会学科计划"指出这些报告针对的是生活的哪些领域，同时"既清楚又有条理"指出了对学生表现水平的预期①。

（二）教学内容设计

教学内容设计是教师根据教学目标和学生特点，认真分析教材、合理选择和组织教学内容的表达或呈现的过程。它是教学设计的主体部分，也是最关键的环节。

1. 教学内容的选择

教学内容的选择是为了实现教学目标，因此，教学内容的选择应该保证以下几点要求：

（1）教学内容应具有可实践性。

不管教材内容是什么，教学内容的选择都要保证学生有机会可以去实践教学目标的行为要求，不然教学目标就难以实现。比如，"培养学生浓厚的学习兴趣"这个目标，教学内容的选择应该让学生能够有写作经验，从而有机会进行自由写作。

（2）教学内容应具有获得感。

选择的教学内容要让学生在学习之后，能够有获得感。比如，"通过选择的教学内容培养学生的动手能力"这个目标，选择的教学内容难度要适宜，既有能够让学生自己动手的机会，又要让学生动手之后能够解决问题、完成任务，这样才能让学生有获得感、满足感。

（3）教学内容应贴合生活实际。

教学内容应该来源于生活，又高于生活。教学内容的选择要从学生身边来，从日常生活中来，从社会现实中来；同时，又要注重启发学生思维，有教学价值。

2. 教学内容的组织

教学内容选择好之后，需要恰当地、有效地呈现在课堂教学中，这就需要精心再重组或安排，这就是教学内容的组织。教学设计中的教学内容的组织，需要理解和把握教学内容与教材之间的关系，而教学内容之间的关系，即教学内容的组织需要符合两个方面的要求。

（1）横向组织和纵向组织。

泰勒认为教学内容的有效组织有三个标准：连续性、递进性和整合性。连续性是

① 袁振国. 当代教育学［M］. 4版. 北京：教育科学出版社，2010：174.

指在一定时间内，需要不断重复学习的知识、不断训练和发展的技能。递进性强调在先前经验的基础上，更广泛、更深入地研究所涉及的事物。知识本身之间存在一定的联系，教学内容的纵向联系体现在连续性和递进性上，而横向联系则体现在整合性上。教学内容的组织与安排呈现，应该保证知识之间的连续性、递进性和整合性，以帮助学生逐渐获得统一、科学的观点。

（2）逻辑顺序和心理顺序。

逻辑顺序是知识本身的系统和内在的逻辑关系。心理顺序是指儿童的心理发展和心理活动顺序。教学内容的合理组织既要考虑逻辑顺序，又要考虑心理顺序。大部分教材本身在编写过程中已经考虑了逻辑顺序，因此，教师的教学设计中和实际教学过程中的教学内容还应该保证符合儿童心理发展顺序和阶段性。

【延伸阅读】

不同类型知识的教学设计[①]

有关研究表明：识别不同类型的知识，并针对不同类型的知识特点进行教学设计，是教学内容设计的重要方面。从教学设计的角度考虑，一般将知识分为以下三类：

1. 陈述性知识及其教学设计

陈述性知识，主要是有关"是什么"的知识。这类知识可分为：①有关事物的名称或符号的知识；②简单命题知识或事实知识；③有意义命题的组合知识，即经过组织的言语信息。中小学各个学科中的部分知识，如数学、物理中的基本事实、概念、命题、原理等，化学中的元素符号、分子式、化学反应方程式，体育中的动作要领等，历史、地理中的人物、事件、地点、时间等，都属于陈述性知识。

在陈述性知识的教学设计中，要将设计的重点放在如何帮助学生有效地理解、掌握这类知识上，注重学生对其符号或词语意义的获取。教师在具体设计过程中应注意以下方面：①找出新知识与原有相关知识的结合点，讲清二者间的相互联系，以帮助学生在理解的基础上有效吸收、同化新知识；②对学生的学习准备状况做认真分析，除了解学生的一般学习状况外，还应对学生已有的知识准备、知识结构、学习动机和学习习惯做深入分析；③恰当引入教学媒体，如教具、学具的使用，教材呈现手段的变化等。

2. 程序性知识及其教学设计

程序性知识是有关"怎么办"的知识，是关于方法和应用的知识。语文中的句子规则，数学、物理、化学中的大部分知识，体育中的动作技能等，都属于程序性知识。

程序性知识的教学设计应确定的教学目标，主要是帮助学生形成运用概念、规则和原理解决问题的能力。为达成这一目标，程序性知识教学要有充分的练习设计。在设计概念练习时，应注意充分应用正反例。呈现正例有助于概括和迁移，但也可能导致泛化；呈现反例有助于辨别，使概念精确。规则的学习掌握也应配一些练习，及时让学生将新学习的规则应用于问题解决的情境中，做到一遇到适当的条件，便能立即做出反应。总之，教师在进行这类知识的教学设计时，要对讲授与练习的时间进行合

① 全国十二所重点师范大学. 教育学基础［M］. 北京：教育科学出版社，2002：219-221.

理规划，使规则、概念的掌握与解决问题技能的形成在课堂教学中都能得到有效保障。

3. 策略性知识及其教学设计

策略性知识也是回答"怎么办"的知识，它与程序性知识的主要区别在于，它所处理的对象是个人自身的认知活动和个体调控自己认知活动的知识。这类知识是渗透在各科学习之中的，没有专门和具体的学科内容。

策略性知识分为两级水平：较低级的为一般学习活动的策略知识，如控制与调节注意的策略、记忆策略和提取策略等；较高级的为创造思维策略知识，这类策略往往是因时、因人、因内容而异的一个推理过程，难以程式化，目前尚未明确分类。

根据策略性知识的特点进行教学设计，需要解决三个难题：一是课程问题。传统的课程没有把认知策略的训练作为一个重要目标，教材中缺乏相应的内容。二是教师问题。策略活动是一种内在的思维活动，怎样让学生仿效这种内隐的活动，关键是教师要善于描述其内在思维，使学生可以想象。三是学生问题。学生的认知策略制约着策略性知识的教学，因而注重对学生进行认知策略训练，是教学设计的一个重要部分。例如，通过提问控制学生的注意力，使之逐步由外界控制变成自我控制；教会学生在听课和看书时如何做笔记；还可以教会学生如何将知识加以组织并进行意义加工，从而便于回忆等。总之，要搞好策略性知识的教学设计，教师必须首先学习和掌握有关学习策略、认知策略方面的知识，加强策略教学的训练，同时注意挖掘课程中的策略性知识内容，并在此基础上根据策略性知识的特点和学生学习的特点进行有针对性的教学设计。

（三）教学组织形式设计

教学组织形式就是教学活动中教师与学生的组合结构形式，或者说是教师与学生共同活动在人员、程序、时空关系上的组合结构形式。迄今为止，基本的教学组织形式有三种：集体教学形式、小组教学形式和个别教学形式。

1. 集体教学形式（班级授课制）

集体教学形式，通常称为班级授课制，是指把学生按照年龄或在某科目上的大体程度分为若干个人数较多的教学班，教师面对全班学生进行集体教学，各班的学习内容、学习进度及教学行为完全一样。集体教学的教学效率较高，提供了学生相互激励、相互帮助的机会，但因学生的个体差异性，集体教学不适应学生在学习速度、学习方式和个性等方面的个别差异。

2. 小组教学形式

小组教学形式，是指把全班学生细分为若干人数较少的小组，教师根据各小组的共同特点分别与各小组接触，进行教学或指导他们共同完成某项学习任务。小组教学能锻炼学生的合作学习能力，但分组时必须考虑以下问题：一是分组的科学依据，采用同质分组还是异质分组；二是分几组，每组几个人；三是教师配备是否充足等。因此，因每个学生的情况不同，小组教学也并不一定适用于所有学生。

3. 个别教学形式

个别教学形式，是指教师与每个学生单独接触，让学生个人对学习材料进行学习，然后单独进行反馈和评定的一种形式。在这种形式下，教师可根据各个学生不同的需

模块五 教学

要或与学生一起制定学习范围和进度，允许学生有更灵活的学习进度和学习时间安排。注意：个别教学与个别辅导不同，个别辅导是作为集体教学形式的补充，对学习进度慢的学生进行补习，给学习进度快的学生提供提高的活动；个别教学形式，是教师分别与每个学生接触，学生自学为主，教师进行必要的辅导。

（四）教学时间设计

教学活动是在一定时间内进行的。教师在进行教学设计时应该充分考虑对教学时间的设计。教学时间的有效设计应考虑以下几方面：

1. 整体时间分配

教学设计，首先应把握一学期甚至一学年教学时间的总体分配，依据课程标准的规定和教学的实际需要对整体教学时间（一般以学期为限）做出合理规划；其次合理规划单元课时，根据教材内容对单元的知识点、重难点进行梳理，并确定相关的教学实践；最后应合理安排每节课的教学时间，如导入（包括组织教学和检查复习）需要几分钟，新课讲解（包括讲授新课和巩固新课）需要几分钟，学生讨论时间几分钟，课堂小结几分钟，布置作业几分钟等。

2. 学生实际学习时间

首先，教师要保证学生的课堂学习时间。每堂课的教学时间有限，需要教师合理设计时间、加强课堂管理，尽可能保证学生不迟到、不早退、不缺勤，课堂不随意讲话、不睡觉，教师自身不随意缺课，以此确保学生的课堂学习时间。其次，教师也要关注学生的专注学习的时间。学生每天的学习能力有高低变化：研究表明，每天学习能力最强的时间是上午第二三节课期间，较差的时间是下午第一节课。同时，学生的年龄不同，学习的有效持续时间也不相同。根据测量研究，不产生疲劳的学习时间是：6~8 岁为 30~40 分钟，9~12 岁为 40~50 分钟，13~15 岁为 50~60 分钟。

3. 防止教学时间遗失

教师在教学设计过程中除了精心设计每个环节的时间，还应该对课堂上可能出现的问题及处理办法有一定的预测和心理准备，这样才能较好地避免教学时间的遗失。

（五）教学方法与媒体设计

1. 教学方法的选择与设计

常用的教学方法包括启发式教学法、讲授法、讨论法、案例教学法等。具体的教学方法的选择与设计见本章第三节内容。

教学方法的选择，要遵循以下步骤：

首先，要明确选择教学方法的标准：①具体的教学目标、教学任务、教学进度和教学时间；②学生的学习特点；③教师的特点；④现有的教学条件。

其次，广泛了解新的教学方法，拓宽选择范围。

最后，深入比较不同教学方法的特点、适用范围、优越性和局限性等。

2. 教学媒体的选择与设计

教学媒体，可以是常规意义上的语言、文字、粉笔、黑板等传统媒体，也可以是幻灯片、录音、录像、电影、电视、电脑等现代教学媒体。课题教学中教学媒体的有效选择与设计应该考虑以下几个方面：

（1）教学目标。教学媒体的选择，应考虑是否有利于达成特定的教学目标，是否符合具体教学任务的实际需要，是否贴合教学内容的性质和特点。

（2）教学对象的特点。选用教学媒体时必须考虑学生的年龄特点和学习的实际需要，以最充分地利用媒体的优势激发学生的学习兴趣，发展学生的学习潜能。

（3）媒体的技术特性。一要考虑各种媒体的技术特点和功能。二要考虑教师能否熟练地操作所选的媒体，运用媒体是否有助于发挥教师的特长。

（4）经济条件。媒体的选择要本着经济有效、量力而行的原则，满足教学需要的同时注意节约。

（六）教学过程设计

确定了具体的教学目标、内容、方法和媒体后，如何将这些因素有效地组织在教学过程中，就需要合理设计了。课堂教学过程的设计具体见本章第四节内容，一般要经过以下三个步骤：

第一步，选取教学环节。教学工作一般包括备课、上课、课外作业、课外辅导、学生学业成绩的检查与评定五个基本环节。备课是教师上课前的教学准备，包括钻研教材、了解学生、研究教法和摸索学法；上课是教学工作的中心环节，课堂教学包括明确教学目标、阅读感知教材、教师讲授和解疑、学生讨论、演练、复习、系统小结等；课外作业是课堂教学的延伸，巩固和完善学生在课内学到的知识、技能，同时培养、锻炼学生的独立学习能力；课外辅导是指教师在课外帮助和指导学生的学习活动，这是教学的必要环节，是课堂教学的一种补充形式，是弥补课堂教学难以照顾学生个别差异之不足，对学生进行因材施教的重要举措；学生学业成绩的检查与评定是鼓励学生提高学习成绩、帮助教师改进教学的一个重要教学环节，要根据教学内容和实际情况选择合适的检查和评定方法。

第二步，具体设计教学各环节的组织。即将各教学环节进行有机组合，连贯安排各环节的先后顺序。

第三步，各教学环节的"统调"。对各部分教学内容的组织进行有机协调，做到重点突出、兼顾全面，保证整体功能大于各部分之和，保证教学目标的实现。

（七）教学评价设计

教学评价是根据教学目标，运用评价的方法和手段对教学活动及其预期效果进行价值判断的过程。合理设计教学评价，有助于促进教学目标的达成，增强教学设计的科学性、有效性。教学评价设计主要有两种：

1. 目标导向的终结性评价

目标导向的终结性评价指根据已经明确的课堂教学目标，对预期和可能达到的结果进行测验、诊断和评价，用以检查教学目标的达成程度。这种评价设计是目标导向的设计，其测验结果就是教学目标的达成情况。课堂测验通常采用问卷的形式呈现，将课堂中学生要记忆、理解和掌握的内容用问卷的方式呈现，让学生短时间内答卷，以考查学生对内容的掌握情况。

2. 过程导向的形成性评价

过程导向的形成性评价指根据学生在课堂上的表现进行评价，或者是随着课堂教学的进展，根据特定目标、特定内容、特定情境对学生的生成性和表现性进行评价。这种评价具有过程性、情境性和动态性的特点，适用于评价学生表现和师生互动情况。评价的主体既包括教师，也包括学生。这种评价除了展示学生的认知情况，还展现了学生的个体思维方式以及情感、态度与价值观这些难以评价的素养。因此，这种评价是教学评价设计发展的基本方向。

【真题再现】

一、简答题
简述教案设计的基本内容、步骤和要求。

二、教学设计题
1. 请认真阅读下列材料，并按要求作答。

惊弓之鸟

更羸是古时候魏国有名的射箭能手。

有一天，更羸跟着魏王到郊外去打猎，一只大雁从远处慢慢地飞来，边飞边鸣，更羸仔细看了看，指着大雁对魏王说："大王，我不用箭，只要拉一下弓，这只大雁就能掉下来。"

"是吗？"魏王信不过自己的耳朵，问道，"你有这样的本事？"

更羸说："请让我试一下。"

更羸并不取箭，他左手拿弓，右手拉弦，只听得嘣的一声响，那只大雁直往上飞，拍打两下翅膀，忽然从半空里直掉下来。

"啊！"魏王看了，大吃一惊，"真有这样的本事！"

更羸笑笑说："不是我的本事大，是因为我知道，这是一只受过箭伤的鸟。"

魏王更加奇怪了，问，"你怎么知道的？"

更羸说："它飞得慢，叫的声音很悲惨，飞得慢，因为它受过箭伤，伤口没有愈合，还在作痛；叫得悲惨，因为它离开同伴，孤单失群，得不到帮助，它一听到弦响，心里很害怕，就拼命往高处飞，它一使劲，伤口又裂开，就掉了下来。"

根据上述材料完成下列任务：

（1）简要分析该文的写作特点。

（2）如指导小学中年段学生学习，试以定教学目标。

（3）更羸看到大雁后做出了怎样的判断，这个判断是怎样一步一步做出来的，针对该问题设计教学活动。

2. 请认真阅读下列材料（见图5-3），并按要求作答。

题目要求：

（1）简述《课标（2011年版）》关于"长度、面积、体积"教学的基本要求。

（2）如指导小学高年段学生学习，试拟定教学目标。

（3）依据拟定的教学目标，设计课堂教学的导入环节，并简要说明理由。

3. 长方体和正方体的体积

体积和体积单位

乌鸦是怎样喝到水的？为什么？

试验观察：取两个同样大小的玻璃杯，先往一个杯子里倒满水，取一块鹅卵石放入另一个杯子，再把第一个杯子里的水倒到第二个杯子里，会出现什么情况？为什么？

下面的电视机、影碟机和手机，哪个所占的空间大？

物体所占空间的大小叫做物体的体积。
上面三个物体，哪个体积最大？哪个体积最小？

怎样比较下面两个长方体体积的大小呢？

也要用统一的体积单位来测量吧？

计量体积要用体积单位，常用的体积单位有立方厘米、立方分米和立方米，可以分别写成 cm^3、dm^3 和 m^3。

(1) 棱长是 1cm 的正方体，体积是 $1cm^3$。

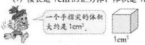

一个手指尖的体积大约是 $1cm^3$

$1cm^3$

(2) 棱长是 1dm 的正方体，体积是 $1dm^3$。

粉笔盒的体积接近于 $1dm^3$

(3) 棱长是 1m 的正方体，体积是 $1m^3$。

用 3 根 1m 长的木条做成一个互成直角的架子，放在墙角，看看 $1m^3$ 的体积有多大。

图 5-3　材料 1

3. 请认真阅读下列材料，并按要求作答。

如图 5-4 所示，跳高的动作方法为侧面直线助跑，助跑方向与横竿的夹角为 30°～60°，一般助跑 6～8 步；左脚起跳的在右侧助跑，右脚起跳的在左侧助跑；助跑逐渐加速，在距横竿垂直线三四脚的地方，用有力脚起跳；起跳脚跟先着地，快速过渡到全脚掌并屈膝，以前脚掌快速有力蹬地起跳，同时摆动腿积极向上方摆起，两臂配合协调上摆；过竿时上体前倾，摆动腿，大腿靠近胸部，摆至横竿上方后稍内旋，积极下压；过竿后上体稍前倾并向横竿方向扭转，接着起腿迅速向上摆起，高抬外旋，两腿相继过竿；摆动腿先落地，然后起跳翻落地，屈冲。

图 5-4　跳高的动作方法

问题：

(1) 试简述跨越式跳高的重点、难点。

(2) 如指导水平三的学生练习，试拟定教学目标。

(3) 依据教学目标设计技术教学环节的步骤并说明理由。

4. 请认真阅读下列材料（见图5-5），并按要求作答。

课题：《变幻无穷的形象》。

恐惧的同伴（油画）[现代] 马格利特[比利时]

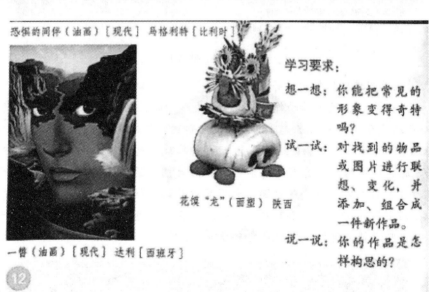

一瞥（油画）[现代] 达利[西班牙]

花馍"龙"（面塑）陕西

学习要求：

想一想：你能把常见的形象变得奇特吗？

试一试：对找到的物品或图片进行联想、变化，并添加、组合成一件新作品。

说一说：你的作品是怎样构思的？

图5-5 材料2

题目要求：

（1）废物艺术的目的何在？

（2）如指导小学中年段学生学习，试拟定教学目标。

（3）依据拟定的教学目标，设计新授环节的教学活动并说明理由。

【参考答案】

一、简答题

教案设计的基本内容：（1）课题；（2）教学目标；（3）课型、课时；（4）教学重难点；（5）教学方法；（6）教学过程；（7）作业处理；（8）板书设计及教具。

教案设计的步骤：（1）研读课程标准；（2）分析处理教材；（3）确定教学目标；（4）了解教学情境；（5）选择教学方法；（6）准备教学媒体；（7）设计教学过程。

教案设计的要求：（1）科学规范；（2）简洁明了；（3）形式多样；（4）理念先进。

二、教学设计题

1. 答案如下：

（1）写作特点：这篇课文是一个成语故事，讲述的是古时候有个射箭能手叫更赢，他观察了天空中飞的一只大雁后，不用箭，只拉一下弓，就使大雁掉了下来。全文不仅用字极为准确，而且在写法上也极有特点，小至更赢对大雁分析的句子，大至整篇课文的结构安排，都是通过倒装因果关系的句段组合来谋篇布局的，不仅反映出更赢善于观察、善于思考的特点，也有力地突出了文章的中心内容。

（2）教学目标：

知识与技能：学习本课生字，懂得"能手""直""大吃一惊""孤单失群""惊弓之鸟"等词语的意思。

过程与方法：能联系上下文了解课文内容，理解文章的重点句子。

情感态度与价值观：能从更赢善于观察、善于分析中受到启发。

（3）语文教学设计：

一是导入。

开篇语：古今中外有很多名人都很注重积累，只要大家日复一日，年复一年，养成积累的好习惯，终有一天会厚积薄发。当然，一个聪明的人不仅需要勤于积累，还得学会认真观察，善于思考。那么，今天上课前我们先进行"抢答游戏"，看看谁平时不仅积累得多还善于观察、思考？第一关是看图说成语……接下来请看第二关（出示图片），提问：如果给你一张弓，不用箭，你能射下天空中正在飞翔的大雁吗？

今天，就让我们跨越时空的隧道，来到两千多年前的战国时期，看看魏国的更赢是如何不用箭就射落天空中正在飞翔的大雁呢（引出课题：《惊弓之鸟》）？

二是教授。

①感悟"更赢是一个射箭能手"。

老师：那么请同学们说一说更赢是一个什么样的人？学生自由说（更赢是个射箭能手……）。

老师：课文是怎么说的？学生交流。

②自由默读课文，画出相关句子。学生交流。

③读懂更赢的话，体会更赢观察、分析之间的联系。

老师：大雁一听到弦响，就拼命地往上飞，拍了两下翅膀，又从半空中直往下掉，这是为什么呢？为什么会发生这么奇怪的事？请同学们默读课文，划出相关语句。

学生交流。

老师：谁来读读这段话。

老师：这段话一共有几句？你能从中读懂什么？学生自由朗读这段话。

老师：读第一句，你知道了什么？（这是更赢看到的，听到的，即大雁飞得慢，叫得很悲惨，更赢看到这些，他想到什么呢？）

更赢看到大雁飞得慢，想到（它受过箭伤，伤口没有愈合，还在作痛）；

更赢听到大雁边飞边悲惨地叫着，想到（它离开同伴，孤单失群，得不到帮助）。

老师引读：（它飞得慢，因为……；它叫得悲惨，因为……）你看，这几句话中原因都在后面，结果在前面。

正因为受过箭伤未愈，孤单失群，所以大雁听到弦响，就（非常害怕），因为心里害怕，就（拼命往高处飞）；因为拼命往高处飞，所以（就要使劲），因为一使劲，伤口就（裂开了）；因为伤口裂开了，所以（它就掉了下来）。

（教师相机板书。）

你们看，以上接读的过程，就是更赢的推理，谁能用"因为……所以……"的句式将更赢的推理过程说一说。（一层一层地对着板书说，再请一学生连起来说。）

（课件出示。）

老师：（对着板书）这段话共有四句，第一句是更赢看到、听到。第二句由看到听到而想到的，第三、四句是由前面看到、听到、想到的而做出的推理分析，让我们再来读读。

④通过魏王前后的不同语气，再次体会更赢是魏国有名的射箭能手。

⑤理解"惊弓之鸟"的含义。

⑥老师：再读全文，请思考你从这个故事中有什么启发？学生畅谈。

三是总结全文，布置作业。

《惊弓之鸟》是一个成语故事，成语故事不但短小精彩，而且往往能给我们带来很多启示，像我们熟悉的《守株待兔》《画龙点睛》等都是成语故事，同学们可以选择自己喜欢的故事阅读，相信你会受益匪浅。那么再布置一个回家之后的任务：放学回家请你仔细观察家人的说话、走路、神态等，由此推断一下他们今天的心情可能是怎样的，写下来。

2. 答案如下：

（1）在第一学段关于"长度、面积、体积"的基本要求为：

①结合生活实际，经历用不同方式测量物体长度的过程，体会建立统一度量单位的重要性。

②在实践活动中，体会并认识长度单位千米、米、厘米，知道分米、毫米，能进行简单的单位换算，能恰当地选择长度单位。

③能估测一些物体的长度，并进行测量。

④结合实例认识周长，并能测量简单图形的周长，探索并掌握长方形、正方形的周长公式。

⑤结合实例认识面积，体会并认识面积单位平方厘米、平方分米、平方米，能进行简单的单位换算。

⑥探索并掌握长方形、正方形的面积公式，会估计给定简单图形的面积。

在第二学段关于"长度、面积、体积"的基本要求为：

①能用量角器量指定角的度数，能画指定度数的角，会用三角尺画30°，45°，60°，90°角。

②探索并掌握三角形、平行四边形和梯形的面积公式，并能解决简单的实际问题。

③知道面积单位千米、公顷。

④通过操作，了解圆的周长与直径的比为定值，掌握圆的周长公式；探索并掌握圆的面积公式，并能解决简单的实际问题。

⑤会用方格纸估计不规则图形的面积。

⑥通过实例了解体积（包括容积）的意义及度量单位（立方米、立方分米、立方厘米、升、毫升），能进行单位之间的换算，感受1立方米、1立方厘米以及1升、1毫升的实际意义。

⑦结合具体情境，探索并掌握长方体、正方体、圆柱的体积和表面积以及圆锥体积的计算方法，并能解决简单的实际问题。

⑧体验某些实物（如土豆等）体积的测量方法。

（2）教学目标：

知识与技能目标：理解体积的含义并认识常用的体积单位立方厘米、立方分米、立方米；初步了解体积单位与长度单位、面积单位的区别与联系。

过程与方法目标：学生能够通过探索体积单位的学习过程，发展解决问题的策略，积累教学活动经验，发展数学思考。

情感态度与价值观目标：学生能进一步体验数学与生活的紧密联系，在学习过程中，体验获得成功的乐趣。

（3）导入环节的设计：

利用多媒体播放乌鸦喝水的定格动画。动画播放完毕后，引导学生思考：乌鸦是怎么喝到水的？为什么把石头放进瓶子里，瓶子里的水就升上来呢？

预设：因为石头占据了水的空间，所以把水挤上来了。

设计意图：采用多媒体播放动画的方法激发学生的学习兴趣，引起学生的有意注意。通过教师的问题引导将要学习的数学问题进一步具体化、形象化，让学生感受到数学与生活的紧密联系，同时也激发学生爱观察思考的热情。

3. 答案如下：

（1）重点为起跳和过竿技术；难点为过竿时摆动腿内旋下压，过竿后起跳腿高抬外旋，动作协调。

（2）知识与技能：能够说出跨越式跳高的动作要领，85%的学生能自由选择高度跳过。

过程与方法：通过各种跳跃的练习，增强下肢力量，发展灵敏、速度、协调等身体素质。情感态度与价值观：学生在练习中愿意说出内心想法并积极改正自身不足。

（3）教学设计：

①助跑单脚起跳手触悬挂物练习。

组织教学：学生分为四组，自由选择高度。

【教学意图】复习跳跃性的练习既能够使学生快速进入课堂节奏，也能够使学生的心率达到适合本堂课的练习，体现了课堂的连续性。

②示范之后提问：老师做示范的时候，过竿时摆动腿的姿势是什么？那么过竿后

起跳腿的姿势又是什么呢？

③讲解动作要点：直线助跑有节奏；起跳快速有力；摆腿内旋并下压；上体前倾转向竿；落地屈膝要缓冲。

【教学意图】示范可以让学生形成初步的动作表象，之后的提问可以激发学生的求知欲，明确本节课学习的重难点，使得后续练习更具有针对性。

④练习：

a. 原地起跳摆动腿过高低竿练习。

组织教学：学生分为四组，每组成员轮流手持竹竿，手的远侧高于手的近侧，其他小组成员完成过竿练习，要求摆动腿尽量抬高。

b. 原地起跳，起跳腿过高低竿练习。

组织教学：学生分为四组，每组成员轮流手持竹竿，手的近侧高于手的远侧，其他小组成员完成过竿练习，要求起跳腿尽量抬高。

c. 近距离过低高度皮筋练习。

纠错：在刚刚的练习中，老师可能发现有很多学生在过竿的时候有坐竿的现象。所以教师应提醒学生在练习过程中要起跳充分，起跳腿用力起跳后摆动腿积极上抬。同学之间可以用"语言提示法"来互相提示。

【教学意图】根据运动技能的形成规律，设置循序渐进的练习，逐渐体会过竿的动作，便于教师发现学生存在的问题并进行纠正。在学生初步掌握动作和了解正确动作的基础上，两人一组结伴练习，相互观察对方的动作并纠正，进一步加深学生对动作方法的记忆和理解。

d. 完整的过皮筋练习。

组织教学：四个不同的高度皮筋组成的正方形，让学生选择自己喜欢的高度跳过，同时进行安全提示。

【教学意图】让学生自由选择，可充分体现以学生为主体，把课堂交给学生，也是分层教学理念的体现，能使每一位学生都体验到学习的乐趣。

⑤检验——优生展示。

组织教学：以体育小组为单位，自由选举两名代表进行展示，每组做完后采用不同形式进行评价。

【教学意图】老师在展示环节中让学生自由推选代表可以培养学生间团结互助的意识，同时更加突出课堂是以学生为主体的，该环节也能够检验教学成果。

4. 答案如下：

（1）废物艺术最大的目的就是利用环保的概念，将艺术的美感和价值更好地进行有效传播，让人们能够更好地感受到它的内涵。

（2）教学目标如下：

①知识与技能：了解物体的基本形象，能够运用联想的方法完成作品。

②过程与方法：通过观察、对比、讨论了解形象变化的方法，掌握方法创造出新形象作品。

③情感态度与价值观：提高发现美、感受美、创造美的能力。

（3）教学活动及理由：

①教学目标。

第一，知识与技能：了解物体的基本形象，能够运用联想的方法完成作品。

第二，过程与方法：通过观察、对比、讨论了解形象变化的方法，掌握方法创造出新形象作品。

第三，情感态度与价值观：提高发现美、感受美、创造美的能力。

②教学重难点。

重点：运用绘画或手工的方式，把身边常见的物品变化出奇特的形象。

难点：创作中联想、变化的丰富性、合理性。

③教学方法。

讲授法、提问法、讨论法、练习和实践指导法。

④教学准备。

教科书、PPT、废旧物品等。

⑤教学过程。

第一步，导入。

老师课前准备好蔬果道具，给学生表演"小魔术"，组成全新形象，引起学生兴趣，引入本科课题《变幻无穷的形象》。

第二步，新课讲授。

首先，老师展示书中作品《美丽大自然》，请学生观察，提出问题：作品表现了怎样的内容？可以在里面看出作品是由哪些形象组成的吗？

学生思考后回答，老师总结：作品运用生活中常见的叶子组成了全新的猫头鹰形象。

其次，老师继续请学生观察作品，并思考问题：这件形象是怎样重新组合成新作品的呢？

学生讨论后代表发言，老师总结：运用的方法有联想、变化、添加、组合。

最后，老师提问学生"如果让你用废旧物品进行创作，你们会怎样创作呢？"，并引导学生思考运用废旧物品创作的目的何在？老师分步骤示范讲解：一是剪下物品；二是拼贴组合；三是巧妙构思；四是完成作品。在讲解中老师说明要进行物品二次利用，以保护环境。

第三步，巩固提高。

老师给学生15分钟的时间以运用课前准备好的废旧材料进行创作。老师巡视指导，及时给予学生帮助指导，提示注意安全。在学生创作完成后，老师请学生自主发言，介绍自己的作品，之后请学生间互相评价，说出优点，指出不足之处。最后，老师做总结性评价，对学生的优点加以鼓励，强调易错点。

第四步，小结作业。

一是老师以提问的方式与学生共同回顾本课知识点，并强调要热爱生活，学会观察美、创造美。

二是布置课后任务：将今天的作品分享给家人，向家人介绍创作思路。

⑥板书设计。

变幻无穷的形象。

想一想：联想、变化、添加、组合。

练一练。

⑦课后反思。

项目三　教学方法

　　教学方法是教学设计中一个重要的部分，选择的教学方法是否适合关系着教学质量的好坏与教学效率的高低。

一、教学方法的含义

　　什么是教学方法，不同学者给出了不同的解释。在我国，专家学者纷纷提出自己的见解。李秉德教授认为："教学方法，是在教学过程中，教师和学生为实现教学目的，完成教学任务而采取的教与学相互作用的活动方式的总称。"[①] 王道俊教授认为："教学方法是为完成教学任务而采取的办法。包括教师教的方法和学生学的方法，是教师引导学生掌握知识技能，获得身心发展而共同活动的方法。"[②]《中国大百科全书·教育》中这样定义："教学方法是为了完成一定的教学任务，师生在共同活动中采取的手段。它既包括教师教的方法，也包括学生学的方法。"[③]

　　国外学者关于教学方法的主要定义有以下三种。列尔涅尔认为："任何教学方法都是教师一整套有目的的动作，教师通过这些动作组织学生进行认识活动和实践活动，使学生掌握教学内容，从而达到教学目的。换句话说，教学方法一定要有师生的相互作用，教师在相互作用的过程中组织学生针对学习客体进行活动，而活动的结果就是实现学习过程，即完成学生掌握教养内容的过程……"美国的克拉克、斯塔尔则认为："教学方法是教师为达到教学目的而组织和使用教学技术、教材、教具和教学辅助材料的方法。"法国教育家 R·加里认为："教学法就是教师教和学生学统一起来的方法。"[④]

　　综上所述，我们可以将教学方法界定为：教师在一定教学思想和理论的指导下，引导和组织学生进行学习活动，为实现教学目的、完成教学任务根据特定的教学内容而采取的方式与手段等的总和，它包括教师教的方法和学生学的方法。

二、课堂教学方法

　　要实现教学目标、完成教学任务，离不开具体教学方法的运用。课堂教学方法多种多样，常用的主要有启发式教学法、讲授法、讨论法、案例教学法等。

（一）启发式教学

1. 启发式教学的含义

　　子曰："不愤不启，不悱不发。举一隅不以三隅反，则不复也。"意思是：不到学生想弄明白而弄不明白时，不要告诉他是什么意思；不到学生想说而又说不出来时，不要告诉他如何表达。当学生处在"愤""悱"这样的心理状态下，教学效果是最好的。

　　启发式教学，指的是教师从学生的实际出发，把学生作为学习的主体，采取各种

---

① 李秉德. 教学论［M］. 北京：人民教育出版社，1991：193.

② 王道俊，王汉澜. 教育学［M］. 北京：人民教育出版社，1989：244-245.

③ 姜椿芳，梅益. 中国大百科全书·教育［M］. 北京：中国大百科全书出版社，1985：151.

④ 罗正华. 比较教学论［M］. 长春：吉林教育出版社，1992：379-380.

有效的方法、方式去调动学生学习的积极性、主动性和创造性，引导学生通过自己积极的学习活动去掌握知识、形成技能、发展能力和促进个性健康发展的方法。启发式教学是相对注入式教学来讲的，它既是一种教学方法也是一种教学原则。

2. 启发式教学的方法

教学中常见的启发式教学的方法有以下几种：

（1）提问启发。

提问启发也称设疑启发，是指教师通过有效提问，使学生的思维得到启发、问题得到解决，从而达到教学目标的方法。有效的设疑能够创设出问题情境，使学生开动脑筋、独立思考。提问要具有启发性，需要注意：第一，所提问题要具有新颖性，要有趣，并且还要有一定的难度，能够激发学生求知的欲望，使学生乐于思考，类似于"是不是""对不对"等问题要少提；第二，提问要遵循学生的认知规律和现有的知识结构，由浅入深，"因生设问"；第三，提问要富有艺术性，要引导学生"于无疑处生疑"。提问启发的运用，要注重层层设问、层层递进，将教学逐步引申到要讲的知识点上。

（2）情境启发。

真实的情境是创造的源泉。情境启发要求教师在课堂上创设出形象、生动、具体的情境，给学生创造体验的环境，启发学生联想和思维。教师要创设与学生生活贴近的具体情境，将抽象的原理、看似遥远的事情具体化、生活化，有效地启迪学生的思维。

（3）直观启发。

直观启发是指利用直观的教具来启发学生积极思考，深刻领会教学内容的方式。随着多媒体技术走进课堂，一些生动、形象、直观的图片和视频随之也走进了课堂，起到激发学生兴趣、抓住学生注意力的作用。

（4）比喻启发。

比喻启发是指一种用具体形象、学生熟悉的事物做比喻，启发学生思考的方式。在课堂教学中，教师通过比喻启发，化难为易、化深为浅、化繁为简，清晰地展示出事物的本质，激发学生的学习兴趣，加深学生对事物的理解和认识。

（5）比较启发。

比较启发是指教师将两种事物进行比较，让学生通过对照比较，察觉其中的联系，拓展思路，使之更深刻、更准确地认识到事物本质的方法。在各学科、单元的教学中，可进行比较的概念、原理是多种多样的，教师要根据实际情况灵活运用。

启发式教学的重点在于"启"和"发"，教师要根据不同的教学内容，精心创设情境、设计问题，引起学生的兴趣、集中学生的注意力，并抓住时机运用具体的启发方法对学生进行点拨和启发，实现内容与形式的统一。

（二）讲授法

1. 讲授法的含义

讲授法是指教师通过口头语言同学生交流，向学生传授知识的教学方法。

2. 讲授法的具体表现形式

根据不同的教学要求、教学内容，讲授法又有讲述法、讲解法、讲演法和讲读法四种具体表现形式（见表5-4）。

表 5-4　讲授法的四种表现形式比较

内容	讲述法	讲解法	讲演法	讲读法
含义	教师运用生动形象的语言，向学生描绘事物的形象，叙述事物的发展过程，使学生形成鲜明的表象与概念，并从情感上给予感染的教学方法	教师用精确的语言阐释、分析、论证基本概念和原理，揭示事物本质特征的教学方法	教师对某一涉及面较广，又相当有深度的重大问题进行较为系统的阐释和深入分析的教学方法	教师讲和引导学生读相结合的教学方法。讲读结合使学生重视教材，能准确理解和把握教材的重难点，同时调动学生学习的积极性和主动性
适用范围	经常用于叙述案例、故事等，或者通过举例来说明一个抽象的概念、原理、观点等	用于介绍基本概念，解释和论证原理，剖析解决问题的途径和方法等比较复杂的教学。引导学生从感性认识上升到理性认识	用于教材内容偏深而理论成分大，以及逻辑性较强或与现实问题、学生实际联系紧密的重大问题的教学	适用于概念、原理、重点段落等值得一读的好内容
要求	紧扣教材内容和主题；条理清楚，层次分明；针对教材的重难点选择典型材料；语言生动形象，具有吸引力和感染力	论点明确；论据充分，逻辑严密；语言精练；符合学生的认知规律	课前准备充分；观点明确，论证严密，条理清楚，逻辑性强；语言表达能力强	突出重点，加强引导；形式多样，注重效果

3. 讲授法的优缺点

讲授法的优点：①利于教师充分发挥主导作用；②教师可以由易到难、由浅入深地传递信息，利于学生接受；③易于教师控制所传递的内容，单位时间的效率较高；④在短时间内传递大量具有系统性的信息。讲授法的缺点：①教师须具有较强的语言表达能力和组织听讲的能力；②不易发挥学生的主动性、独立性、创造性；③学生须具有较高的自觉性和听讲能力；④局限于教材系统性强的学科，局限于中学或较高年级的课堂。

（三）讨论法

1. 讨论法的含义

讨论法是指在教师的指导下，学生以班或小组为单位，围绕教材中的重点、难点、疑点等，共同探讨问题或进行不同观点的争辩、论证，相互交换看法，从而相互启发、相互学习的多向性互动式的教学方法。

2. 讨论法的优缺点

讨论法的优点：第一，能够充分调动学生的积极性、主动性和创造性。第二，能使学生牢固地掌握知识。由于讨论的主体是学生，学生通过自身的思考和与他人交流、争辩能增强对知识的理解。对于这种经过自己思考、探索得到的知识，学生掌握得更加牢固且深刻。第三，有助于培养学生独立思考、分析问题和解决问题的能力。但是讨论法的运用也有一些缺点，比如：讨论容易偏离主题；讨论易流于形式，有些讨论表面看起来热热闹闹，但并没有实质内容。在开展讨论法教学的同时，不可排斥其他教学方法的作用，教师应协调配合使用各种方法，实现教学目标。

3. 讨论法的运用

讨论法的运用需要注意以下四个方面：

第一，精心设计，拟好论题。好的论题应该具有三个条件：一是讨论题要具有针对性；二是讨论题要难易适中；三是讨论题要具有新颖感。

第二，讨论前，师生双方认真准备。教师在课前要钻研讨论题，对学生讨论中可能会出现的问题或可能会提出的观点要有充分的估计，并做好引导的准备；要指导学生自学教材，查阅、收集有关资料，拟好发言提纲或发言稿。学生课前应自学与讨论题有关的教材内容，收集相关材料。

第三，讨论中，教师要加强对讨论的控制和引导。在讨论过程中，当课堂气氛很不活跃时，教师可以有意识地"制造矛盾"，以引起学生的讨论，使讨论深入进行；当学生发言很分散或者脱离题目高谈阔论、争论不止时，教师要及时引导学生围绕中心展开讨论，将讨论引向主题。

第四，讨论后，做好小结。一是就学生的课前准备情况和课上讨论情况做一个总体的客观的评价。二是针对学生发言中的独到见解和创造性思维给予肯定和鼓励。三是对讨论中学生发表的观点、见解做出归纳、总结，使其系统化和条理化，使学生在知识、能力和思想方面得到发展和升华。四是针对讨论中有争议、学生一时想不通、没有达成统一意见的问题，要能够允许学生保留自己的看法，课后再思考。

（四）案例教学法

1. 案例教学法的含义

案例教学法是一种以案例为基础，以教学目标和教学内容为中心，选择合适的教学案例，充分调动学生学习的积极性，引导学生从案例出发对所学知识进行思考、讨论，以培养学生观察问题、分析问题的综合能力的教学方法。

2. 案例教学法的运用

教师在使用案例教学法时应该注意：案例的选取要符合学科特点，要具有实效性、教育性和真实性，同时，选择的案例要紧贴教学内容，能很好地印证问题，具有典型性和代表性。案例教学法的运用应经过以下几个环节：

一是案例筛选环节。案例的选择可以来源于教材，可以从新闻或报纸中选择，也可以将生活中发生的典型案例引入。

二是案例呈现环节。案例的呈现可以是语言呈现、多媒体呈现、角色扮演呈现、文字材料呈现等多种方式，每种呈现方式都有其优点。

三是案例分析环节。这是关键的一步，教师需要结合知识点、教学目标、学生特点等引导学生去剖析案例中的细节，提示隐藏其中的本质特征和内在联系。案例分析可以采用小组讨论、小组辩论或者教师讲解等形式。

四是归纳总结环节。这是点睛之笔，在对案例进行分析、讨论和充分把握的基础上，教师还应重视学生的掌握情况，对案例的重点、难点及相关的问题进行分析并得出结论，然后对知识进行拓展、升华，使学生在知识和方法论方面都受到启迪、得到提高①。

---

① 陈亮，邹绍清. 政治教学设计 ［M］. 重庆：西南师范大学出版社，2014：84.

除了以上的教学方法外，读书指导法、演示法、比较法、研究性学习、自主学习、合作学习、体验式学习等都是教学中可能用到的教学方法。

"教学有法，但无定法"，教学方法的选择是教师备课的重要方面，需要高度重视。教学方法的选用要依据学科自身的特点、学生的实际情况、教师本身的素养及性格特点、教学条件等来确定，以保证教学效果的实现。

【真题再现】

一、选择题

1. 教师运用实物与教具进行示范实验，指导学生获取知识的教学方法是（　　　）。

    A. 练习法　　　　　B. 演示法　　　　　C. 实验法　　　　　D. 发现法

2. 教学《雪地里的小画家》一课时，张老师展示了大量动物脚印的图片，帮助学生更好地理解课文内容。他所采用的教学方法是（　　　）。

    A. 实验法　　　　　B. 练习法　　　　　C. 演示法　　　　　D. 参观法

3. 为验证二氧化碳不支持燃烧，老师让学生分组合作，把点燃的火柴放进二氧化碳气体的瓶中，并观察瓶中的变化。这种教学方法属于（　　　）。

    A. 实验法　　　　　B. 练习法　　　　　C. 演示法　　　　　D. 探究法

4. 学完《雷锋叔叔，你在哪里》一课后，为了更好地达成"通过朗读感悟，懂得奉献爱心"的教学目标，老师布置学生有感情地朗读课文。这种教学方法属于（　　　）。

    A. 练习法　　　　　　　　　　　B. 实验法

    C. 读书指导法　　　　　　　　　D. 实习作业法

二、材料分析题

1. 以下是一位教师在教学《保持水土》时的课堂教学结构：

（1）学生通过观看长江流域发生特大流水的录像提出问题；

（2）为学生提供黄河上流的资料（文字、录像、图片等），让学生尝试推想："黄河水为什么会含有大量泥沙？"

（3）为学生提供模拟实验的材料，让学生自己设计实验，并验证自己的推想；

（4）学生在教师的指导下，讨论解决水土流失的问题；

（5）通过阅读材料，结合前面研究，讨论怎样保持水土问题。

问：

（1）该教师采用的是何种教学方式，该方式主要包含哪几个阶段？

（2）该方式与传统的教学方法相比，有何积极意义？

2. 王老师出示问题：每棵树苗 16 元，张叔叔要买 4 棵，经过协商，买 3 棵送一棵。每棵便宜多少元？学生很快就有了以下两种解法：

（1）$16 \times 3 = 48$（元），$48 \div 4 = 12$（元），$16 - 12 = 4$（元），

（2）$16 \times 3 = 48$（元），$16 \times 4 = 64$（元），$64 - 48 = 16$（元），$16 \div 4 = 4$（元）

王老师习惯性地问了一句："还有不同的解法吗？"

小杰迟疑地举起了手："老师，我的方法是 $16 \div 4 = 4$（元），但我说不出为什么，"

这种解法王老师也没预料到，是否可行呢？是巧合吗？面对这一情况，王老师及时调整了教学思路，组织同学进行探讨。

学生纷纷发言，有的说"这个 16 元也表示买 4 棵一共便宜的，除以 4 得到的就是每棵便宜的"，有的说"买 3 棵送 1 棵，便宜的就是送的这 1 棵，也就是 4 棵便宜 16 元，所以 16 除以 4 就是每棵树便宜多少元"……小杰困惑的表情舒展了，王老师也露出了笑容。

问题：

（1）结合材料，评析王老师解决小杰困惑的教学行为。

（2）简述教学过程中开发和利用学生资源的基本要求。

【参考答案】

一、选择题

1. C

2. C

解析：演示法是指教师通过展示实物、直观教具，进行示范性实验或采取现代化视听手段等，指导学生获得知识或巩固知识的方法。通过题干关键信息"教师展示动物脚印图片"可以判断属于演示法。故本题选 C。

3. A

4. C

解析：读书指导法是指教师指导学生通过阅读教科书和其他参考书，以获得知识、巩固知识、培养学生自学能力的一种方法。题目中老师布置学生有感情地朗读课文就属于运用读书指导法进行教学。

二、材料分析题

1. 答案如下：

（1）该教师采用了探究性学习的教学方式。探究性学习也称为发现学习，是一种以问题为依托的学习，是学生通过主动探究解决问题的过程。它主要包括问题阶段、计划阶段、研究阶段、解释阶段和反思阶段。

（2）与传统教学方法相比，探究式教学的积极意义表现在如下几个方面：

第一，探究式教学的运用促使教学观发生转变。传统教学方法以教师为中心、重在教会学生知识、重结论轻过程，而探究式教学以学习者为中心、重在教会学生学习、重结论的同时更重过程。

第二，探究式教学的运用能促进学习内容和学习方式的改变。它将学习内容与社会生活相联系，与学生已有的知识经验相联系，可以使学习内容"生活化"，更易于学生理解和接受。探究式教学改变了传统学生学习死记硬背、机械训练的弊端，培养了学生的自主性、合作性和创造性。

第三，探究式教学的运用体现了新的教学三维目标观。教学目标应该包括知识技能、过程方法和情感态度价值观三个方面。探究式学习不仅使学生获得了知识，也锻炼了学生的创新实践能力。

2. 答案如下：

（1）材料中，王老师的教学行为体现了新课程背景下的职业理念。

首先，王老师的教学过程注重以学生为主体。材料中，王老师设计组织学生回答，善于启发学生思考，还组织学生通过讨论得出结果后引导提出"还有其他解法吗？"这些都体现了王老师把学生当作能动的主体。

其次，王老师的教学过程中充分发挥了自己的教育机智。材料中，当小杰有自己的想法时，老师及时调整了自己的教学思路引导帮助学生掌握知识，这也体现了王老师的生成能力。

最后，王老师把学生当作独立人格的人和发展中的人。材料中，当小杰有想法但是无法表达清楚时，王老师并没有遏制学生思维的主动性，而是组织学生讨论，引导学生学习，最终在他的启发和帮助下，小杰的疑惑解开。

总之，王老师的做法是值得我们学习的。在教学过程中出现这样或者那样的教学情况非常正常，这个时候就需要老师发挥自己的教育机智因势利导帮助学生解决问题。

（此题从引导、帮助、启发、鼓励学生这些维度阐述也可得分。）

（2）课堂教学是一个动态的、不断发展的过程，具有生成性和不可预测性。生成性资源以其主体性、互动性、真实性、丰富性和开放性等特点逐渐被人们认识。在教学过程中，师生互动生成的，是能进一步推动知识意义有效生成的"动力资源"，教师应及时捕捉、及时采撷，在教学过程中真正做到"心中有学生，眼中有资源"。因此，教师应该树立动态生成教学资源的理念。

第一，营造氛围，生成资源。

教师在课堂上要创设一种民主、和谐、自由的学习环境，使学生体验到的是民主、尊重、信任、亲情与关爱，得到的是激励、鼓舞、感化和指导，使学生内心的想法能够尽情表达。在这种情境下，学生产生和释放的"能量"将是超常和无法预测的，精彩的课堂才可能随时生成资源。

第二，抓住契机，开发资源。

对于课堂上的生成性资源，我们要迅速思考做出判断。如果是正确的、可利用的生成性资源，我们要坚决利用；否则，我们要坚决摒除。

第三，善于倾听，再生资源。

新课程要求我们为师者在课堂教学中不仅要教学生学会倾听，同时自己也要俯下身子，学会倾听。倾听学生的发言，思考他们为什么这样提问、为什么这样回答……这样才能使课堂上的报考生成的资源再生资源。

第四，学会取舍，提炼资源。

从生成的角度来看，生成性资源层出不穷、无处不在，然而这些并不都是有效的生成性资源。因此，在课堂教学中，教师不但要准确洞察学生心里的秘密，敏捷地捕捉学生在课堂上稍纵即逝的变化；还要善于判断、重组从学生那里涌现出来的各种信息，适时调整，练就一身慧眼识金的提炼功夫，巧用有效资源，使学生能在活而不乱、趣而不俗、新而不谬的空间里畅所欲言，从而使课堂焕发出新生的活力。总之，生成性资源在课堂教学中时时处处存在，我们教师要有强烈的资源意识，珍惜真正的、有价值的资源，使教学活动真正为学生的学习和发展服务。同时，我们教师一定要提升教学艺术，使我们的课堂焕发出无穷的活力和魅力。

项目四 教学的组织形式

一、概念

教学的组织形式是指为完成特定的教学任务，教师和学生按一定要求组合起来进行活动的结构。教学的组织形式不是固定不变的。随着社会、政治、经济和科学文化的发展，及其对培养人才要求的不断提高，教学的组织形式也在不断发展和改进。在教学史上先后出现的影响较大的教学的组织形式有班级授课制、个别教学、复式教学、道尔顿制，其中个别教学制是古代学校的主要教学方式。

二、现代教学的基本组织形式——班级授课制

（一）班级授课制的概念

课堂教学的主要形式是班级授课制。它是指把学生按年龄和文化程度分成固定人数的班级，教师根据课程计划的规定时间表进行教学的一种组织形式。

（二）班级授课制的产生与发展

1623 年，捷克教育家夸美纽斯出版的《大教学论》最早从理论上对班级授课制做了阐述，为班级授课制奠定了理论基础。后来，以赫尔巴特为代表的教育家提出了教学过程的形式阶段论，班级授课制得以进一步完善而基本定型。最后以苏联教育学家凯洛夫为代表提出课的类型和结构的概念，使班级授课制形成了一个完整的体系。在我国最早采用班级授课制的是清政府于 1862 年设于北京的京师同文馆。班级授课制是与现代化大生产相适应的集体教学形式。

（三）班级授课制的基本特点

第一，以班为单位集体授课，学生人数固定。

第二，按课教学。课是教学活动的基本单元，一般分为单一课和综合课。

第三，按时授课。把每一课规定在固定的单位时间内进行，这个单位时间称为课时，课与课之间有一定的间歇与休息。

（四）班级授课制的优缺点

1. 班级授课制的优点

一是有利于经济有效地大面积培养人才；二是有利于发挥教师的主导作用；三是有利于发挥学生集体的作用；四是有利于学生德智体美劳全面发展；五是有利于进行教学管理和教学检查。

2. 班级授课制的缺点

一是过于强调书本知识的学习，容易造成理论和实践的脱节，不利于学生创新意识和实践能力的锻炼和提高；二是难以满足学生个性化的学习需要，班级授课之中，无论用什么教学方法，都只能适用于部分学生；三是在班级授课制之中，课堂成为学生生活的基本空间，课堂教学成为学生最主要的生活方式，学生的交往受到限制；四是学生的独立性、自主性受到限制，不利于培养学生的特长和满足个性化的学习。

三、现代教学的辅助形式——个别教学

（一）个别教学的概念

个别教学是指教师针对不同学生的情况进行个别辅导的教学组织形式。它是班级授课制的一种辅助形式。

（二）个别教学的意义

个别教学强调发现、珍惜、发掘受教育者的良好个性潜能和优势，弥补了班级授课制中平均、划一教学的不足，是满足特殊化教育需要、实现个性发展的手段和途径。当今，教师可以利用现代化的教学手段来指导学生的个别学习，并且可以根据每个学生的不同需要和条件来选择学习的内容和时间。

（三）个别教学的优缺点

1. 个别教学的优点

一是真正意义上照顾了学生的个别差异，使学生的潜能得到充分发展，有利于因材施教；二是有利于培养学生的学习能力、独立思考能力等。

2. 个别教学的缺点

一是降低了教学的成效、代价高、不经济；二是由于缺乏学生之间的相互交流和学习，因此学生易养成孤僻、不善交际等个性。

（四）个别教学的要求

发挥每个学生的潜力和积极因素，培养学生各自的优势，克服各自的缺点；既针对个体，又使个体不脱离群体；进行详细的个案分析，综合运用各种教育组织形式，灵活运用各种教学方法，做好各项工作。

四、现代教学的特殊组织形式——复式教学

（一）复式教学的概念

复式教学是指把两个或两个以上不同年级的学生编在一个教室里，由一位教师分别用不同的教材在一节课里对不同年级的学生进行教学的一种特殊组织形式。它适用于学生少、教师少、校舍和教学设备较差的农村以及偏远地区。

（二）复式教学的意义

复式教学保持了班级授课制的一切本质特征，它与班级授课制不同的是，教师要在一节课的时间内巧妙地同时安排几个年级学生的活动。如果复式教学组织得好，学生自学能力往往会更强。

（三）组织复式教学的要求

第一，合理编班，根据学生人数、教室大小、师资质量等情况，全面考虑灵活掌握；第二，编制复式班课表；第三，建立良好的课堂规矩。

五、其他教学组织形式

（一）分组教学

1. 分组教学的概念

分组教学是指在按年龄编班或取消按年龄编班的基础上，根据学生的能力、成绩

分组进行编班的教学组织形式。目前，英、美、法、德等国家实行的分组教学，大致可分为两大类：一类是外部分组，即取消按年龄编班，改按学生的能力或某些测验成绩编班；另一类是内部分组，即在按年龄编班的班级内，再根据学生的成绩将他们分成若干个不同的小组。在不同的小组，教师进行的教学不完全相同。小组不是固定的，经过一段时间之后，小组可以进行调整。

2. 分组教学的意义

理论上说，分组教学有利于缩小差距，便于用统一的进度和方法进行教学。但是每个学生总是有许多不同于他人的特点，能力只是影响学习成绩的诸多因素之一，还有动机、兴趣、努力程度和学习习惯等也会影响学习成绩。

3. 分组教学的要求

分组教学的要求有：充分了解学生，制订个体教学计划，保证教学井然有序，深入钻研教材教法等。

（二）贝尔-兰喀斯特制（导生制）

贝尔-兰喀斯特制，也称为导生制，是由英国人贝尔和兰喀斯特于18世纪末19世纪初开创的。这种教学组织形式仍以班级为基础，但教师不直接面向班级全体学生，教师先把教学内容教给年龄较大的学生，而后由他们中间的佼佼者——导生去教年幼的或成绩较差的学生。这种组织形式是在英国工场手工业向大机器生产过渡的过程中，在需要大规模培养学生，且教师比较缺乏的情况下出现的。

（三）道尔顿制

道尔顿制是由美国教育家柏克赫斯特创建的一种新的教学组织形式。运用这种方法时，教师不再讲授，只为学生制定自学参考书、布置作业；学生自学或独立完成作业后，向教师汇报学习情况并接受考察。道尔顿制的优点是有利于调动学生学习的主动性，培养他们的学习能力和创造能力；缺点是不利于学生对系统知识的掌握，并且对教学设施和条件要求较高。

（四）设计教学法

设计教学法是由美国教育家杜威首创，后来由他的学生克伯屈加以改进并大力推广。它主张废除班级授课制和教科书，打破传统的学科界限，教师不直接向学生传授知识和技能，而是指导学生根据自己已有的知识和兴趣，自行组成以生活问题为中心的综合性学习单元。学生在自己设计、自己负责的单元活动中获得有关的知识和能力。设计教学法的重点是以活动课程代替学科课程，使学生在活动中获得对知识的整体认知。其主要缺陷是忽视系统知识，影响教学质量，难以落实。

（五）特朗普制

特朗普制是由美国教育家劳伊德·特朗普于20世纪50年代提出的一种教学组织形式。这种教学组织形式把大班教学、小班研究和个别教学三种教学组织形式结合起来。大班是所有学生一起上课；小班是把大班的学生分为20人左右的小组，研究和讨论大班授课材料；个别教学是由学生独立完成作业。特朗普制具有班级授课制的优点，也有个别教学的长处，但管理起来比较麻烦。

【真题再现】

选择题

1. 把大班上课、小班讨论、个人独立研究结合在一起，并采用灵活的时间单位代替固定划一的上课时间，以大约20分钟为一个课时。这种出现于美国20世纪50年代的教学组织形式是（　　）。

    A. 文纳特卡制　　B. 活动课时制　　C. 道尔顿制　　　D. 特朗普制

2. 目前我国小学普遍采用的主要教学组织形式是（　　）。

    A. 班级教学　　B. 分组教学　　C. 复式教学　　　D. 个别教学

3. 在一些农村教学点，教师在一节课内分别对不同年级的学生进行教学。这种教学组织形式是（　　）。

    A. 复式教学　　　B. 道尔顿制　　C. 分组教学　　　D. 个别教学

4. 在古代，中国、埃及和希腊的学校主要采用的教学组织形式是（　　）。

    A. 个别教学　　　B. 复式教学　　C. 分组教学　　　D. 班级教学

5. 能让学生充分交流互动并有利于发挥其主体作用的教学组织形式是（　　）。

    A. 道尔顿制　　　B. 个别教学　　C. 分组教学　　　D. 文纳特卡制

6. 班级授课制是现代学校普遍采用的教学组织方式，但也存在一定的局限性，主要表现为不利于（　　）。

    A. 传授系统的知识　　　　　　B. 因材施教

    C. 发挥教师主导作用　　　　　D. 教学管理

【参考答案】

选择题

1. C　　2. A　　3. A　　4. A　　5. C　　6. B

项目五　课堂教学过程

一、课堂教学过程概述

（一）教学过程的含义

教学过程是指教师根据教学目的、任务和学生身心发展的特点，通过指导学生有目的、有计划地掌握系统的文化科学基础知识和基本技能，发展学生智力和体力形成科学世界观及培养道德品质，发展个性的过程[①]。

公元前6世纪，我国伟大的教育家孔子在丰富的教学实践基础上，把学习过程概括为"学—思—行"的统一过程。后来的《礼记·中庸》一书中进一步提出"博学之、审问之、慎思之、明辨之、笃行之"，重在说明学习过程。17世纪捷克教育家夸美纽斯认为"一切知识都从感官的知觉开始的"，主张把教学建立在感觉活动的基础之

---

① 教育部人事司教育部考试中心. 教育学考试大纲［M］. 北京：北京师范大学出版社，2002：112-113.

上，这是以个体认识论为基础提出的教学论。19世纪德国教育家赫尔巴特试图以心理学的"统觉理论"原理来说明教学过程，认为教学过程是新旧观念的联系和系统化的过程。19世纪末美国实用主义教育家杜威则认为，教学过程是学生直接经验的不断改造和增加意义的过程，是"从做中学"的过程。

学者对教学过程的理解，以强调师生交往认知结构的构建、信息加工以及系统状态变化等不同观点来进行。这些不同观点均有哲学、心理学的理论依据，一定程度上反映了教学实践的不断发展。

（二）教学过程的本质

1. 教学过程是一个认识过程

教学过程首先是一个认识过程，是学生在教师指导下借助教材、教学资料等中介，掌握科学的认识方法，快捷地认识现实世界，并改造主观世界、发展自身的活动过程。教学过程是教师教学生认识世界的过程，教学过程包括教师教与学生学这两个既有区别又相互依存的有机统一活动。因此，教学过程中，认识的主体是学生，具有发展性和可塑性；教学过程中，认识的客体是以课程、教材、教学资料等为基本形式的理论或思想，是人类社会历史经验凝聚的精神客体，客体既是学生认识的对象，又是他们认识和发展自身的工具，具有中介性。这种认识具有一定的特殊性，表现在以下四个方面：

一是间接性。学生学习的内容是已知的间接经验，相当于是间接地认识现实世界，是一种简单的知识提炼过程。

二是交互性。教学活动是教师的教和学生的学组成的双边活动，教学活动是发生在师生之间的一种特殊的交往活动。如果离开了师生在特定情景和为特殊目的进行的交往，教学活动的概念就不仅仅是课堂教学过程，而可以扩大到生活教育的领域。

三是教育性。教学的最终结果是促进学生的全面发展，所以教学过程必然具有教育性，要能够促进学生知、情、行、意的协调发展与完全人格的养成。

四是指导性。学生对现实世界的认识始终是在教师的指导下进行的，有别于一般的认识过程。

2. 教学过程是一种教育性教学和发展性教学

教学是一种有目的、有计划地培养人的活动，如果忽视学生的身心发展，忽视社会所确定的育人价值目标，教学活动就会产生盲目性，失去正确的方向与准则，严重影响教学及其人才培养的质量。新时代的学生是独立的、有个性的个体，因而教学活动要能促进学生的身心发展，以追寻与实现使他们成人、成才的价值增值目标。也就是说，教学过程是一种教育性教学和发展性教学的过程，这个过程必须依据学生的身心发展特点、规律及需求。

（三）教学过程的特点

1. 预设性与生成性结合

预设是指教师根据教学目标和学生的兴趣、学习需要以及已有的知识经验，有目的、有计划地设计教学过程的活动。生成是指在实际的教学过程中，在师生的互动中、与环境的交互作用中进行有效的调整，引导学生主动进行对新知识的探究活动。教学设计就是一种预设，而课堂教学过程就是一种生成。虽然教学设计中已经确定了教什么、怎么教，也明确了学生学什么、怎么学，但教学过程是一个动态的过程，并不是预先设定了轨道就会按着轨道走，在实际的教学过程中会出现教师意料之外的情况。因此，设计教学过程时要留有一定的弹性空间，要做好应对突发事件的准备。预设性与生成性相结合，既能够防止课堂教学过程死板地按照课前的预设进行，陷入教学活动的僵化，又能够充分发挥学生、教师的积极性，在课堂上碰撞出思维的火花，得到预料之外的收获。

2. 间接经验与直接经验相结合

学生的学习以间接经验为主。课堂教学的内容主要是间接经验，学生通过读书接受现成的知识，然后再去"应用"和"证明"，也是间接的体验。这种间接认识是一个捷径，可以用最短的时间掌握大量的、系统的文化科学基础知识，同时学生可以"站在巨人的肩膀上"认识客观世界、开拓新的认识领域。

学生学习间接经验要以直接经验为基础。虽然，教学中的知识已经将直接经验进行生活化、简约化，即将教学知识简约为实验、演示、教学录像，或是让学生参加一定的生产劳动、社会调查，或是设置模拟的生活情景让学生体验等。但要完全理解、掌握课堂教学中的知识，学生必须依靠自己以往的知识积累和背景，才能完全内化知识，并再次将其运用于社会实践之中。

3. 掌握知识与发展智力相统一

掌握知识与发展智力相互依存、相互促进，二者统一在同一教学活动中。新时代的教学是发展性的，它不仅要使学生掌握知识技能，而且要发展学生的智力和能力，包括一般认识能力和特殊能力。

首先，掌握知识是发展智力的基础。课堂教学活动必须让学生了解、掌握知识，这是为发展智力打基础。若是没有扎实的知识基础，也就谈不上能力培养和智力发展了。其次，发展智力是掌握知识的重要条件。学生智力发展到一定程度，其就具有一定的认识能力，能有效地提高自身的学习效率，能更好、更快地掌握更高一级的科学文化知识。最后，掌握知识与发展智力两者本身能相互转化。掌握知识为发展智力打下基础，发展智力又为掌握知识提供条件。两者之间相互转化、相互依存，但其相互转化应注意几个条件：第一，传授给学生的知识应该是科学的、规律性的知识；第二，必须科学地组织教学过程，启发学生独立思考、探索和发现，鼓励学生选择不同的学习方法和认知策略去解决问题，学会学习、学会创造；第三，重视教学中学生的操作与活动，培养学生的参与意识和能力，给学生提供参与实践的时间和空间；第四，培养学生良好的个性品质，重视学生的个别差异。

4. 教师主导与学生主体相结合

现代教学论强调教与学二者的辩证关系，教学是教师教学生去学，学生这个学习主体是教师组织教学活动中的学习主体，教师对学生的学习起主导作用。

首先，教师在教学过程中处于组织者的地位，应充分发挥自身的主导作用。教师的指导决定着学生学习的方向、内容、进程、结果和质量，起引导、规范、评价和纠正的作用；教师的教还影响着学生的学习方式，以及学生学习主动性的发挥，影响着学生的个性以及人生观、世界观的形成。其次，学生在教学过程中处于学习主体的地位，应充分发挥自身参与教学的主体性。学生是学习的主体，在教师的主导作用下会主动、自觉对教学材料进行内部加工和再创造。再者，教学过程需要建立合作、友爱、民主、平等的师生交往关系。教学过程是师生共享教学经验的过程，在此过程中，师生应共同明确教学目标，交流思想情感，实现培养目标。因此，教师要善于创设和谐情境，鼓励学生合作学习；要善于体验或引起学生的兴趣和需要，鼓励学生积极学习、主动参与；要善于从学生的年龄特征和个别差异出发，对学生提出严格的要求；要善于洞察学生的内心世界，尊重学生的个性和才能；要善于引起学生在思想和情感上的共鸣，培养学生的自我调控能力，鼓励学生大胆创新，同时创设自我表现的机会，使学生不断获得成功体验。

二、课堂教学过程的基本环节

教学工作一般包括备课、上课、课外作业、课外辅导、学生学业成绩的检查与评定五个环节。而课堂教学过程就是上课环节，课堂教学过程的基本环节包括导入新课、讲授新课、结束新课等。要设计好课堂教学过程，教师必须在每个环节上都下功夫。

（一）导入新课

导入新课是一堂课的开场白，是把学生引入一个新的教学内容的重要环节，它能够起到引起学生注意力，激发学生兴趣，为学生学习新课创造一个良好心境的作用。

1. 导入新课的原则

（1）针对性。

导入新课的出发点和归宿点之一就是要引出教学内容，良好的新课导入设计必须紧扣教学内容，为教学内容的实施服务。首先，导入新课要针对教学内容选材，设问也要与教学内容保存内在的、必然的联系；其次，导入新课还要充分考虑学生的年龄特点、心理状态、知识基础、思想水平等，满足学生的听课需要。

（2）趣味性。

兴趣是最好的老师，"知之者不如好之者，好之者不如乐之者"。教师在导入新课时尽量选择幽默风趣、形象生动、新颖活泼的内容，在一开始就抓住学生的注意力，为一堂课营造轻松、和谐的气氛。

（3）简洁性。

导入要做到简洁、明了、直指主题，力求用最少的时间、最简短的语言迅速集中学生的注意力，建立新旧知识的联系，促使学生尽快参与到新课的学习中。导入新课的语言要准确、恰如其分地表达意思，切忌拖沓、冗长、喧宾夺主，时间一般控制在三分钟之内，最多也不能超过五分钟。

2. 导入新课的方法与技巧

（1）温故知新导入。

这是一种比较常用的导入方法。一般是通过对旧知识进行复习、提问、练习等活动，为新知识的学习做好铺垫的一种导入方法。这种导入方法简单易行，可以迅速直接地进入主题，节省教学时间。但是这种导入平铺直叙、缺乏感染力，把握不好，就会流于平淡，难以引起学生的兴趣。

（2）开门见山式导入。

开门见山式导入是指教师一开始上课就直接向学生阐明学习的目标和要求。对于理论性较强、比较抽象的教学内容，开门见山地向学生阐明重点、难点及学习要求，更能够引起学生的注意和思考，会更有利于学生的学习。

（3）设疑引思导入。

设疑引思导入是指教师紧紧围绕教学目标和教学内容，设置带有启发性的悬念、疑难问题，给学生造成一种神秘感，从而唤起学生的好奇心和求知欲的一种方法。

（4）情景导入。

情景导入是指通过设计活动或展示视频片段等手段，利用语言、环境、设备、多媒体等资源，创设一种符合教学需要的情境，让学生能够身临其境，更加深入地体会和感悟教材的导入方法。导入时的情境必须要突出情感，真切感人，要能够触及学生的内心。因此，情景导入需要贴近学生生活、贴近社会，形象逼真，能够承载相应的教学内容，在课堂教学时能够引起学生的共鸣，提起学生学习的兴趣。

（5）故事导入。

故事导入是指根据教学内容，恰当地选择典故、名人故事、成语、诗词、寓言故事等导入新课。这种导入方法轻松活泼，具有较强的趣味性，能够启迪学生，让学生容易接受。但是要选择短小精悍，具有针对性、趣味性、启发性和教育性的故事。

（6）音乐导入。

一首好的音乐能够启迪人的智慧，能够净化人的心灵。采用音乐导入，很有可能收到意想不到的效果。

（二）讲授新课

讲授新课是教学过程中的一个重要环节，在课堂教学过程中占据了很大的比重。讲授新课由很多要素构成，如课堂提问、课堂过渡等。这里主要谈谈课堂提问和课堂过渡的艺术性。

1. 课堂提问的艺术性

提问是教师为了实现预期的教学目标，根据教学内容与学生的实际创设问题情境，引导学生主动思考和参与对话，培养学生思维能力，了解学生学习状态的一种教学行为。在不同阶段，教师需注意的内容也有差别。

（1）提出问题阶段。

教师通过口头方式向学生提出问题，或者通过 PPT 向学生展示问题。教师提问时要做到以下几点：一是声音洪亮，发音标准；二是词汇丰富，措辞精当；三是抑扬顿挫，富有节奏。同时，在进行课堂提问时的面部表情、站立姿势、所处的位置也是有讲究的。教师应采用和蔼可亲的态度，让学生放轻松，感到自信；还要从讲台上走下去，走到学生中去，缩小与学生之间的距离，让学生在平等的氛围中回应教师的提问；同时，教师还应向学生投去鼓励、信任、亲切的目光，让学生感受到教师的尊敬和重视。

（2）等候回答阶段。

在等候回答期间，教师要观察全班学生的状态，观察学生思考的情况。有研究者结合实证研究建议，对于低水平问题，候答时间应不少于 3 秒；而对于高水平问题，候答时间不少于 15 秒。因此，教师应该具体问题具体分析，留出合适的候答时间。

（3）叫人回答阶段。

叫学生起来回答问题（简称"叫答"），能使学生有机会展示和分享自己思考的结果，这是课堂提问比较关键的环节。因此，教师要注意两个方面。一是要规范叫答方式，扩大问题范围。教师应根据问题的难易程度请能力不同的学生来回答，尽可能照顾各个层次的学生；或者根据学生的空间位置叫答，若是小组思考回答问题，则可以采用空间位置来叫答。二是端正提问目的，发挥提问正能量。教师在叫答时，不能用课堂提问来刁难或惩罚那些不遵守课堂学习纪律的学生，应尽量保证学生参与课堂教学的积极性和主动性。

（4）处理回答阶段。

教师对学生回答问题过程中和回答完问题后的结果和表现应及时处理，给予明确的评价。处理学生的回答应做到以下几点：第一，耐心倾听学生的回答，投之以亲切的微笑和信任的目光，还可以走下讲台到学生跟前或附近，让学生感受到被关心和重视。第二，学生思路受阻时加以必要的提示。当学生的思路受阻、回答不完整时，教师可通过追问提示思路，使学生进一步思考；当学生回答错误时，教师不要粗暴打断，而是通过追问使学生意识到回答方向失误，需要重新思考。第三，对学生的回答结果及时给予评价。评价一般是多表扬、少批评；评价要兼顾过程与结果，既要评价学生的回答结果又要评价学生的思维过程、组织回答过程；并且评价的角度要全面，既要考虑到知识、技能等方面，还要考虑到学生觉悟的提升。

2. 课堂过渡的艺术性

课堂过渡是为了保证教学过程的有序开展，将教学过程的各个环节、各个知识点进行有效衔接。因此，课堂教学过程中的过渡应该具有联系性、整体性、简明性。课堂教学过程中的过渡可以采用以下几种方法：

（1）直接过渡式。

直接过渡式就是直接引入教学内容。这种形式的过渡主要用于一节课的开头。教师在新课导入后可用比较简短的过渡语直接引出框题。采用直接过渡式的方法要求语言简洁、开门见山进入主题。

（2）衔接式过渡。

这种过渡一般用于教学内容之间，帮助学生厘清教学思路。教师采用环环相扣的提问或是递进的语言，将教学内容中的各知识点串联起来。这种过渡要求自然连贯、由浅入深、循序渐进。

（3）悬念式过渡。

悬念式过渡是指教师根据上一个环节的内容设计问题，制造悬念，激发学生进一步探求知识的欲望，从而引入下一个环节教学内容的过渡。这类过渡方法适用于不同框题或者是不同单元内容之间的衔接。

（4）评论式过渡。

评论式过渡是指学生掌握了上一个环节的所有知识，教师让学生根据所学知识的优劣、利弊进行简要评论，从而引出下一个环节所要讲的知识的过渡方式。

（三）结束新课

上课是一门艺术，结课更需要艺术。新课导入要给人以眼前一亮的感受，而新课结束时要有韵味，使人觉得余音绕梁、不绝于耳。

1. 结束新课的原则

结束新课有其自身的规律性和可遵循的原则，教师一般需要遵循以下原则：

（1）适宜性原则。

结课一般在一节课的最后几分钟，此时学生往往已经疲倦，注意力不集中。因此，教师在结束新课时应做到以下几点：首先，语言精练易懂，逻辑严密严谨，切忌烦琐冗长、拖泥带水；其次，时间不宜过长，一般控制在 3~5 分钟，一定不能出现拖堂；最后，不要过于抽象、高深，要考虑绝大部分学生的理解和接受能力。满足这些要求，才能达到提升课堂情感的效果。

（2）关联性原则。

结课涉及的内容不能只局限于课堂教学本身，还要注意课内外知识的互动关联以及各个学科间的联系与沟通，这样有助于拓宽学生的知识面，培养学生分析问题、解决问题的能力。并且，教师可以有意识地给学生留出思考的余地，培养学生的思维、能力。

（3）多样性原则。

教师应根据不同的课型、教学目标、教学内容等采用不同的方法，设计不同形式的结课。因此，结课有法，但无定法。

（4）启发性原则。

结束新课必须对学生有所启发，使学生在新课学习中，习得知识、能力，并且情感态度、价值观也能够得到提升。所以，教师应该在结束新课时注重教学的艺术，对本节课的教学内容做出一个逻辑严密、条理清晰的总结与梳理，使学生更好地接受，并从中受到启发。

2. 结束新课的方法

结束新课的方法有很多，归纳起来，有以下几种方法：

（1）归纳总结式。

这是一种传统的结尾方式。教师用准确、简洁的语言，提纲挈领地对课堂的教学内容加以梳理、概括、归纳、总结，帮助学生理清知识脉络、区分易混点、突出重难点，促使学生加深对所学知识的理解和记忆。这种结课方式要力求多角度、多形式、有深度、有创新，同时要避免简单、机械地对教学内容进行重复。

（2）悬念式。

悬念式结课就是教师在结课时，"通过巧设疑问，提出后面即将要学习的内容，从而引起学生新的思考和求知欲望的结尾方式"①。这种结课方式设问但不作答，留下一定的悬念，给学生一个探求知识的空间；同时又引出下节课的知识，让旧课和新课连贯起来，成为一个整体；使学生产生一种"欲知后事如何，请听下回分解"的期待。

（3）练习式。

这种方式的结课旨在检测学生对本堂课知识的了解、掌握情况，需要教师将本框题的学习内容编辑成为选择题、填空题、材料分析题等形式的问题，通过问题引导学生理解、总结、巩固知识。这种结课方式可以带动学生动脑、动手、动口，使学生能

---

① 刘强. 思想政治学科教学新论 [M]. 北京：高等教育出版社，2003：216.

够及时巩固当堂课所学的知识、技能，实现知识迁移的同时及时反馈课堂教学效果，但要求教师一定要对所提的问题给出参考答案。

（4）列表式。

课堂教学过程中有众多的概念、原理，这些概念和原理之间存在相似之处和不同之处。为了在课堂中区分这些知识之间的异同，教师可以采用列表的方式，将这些内容进行比较，让学生一目了然。

（5）延伸式。

新课结束时，教师可以将课堂所学的知识延伸到现实生活现象、时政等内容上，引导学生学以致用，用所学的知识分析社会现象与生活现象，培养学生应用知识的能力。

（6）首尾呼应式。

针对新课导入时提出的问题、设置的悬念进行课堂小结，可以形成首尾呼应。学生带着疑问听课，当教师进行小结时，疑问就迎刃而解，这种方式的结课也是比较常见的。

结束新课的方法还有很多，比如画龙点睛式结课、师生对话式结课、自然式结课等。教师在进行结课设计的时候应灵活多变，根据不同的教学情况采取不同的结课方式，做到因课而异、因材施教。

【真题再现】

选择题

1. 为了让学生认识常见的交通标志，遵守交通规则，教师组织学生到附近的路口进行观察，这种教学组织形式属于（   ）。

  A. 复式教学 B. 现场教学 C. 个别教学 D. 课堂教学

2. 在《金色的鱼钩》教学开始时，张老师说："同学们，前面我们通过学习《七律·长征》一诗，领略了红军长征的非凡气概，今天我们再来感受一下红军过草地的艰难困苦。"这种导课方式属于（   ）。

  A. 设疑导入 B. 温故导入 C. 情境导入 D. 故事导入

【参考答案】

选择题

1. B

解析：班级授课的辅助形式有现场教学和个别教学。其中，现场教学是根据一定的教学任务，组织学生到工厂、农村、社会生活现场和其他场所，通过观察、调查或实际操作进行教学的组织形式。题干中教师正是采用了现场教学的形式组织学生到路口进行实地观察，故本题选 B。

2. B

模块六

课程

--- ■学习目标

1. 理解课程的内涵、类型和理论流派。
2. 掌握课程内容及泰勒原理。
3. 通过实训提高学生的课程实施能力。
4. 培养学生基本职业素养。

■知识框架

```
        ┌ 项目一  课程概述 ┌ 课程的内涵
        │                 │ 课程的类型
        │                 │ 课程理论
        │                 └ 课程的影响因素
        │
        │                 ┌ 课程设计
        │                 │ 课程目标
课程 ──┤ 项目二  课程组织 ┤ 课程内容
        │                 │ 课程实施
        │                 └ 课程评价
        │
        │                              ┌ 第八次基础教育课程改革的理念
        │ 项目三  我国第八次基础教育课程改革 ┤ 第八次基础教育课程改革的具体目标
        │                              └ 第八次基础教育课程改革背景下的教育观
        │
        └ 项目四  习近平总书记关于教育的重要论述（5）
```

项目一 课程概述

一、课程的内涵

在中国，"课程"一词最早出现于唐朝，孔颖达在《五经正义》中用"课程"一词指"寝庙"，其寓意为伟业，含义远远超出学校教育的范围。宋朝朱熹在《朱子全书·论学》中频频提及课程，朱熹的"课程"主要指功课及其进程，这与今天日常语言中的"课程"意义已极为相近。

在西方，英国著名哲学家、教育家斯宾塞在1859年发表的一篇文章——《什么知识最有价值》中最早提出"课程"一词，意指教学内容的系统组织。在西方当代的课程理论文献中，课程的含义为学生与教师在教育过程中的经验和体验。

广义的课程是指为实现学校教育目的而选择的教育内容的总和及进程安排。课程是学校教育的核心，涉及教学过程中老师教什么和学生学什么。它包括各门学科和课外活动。

狭义的课程是指某一门学科，如语文、英语、数学课等。

其他代表性的观点如下：

（1）课程即教学科目。从这个意义上说，课程又有广义和狭义两种理解：广义的课程指所有的学习科目的总和，狭义的课程指某一种学科科目。

缺陷：把课程内容与课程过程割裂开来，片面强调内容，最大的缺陷是把课程视为外在于学习者的静态的东西，容易导致"重物轻人"。

（2）课程即知识。这种观点的基本思想是学校开设的每门课程都是从相应学科中精心选择的，并且是按照学习者的认识水平加以编排的。

（3）课程即有计划的教学活动。从这个意义上说，课程即全部的教学要素及其运动过程。教学要素既包括教学内容、教学方法，又包括教学环境、师生关系等。

缺陷：把课程视为教学过程之前或教育情境之外的东西，把课程目标、计划与课程过程、手段割裂开来，并片面强调前者，忽略了学习者的现实经验。

（4）课程即预期的学习结果。从这个意义上说，课程即达成预期学习结果的过程。强调学生学到什么，而不是教师教什么。

（5）课程即学习经验。从这个意义上说，课程即学生实际上所体验到的意义，而不是一些简单呈现的事实、知识或信息，强调学生对教学内容意义的主观体验。

它的突出特点是把学生的直接经验置于课程的中心位置，从而消除了课程中"见物不见人"的倾向，消解了内容与过程、目标与手段的二元对立，但同时又忽略了系统知识在学生发展中的意义的倾向。

（6）课程即社会文化的再生产。鲍尔斯和金蒂斯被认为是这一主张的重要代表人物。在他们看来，任何社会文化中的课程，事实上都是该种社会文化的反映。学校教育的职责是再生产对下一代有用的知识和价值。简而言之，课程就是从某种社会文化里选择出来的材料。

（7）课程即社会改造。这种观点，认为课程应该把重点放在当代社会的主要问题、主要弊端和学生关心的社会现象，以及改造社会和社会活动规划等方面。课程应该有助于学生在社会方面得到发展，帮助学生学会如何参与制订社会规划，这些都需要学生具有批判意识。

进入 20 世纪 70 年代，课程的内涵发生了重要变化，呈现出以下六个趋势：

（1）从强调学科内容到强调学习者的经验和体验；

（2）从强调目标、计划到强调过程本身的价值；

（3）从强调教材这一单因素到强调教师、学生、教材、环境四个因素的整合；

（4）从只强调显性课程到强调显性课程与隐性课程并重；

（5）从强调"实际课程"到强调"实际课程"与"空无课程"并重；

（6）从只强调学校课程到强调学校课程与校外课程的整合。

二、课程的类型

（一）按照学科固有的属性来划分，课题分为学科课程和经验课程

1. 学科课程

学科课程是一种主张以学科为中心来编定的课程。学科课程是以文化知识为基础，按照一定的价值标准，从不同的知识领域或学术领域选择一定的内容，根据知识的逻辑体系，将所选出的知识组织为学科的课程。学科课程的主导价值在于传承人类文明，使学生掌握、传递和发展千百年来人类积累起来的知识文化遗产。其中，逻辑性、系统性和简约性是学科课程最大的特点。

学科课程的优点：一是以浓缩的形式集纳人类在各个基本科学领域探索的成果；二是便于按知识逻辑顺序组织教材；三是有助于组织教学与评价，便于提高教学效率。

学科课程的缺陷：一是现代学校中的不少学科中的不少知识，按学科自身的逻辑结构来讲，是不可缺少的，但对于大多数学生来说，他们与日常生活和学生的经验、需求缺乏联系，容易导致死记硬背；二是强调每一门学科课程的相对独立和稳定的逻辑系统，容易导致忽略当代社会生活的需要；三是学科课程容易导致单调的教学组织和划一的讲解式教学方法，造成教师只能在有限范围内给学生提供直接经验的机会，不利于学生对知识的理解、巩固和应用。

2. 经验课程

经验课程是从学生的兴趣和需要出发，以学生的主体性活动的经验为中心组织的课程。经验课程强调学生的直接经验的价值，课程目标的基本来源就是学生的经验及其生长需要，经验课程的主导价值在于使学生获得关于现实世界的直接经验和真切体验。

经验课程的特点：主体性、乡土性、综合性、经验性。

经验课程的优点：

（1）强调学习者当下的直接经验的价值；

（2）主张把人类遗产以学生的经验为核心整合起来，主张把科学知识转化为学生当下的经验，强调教材的心理组织；

（3）主张将当代社会现实以学生的经验为核心整合起来。

经验课程的缺陷：

（1）容易导致忽略系统的学科知识的学习；

（2）容易导致"活动主义"，从而忽略了学生深层次的心理品质的发展；

（3）要求教师具有相当高的教学艺术。

（二）按照课程内容的组织方式，课程分为分科课程和综合课程

1. 分科课程

分科课程是指从不同门类的学科中选取知识，按照知识的逻辑体系，以分科教学的形式向学生传授知识的课程。分科课程与学科课程基本上是一致的，分科课程强调的是课程内容的组织形式，而学科课程强调的是课程内容固有的属性。

2. 综合课程

综合课程是指一种多学科的课程组织模式，它强调学科之间的关联性、统一性和内在联系，其课程的主导价值在于通过对相关学科的整合，促进学生认识的整体性发展并掌握解决问题的全面的视野与方法。

综合课程的优点：

（1）体现了文化或学科知识间相互作用、彼此关联的发展需求；

（2）有利于学生把来自学术与非学术领域的知识、技能整合起来，解决现实中的种种问题；

（3）能够为学习者提供许多潜在的机会，以使其发展和完善有意义的知识和技能，从而增强学习者的学习意愿和兴趣。

综合课程主要有三种形式：

（1）把有内在联系的学科内容融合在一起而形成的学科，叫作融合课程；

（2）合并数门相邻学科的内容形成的综合课程，叫作广域课程；

（3）以问题为核心，将几门学科结合起来的课程，叫作核心课程。

综合课程的缺陷：知识琐碎化问题、教师问题、评估的问题。

（三）从课程计划对课程设置实施的要求来划分，课题分为必修课程和选修课程

1. 必修课程

必修课程是指国家、地方或学校规定，学生必须学习的公共课程，是为了保证所有学生的基础学力而开发的课程。其主导价值在于培养和发展学生的共性，体现对学生基本的要求。

2. 选修课程

选修课程是指依据不同学生的特点与发展方向，允许个人选择的课程，是为了适应学生的个性差异而开发的课程。其主导价值在于满足学生的兴趣、爱好，培养和发展学生的良好个性。

（四）从课程设计、开发和管理主体来区分，课题分为国家课程、地方课程和校本课程

1. 国家课程

国家课程是根据所有公民基本素质发展的一般要求设计的，它反映了国家教育的基本标准，体现了国家对各个地方、社区的中小学教育的共同要求。

国家课程的主导价值在于通过课程体现国家的教育意志，确保所有国民的共同基本素质。它对政治方向的把握、教育方针的贯彻、培养目标的落实，起着决定性作用。

2. 地方课程

地方课程是指地方教育主管部门以国家课程标准为基础，在一定的教育思想和课程观念的指导下，根据地方经济、特点和文化发展等实际情况而设计的课程。它是不同地方对国家课程的补充，反映了地方社会发展状况对学生素质发展的基本要求。

同时，地方课程对该地方的中小学课程实施具有重要的导向作用，它的主导价值在于通过课程满足地方社会发展的现实需要。

3. 校本课程

校本课程实质上是一个以学校为基地进行课程开发的民主决策的过程，即校长、教师、课程专家、学生以及家长和社区人士共同参与学校课程计划的制订、实施和评价活动。

校本课程的主导价值在于通过课程展示学校的办学宗旨和特色。

（五）根据课程任务，课程分为基础型课程、拓展型课程、研究型课程

1. 基础型课程

基础型课程注重培养学生的基础学力，即以培养学生作为一个公民所必需的"三基"（读、写、算）为中心的基础教学。基础型课程的要求最基本，适应范围大，并可以作为生长点，在此基础上拓展。基础型课程是必修的、共同的课程，每个学生都要学习，基础型课程要求很严格，必须有严格的考试。

2. 拓展型课程

拓展型课程注重拓展学生知识与能力，开阔学生的知识视野，发展学生各种不同的特殊能力，并将其迁移到其他方面的学习。它常常以选修课的形式出现，比起基础型课程来有较大的灵活性。

3. 研究型课程

研究型课程注重培养学生的探究态度与能力。课程从问题的提出、方案的设计到实施以及结论的得出，完全由学生自己来做，重研究过程甚于注重结论。

（六）根据课程呈现形式，课程分为显性课程和隐性课程

1. 显性课程

显性课程也叫显在课程、正规课程、官方课程，指的是为实现一定的教育目标而正式列入学校教学计划的各门学科以及有目的、有组织的课外活动。与隐性课程相对的显要特征之一就是计划性，可以说计划性是区分正规课程与非正规课程的主要标志。

2. 隐性课程

隐性课程是指学生在学校情境中无意识地获得经验、价值观、理想等意识形态内容和文化的影响，也可以说是学校情境中以间接的、内隐的方式呈现的课程。隐性课程具有非预期性、潜在性、多样性、不易觉察性。

隐性课程一词是美国教育学家杰克逊在 1968 年出版的《班级生活》一书中首先提出的，如果说显性课程是学校教育中有计划、有组织地实施的正式课程或官方课程的话，那么隐性课程则是学生在学习环境中所学习到的非预期的或非计划的知识、价值观念、规范和态度等。

古德莱德的教育思想

古德莱德是美国当代教育界知名的教育学家，他曾任美国师范院校联合会主席，泰勒曾评价他为"一个人承担了3种角色，即研究者、预言家、改革家"。他的教育思想主要集中于师范教育和课程层次理论。

一、师范教育改革

（一）改变传统的师范教育培养模式

在传统的美国师范教育模式下，大多数学生在完成4年本科课程学习后，就开始教学。许多美国教育家逐渐认识到这种模式存在不妥之处。于是，古德莱德提出了一些观点。

（二）制订师范教育教学计划

在早期经历中，古德莱德的兴趣主要集中在师范教育的管理制度和教学计划上。他认为，没有一个单独的系科能独立承担培养教师的任务，因此他建议在文理学院里建立一个师范教育中心，该中心可以利用各系科的资源设计、协调和实施师范教育教学计划。

（三）改变教师职业的"平坦性"

教师职业的"平坦性"（缺乏晋升和加工资的机会）是人们进入教师职业的一个主要障碍。人们常说，教师的工作很轻松，他们每天工作的时间不长，既有周末又有假期。而古德莱德却认为，教师的工作既有专业人员的灵活性，又有蓝领工作的机械性，特别是中学教师，他们每日的教学就是机械性的工作。除此之外，他们还要备课，改作业和考卷，参加会议，与家长交流，写工作总结。古德莱德认为，教师刚踏入工作岗位时精神上存在巨大的寄托，所以他们愿意放弃高薪的工作来做教师。如果我们只要求教师提高学生的成绩，而不去探讨教师职业的"平坦性"现象，我们就不可能改善教师的职业生活，也不可能提高学校的教学质量。

（四）建立学校教育的生态模式

21世纪是生态学的世纪。正如当年赫尔巴特主张把文化纪元理论应用到教育领域，来探讨儿童发展与课程的问题一样，古德莱德认同从生态学的视角来考察学校教育发展的方向。他说："教育是有关个体、民族、人类思维和行为方式的一个永不休止的发展过程。每一代都从文化遗产中汲取营养，当代书籍、杂志、报刊、电影、电视以及生活中瞬息万变的事件塑造着它的思想。学校教育——初等、中等和高等——就是这个过程中最有计划、最有条理、最有影响的组成部分。"因此，学校不是也不可能是一个与其他单位分离的机构，因此，"学校教育的生态模式主要涉及某一环境中的相互作用、联系和依承关系"。

二、课程层次理论

古德莱德提出了课程实施理论的五个层次：一是理想的课程，二是正式的课程，三是领悟的课程，四是运作的课程，五是经验的课程。

理想的课程，即由一些教育研究机构、学术团体和课程专家提出的应该开设的课程。

正式的课程，即由教育行政部门规定的课程计划、课程标准和教材，我们平时在课程表中看到的课程即属此类。

领悟或理解的课程，即任课教师所领悟的课程，这种领悟的课程可能与正式课程之间会产生一定的距离，正所谓"一千个读者就有一千个哈姆雷特"。

运作的课程，即在课堂上实际实施的课程，在实施中，教师常常会根据学生的反应随时进行调整。

经验的课程，是学生在课堂学习中实实在在体验到的东西，也即课程经验。

三、课程理论

（一）学科中心主义课程论

对学科中心主义课程的确立做出重要贡献的人之一是德国的赫尔巴特，他强调教材的编排要由易至难，要适应学生各发展阶段的特点，并重视学科体系。以学科为中心的课程理论，主张教学内容应以学科为中心，教材必须按照科学的逻辑系统和学生的认知心理活动来组织，以便使学生能较好地掌握人类科学文化知识的精华。

学科中心主义课程论的优点：

第一，科学的逻辑成为编写教科书的体系，保持了学科内容的系统性和科学性，有利于人类文化遗产的传播和保留，有利于学习者系统掌握。

第二，学科内容比较稳定、具体、合乎逻辑，便于教师的教授和进行学习成果评价。

学科中心主义课程论有明显的缺点：

第一，重视学科逻辑的系统性忽视学生认识的发展顺序，易造成学生偏重记忆、忽视理解，从而成为接受并贮存知识的容器，不易发挥学生学习的主体作用。

第二，各学科独立设置，彼此难以沟通和综合；学科统一要求，不利于学生个性特长的培养。

（二）经验主义课程论

以杜威为代表的经验主义课程论流派认为，以学科为中心的传统课程是不足取的，应代之以儿童的活动为中心的课程；同时强调，课程的组织应心理学化。

1. 课程应以儿童的活动为中心

杜威认为，课程必须与儿童的生活相沟通，应该以儿童为出发点、为中心、为目的。理想的课程应该促进儿童的生长和发展，这也是衡量课程价值的标准。课程的内容不能超出儿童经验和生活的范围，要考虑到儿童的需要和兴趣；否则，不能引起儿童学习的动机，也就不能有自发的活动。

2. 课程的组织应心理学化

杜威认为，课程的组织之所以要心理学化，是因为传统学科课程的逻辑组织对于成人可能是适用的，而对于儿童来说，情况就不一样。因为儿童是初学者，还没有能力接受成人完整的经验，所以课程的组织应该考虑到心理发展的次序，以利用儿童现有的经验和能力。

他强调，教育应"抛弃把教材当作某些固定的和现成的东西，当作在儿童经验之外的东西的见解；不再把儿童的经验当作一成不变的东西，而把它当作某些变化的、在形成中有生命力的东西；我们认识到，儿童和课程仅仅是构成单一过程的两极。正如两点构成一条直线一样，儿童现在的观点以及构成各种科目的事实和真理，构成了教学"。

（三）社会改造主义课程论

1. 关注的重点

社会改造主义课程论关注的重点是当代社会的问题、社会的主要功能、学生关心的社会现象以及社会改造和社会活动计划等方面。该理论不太关注学科的知识体系，而是强调课程应该围绕当代重大的社会问题来组织，帮助学生在社会方面得到发展。

2. 核心观点

社会改造主义课程论的核心观点是课程不应该帮助学生去适应社会，而是要建立一种新的社会秩序和社会文化。

其主要代表人物之一布拉梅尔德认为，课程是实现未来社会变化的运载工具，所以普通教育或整体教育的课程设计，"必须使课程结构具有意义的统一性"；而且，他主张人类的任务和目标乃是要统一到社会改造的意义上来。

3. 社会改造主义的课程的两个值得注意的特点

第一，主张学生尽可能多地参与到社会中去，因为社会是学生寻求解决问题方法的实验室。在改造主义者看来，传统的课堂教学固然有其价值，但重要的是要使学生将其所学运用于社会，同时学生也可以从社会中学到很多东西。

第二，以广泛的社会问题为中心。改造主义者认为，由于报纸、电视以及其他各种宣传媒介的作用，学生对于世界各地以及本国的社会问题非常敏感，这些问题应该在学校的课程里得到反映。学校的课程尤其要关心城市问题、犯罪问题、交通拥挤、家庭破裂、文化娱乐等社会问题。学生对这些问题要具有批判的意识，所以学校课程应该给学生认识和解决这些问题提供一定的背景知识，并把这些问题联系成为一个整体。

（四）人本主义课程论

人本主义课程论的代表人物是罗杰斯。其主要观点是课程是要为学生提供一种促使他们自己去学习的情境。他们强调，学校教育要尊重学生的本性和需要。因此，人本主义课程又称为人性中心课程。

人本主义者要求将课程的重点从教材转向个人，主张课程要适合学习者的内部和外部的需要，课程内容的选择上贯彻"适切性"原则，实质上倾向于学习者中心。人本主义者认为，教学是教儿童，不是单纯教教材，要展开真正的学习，儿童必须参与教学过程。有意义的学习只是在教材同学生自身的目的发生关系，由学生去认识时才能产生。因此，课程内容的组织应密切注意适合学生的生活、要求和兴趣。

（五）存在主义课程论

存在主义课程论的主要观点有以下三个：

一是在确定课程的时候，一个重要的前提就是要承认学生本人为他（她）自己的存在负责。换言之，课程最终要由学生的需要来决定。在存在主义者看来，为学生规定一种固定不变的课程是不恰当的，因为它没有考虑到学生对知识的态度。

二是反对固定的课程，因为这种课程没有考虑到学生对知识学习的态度问题，并不是反对课程本身和体现各门学科知识的教材。

存在主义课程论认为，知识离不开人的主观性，它仅仅是作为人的意识和感情才存在的。如果知识不能引起学习者的感情，那么对于他们来说，就不可能是明确的知识。

三是人文学科应该成为课程的重点，因为人文科学比其他学科更深刻、更直接地表现了人的本性及人与世界的关系，更能洞察和发展人存在的意义。

奈勒是存在主义课程的主要代表人物之一。他认为：

①不能把教材看作为学生谋求职业做好准备的手段，也不能看作进行心智训练的材料，而应当把它们看作用来作为自我发展和自我实现的手段；

②不能使学生受教材的支配，而应该使学生成为教材的主宰。知识和有效地学习必须具有个人意义，必须与人的真正目的和生活相联系。只有这样，个人才能在时间和环境都适宜的条件下按照他选择的知识与对知识的理解来行动。

（六）后现代主义课程论

1. 后现代主义课程论的发展

美国学者多尔把传统课程的封闭体系与当今的开放体系做对比后认为，18世纪和19世纪是封闭的时代，在物质世界中因果关系的观念盛行，这是一种决定的观念，事物之间的关系法则可以被发现，也可以被用于进行预测和控制。18世纪和19世纪的观点对以后的教育研究产生影响，使得教育研究呈现出一种线性的、统一的、可以预测的、决定论的倾向，在课程领域也是如此。

在多尔看来，泰勒的课程模式就是现代主义封闭课程体系的产物和典型。他认为，泰勒的课程与教学模式局限于现代主义线性的以及因果关系的框架中，其课程原理预先决定目标、选择和组织经验反映这些目标，然后通过评价决定这些目标是否已经达到。这样看来，泰勒把目标的选择放在首要的地位。

2. 多尔的"4R"标准

多尔在分析和批判泰勒模式的基础上把他设想的后现代课程标准概括为"4R"，即丰富性、循环性、关联性和严密性。

"丰富性"这个术语与课程的深度、课程作为意义的载体有关，还与课程的多种可能性或解释有关。多尔认为，学校中传授的主要学术性学科都有他们终身的历史背景、基本词汇和最终词汇，因此每门学科都会以自己的方式解释丰富性。这种丰富性能创造各种领域进行合作的、对话性质的探索，因而它与现代主义的观点是不一样的，它体现了一种开放性的特点。

"循环性"这种特征是很重要的，因为一种内容丰富而复杂的课程，往往需要通过再回头思考，或者再提供各种机会才能被掌握。循环性与现代主义观念下的重复迥然不同。重复是为了提高固定僵化的业绩，其框架是封闭式的；而可循环性是旨在发展能力，其框架是开放式的。

"关联性"对于一个在后现代时期起改造作用的课程是有重要意义的，主要表现在两个方面：

一是教育方面，称为教育上的关联。它强调，在构建课程时要考虑一整套的关系，在课程结构上也要强调其中的关系。

二是文化方面的关系。有关文化的和宇宙论的关系，虽然在课程之外，但会形成一个更大的网络，课程就在其中形成。

"严密性"是最重要的。它的作用在于使改变了的课程避免滑入"不能控制的相对主义"以及情感上的唯我主义的怪圈。严密性与我们通常理解的意思有别，实际上是指概念的重新界定。严密性在这里意味着一种有意识的企图，去查找我们或别人重视的假设，并且协调讨论这些假设中的有关细节，这样进行对话才会有意义、才会有改造价值。

四、课程的影响因素

社会、学生和知识是影响学校课程的三大因素。

（一）社会发展的要求及提供的可能性影响学校课程

这里的社会发展，包括经济、社会政治制度与意识形态、文化传统等因素，它们对课程的设置、课程内容有着不同程度的影响。

1. 经济对课程的影响

社会的经济发展水平和经济类型是影响课程内容的决定性因素。经济对课程的影响，主要通过生产力和科学技术之间的互动关系来体现。

2. 社会政治制度与意识形态对课程的影响

学校课程与社会政治制度密不可分。在阶级社会中，课程的设置被占统治地位的阶级控制并为统治阶级的利益服务，具有鲜明的阶级性。另外，课程内容不可避免地受到统治阶级的意识形态、价值体系的束缚，服从于统治阶级的教育目的。

3. 文化传统对课程的影响

文化传统是一个民族、一个国家世代沿袭的具有悠久历史的特质或文化模式。各国特有的民族文化传统对课程也会产生一定的影响。

（二）学生的身心发展规律影响学校课程

合理地组织课程内容是实现一定的课程目标的前提。所谓合理地组织课程内容，就是要求课程的组织，不仅遵循学科内容本身的逻辑，而且遵循学生心理发展的顺序和阶段，因为学生的心理活动直接关系到课程目标所能实现的程度。

因此，不仅要根据科学知识的难易程度，而且要根据这些知识对学生智力和情感、意志的挑战程度来组织课程内容。

（三）人类文化知识及科技发展水平影响学校课程

在社会实践的基础上，人们形成了一定的认识世界的方式，建构起对知识的起源与性质、知识的价值、知识的形式与分类的观点，而这些都对课程产生了深刻的影响。

首先，有关学科知识结构的划分的观点是学校课程门类结构的依据；其次，知识的来源观对课程观起着直接的指导作用；最后，知识价值观影响课程内容的选择与组织。

①形式教育论者认为学校的任务在于发展学生的智力，而拉丁文、文法、逻辑、数学等学科知识对训练学生智力的作用最大、最有价值。

②实质教育论的倡导者斯宾塞在回答他提出的"什么知识最有价值"这一问题时，认为现代语文、历史、地理、物理、天文、化学、商业、法律等学科知识最有价值，学校课程内容应由这些学科的知识组成。

【真题再现】

一、选择题

1. 按照美国学者古德莱德的课程层次理论，由教育行政部门制订的课程计划属于（　　）。

    A. 理想的课程　　B. 正式的课程　　C. 领悟的课程　　D. 运作的课程

2. 我国古代教育内容中的"六艺"、欧洲古代教育内容中的"七艺"和工业革命以后出现的物理、化学等课程属于（　　）。

    A. 学科课程　　　B. 活动课程　　　C. 综合课程　　　D. 融合课程

3. 倡导经验课程，并主张以主动作业形式实施这种课程的教育家是（　　）。

    A. 卢梭　　　　　B. 杜威　　　　　C. 泰勒　　　　　D. 布鲁纳

4. 学校课程有多种类型，其中最有利于学生系统掌握人类取得的经验和科学认识的课程是（　　）。

    A. 学科课程　　　B. 经验课程　　　C. 活动课程　　　D. 隐性课程

5. 某学校开发一门介绍当地风俗、物产与人物的课程，该课程属于（　　）。

    A. 地方课程　　　B. 校本课程　　　C. 隐性课程　　　D. 分科课程

6. 20世纪60年代美国结构主义课程改革的代表人物是（　　）。

    A. 斯金纳　　　　B. 罗杰斯　　　　C. 布鲁纳　　　　D. 布卢姆

7. 按照美国学者古德莱德的课程层次理论，教师在课堂教学中具体实施的课程属于（　　）。

    A. 理想的课程　　B. 正式的课程　　C. 领悟的课程　　D. 运作的课程

8. 按照美国学者古德莱德的课程层次理论，由研究机构、学术团体和课程专家提出的课程属于（　　）。

    A. 理想的课程　　B. 正式的课程　　C. 领悟的课程　　D. 运作的课程

二、简答题

简述活动课程的特点。

【参考答案】

一、选择题

1. B　2. A　3. B　4. A　5. B　6. C　7. D　8. A

二、简答题

答：活动课程是以学生活动为中心的课程理论。它主张课程应是一系列的由学生自己组织的活动，通过活动学习和获得经验，培养兴趣和解决问题的能力。其主要特点是：

第一，以学生的兴趣和动机作为基本出发点，以动机为课程与教学组织的中心；

第二，课程内容的确定和教材的选择是围绕学生的兴趣和动机进行的；

第三，在实施活动课程时，教师只是学习者的参谋或顾问，教科书只是解决疑难问题或满足某种兴趣而使用的参考。

项目二　课程组织

一、课程设计

狭义的课程设计是指制定某个课程的具体过程。广义的课程设计几乎涉及所有形式的课程变化。总体来说，课程设计是一个有目的、有计划、有结构地产生课程计划、课程标准以及教材等系统化的活动。

基于不同的价值取向和课程理念，也因为参与者的不同，课程设计有多种不同的模式，采用不同的步骤。现有的课程设计模式大体有：体现课程科学化和基于社会控制的目标模式，立足于教育内在价值与实践的过程模式，根植于文化分析的情景模式，着眼于具体实用方法的实践与折中模式，致力于个体主体意识增强与解放的批判模式，走向教师、学生本位的合作模式等。这里，我们重点介绍目标模式和过程模式。

（一）目标模式

目标模式是以目标为课程设计的基础和核心，围绕课程目标的确立及实现、评价而进行课程设计的模式，是 20 世纪初开始的课程设计与开发科学化运动的产物。

目标模式的奠基者是博比特。他在 1918 年出版的《课程》中提出了"活动分析""职业分析"方法，并用以分析人类完成特定活动所必需的能力、习惯、态度和知识等，然后从中确定目标，进而选择到达目标的一系列经验。1924 年，他出版的《怎样编制课程》一书，进一步提出了以目标占据支配地位的课程研制三步骤：确定目标、选择经验、组织经验。这一主张成了现代目标模式的雏形。

1949 年，泰勒出版《课程与教学的基本原理》一书，从此该书成为课程研究与开发领域的经典之作。泰勒被誉为"现代课程之父"。在书中，泰勒开宗明义地指出开发任何课程和教学计划都必须首先回答四个基本问题：

一是学校应该试图达到什么教育目标？（确定教育目标——课程目标的选择）；

二是提供什么教育经验最有可能达到这些目标？（选择教育经验——学习经验的选择）；

三是怎样有效组织这些教育经验？（组织教育经验）；

四是我们如何确定这些目标正在得以实现？（评价教育结果）。

这四个基本问题——确定教育目标、选择教育经验（学习经验）、组织教育经验、评价教育结果，构成著名的"泰勒原理"。

目标模式提出并发展了一种至今最具权威的、系统化的课程设计理论，为课程设计的探究奠定了基础。

（二）过程模式

过程模式是由英国著名课程论专家斯腾豪斯系统确立起来的。斯腾豪斯以英国著名教育哲学家彼得斯的知识论为理论依据提出，课程开发的任务就是要选择活动内容，建立关于学科的过程、概念与标准等知识形式的课程，并提供实施的"过程原则"。

他认为，像目标模式那样列出一张行为目标一览表，并不能帮助我们获得达成这些目标的手段，只有分析有价值的活动的标准以及分析被认为是有价值的活动的结构，才能更为清楚地趋近教学中的"过程原则"。

"过程原则"的本质含义，在于鼓励教师对课程实践的反思批判和发挥创造。以斯腾豪斯领导制订的"人文学科课程计划"为例，教师应遵循这样五项"过程原则"：

第一，教师应该与学生一起在课堂上讨论、研究具有争议性的问题；

第二，在处理具有争议性的问题时，教师应持中立原则，使课堂成为学生的论坛；

第三，探究具有争议性的问题的主要方式是讨论，而不是灌输式的讲授；

第四，讨论应尊重参与者的不同观点，无须达成一致意见；

第五，教师作为讨论的主持人，对学习的质量和标准负有责任。

斯腾豪斯明确提出，教师的身份是"和学生一起学习的学习者"，只有这样，才能通过发现法和探究法而不通过传授法进行教学；在对学习结果的评定中，教师不应像在目标模式中那样，是一个对照预定目标打分的评分者，而是对活动加以批评、以促进发展的批评者。

由上文所述可见，课程开发的过程模式是通过对知识和教育活动的内在价值的确认，鼓励学生探索具有教育价值的知识领域，进行自由自主的活动。

它把学生视为一个积极的活动者，教育的功能在于发挥学生的潜能，使他们自主而有能力地行动；它倡导"过程原则"，强调过程本身的教育价值，主张教育过程给学生以足够的活动空间；它强调教师和学生的交互作用，教师在课程开发与实施过程中不是学生行为的主宰者、控制者，而是学生的学习伙伴与行为的引导者。

在课程开发的过程模式中，教师具有充分的自主权。过程模式并不给出铁的原则，与其说它主张"过程模式"，不如说它是一种"排除原则"——把无效的、不利于广泛的教育目的达成的做法识别出来，并加以排除，这样就给教师主动性的发挥留有余地，同时也对教师的素质提出了较高的要求。因此，斯腾豪斯后来又首倡"教师作为研究者"的课程思想，认为教师进行课程开发与实施必须以对课程问题的卓有成效的研究为前提，从而开创了课程研究重视教师主体性的风气之先。

总之，过程模式把发展学生的主体性、创造性作为教育的广泛目标，尊重并鼓励学生的个性特点，并把这一目标与课程活动、教学过程统一起来，进而又统一于教师的主体作用中。它冲破了目标模式"工具理性"的樊篱，把课程开发建立在实际的教育情境基础上，这显然是符合时代潮流的一种取向。

二、课程目标

课程目标是指课程本身要实现的具体目标和意图。它规定了某一教育阶段的学生通过课程学习以后，在发展品德、智力、体质等方面期望实现的程度，它是确定课程内容、教学目标和教学方法的基础。

（一）课程目标的特征

一是整体性，即各级各类的课程目标是相互关联的，而不是彼此孤立的。

二是阶段性，即课程目标是一个多层次和全方位的系统，如小学课程目标、初中课程目标、高中课程目标。

三是持续性，即高年级课程目标是低年级课程目标的延续和深化。

四是层次性，即课程目标可以逐步分解为总目标和从属目标。

五是递进性，即低年级课程目标是高年级课程目标的基础，没有低年级课程目标的实现，就难以达到高年级的课程目标。

六是时间性，即随着时间的推移，课程目标会有相应的调整。

（二）确定课程目标的依据和方法

1. 确定课程目标的依据

（1）对学生的研究。

对学生的研究，就是要找出教育者期望在学生身上达到的预期结果。

它通常包括三方面内容：①了解学生身心发展的现状，并把它与理想的常模加以比较，确认其中存在的差距；②了解学生个体的需要；③了解学生的兴趣和个性差异。

（2）对社会的研究。

对已有的社会研究的结果如何看待，是课程编制者面临的一个问题。课程编制者还需要对"学校课程能够给予适当满足的社会需求"与"只有通过社会上其他各种机构的合力才能完成的社会需求"两者之间进行区分。

（3）对学科的研究。

学校课程毕竟是要传递通过其他社会经验难以获得的知识，而学科是知识的最主要的支柱。由于不同的学科专家熟悉各自领域的基本要领、逻辑结构、探究方式、发展趋势，以及学科的一般功能及其与相关学科的联系，所以学科专家的建议是课程目标最主要的依据之一。事实上，大多数课程的教科书通常是由学科专家编写的。

2. 两种常见的课程目标的确定方法

（1）筛选法。

它是由美国加州大学课程开发中心研制出来的，并被许多教育机构效仿的一种确定课程目标的方法。具体步骤如下：

①预定若干课程目标，涉及课程的各个方面；

②书面征求有关人员的意见，允许他们补充其他课程目标；

③把原先预定的课程目标和补充的其他课程目标汇总在一起；

④请有关人员根据汇总的课程目标，依次选出若干项最重要的课程目标；

⑤根据统计的结果来确定名次靠前的若干项课程目标。

（2）参照法。

它是通过参考历史上的课程目标和其他国家的课程目标，并根据本国国情和地区的实际情况，确定符合本国情况的课程目标。

除了上述两种方法外，确定课程目标的方法还有很多。因此，确定课程目标从来没有固定划一的模式。如果只是一成不变地采用这两种方法，未免过于教条和死板，实际的教学效果可能就要打折扣。

三、课程内容

（一）课程计划（教学计划）

1. 课程计划的含义

课程计划，是指根据教育目的和不同类型学校的教育任务，由国家教育主管部门制定的有关教学和教育工作的指导性文件。

义务教育阶段教学计划的特征：强制性、普遍性、基础性。

2. 课程计划的构成

（1）教学科目的设置（首要问题）。

开设哪些学科是课程计划的中心。各门学科既有自己的独立系统，又有彼此必要的相互联系。

（2）学科顺序。

学科顺序是指根据学科规定的年限，各门学科的内容和教学法的要求，确定各门学科的教学顺序。

（3）课时分配。

课时分配包括各学科的总时数的分配每一门学科各学年（或学期）的授课时数的分配和周学时的分配等。

（4）学年编制与学周安排。

学年编制与学周安排是指学年阶段的划分、各个学期的教学周数、学生参加生产劳动的时间、假期和节日的规定等，它是学校工作正常进行的保证。

3. 课程计划编制的原则

第一，保证实现教育目的与任务，体现课程结构的完整性；既要体现促进学生德、智、体等方面全面发展，又要保证各类学科之间的协调平衡。

第二，依据科学的课程理论，处理好课程系统内部范畴的几个基本关系，体现基础性和多样性。这些基本关系包括：基础课与提高课、分科课与综合课、理论知识课与实践课、必修课与选修课。

第三，以教学为主，全面安排；精简课程，加强基础和有利于发展学生特长；知识体系相对完整，保证学科间的合理关系；统一性与灵活性、稳定与变革相结合。

4. 课程计划对学校和教师的指导意义

课程计划体现了国家对学校教育的统一要求，是学校组织教学工作、确定工作步调的依据，是指导教师进行教学和其他活动的依据。学校领导和教师应该认真执行课程计划，开足计划中要求设置的学科，保证各门学科的教学时数；以教学为主，全面安排各项活动，使学校保持稳定的教学秩序，使学生在德、智、体等多方面得到全面发展。

（二）学科课程标准

1. 课程标准的概念

课程标准是国家课程的基本纲领性的文件，是国家对基础教育课程的基本规范和质量要求。它规定了学科的教学目的与任务，知识的范围、深度和结构，教学进度以及有关教学方法的基本要求。

学科课程标准是课程计划的分学科展开，它体现了国家对每门学科教学的统一要求，是编写教科书和教师进行教学的直接依据，也是衡量各科教学质量的重要标准。

2. 课程标准的内容

（1）前言：结合目前的课程改革，根据本课程门类的特点和要求，阐述课程改革的背景、课程性质、基本理念和总体设计思路。这部分内容主要是为本门学科的教学明确指导思想，为理解课程标准和编写教科书以及教师的教学提供带有方向性和指导性的建议。

（2）课程目标：根据课程设置的指导思想，结合本门课程的特点，从知识与技能、情感态度与价值观、过程与方法三个方面，具体阐述本门课程的总体目标与学段目标（或课程具体目标）。

（3）内容标准：根据课程目标，制定选择具体内容的标准，并用规范、清晰、可理解的方式阐明掌握内容的程度。

（4）实施建议：为了便于课程标准的理解与贯彻执行，需要在课程标准中提供实施建议，主要包括教学建议、评价建议、课程资源的开发与利用建议和教材编写建议等。同时要求在容易误解的地方或陈述新出现的重要内容时，提供适当的、典型性的案例，以便教师理解，这也是引导一种新观念的有效方法。

（5）附录：本课程门类的有关附件，主要是对课程标准中出现的一些重要术语进行解释与说明，以便使用者更好地理解与实施课程标准。必要的时候，还要提供典型性的案例供教师参考。

3. 课程标准的理解和执行

第一，教师应认真研究大纲的说明部分，它可以帮助教师明确所教学科的教学指导思想、教学目标；还应研究学科课程标准的正文部分，这有助于教师透彻领会本门学科的内容、体系和精神实质，掌握教学内容的广度和深度。

第二，教师熟悉自己所教学科的学科课程标准之后，应严格执行学科课程标准的要求，提高教学工作的自觉性和计划性，指导学生达到学科课程标准所要求的水准，使自己的教学工作达到国家所要求的标准。

第三，有的学科，如语文、数学等，小学各年级均开设，为了使学生的学习前后衔接，任课教师通过学科课程标准可以领会自己所教年级教学内容在整个学科教学内容中的位置和教学目标，同时为了使本门学科与相邻学科衔接好，还可以了解和适当研究相邻学科的学科课程标准。

第四，教师应将学科课程标准作为自己检查教学质量的依据。

（三）教材和教科书（教师和学生据以进行教学活动的材料）

教材是教师和学生据以进行教学活动的材料，包括教科书、讲义、讲授提纲、参考书、活动指导书以及各种视听材料。其中，教科书和讲义是教材的主体部分。

教科书的编写要妥善处理思想性与科学性、观点与材料、理论与实际、知识与技能的广度和深度、基础知识与当代科学新成就的关系。

1. 教科书的编排要求

首先，教科书的编排形式要有利于学生的学习，符合教育学、心理学、美学等的要求。

其次，教科书的内容阐述要层次分明；文字表述要简练、精确、生动、流畅；篇幅要详略得当。

最后，标题和结论要用不同的字体或符号标出，使之鲜明、醒目；封面、图表、插图等，要力求清晰、美观；字体大小要适宜，装订要坚固，规格大小、厚薄要合适，便于携带。

2. 教科书编排的两种模式

我国中小学教科书的组织结构一般采用直线式与螺旋式两种基本方式。

直线式教科书结构，就是指把一门学科的课程内容或其中一个课题的内容按照知识本身的逻辑结构来展开呈现在教科书中，使各种知识在内容上均不重复的编排形式。

螺旋式教科书结构，就是把同一课题内容按深度、广度的不同层次安排在教科书的不同阶段重复出现，使得每一次重复都将原有的知识、方法、经验进一步加深拓广、逐级深化。

3. 教材设计的一般原则

教材设计的一般原则包括：①方向性原则；②完整性原则；③适切性原则。

4. 教材的作用

第一，教科书是学生进一步扩大知识领域的基础，是学生在学校获得系统知识、进行学习的主要材料。它可以帮助学生掌握教师讲授的内容，同时，也便于学生预习、复习和做作业。

第二，教科书也是教师进行教学的主要依据，它为教师的备课、上课、布置作业、学生学习成绩的检查评定提供了基本材料。

第三，根据教学计划对本学科的要求，讲义中分析了本学科的教学目标、内容、范围和教学任务。

第四，根据本学科在整个学校课程中的地位，讲义中研究了本学科与其他学科的关系、理论与实际相联系的基本途径和最佳方式，确定了本学科的主要教学活动、课外活动、实验活动或其他社会实践活动，并对各教学阶段的课堂教学和课外活动做出统筹安排。

四、课程实施

课程实施是指把课程计划付诸实践的过程，它是达到预期的课程目标的基本途径。课程能否有助于教育目标的实现，能否为学习者所接受，从而促进其身心发展，都要通过实施才能得到答案。一般来说，课程设计得越好，实施起来就越容易，效果也就越好。

（一）课程实施的价值取向

课程实施的价值取向是指对课程实施过程本质的不同认识以及支配这些认识的相应的价值观。在课程实施过程中，由于教师持不同的教育价值观，相应地会对课程实施有不同的认识，并会以不同的态度和方式参与课程实施。课程实施存在三种基本取向，即忠实取向、相互调适取向和课程创生取向。

1. 忠实取向

忠实取向即视课程实施为忠实地执行课程方案的过程。衡量课程实施成功与否的基本标准是课程实施过程中实现预定的课程方案的程度的高低。实施课程愈接近预定的课程方案，则愈忠实，课程实施程度也愈高；若与预定的课程方案差距愈大，则愈不忠实，课程实施程度愈低。

忠实取向的课程实施适用于某些特定的课程情境，特别适用于课程内容极为复杂、困难且不容易掌握精熟的新课程方案，或是学生的理解有赖于配合课程内容的特定安排，因此，课程实施的顺序有必要在事前加以规定。然而，课程的规范说明与行政命令规定可以规范课程科目知识的最小范围与最低标准，但无法硬性限制师生的最大选择范围与最高成就标准，更不应该限制师生对学习方法的选择。

2. 相互调适取向

相互调适取向即把课程实施视为课程设计人员与课程实施者双方同意进行修正调整，采用最有效的方法以确保课程实施之成效的过程。相互调适取向强调课程实施不是单向的传递、接受，而是双向的互动与改变。课程方案有必要根据学校教育的实际情境而加以弹性调整。事实上，所有的课程方案在实施过程中都必须经过修正调整才能适用于特定而变化的课堂情境。唯有如此，教师才能使学生的学习获得最大的效能。

3. 课程创生取向

课程创生取向即把课程实施视为师生在具体的课堂情境中共同合作、创造新的教育经验的过程。真正的课程并不是在实施之前就固定下来的，它是情境化、人格化的。课程实施本质上是在具体的课堂情境中"创生"新的教育经验的过程。既有的课程方案不过是一种供这种经验创生过程选择的工具而已。

课程创生取向强调"课程是实践"。课程不是被传递的教材或课表，不是理所当然的命令与教条，而是需要加以质疑、批判、验证和改写的假设。

上述三种取向从不同层面揭示了课程实施的本质，各有其存在的价值。从忠实取向到相互调适取向，再到课程创生取向，意味着课程变革从追求"技术理性"到追求"实践理性"，再到追求"解放理性"，体现了课程变革的发展方向。

（二）课程实施的影响因素

课程实施的影响因素如下：

（1）课程计划的特点。

课程计划的特点有：合理性、和谐性、明确性、复杂性、可传播性和可操作性。

（2）教师的特点。

教师的影响主要体现在以下方面：

①教师的参与；

②教师的态度；

③教师所具备的能力；

④教师与其他参与者之间的交流和合作。

（3）学校的特点。

学校的影响主要体现在以下方面：

①学校领导和行政部门的态度与合作；

②学校的支持系统；

③学校的环境，包括心理环境和物理环境；

④学生的学习。

（4）校外环境。

校外环境包括政府机构和社会各界。

模块六 课程

五、课程评价

课程评价是指检查课程的目标、编订和实施是否实现了教育目的、实现的程度如何，以此判定课程设计的效果，并做出改进课程的决策。

（一）课程评价的基本类型

一是根据评价对象的不同，广义的课程评价可分为学生评价、教师评价、学校评价、狭义的课程评价等。

二是根据评价主体的不同，课程评价可分为自我评价和外部评价。

三是根据评价的目的不同，课程评价可分为诊断性评价、形成性评价和总结性评价。

四是根据评价的参照标准或评价反馈策略的不同，课程评价可分为绝对评价、相对评价和个体内差异评价。

五是根据评价手段的不同，课程评价可分为量性评价和质性评价。

（二）课程评价的主要模式

1. 目标评价模式

目标评价模式首先由"课程评价之父"泰勒提出，它是以目标为中心展开的，是针对20世纪初形成并流行的常模参照测验的不足而提出的，是在泰勒的"评价原理"和"课程原理"的基础上形成的。

目标评价模式可概括为七个步骤或阶段：

（1）确定教育计划的目标；

（2）根据行为和内容来解说每一个目标；

（3）确定使用目标的情境；

（4）设计呈现情境的方式；

（5）设计获取记录的方式；

（6）确定评定时使用的计分单位；

（7）设计获取代表性样本的手段。

泰勒在这一评价模式的基础上，结合课程编制的实践，提出了更引人注目的"课程原理"。其可概括为四个步骤或阶段：

（1）确定课程目标；

（2）根据目标选择课程内容；

（3）根据目标组织课程内容；

（4）根据目标评价课程。

其中，确定课程目标是最为关键的一步，因为其他所有步骤都是围绕目标而展开的。

目标评价模式强调要用明确的、具体的行为方式来陈述目标，并以预先规定和解说的教育目标为中心来设计、组织和实施评价，从而确定学生通过课程教学所取得的进步，亦即确定学生达到教育目标的程度，找出实际结果与课程目标之间的差距，并利用这种信息反馈作为修订课程计划或更新课程目标的依据。

优缺点：这一模式既便于操作又容易见效，因此在很长时间里在课程领域占主导地位；但由于它只关注预期的目标，忽视了其他方面的因素，因而遭到不少人的批评。

2. 目的游离评价模式

目的游离评价模式是由美国学者斯克里文针对目标评价模式的弊病提出来的。它主张把评价的重点从"课程计划预期的结果"转向"课程计划实际的结果"上来。评价者不应受预期的课程目标的影响，尽管这些目标在编制课程时可能是有用的，但不适宜作为评价的准则。

该评价模式对目标评价模式的批判是击中要害的，它认为评价除了要关注预期的结果，还应关注非预期的结果。

但它也存在着不少问题：如果在评价中把目标搁在一边去寻找各种实际效果，结果很可能顾此失彼，背离评价的主要目的。此外，目的完全"游离"的评价是不存在的。因为评价者总是会有一定的评价准则，游离了课程编制者的目的，评价者很可能会用自己的目的取而代之。而且，严格地说，目的游离评价不是一个完善的模式，因为它没有一套完整的评价程序。

3. 背景、输入、过程、成果（CIPP）评价模式

CIPP 是由背景评价（content evaluation）、输入评价（input evaluation）、过程评价（process evaluation）、成果评价（product evaluation）这几个评价名称的英文第一个字母组成。该模式包括四个步骤：

第一，背景评价，即要确定课程计划实施机构的背景；明确评价对象及其需要；明确满足需要的机会，诊断需要的基本问题，判断目标是否已反映了这些需要。背景评价强调，首先应根据评价对象的需要对课程目标本身做出判断，看两者是否一致。

第二，输入评价，主要是为了帮助决策者选择达到目标的最佳手段，而对各种可供选择的课程计划进行评价。

第三，过程评价，主要是通过描述实际过程来确定或预测课程计划本身或实施过程中存在的问题，从而为决策者提供如何修正课程计划的有效信息。

第四，成果评价，即要测量、解释和评判课程计划的成绩。它要收集与结果有关的各种描述与判断，把它们与目标以及背景、输入和过程方面的信息联系起来，并对它们的价值和优点做出解释。

CIPP 课程评价模式考虑到影响课程计划的种种因素，可以弥补其他评价模式的不足，相对来说比较全面，但它的操作过程比较复杂，难以被一般人掌握。

4. CSE 评价模式

CSE 即美国加利福亚大学洛杉矶分校评价研究中心（Center for Study of Evaluation, CSE）的简称。CSE 评价模式包括下面四个步骤：

第一，进行需要评定。所谓需要评定就是调查人们有何种需要，核心问题是确定教育的目标。

第二，制订方案计划。这一步的核心是对各种备选方案达到目标的可能性做出评价，它包括对课程内容与教育目标一致性方面的分析以及对设备、资金和人员配置方面情况的研究。

第三，做出形成性评价。这一步的重点在于发现教育过程的成功和不足之处，修正教学活动中某些偏离预期目标的地方，从而保证教育目标的实现。

第四，做出总结性评价。CSE 的总结性评价是对教育质量的全面调查和判断。

【真题再现】

一、选择题

1. 某小学拟编写一本综合实践活动校本教材，编写这一教材的主要依据应为（　　）。

A. 教学目标　　　　B. 教学内容　　　　C. 课程标准　　　　D. 课程计划

2. 要充分发挥课程在学校教育中的作用，就必须编制好三个文本。这三个文本是（　　）。

A. 课程计划、课程目标、课程内容　　B. 课程计划、课程标准、教科书

C. 课程方案、课程标准、课程内容　　D. 课程方案、课程实施、课程评价

3. 以一定的课程观为指导，制定课程标准，选择和组织课程内容，预设学习活动方式的过程是（　　）。

A. 课程评价　　　B. 课程实施　　　C. 课程组织　　　D. 课程设计

4. 在小学课程实施过程中，教师挖掘和利用的民风民俗、传说故事、传统节日、文化活动等资源属于（　　）。

A. 自然资源　　　B. 校内资源　　　C. 社会资源　　　D. 个体资源

5. 小学生通过科学课的学习，了解了水具有固态、液态和气态三种状态，进而知道在一定条件下物质状态可以改变。按照三维目标的分类，这主要达成的教学目标是（　　）。

A. 知识与技能　　　　　　B. 过程与方法

C. 认知与实践　　　　　　D. 情感态度与价值观

6. 在专家指导下，地处贵州东南的侗寨中学组织有关教师对面临传承危机的侗族织锦工艺进行课程开发，开设了具有民族特色的"侗族织锦课程"，该课程属于（　　）。

A. 国家课程　　　B. 地方课程　　　C. 校本课程　　　D. 社会课程

7. 小学开设的科学、艺术课程，其课程类型属于（　　）。

A. 分科课程　　　B. 综合课程　　　C. 活动课程　　　D. 经验课程

8. 学生学习课文《两个铁球同时落地》后，学生对伽利略不迷信权威、追求真理的精神有深刻理解，这达成的教学目标属于（　　）。

A. 知识与技能　　　　　　B. 思维与创新

C. 过程与方法　　　　　　D. 情感、态度与价值观

9. 针对班级学生基础较差、学习兴趣不高的情况，周老师上课时对教学内容进行删减，增加了一些趣味性知识，这一课程实施符合（　　）。

A. 忠实取向　　　B. 创生取向　　　C. 技术取向　　　D. 相互适应取向

10. 现代课程论认为，制约课程内容选择的因素主要包括（　　）。

A. 知识、技能与情感　　　　B. 难度、广度与深度

C. 社会、儿童与学科　　　　D. 政治、经济与文化

11. 在一定课程理论指导下，依据培养目标和课程方案，以纲要形式编制的关于教学科目内容、教学实施建议以及课程资源开发等方面的指导性文件是（　　）。

A. 课程计划　　　B. 课程标准　　　C. 教学方案　　　D. 教学指南

12. 学校利用板报、橱窗、走廊、墙壁、雕塑、地面、建筑物等媒介，旨在体现教育理念，实现育人功能。在课程分类中，这属于（　　）。

　　A. 学科课程　　　B. 活动课程　　　C. 显性课程　　　D. 隐性课程

13. 泰勒在《课程与教学的基本原理》一书中提出了课程的开发的目标模式，这一模式的主要局限在于（　　）。

　　A. 程序不清晰　　　　　　　　B. 过分强调预设性目标

　　C. 缺乏逻辑性　　　　　　　　D. 不重视课程评价环节

14. 学生在小学教学课程中通过测量或拼图学习三角形的内角和为180度，在中学教学课程中通过证明学习三角形的内角和为180度。这种课程内容的组织形式是（　　）。

　　A. 直线式　　　B. 螺旋式　　　C. 纵向式　　　D. 横线式

15. 体现国家对学校的统一要求，作为学校办学的基本纲领和重要依据的是（　　）。

　　A. 课程计划　　　B. 课程标准　　　C. 教学大纲　　　D. 教学目标

16. 教育行政部门制定小学教学质量评价标准应依据（　　）。

　　A. 教学计划　　　B. 课程标准　　　C. 教学模式　　　D. 考试成绩

二、辨析题

1. 教材编写的直接依据是课程计划。

2. 总体而言，学校课程内容主要由间接经验构成。

三、简答题

1. 简述教材编写的基本要求。

【参考答案】

一、选择题

1. C　2. B　3. D　4. C　5. A　6. C　7. B　8. D　9. D　10. C

11. B　12. D　13. B　14. B　15. A　16. B

二、辨析题

1. 这种说法是错误的。

课程计划是指根据教育目的和不同类型学校的教育任务，由国家教育主管部门制定的有关教学和教育工作的指导性文件，是课程设置的整体规划。课程标准是课程计划的具体化，是课程计划中每门学科以纲要的形式编定的、有关学科教学内容的指导性文件。课程标准是教材编写、教学、评价和考试命题的直接依据，是国家管理和评价课程的基础。因此，教材编写的直接依据是课程标准而不是课程计划，所以本题说法错误。

2. 这种说法是正确的。教学过程中学生认识的特殊性主要表现为间接经验和直接经验相结合。总体而言，学校课程内容主要是由那些从前人所总结出来的系统的经验即间接经验构成。这样才能更加系统高效地帮助学生积累基础知识和技能，更好地培养其他方面的能力。教学活动是学生认识客观世界的过程，要以间接经验为主，但也要辅之以直接经验，把二者有机地结合起来。因此题干的描述是正确的。

三、简答题

答：（1）科学性与思想性统一。教材是直接反映教学内容的，所以在内容上一定要准确无误。同时各学科教材还必须体现一定的思想性，寓思想政治教育于各科教学中，力求结合本学科特点和不同年级学生的接受能力，对学生进行具体生动的富有感染力的思想政治教育和品德教育。

（2）知识的内在逻辑和教学方法要统一。教材体现为传授知识的逻辑性和连续性，所以编写教材时既要符合学生生理、心理发展的顺序，还要符合知识的逻辑顺序。只有把两者统一起来教材才能起到应有的作用。

（3）易懂性。教材是学生学习的主要依据，不同年龄段的学生理解能力不同，所以教材内容的叙述要简明、准确、生动，标题、结论要醒目，字体大小、用词要适当。这样才能让学生更容易读懂教材。

（4）理论与实践统一。教材既要有理论，又要通过实践来验证理论。教材要结合实际材料来论证理论，使学生通过对教材的学习既学会了理论，又能较好地应用理论。

（5）教材应具有开放性，应有利于学生改变呆板的学习方式，引导学生观察、实践、搜集资料、合作交流以及体验、感悟和反思活动，从而实现其学习方式的多样化，拓展其学习的时间和空间。

（6）教材应关注并充分利用学生的生活经验，及时恰当地反映科学技术发展的新成果，增强书本知识与现实生活的联系，努力克服学科中心主义倾向。

项目三　我国第八次基础教育课程改革

1999 年 6 月 13 日，中共中央、国务院做出《关于深化教育改革全面推进素质教育的决定》（中发〔1999〕9 号），这是全面推进素质教育的行动纲领。2001 年 5 月 29 日《国务院关于基础教育改革与发展的决定》对如何全面贯彻党的教育方针、大力推进基础教育的改革和健康发展，做出了一系列决定。

为了贯彻中共中央、国务院做出《关于深化教育改革全面推进素质教育的决定》和《国务院关于基础教育改革与发展的决定》，教育部于 2001 年 6 月 8 日印发了《基础教育课程改革纲要（试行）》，决定大力推进基础教育课程改革，调整和改革基础教育的课程体系、结构、内容，构建符合素质教育要求的新的基础教育课程体系。至此，我国开启了第八次基础教育课程改革。

一、第八次基础教育课程改革的理念

教育改革的核心是课程改革。新课程改革的核心理念就是教育"以人为本"，即"一切为了每一位学生的发展"。我国新课程改革的课程理念具体体现在以下方面：

一是全人发展的课程价值取向；

二是科学与人文整合的课程文化观；

三是回归生活的课程生态观；

四是缔造取向的课程实践观；

五是民主化的课程政策观。

二、第八次基础教育课程改革的具体目标

1. 实现课程功能的转变（核心目标）

改变课程过于注重知识传授的倾向，强调形成积极主动的学习态度，引导学生学会学习、学会生存、学会做人。新课程的教学目标为三维目标：知识与技能、过程与方法、情感态度价值观。

2. 体现课程结构的均衡性、综合性和选择性

改变课程结构过于强调学科本位、科目过多和缺乏整合的现状，整体设置九年一贯课程门类和课时比例，并设置综合课程，以适应不同地区和学生发展的需求。另外，从小学至高中均设置综合实践活动课并将其作为必修课。

3. 密切课程内容与生活和时代的联系

改变课程内容"繁、难、偏、旧"和过于注重书本知识的现状，加强课程内容与学生生活以及现代社会和科技发展的联系，关注学生的学习兴趣和经验，精选终身学习必备的基础知识和技能。

4. 改善学生的学习方式

改变课程实施过于强调接受学习、死记硬背、机械训练的现状，倡导自主学习、探究学习、合作学习的学习方式。

5. 建立与素质教育理念相一致的评价与考试制度

改变课程评价过分强调甄别与选拔的功能，发挥评价促进学生发展、教师提高和改进教学实践的功能。

6. 实行三级课程管理制度

改变课程管理过于集中的状况，实行国家、地方、学校三级课程管理，增强课程对地方、学校及学生的适应性。

国家对课程的管理包括：①制订课程发展的总体规划；②确定国家课程的门类和课时；③制定国家课程的标准；④组织宏观指导课程的实施。

地方对课程管理包括：①贯彻国家课程政策；②制订课程实施计划；③组织课程的实施与评价；④加强课程资源的开发和管理。

学校在执行国家课程和地方课程的同时，还可开发或选用适合本校特点的课程。

三、第八次基础教育课程改革背景下的教育观

在传统的课程实施过程中，教师的权威性使其自然而然地处于中心地位，课程在一定程度上也就成为教师课程，致使学生的学习是一种被动地学习，不利于他们的发展。

然而，课程目标是要为社会提供合格的人才，也就是说，教育是为了学生更好地发展，所以必须还原学生在教育过程中的主体地位。这就要求把属于学生的还给学生，将教师课程转向学生课程。要做到这一点，需要从教师和学生两方面去努力：一方面，转变教师角色和教学行为；另一方面，转变学生的学习方式。

（一）学生观

1. 学生是发展的人

第一，学生的身心发展是有规律的。第二，学生具有巨大的发展潜能。第三，学生是处于发展过程中的人。

2. 学生是独特的人

第一，学生是完整的人。第二，每个学生都有自身的独特性。第三，学生与成人之间存在着巨大的差异。

3. 学生是具有独立意义的人

第一，每个学生都是独立于教师的头脑之外，不依教师的意志为转移的客观存在。第二，学生是学习的主体。第三，学生是责权的主体。

【延伸阅读】

第八次基础教育课程改革背景下学习方式的转变

学习方式是指学生完成学习任务过程中所具有的基本的行为和认知取向，是学生学习时在自主性、探究性和合作性方面的基本特征。所以，这里的学习方式不是指具体的学习策略和方法。从教学实践的角度来看，学习方式的有效性在于满足个体差异的需求；而学习方式的科学性在于其与学习内容的适应性，即有利于学生快速掌握学习内容，达到学习目标。

然而，学习方式的转变取决于教师的教学行为，在教师的教学行为发生以上的转变之后，学生的学习方式也要从以往的被动学习转向以下几种方式：

1. 自主构建学习

自主学习是以学生作为学习的主体，通过学生独立地分析、探索、实践、质疑、创造等方法来实现学习目标，即主动地自觉自愿地学习，而不是被动地或不情愿地学习。

学习的"自主性"具体表现为"自立""自为""自律"三个特性，这三个特性构成了"自主学习"的三大支柱及所显示出的基本特征。

自主构建学习的核心思想，是学生通过积极建构，生成新的知识。在自主构建学习的过程中，学生不是被动地接受或照搬从教师或课本获得的信息；相反，他们通过理解学习主题，并与自己已有的相关知识进行联系的方式积极思考，自主构建新知识。学生构建的新知识有的可能是正确的、有用的，有的却是不确定的，因此教师在学生自主建构学习中的作用也不容忽视。

2. 小组合作学习

合作性学习，是以学习者小组形式，为了完成共同的任务，达到共同的学习目标，有明确责任分工的互助性学习的一切相关行为。合作性学习倡导学习观念的大转变，即由重视单独学习转变到重视合作性学习。在小组中，学生共同讨论所学材料，对所学内容进行深层次理解，相互鼓励努力学习，每个学生不仅要为自己负责，还要为小组中其他成员的学习负责，互帮互助以获得成功。学生将成为合作性学习的真正主人和决策者。

3. 问题探究学习

当学生遇到了不确定的问题，而这个问题又是他们最终必须确认、充分地描述以及用适当的方法解决时，问题探究学习便开始了。精心设计的学习情境要有助于促使学生去寻求探究的话题、概念和主题，并提供获得实际解决复杂问题所需要技能的机会。学生在问题探究学习中能培养自己分析问题、解决问题的能力。

问题探究学习具有主动性、问题性、开放性、生成性和创造性。

（二）教师观

1. 教师角色的转变

（1）从教师与学生的关系看，教师应该是学生学习的促进者。

教师要从过去仅作为知识传授者这一核心角色解放出来，促进以学习能力为重心的学生整体个性的和谐、健康发展；教师再也不能把知识传授作为自己的主要任务和目的，而应成为学生学习的激发者、辅导者，各种能力和积极个性的培养者，把教学的重心放在如何促进学生的"学"上。

同时，教师还要做学生人生的引路人，引导学生沿着正确的道路前进；要成为学生健康心理、健康品德的促进者和催化剂，引导学生学会自我调适、自我选择。

（2）从教学与研究的关系看，教师应该是教育教学的研究者。

在传统的中小学教师的职业生涯中，教学活动和研究活动是彼此分离的，教师的任务只是教学。教师在教学过程中要以研究者的心态置身于教学情境之中，以研究者的眼光审视和分析教学理论与教学实践中的各种问题，对自身的行为进行反思，对出现的问题进行探究，对积累的经验进行总结，使其形成规律性的认识。最适宜教师的研究方式就是"行动研究"。新课程倡导的教师行动研究的基本模式是"实践+反思"。

可以说，"行动研究"把教学与研究有机地融为一体，是教师由"教书匠"转变为"教育家"的前提条件，是教师持续进步的基础，也是提高教学水平的关键。

（3）从教学与课程的关系看，教师应该是课程的建设者和开发者。

在传统的教学中，教学与课程是彼此分离的，教师的任务只是教学。教师只是教育行政部门各项规定的机械执行者，各种教学参考资料的简单照搬者。长此以往，教学与课程分离，使教师丧失了课程的意识、丧失了开发课程的能力。

因此，教师应该成为课程的建设者和开发者，要有强烈的课程意识和参与意识，要了解和掌握各个层次的课程知识，包括国家层次、地方层次、学校层次、课堂层次和学生层次，以及这些层次之间的关系。

同时，教师要提高参与课程建设的能力，还要锻炼并形成开发新课程的能力和课程评价的能力。

（4）从学校与社区的关系来看，教师应该是社区型教师。

随着社会的进一步发展，学校已不能再关起门来搞教育，而应该同社区发生各种各样的联系。

一方面，学校要引导和参与社区的一些社会活动，尤其是教育活动；另一方面，社区也应向学校开放自己可供利用的教育资源，参与学校的教育活动。

在这种情况下，教师的角色也要转变，从仅仅是专业型教师、学校型教师，拓展为社区型教师。

2. 教师教学行为的转变

（1）在对待师生关系上，强调尊重、赞赏。

相对以往教师权威的不可侵犯，现在更要求教师必须尊重每一位学生做人的尊严和价值，特别是要尊重那些在世俗观点中被认为是"问题学生"的学生，如学业成绩不良的学生、有严重缺点和缺陷的学生等。尊重学生还意味着不伤害学生的自尊心；教师在尊重学生的同时，还要学会赞赏每一位学生。

（2）在对待教学关系上，强调帮助、引导。

教师对于学生的帮助体现在多个方面：帮助学生检视和反思自我，帮助学生寻找、收集和利用学习资源，帮助学生对学习过程和结果进行评价，帮助学生发现自己的潜能等。教师既要在学生的学习和思维方面进行引导，还要引导学生怎样做人与做好人。

（3）在对待自我上，强调反思。

教师只有对自己的教学不断地进行反思，才能在此基础上进一步发展；教学反思会促使教师形成自我反思的意识和自我监控的能力。

（4）在对待与其他教育者的关系上，强调合作。

在教育教学过程中，每一个学生的成长和发展都是教师群体的作用，而不是某个教师的作用。这就要求教师之间一定要相互尊重、相互学习、团结互助，只有这样才能搞好教学，最终促进教育的发展。此外，教师必须处理好与家长的关系，加强与家长的联系和合作，共同促进学生的健康成长。

【真题再现】

一、选择题

1.《义务教育国家课程设置实施方案》规定，小学综合实践活动课程的具体内容由地方和学校根据教育部的有关要求自主开发或选用。该课程属于（　　）。

    A. 国家规定的必修课　　　　　　　B. 国家规定的选修课

    C. 地方规定的必修课　　　　　　　D. 学校规定的选修课

2. 根据《基础教育课程改革纲要（试行）》的规定，我国初中阶段课程设置主要是（　　）。

    A. 分科课程　　　　　　　　　　　B. 分科课程和综合课程结合

    C. 综合课程　　　　　　　　　　　D. 活动课程和综合课程结合

3.《基础教育课程改革纲要（试行）》规定，我国中小学课程设置"综合实践活动"，开设的学段是（　　）。

    A. 小学一年级至高中　　　　　　　B. 小学三年级至高中

    C. 小学五年级至高中　　　　　　　D. 初中一年级至高中

4. 2001 年，教育部颁布的《基础教育课程改革纲要（试行）》规定，我国普通高中阶段的课程设置方式是（　　）。

    A. 以分科课程为主　　　　　　　　B. 分科课程和综合课程结合

    C. 以综合课程为主　　　　　　　　D. 活动课程和学科课程结合

5. 2001 年颁布的《基础教育课程改革纲要（试行）》在课程管理方面的改革目标是（　　）。

    A. 设置综合课程　　　　　　　　B. 转变学生学习方式

    C. 体现课程结构的均衡性和选择性　　D. 形成国家、地方、学校三级课程体系

6. 当前我国小学阶段课程结构的主要特点是（　　）。

    A. 分科课程为主　　B. 活动课程为主　　C. 综合课程为主　　D. 校本课程为主

7. 在我国新一轮基础教育课程改革中，课程评价功能更加强调的是（　　）。

    A. 甄别与鉴定　　　　　　　　　B. 选拔与淘汰

    C. 促进学生分流　　　　　　　　D. 促进学生发展与改进教学实践

8. 2001 年我国颁布的《基础教育课程改革刚要（试行）》明确规定，我国基础教育课程实行（　　）。

    A. 国家一级管理　　　　　　　　B. 国家、地方二级管理

    C. 国家、地方、学校三级管理　　D. 国家、地方、学校、教研室四级管理

9. 我国现行的小学"道德与法治"课程属于（　　）。

    A. 分科课程　　　　B. 综合课程　　　　C. 边缘课程　　　　D. 隐性课程

10. 某沿海城市在义务教育阶段的学校全面开设海洋教育课程，这种课程属于（　　）。

    A. 国家课程　　　　B. 地方课程　　　　C. 校本课程　　　　D. 生本课程

二、简答题

我国第八次基础教育课程改革倡导自主学习、合作学习和探究学习，简述你对这三种学习方式的理解。

三、材料分析题

材料：

刘老师教学《第一场雪》时，运用各种方式激励学生。学生在质疑时，她就说："真是个爱思考的孩子！"学生朗读表现出色，她就说："老师仿佛置身于雪景中，心中无比轻松愉悦。"大家齐读得不好时，她首先肯定："读得不错，要是不仅能表现出惊讶，还能表现出赞叹的感觉来，就更棒了。"

问题：

（1）评析刘老师对学生课堂表现的评价。

（2）谈谈"新课改"倡导的评价理论。

【参考答案】

一、选择题

1. A　2. B　3. B　　4. A　5. D　6. C　7. D　8. C　9. B　10. B

二、简答题

答：（1）自主学习是指学习者在学习活动中具有主体意识和自主意识，不断激发自己的学习激情或积极性，发挥主观能动性和创造性的一种学习过程或学习方式。

（2）合作学习是指促进学生在异质小组中彼此互助，共同完成学习任务，并以小组总体表现为奖励依据的教学理论与策略体系。

（3）探究性学习是指学生在教师指导下，以类似科学研究的方式去获取知识和应用知识的学习方式。

三、材料分析题

答：（1）第一，刘老师做到了教学评价的客观性，能让学生感觉教师的评价是合适的。

第二，刘老师做到了教学评价的指导性，通过教师的评价，学生知道自己应该朝哪个方向努力。

第三，刘老师做到了教学评价的科学性，刘老师在对学生的评价除了适合学生，而且评价也非常正确合理。

（2）"新课改"倡导激励性评价和发展性评价。激励性评价是指在教育教学活动过程中，教师对学生的行为做出及时、积极的反馈，以调动学生学习的积极性，促进教学工作的顺利完成。发展性评价的内涵包括：①评价的根本目的是促进发展；②体现最新的教育观念和课程评价发展的趋势；③评价内容综合化；④评价标准分层化；⑤评价方式多样化；⑥评价主体多元化；⑦关注发展过程。

"新课改"所倡导的评价理论的内容如下：

①评价目的是促进发展。

②评价内容综合化，即全面素质评价。

③评价方式多样化，即定性和定量相结合的评价。

④评价主体多元化，即教师、学生、家长、管理者共同参与的、交互作用的评价。

⑤更注重评价过程，即形成性评价和终结性评价有机结合。

项目四　习近平总书记关于教育的重要论述（5）

2019年3月18日，习近平总书记主持召开学校思想政治理论课教师座谈会并发表重要讲话。习近平总书记指出，"思想政治理论课是落实立德树人根本任务的关键课程"，对办好这一关键课程做出了具体部署和指导。

他还指出，"在大中小学循序渐进、螺旋上升地开设思想政治理论课非常必要，是培养一代又一代社会主义建设者和接班人的重要保障"。

在讲话中，习近平总书记高度肯定思政课的重要作用，强调思政课作用不可替代，思政课教师队伍责任重大，并对如何办好思政课做出了具体指导。

（一）要解决好一个根本问题

百年大计，教育为本。思政课是落实立德树人根本任务的关键课程。

在座谈会上，习近平总书记强调，办好思想政治理论课，最根本的是要全面贯彻党的教育方针，解决好培养什么人、怎样培养人、为谁培养人这个根本问题。

他进一步指出，新时代贯彻党的教育方针，要坚持马克思主义指导地位，贯彻新时代中国特色社会主义思想，坚持社会主义办学方向，落实立德树人的根本任务，坚持教育为人民服务、为中国共产党治国理政服务、为巩固和发展中国特色社会主义制度服务、为改革开放和社会主义现代化建设服务，扎根中国大地办教育，同生产劳动和社会实践相结合，加快推进教育现代化、建设教育强国、办好人民满意的教育，努力培养担当民族复兴大任的时代新人，培养德智体美劳全面发展的社会主义建设者和接班人。

习近平总书记强调，我们办中国特色社会主义教育，就是要理直气壮开好思政课，用新时代中国特色社会主义思想铸魂育人，引导学生增强中国特色社会主义道路自信、理论自信、制度自信、文化自信，厚植爱国主义情怀，把爱国情、强国志、报国行自觉融入坚持和发展中国特色社会主义事业、建设社会主义现代化强国、实现中华民族伟大复兴的奋斗之中。

（二）办好思政课具有四方面基础和条件

在座谈会上，习近平总书记对办好思政课的基础和条件做了深入阐述：

——我们对思想政治工作高度重视，始终坚持马克思主义指导地位，大力推进中国特色社会主义学科体系建设，为思政课建设提供了根本保证。

——我们对共产党执政规律、社会主义建设规律、人类社会发展规律的认识和把握不断深入，开辟了中国特色社会主义理论和实践发展新境界，中国特色社会主义取得举世瞩目的成就，中国特色社会主义道路自信、理论自信、制度自信、文化自信不断增强，为思政课建设提供了有力支撑。

——中华民族几千年来形成了博大精深的优秀传统文化，我们党带领人民在革命、建设、改革过程中锻造的革命文化和社会主义先进文化，为思政课建设提供了深厚力量。

——思政课建设长期以来形成的一系列规律性认识和成功经验，为思政课建设守正创新提供了重要基础。

习近平总书记说，有了这些基础和条件，有了我们这支可信、可敬、可靠，乐为、敢为、有为的思政课教师队伍，我们完全有信心有能力把思政课办得越来越好。

（三）思政课教师要具备六种素养

思政课作用不可替代，思政课教师队伍同样责任重大。习近平总书记强调，办好思想政治理论课关键在教师，关键在发挥教师的积极性、主动性、创造性。他提出六个"要"：

第一，政治要强，让有信仰的人讲信仰，善于从政治上看问题，在大是大非面前保持政治清醒。

第二，情怀要深，保持家国情怀，心里装着国家和民族，在党和人民的伟大实践中关注时代、关注社会，汲取养分、丰富思想。

第三，思维要新，学会辩证唯物主义和历史唯物主义，创新课堂教学，给学生深刻的学习体验，引导学生树立正确的理想信念、学会正确的思维方法。

第四，视野要广，有知识视野、国际视野、历史视野，通过生动、深入、具体的纵横比较，把一些道理讲明白、讲清楚。

第五，自律要严，做到课上课下一致、网上网下一致，自觉弘扬主旋律，积极传递正能量。

第六，人格要正，有人格，才有吸引力。亲其师，才能信其道。要有堂堂正正的人格，用高尚的人格感染学生、赢得学生，用真理的力量感召学生，以深厚的理论功底赢得学生，自觉做为学为人的表率，做让学生喜爱的人。

青少年阶段是人生的"拔节孕穗期"，习近平总书记殷殷嘱托广大思政课教师：

"要给学生心灵埋下真善美的种子,引导学生扣好人生第一粒扣子。"

(四)八方面辩证统一改革创新思政课

思政课的改革创新,离不开课程思想性、理论性和亲和力、针对性的不断增强。对此,习近平总书记强调了八组辩证关系:

要坚持政治性和学理性相统一,以透彻的学理分析回应学生,以彻底的思想理论说服学生,用真理的强大力量引导学生。

要坚持价值性和知识性相统一,寓价值观引导于知识传授之中。

要坚持建设性和批判性相统一,传导主流意识形态,直面各种错误观点和思潮。

要坚持理论性和实践性相统一,用科学理论培养人,重视思政课的实践性,把思政小课堂同社会大课堂结合起来,教育引导学生立鸿鹄志,做奋斗者。

要坚持统一性和多样性相统一,落实教学目标、课程设置、教材使用、教学管理等方面的统一要求,又因地制宜、因时制宜、因材施教。

要坚持主导性和主体性相统一,思政课教学离不开教师的主导,同时要加大对学生的认知规律和接受特点的研究,发挥学生主体性作用。

要坚持灌输性和启发性相统一,注重启发性教育,引导学生发现问题、分析问题、思考问题,在不断启发中让学生水到渠成得出结论。

要坚持显性教育和隐性教育相统一,挖掘其他课程和教学方式中蕴含的思想政治教育资源,实现全员全程全方位育人。

落实好这八个"相统一"的具体要求,思政课改革创新就能始终坚持正确方向。

(五)"关键在党"

习近平总书记强调,办好中国的事情,关键在党。对于如何发挥好党在思政课建设中的重要作用,习近平总书记做出了具体部署。

针对各级党委,习近平总书记强调要把思想政治理论课建设摆上重要议程,抓住制约思政课建设的突出问题,在工作格局、队伍建设、支持保障等方面采取有效措施。要建立党委统一领导、党政齐抓共管、有关部门各负其责、全社会协同配合的工作格局,推动形成全党全社会努力办好思政课、教师认真讲好思政课、学生积极学好思政课的良好氛围。

针对学校党委,习近平总书记强调要坚持把从严管理和科学治理结合起来。学校党委书记、校长要带头走进课堂,带头推动思政课建设,要配齐建强思政课专职教师队伍,要把统筹推进大中小学思政课一体化建设作为一项重要工程……

针对各地区各部门负责同志,习近平总书记提出"要积极到学校去讲思政课"。

【延伸阅读】
《关于深化新时代学校思想政治理论课改革创新的若干意见》

2019年8月14日,中共中央办公厅、国务院办公厅印发了《关于深化新时代学校思想政治理论课改革创新的若干意见》,并发出通知,要求各地区各部门结合实际认真贯彻落实。全文如下:

为深入贯彻落实习近平新时代中国特色社会主义思想和党的十九大精神,贯彻落实习近平总书记关于教育的重要论述,特别是在学校思想政治理论课教师座谈会上的重要讲话精神，全面贯彻党的教育方针，解决好培养什么人、怎样培养人、为谁培养人这个根本问题，坚持不懈用习近平新时代中国特色社会主义思想铸魂育人，现就深化新时代学校思想政治理论课（以下简称思政课）改革创新提出如下意见。

一、重要意义和总体要求

1. 重要意义。教育是国之大计、党之大计，承担着立德树人的根本任务。思政课是落实立德树人根本任务的关键课程，发挥着不可替代的作用。党的十八大以来，以习近平同志为核心的党中央高度重视思政课建设，做出一系列重大决策部署，各地区各部门和各级各类学校采取有力措施认真贯彻落实，思政课建设取得显著成效。同时也要看到，面对新形势新任务新挑战，有的地方和学校对思政课重要性认识还不够到位，课堂教学效果还需提升，教材内容不够鲜活，教师选配和培养工作存在短板，体制机制有待完善，评价和支持体系有待健全，大中小学思政课一体化建设需要深化，民办学校、中外合作办学思政课建设相对薄弱，各类课程同思政课建设的协同效应有待增强，学校、家庭、社会协同推动思政课建设的合力没有完全形成，全党全社会关心支持思政课建设的氛围不够浓厚。办好思政课，要放在世界百年未有之大变局、党和国家事业发展全局中来看待，要从坚持和发展中国特色社会主义、建设社会主义现代化强国、实现中华民族伟大复兴的高度来对待。思政课建设只能加强、不能削弱，必须切实增强办好思政课的信心，全面提高思政课质量和水平。

2. 指导思想。全面贯彻党的教育方针，坚持马克思主义指导地位，贯彻落实习近平新时代中国特色社会主义思想，坚持社会主义办学方向，落实立德树人根本任务，坚持教育为人民服务、为中国共产党治国理政服务、为巩固和发展中国特色社会主义制度服务、为改革开放和社会主义现代化建设服务，扎根中国大地办教育，同生产劳动和社会实践相结合，加快推进教育现代化、建设教育强国、办好人民满意的教育，努力培养担当民族复兴大任的时代新人，培养德智体美劳全面发展的社会主义建设者和接班人。

3. 基本原则。一是坚持党对思政课建设的全面领导，把加强和改进思政课建设摆在突出位置。二是坚持思政课建设与党的创新理论武装同步推进，全面推动习近平新时代中国特色社会主义思想进教材进课堂进学生头脑，把社会主义核心价值观贯穿国民教育全过程。三是坚持守正和创新相统一，落实新时代思政课改革创新要求，不断增强思政课的思想性、理论性和亲和力、针对性。四是坚持思政课在课程体系中的政治引领和价值引领作用，统筹大中小学思政课一体化建设，推动各类课程与思政课建设形成协同效应。五是坚持培养高素质专业化思政课教师队伍，积极为这支队伍成长发展搭建平台、创造条件。六是坚持问题导向和目标导向相结合，注重推动思政课建设内涵式发展，全面提升学生思想政治理论素养，实现知、情、意、行的统一。

二、完善思政课课程教材体系

4. 整体规划思政课课程目标。在大中小学循序渐进、螺旋上升地开设思政课，引导学生立德成人、立志成才，树立正确世界观、人生观、价值观，坚定对马克思主义的信仰，坚定对社会主义和共产主义的信念，增强中国特色社会主义道路自信、理论自信、制度自信、文化自信，厚植爱国主义情怀，把爱国情、强国志、报国行自觉融入坚持和发展中国特色社会主义事业、建设社会主义现代化强国、实现中华民族伟大复兴的奋斗之中。大学阶段重在增强使命担当，引导学生矢志不渝听党话跟党走，争做社会主义合格建设者和可靠接班人。高中阶段重在提升政治素养，引导学生衷心拥护党的领导和我国社会主义制度，形成做社会主义建设者和接班人的政治认同。初中阶段重在打牢思想基础，引导学生把党、祖国、人民装在心中，强化做社会主义建设者和接班人的思想意识。小学阶段重在启蒙道德情感，引导学生形成爱党、爱国、爱社会主义、爱人民、爱集体的情感，具有做社会主义建设者和接班人的美好愿望。

5. 调整创新思政课课程体系。加强以习近平新时代中国特色社会主义思想为核心内容的思政课课程群建设。在保持思政课必修课程设置相对稳定基础上，结合大中小学各学段特点构建形成必修课加选修课的课程体系。全国重点马克思主义学院率先全面开设"习近平新时代中国特色社会主义思想概论"课。博士阶段开设"中国马克思主义与当代"，硕士阶段开设"中国特色社会主义理论与实践研究"，本科阶段开设"马克思主义基本原理概论""毛泽东思想和中国特色社会主义理论体系概论""中国近现代史纲要""思想道德修养与法律基础""形势与政策"，专科阶段开设"毛泽东思想和中国特色社会主义理论体系概论""思想道德修养与法律基础""形势与政策"等必修课。各高校要重点围绕习近平新时代中国特色社会主义思想，党史、国史、改革开放史、社会主义发展史，宪法法律，中华优秀传统文化等设定课程模块，开设系列选择性必修课程。高中阶段开设"思想政治"必修课程，围绕学习习近平总书记最新重要讲话精神开设"思想政治"选择性必修课程。初中、小学阶段开设"道德与法治"必修课程，可结合校本课程、兴趣班开设思政类选修课程。

6. 统筹推进思政课课程内容建设。坚持用习近平新时代中国特色社会主义思想铸魂育人，以政治认同、家国情怀、道德修养、法治意识、文化素养为重点，以爱党、爱国、爱社会主义、爱人民、爱集体为主线，坚持爱国和爱党爱社会主义相统一，系统开展马克思主义理论教育，系统进行中国特色社会主义和中国梦教育、社会主义核心价值观教育、法治教育、劳动教育、心理健康教育、中华优秀传统文化教育。遵循学生认知规律设计课程内容，体现不同学段特点，研究生阶段重在开展探究性学习，本专科阶段重在开展理论性学习，高中阶段重在开展常识性学习，初中阶段重在开展体验性学习，小学阶段重在开展启蒙性学习。

7. 加强思政课教材体系建设。国家教材委员会统筹大中小学思政课教材建设，科学制定教材建设规划，注重提升思政课教材的政治性、时代性、科学性、可读性。国家统一开设的大中小学思政课教材全部由国家教材委员会组织统编统审统用，在教材中及时融入马克思主义中国化最新成果、坚持和发展中国特色社会主义最新经验、马克思主义理论学科最新研究进展。地方或学校开设的思政课选修课教材，由各地负责组织审定。研究编制习近平新时代中国特色社会主义思想进课程教材指导纲要，研究编制中华优秀传统文化、革命文化、社会主义先进文化、科技创新文化及总体国家安全观等进课程教材指南，编制中华民族古代历史和革命建设改革时期英雄人物、先进模范进课程教材图谱，分课程组织编写高校思政课专题教学指南，组织专家编写深度解读教材体系的示范教案，实施思政课优秀讲义出版工程，开列马克思主义经典著作、当代中国马克思主义理论著作、中华优秀传统文化典籍书单，建设思政课网络教学资源库。

三、建设一支政治强、情怀深、思维新、视野广、自律严、人格正的思政课教师队伍

8. 加快壮大学校思政课教师队伍。各地在核定编制时要充分考虑思政课教师配备要求。高校要严格按照师生比不低于1：350的比例核定专职思政课教师岗位，在编制内配足，且不得挪作他用，并尽快配备到位。制定关于加强新时代中小学思政课教师队伍建设的意见，加强中小学专职思政课教师配备。各地要统筹解决好思政课教师缺口问题。各高校可在与思政课教学内容相关的学科选择优秀教师进行培训后充实思政课教师队伍，可探索胜任思政课教学的党政管理干部转岗为专职思政课教师机制和办法，积极推动符合条件的辅导员参与思政课教学。高校要积极动员政治素质过硬的相关学科专家转任思政课教师。采取兼职的办法遴选相关单位的骨干支援高校思政课建设。各地应对民办学校指派思政课教师或组建专门讲师团。制定新时代高校思政课教师队伍建设规定。

9. 切实提高思政课教师综合素质。以培育一大批优秀马克思主义理论教育家为目标，制定思政课教师队伍培养培训规划，在中央党校（国家行政学院）及地方党校（行政学院）面向思政课教师举办学习近平新时代中国特色社会主义思想专题研修班，办好"周末理论大讲堂"、骨干教师研修班，实施好思政课教师在职攻读马克思主义理论博士学位专项计划。建强高校思政课教师研修基地，依托首批全国重点马克思主义学院所在高校重点开展理论研修，依托高水平师范类院校重点开展教学研修，全面提升每一位思政课教师的理论功底、知识素养。建立一批"新时代高校思想政治理论课教师研学基地"，组织思政课教师在国内考察调研，在深入了解党和人民伟大实践中汲取养分、丰富思想。组织思政课骨干教师赴国外调研，拓宽国际视野，在比较分析中坚定"四个自信"。完善国家、省（自治区、直辖市）、学校三级培训体系。本科院校按在校生总数每生每年不低于40元，专科院校按每生每年不低于30元的标准提取专项经费，用于思政课教师的学术交流、实践研修等，并逐步加大支持力度。中央和地方主流媒体的政论、时政节目要积极推出优秀思政课教师传播理论成果，展示综合素质，增强社会影响力。

10. 切实改革思政课教师评价机制。严把政治关、师德关、业务关，明确与思政课教师教学科研特点相匹配的评价标准，进一步提高评价中教学和教学研究占比。各高校在专业技术职务（职称）评聘工作中，要单独设立马克思主义理论类别，校级专业技术职务（职称）评聘委员会要有同比例的马克思主义理论学科专家。按教师比例核定思政课教师专业技术职务（职称）各类岗位占比，高级专业技术职务（职称）岗位比例不低于学校平均水平，指标不得挪作他用。要将思政课教师在中央和地方主要媒体上发表的理论文章纳入学术成果范畴。实行不合格思政课教师退出机制。

11. 加大思政课教师激励力度。增强教师的职业认同感、荣誉感、责任感，把思政课教师和辅导员中的优秀分子纳入各类高层次人才项目，在各人才项目中加大倾斜支持力度。各地要因地制宜设立思政课教师和辅导员岗位津贴，纳入绩效工资管理，相应核增学校绩效工资总量。要把思政课教师作为学校干部队伍重要来源，学校党政管理干部原则上应有思政课教师、辅导员或班主任工作经历。党和国家设立的荣誉称号要注重表彰优秀思政课教师，教育部门要大力推选思政课教师年度影响力人物等先进典型。对立场坚定、学养深厚、联系实际、成果突出的思政课教师优秀代表加大宣传力度，发挥示范引领作用。

12. 大力加强思政课教师队伍后备人才培养工作。注重选拔培养高素质人才从事马克思主义理论学习研究和教育教学，统筹推进马克思主义理论学科本硕博一体化人才培养，构建完善马克思主义理论学科本硕博学科体系和课程体系。全国重点马克思主义学院通过提前批次录取或综合考核招生等方式招收马克思主义理论专业本科生，给予推免政策倾斜鼓励优秀马克思主义理论专业本科生攻读硕士学位，采取硕博连读或直接攻读博士学位的方式加强培养。深入实施"高校思想政治理论课教师队伍后备人才培养专项支持计划"，专门招收马克思主义理论学科研究生，并逐步按需增加招生培养指标。加强思政课教师队伍后备人才思想政治工作，加大发展党员力度，提高党员发展质量。

四、不断增强思政课的思想性、理论性和亲和力、针对性

13. 加大思想性、理论性资源供给。进一步建强马克思主义理论学科，进入世界一流大学建设的高校应将马克思主义理论学科设为重点建设学科，为思政课建设提供坚实学科支撑。深入研究坚持和发展中国特色社会主义的重大理论和实践问题，为增强思政课的思想性、理论性提供多角度学术支持。充分发挥马克思主义理论学科的领航作用，大力推进中国特色社会主义学科体系建设。根据需求逐步增加马克思主义理论学科博士学位授权点，支持有关高校联合申报马克思主义理论学科博士学位授权点。组织思政课教师及时学习习近平总书记最新重要讲话精神，及时学习相关文件精神，全面理解和准确把握党中央重大决策部署。

14. 加大思政课教研工作力度。建立健全大中小学思政课教师一体化备课机制，普遍实行思政课教师集体备课制度，全面提升教研水平。遴选学科带头人担任各门课集体备课牵头人，学校领导干部要积极支持和主动参与。建立思政课教师"手拉手"备课机制，发挥思政课建设强校和高水平思政课专家示范带动作用。加强"全国高校思想政治理论课教师网络集体备课平台"建设，完善思政课教师网络备课服务支撑系统。建立纵向跨学段、横向跨学科的交流研修机制，深入开展相邻学段思政课教师教学交流研讨。推动建立思政课教师与其他学科专业教师交流机制。大力推进思政课教学方法改革，提升思政课教师信息化能力素养，推动人工智能等现代信息技术在思政课教学中应用，建设一批国家级虚拟仿真思政课体验教学中心。

15. 切实加强思政课课题研究和成果交流。国家社科基金规划项目、教育部人文社科研究项目等设立思政课教师研究专项，开展思政课教学重点难点问题和教学方法改革创新等研究，逐步加大对相关课题研究的支持力度。各地要参照设立相关项目并给予经费投入。加强马克思主义理论教学科研成果学术阵地建设，首批重点建设10家学术期刊和若干学术网站，支持新创办一定数量的思政课研究学术期刊。制定思政课教师发表文章的重点报刊目录，将《人民日报》《求是》《解放军报》《光明日报》《经济日报》等中央媒体及地方党报党刊列入其中。委托高校马克思主义学院分片建立高校思政课教学创新中心，设立一批思政课教学质量监测基地。在国家级教学成果奖中单列思政课专项，每 2 年开展 1 次全国思政课教学展示活动，定期开展优秀思政课示范课巡讲活动。打造一批思政课国家精品在线开放课程，探索建设融媒体思政公开课，推动优质教学资源共享。

16. 全面提升高校马克思主义学院建设水平。强化"马院姓马、在马言马"的鲜明导向，把思政课教学作为高校马克思主义学院基本职责，将马克思主义学院作为重点学院、马克思主义理论学科作为重点学科、思政课作为重点课程加强建设，在发展规划、人才引进、公共资源使用等方面给予马克思主义学院优先保障。建好建强一批全国重点马克思主义学院和示范性马克思主义学院，依托有条件的高校马克思主义学院建设一批习近平新时代中国特色社会主义思想研究院。建立和完善马克思主义理论学科体系，实施马克思主义理论学科领航工程，在马克思主义理论学习研究宣传上发挥引领带动作用。全面推动各地宣传、教育等部门共建所在地区高校马克思主义学院。实施马克思主义学院院长培养工程，加强马克思主义学院领导班子建设。

17. 整体推进高校课程思政和中小学学科德育。深度挖掘高校各学科门类专业课程和中小学语文、历史、地理、体育、艺术等所有课程蕴含的思想政治教育资源，解决好各类课程与思政课相互配合的问题，发挥所有课程育人功能，构建全面覆盖、类型丰富、层次递进、相互支撑的课程体系，使各类课程与思政课同向同行，形成协同效应。建成一批课程思政示范高校，推出一批课程思政示范课程，选树一批课程思政教学名师和团队，建设一批高校课程思政教学研究示范中心。

五、加强党对思政课建设的领导

18. 严格落实地方党委思政课建设主体责任。地方各级党委要把思政课建设作为党的建设和意识形态工作的标志性工程摆上重要议程，党委常委会每年至少召开 1 次专题会议研究思政课建设，抓住制约思政课建设的突出问题，在工作格局、队伍建设、支持保障等方面采取有效措施。建立和完善省（自治区、直辖市）党委领导班子成员联系高校和讲思政课特别是"形势与政策"课制度，各省（自治区、直辖市）党委和政府主要负责同志每学期结合学习和工作至少讲 1 次课。各地要把民办学校、中外合作办学院校纳入思政课建设整体布局。思政课建设情况纳入各级党委领导班子考核和政治巡视。

19. 推动建立高校党委书记、校长带头抓思政课机制。加强和改进高校领导干部深入基层联系学生工作，推动高校领导干部兼任班主任等工作，建立健全高校党委书记、校长及职能部门力量深入一线了解学生思想动态、服务学生发展的制度性安排。高校党委书记、校长作为思政课建设第一责任人，要结合自身学科背景和工作经历，带头走进课堂听课讲课，带头推动思政课建设，带头联系思政课教师。高校党委常委会每学期至少召开 1 次会议专题研究思政课建设，高校党委书记、校长每学期至少给学生讲授 4 个课时思政课，高校领导班子其他成员每学期至少给学生讲授 2 个课时思政课，可重点讲授"形势与政策"课。开学典礼、毕业典礼讲话等要鲜明体现党的教育方针、积极传播马克思主义科学理论、弘扬社会主义核心价值观。要把思政课建设情况纳入学校党的建设工作考核、办学质量和学科建设评估标准体系。

20. 积极拓展思政课建设格局。中央教育工作领导小组要把思政课建设纳入重要议事日程，教育部、中央宣传部等部门要牵头抓好思政课建设，中央军委政治工作部要指导抓好军队院校思政课建设。教育部成立大中小学思政课一体化建设指导委员会，加强对不同类型思政课建设分类指导。有关部门和各地要保证思政课管理人员配备，确保事有人干、责有人负。强化中考、高考、研究生招生考试对学生学习思政课的指挥棒作用，将思政课学习实践情况等作为重要内容纳入综合素质评价体系，探索记入本人档案，作为学生评奖评优重要标准，作为加入中国少年先锋队、中国共产主义青年团、中国共产党的重要参考。坚持开门办思政课，推动思政课实践教学与学生社会实践活动、志愿服务活动结合，思政小课堂和社会大课堂结合，鼓励党政机关、企事业单位等就近与高校对接，挂牌建立思政课实践教学基地，完善思政课实践教学机制。制定关于加快构建高校思想政治工作体系的意见，汇聚办好思政课合力。加大正面宣传和舆论引导力度，推动形成全党全社会努力办好思政课、教师认真讲好思政课、学生积极学好思政课的良好氛围。

【真题再现】

选择题

1. 根据《基础教育课程改革纲要（试行）》的要求，我国小学现阶段即开设语文、数学、英语等分科课程，又开设科学、艺术等综合课程。这体现了课程结构具有（　　）。

    A. 综合性　　　　B. 均衡性　　　　C. 选择性　　　　D. 时代性

2. 从实现学校培养目标来看，必修课和选修课之间具有（　　）。

    A. 层次性　　　　B. 等量性　　　　C. 等价性　　　　D. 主次性

3. 小学"科学"课程整合了自然科学各学科的内容，这种课程属于（　　）。

    A. 融合课程　　　B. 广域课程　　　C. 核心课程　　　D. 合并课程

4. 校风、教风和学风是学校文化的重要构成部分。就课程类型而言，它们属于（　　）。

    A. 学科课程　　　B. 活动课程　　　C. 显性课程　　　D. 隐性课程

5. 围绕着学生的需要和兴趣，以活动为组织形式的课堂类型属于（　　）。

    A. 学科课程　　　B. 经验课程　　　C. 综合课程　　　D. 融合课程

6. 小学开设的综合实践活动课程属于（　　）。

①国家课程　②地方课程　③必修课程　④选修课程

    A. ①③　　　　　B. ①④　　　　　C. ②③　　　　　D. ②④

7. 综合课程打破了学科界限和知识体系，按照学生发展的阶段，以社会和个人最关心的问题为依据组织内容。这种课程内容的组织形式是（　　）。

    A. 垂直组织　　　B. 横向组织　　　C. 纵向组织　　　D. 螺旋式组织

8. 教师上课时所使用的课件、视频、投影、模型等教学资源属于（　　）。

    A. 教材　　　　　B. 教案　　　　　C. 教参　　　　　D. 教科书

9. 主张课程的内容和组织应以儿童的兴趣或需要为基础，鼓励学生"做中学"，通过手脑并用以获得直接经验，这反映的课程类型是（　　）。

    A. 学科课程　　　B. 活动课程　　　C. 分科课程　　　D. 综合课程

10. 教师进行教学的直接依据是（　　　）。

　　A. 课程计划　　　　B. 课程目标　　　　C. 课程标准　　　　D. 教科书

11. 课程的文本一般表现为（　　　）。

　　A. 课程计划、课程标准、教科书　　　　B. 课程计划、课程目标、课程实施

　　C. 课程目标、课程实施、课程评价　　　　D. 课程主题、课程任务、课程标准

12. 从课程形态上看，当前我国中学实施的"研究性学习"属于（　　　）。

　　A. 学科课程　　　　　　　　　　　　B. 拓展性学科课程

　　C. 辅助性学科课程　　　　　　　　　D. 综合实践活动课程

13. 小学"品德与生活"课程的教学目标，应随着儿童生活及活动过程的变化和需要不断调整。教学内容应从教科书扩展到儿童生活的各个方面，课堂从教室扩展到家庭、社会，以及儿童的其他生活空间。这段话说明该课程具有（　　　）。

　　A. 生活性　　　　B. 综合性　　　　C. 开放性　　　　D. 活动性

14. 根据载体不同，可以把课程资源划分为（　　　）。

　　A. 校内课程资源与校外课程资源

　　B. 教授化课程资源与学习化课程资源

　　C. 条件性课程资源与素材性课程资源

　　D. 文字性课程资源与非文字性课程资源

15. 学校中的"三风"是指校风、教风和学风，是学校文化的重要构成，就其课程类型而言，它主要属于（　　　）。

　　A. 学科课程　　　　B. 活动课程　　　　C. 显性课程　　　　D. 隐性课程

【参考答案】

选择题

1. A　2. C　3. B　4. D　5. B　6. A　7. B　8. A　9. B　10. D

11. A　12. D　13. C　14. D　15. D

模块七

教师与学生

■学习目标

1. 理解教师职业性质、特点、素养以及专业发展。
2. 掌握师生关系构建的方法。
3. 通过情景模拟提高学生的同理心。
4. 引导学生树立正确的教师观和学生观。

■知识框架

教师与学生
- 项目一　教师
  - 教师职业
  - 教师专业素养
  - 教师专业发展
- 项目二　学生
  - 学生的本质
  - 学生的地位
  - 学生的发展
- 项目三　师生关系
  - 师生关系的类型和作用
  - 良好师生关系的构建
- 习近平总书记关于教育的重要论述（6）

项目一　教师

教师与学生是教育系统中两个最基本的要素。研究教师与学生，是现代教育理论的基本内容，是教育学人文精神的真正体现。学习本项目的内容，应掌握教师职业的性质与地位、教师的专业素养以及教师的专业化发展。

一、教师职业

（一）教师的含义和教师职业的产生

"教师"是人们日常生活中经常涉及的一个词，但学术界对于教师这一概念的界定，仍存在一定的差异。如从教师功能及作用的角度解读，则是"师者，教人以道者之称也""师者，所以传道、授业、解惑也"；从教师应有的品质的角度进行界定，则是"智如泉源，行可以为仪表者，人之师也"。界定虽有不同，但都从不同的侧面反映了教师这一职业的特征。

1. 教师的含义

教师是一种专门的职业，是履行教育教学职责的专业人员，其根据一定的社会要求，有计划、有组织地对学生施加影响，使之成为合格的社会成员。从广义看，教师与教育者是同义词；从狭义看，教师专指学校的专职教师，承担的是教书育人、培养社会建设者，提高民族素质的使命。

2. 教师职业的产生

伴随着教育的产生，教师这一职业也开始出现并逐渐细化。

中国古代原始部落的氏族首领和具有生产、生活经验的长者，为了部落自身的生存和发展，把生产知识、生活经验，特别是风俗习惯、行为准则，有意识地传授给年轻一代，于是就成为最早的兼职教师。专职教师则是在学校产生后出现的。西周时期，实行政教合一，官师一体官学中设有专职的教育官"师氏"，有"大师""小师"之分；汉代以后，中央及地方官学中有"博士""祭酒""助教""直讲""典学"等专职教师；唐代以后，除了有"祭酒""司业""博士""助教"以外，还有"学正""学录""监丞""典薄""典籍""掌馔"等专职教师。除官学外，春秋战国之后，私学兴起，既有官吏兼任或辞官还乡专任教师；也有名儒大师不愿出仕，退而授徒；还有清贫文人充任乡间塾师、书师。我国古代教育是为统治阶级服务的，所以古代教师的功能主要是社会政治伦理功能和教化功能。

在西方，古希腊时期出现的"智者派"是最早的教师，以教授无知的人有知识而存在。中世纪，僧院学校、教会学校多以僧侣、神父、牧师为师。

近现代，随着教育的制度化、专业化，教育教学工作日益成为一种越来越重要的专门的职业，教师的专业化和职业化愈加显著。教师不仅是人类文化的继承者与传递者，也是社会物质财富的创造者，还是社会发展与变革的重要力量；教师不仅要传授知识，还要培养和发展学生的智力和能力，陶冶他们的情操，关怀和指导他们的学习和全面成长。总之，现代意义上的"教师"与古代意义上的"教师"有着本质的区别，其区别就在于教师职业有着独特的性质。

（二）教师职业的性质

1. 教师职业具有专业性

职业是依据人们参加社会劳动的性质、内容、形式等标准划分的社会劳动者群体。社会学者根据职业的本质、特征将其划分为专门职业和普通职业。作为专门职业，教师具有三个基本特征：一是需要专门技术和特殊智力，在职前必须接受专门的教育；二是提供专门的社会服务，具有较高职业道德和社会责任感；三是拥有专业自主权或控制权，如对从业人员聘用、解职的专业权利不受专业外因素控制，即专业工作者应获得本专业资格证书，专业内部有不同的职称来衡量专业水平差异等。

教师职业是一种专门性职业。它需要经过专门的师范教育训练、掌握专门的知识和技能、通过培养人才为社会服务。1966 年 10 月，国际劳工组织（International Labour Organization，ILO）和联合国教科文组织（United Nations Education Scientific and Cultural Organization，UNESCO）在《关于教师地位的建议》中提出：教师工作应被视为一种专业（profession），它是一种要求教师经过严格训练而持续不断地学习研究，才能获得并维持专业知识和专门技能的公共业务。在 20 世纪 80 年代中后期的美国，掀起了"教师专业化"的改革浪潮。

教师是专业人员。在国际劳工组织制定的《国际标准职业分类》中，教师被列入了"专家、技术人员和有关工作者"的类别中。我国颁布的《中华人民共和国教师法》（1993 年 10 月）把"教师"界定为"履行教育教学职责的专业人员"，并相继颁布了《教师资格条例》（1995 年 12 月）和《〈教师资格条例〉实施办法》（2000 年 9 月），通过资格认定来体现教师专门职业的要求。

2. 教师职业具有教育性

有目的地培养人才是教育区别于其他社会领域的根本特征。教师是教育者，这一职业是以教书育人为职责的创造性职业。所谓教书育人，就是教师通过承担各门课程的教学，向学生传授系统的科学文化知识，引导学生树立科学的世界观、人生观、价值观，指导学生主动地、有效地进行学习，营造良好的教学氛围来促进学生健康、快速地成长。教书与育人是同一过程的两个方面。教书育人反映了教师职业的本质。现实中，只重"教书"而忽视"育人"的现象是大量存在的。这说明教书育人并不是件容易的事，教师职业是一种专门化职业，是"经师"与"人师"的统一。

3. 教师职业具有发展性

因为社会在进步，知识在不断更新，教师要向学生传播新知识，必须不断学习，必须先更新自己的知识结构；同时，教师必须要善于研究，积累自己的教育智慧，形成自己的教学风格，才能适应学生发展的时代要求。当今，社会更加需要研究型教师，现代教师必须终身学习，不断更新自己的知识结构、能力结构，使自己成为会学习的人。

（三）教师职业的地位

教师职业的社会地位是通过教师职业在整个社会中所发挥的作用和所占有的地位资源来体现的，主要包括政治地位、经济地位、法律地位和专业地位。

1. 教师职业的政治地位

教师职业的政治地位指教师职业在国家的政治生活中所处的地位和所起的作用，主要表现为获得教师政治身份、建立教师自治组织、政治参与、政治影响力等。目前来看，教师职业的政治地位更多地体现为形成统一的专业组织，如全美教育协会（National Education Association，NEA）、美国教师联盟（American Federation of Teachers，AFT）、英国全国教师联盟（National-nion of Teacher，NUT）、日本教职员组合（Japan Teachers' Uiom，JTU）等。随着社会的发展、教育地位的整体提升，教师这一职业的社会地位也逐渐提高。

2. 教师职业的经济地位

经济待遇是社会给予从业者应得的物质报酬，包括工资、奖金及医疗、保险、退休金等。教师的劳动属于复杂劳动、创造性劳动，因此，教师在社会总体劳动中的经济待遇水平应与其劳动的性质和形式相符，即教师的经济地位应相当于社会复杂劳动者所享有的经济待遇水平。但自古以来，普通教师的经济地位一直比较低，"家有一斗粮，不当孩子王""两袖清风"等谈的正是这种情况。随着社会的发展，教育、知识越来越被看重，教师的经济地位也在不断提高。《中华人民共和国教师法》第二十五条规定："教师的平均工资水平应当不低于或者高于国家公务员的平均工资水平，并逐步提高。"这充分体现了党和政府对教师经济地位的重视。但在现实生活中，由于教师群体庞大、地方财力有限等原因，部分教师的经济地位仍有待提高。

3. 教师职业的法律地位

教师职业的法律地位指法律赋予教师职业的权利、责任。教师职业的权利主要是指法律赋予教师在履行职责时所享有的权利。教师除享有一般公民权利，如生存权、选举权，享受各种待遇和荣誉等之外，还享有职业本身所赋予的自主权：①教育的权利，即教师依法享有对学生实施教育、指导、评价的权利；②专业发展权，即教师依法享有发展自己、提高专业文化水平的权利；③参与管理权，即教师可以通过各种合法途径参与学校建设和管理。教师所享有的权利，尤其是专业权利的多少，不仅反映出国家和社会对教师职业的重视与保护程度的高低，而且直接影响到教师在社会民众及学生心目中的威望的高低。

4. 教师职业的专业地位

专业地位是教师职业社会地位的内在标准。教师职业从业标准就是教师专业地位的直接表现。我国古代的教师职业没有确定的标准，这也导致了教师的社会地位不高。随着教育事业的迅速发展，教师的从业标准逐步提高。教师职业的从业标准既有软性标准，如道德要求、个性要求等，也有硬性标准，如高学历、教师资格证书等，这成为教师职业学术性要求和从事专业活动的基本要求，也保证了教师队伍的专业性。

（四）教师职业的角色

角色是一个人在一定的社会规范中履行一定社会职责的行为模式，每个人在社会中同时扮演许多角色。教师的角色是教师多种社会属性和社会关系在教学活动中的反映。新时代的教学活动中教师的角色是多重的、变化而又丰富的。一般来说，教师有如下几种职业角色：

1."传道者"

教师的教育教学承担着国家和社会赋予的传递社会正能量和优秀传统文化的职责。所谓"教书育人"更重要的是"育人",因此,教师这一职业必须对学生的"做人之道""为业之道""治学之道"进行正确的引导和示范。

2."授业解惑者"

韩愈在《师说》中写道:"师者,所以传授、授业、解惑也。"教师作为社会各行各业建设人才的培养者,他们对人类经过长期的社会实践活动所获得的知识经验和技能进行加工整理,然后以丰富多样的方式传授给学生,启发学生的智慧,帮助学生掌握并构建自己的知识和技能结构。

3. 示范与榜样者

学生的模仿能力非常强,教师作为成人世界的代表,其言行都是学生学习和模仿的榜样。因此,教育活动中教师的言行举止、为人处世的态度等都对学生有着潜移默化的影响。教师应树立良好的榜样。

4. 学习与研究者

首先,教师要学习教材,了解掌握与教材相关的知识与信息,才能将知识转化为自身的知识结构,才能游刃有余地向学生传授知识与技能。其次,新时代的教师也是课程的开发者和研究者。学生是有个性的、发展的独立个体,教师必须树立终身学习理念,更新自己的知识结构,不断学习、不断反思、不断创新,才能适应学生的个性发展和全面成长以及教育教学的改革。

5. 管理者

教师是教育教学活动的设计者、组织者和管理者,负责教学目标的确定、教学内容的选择、教育班级的建立、教育规章制度的贯彻、班级纪律的维持、班级活动的组织等,并对教育教学活动进行检查与评价。好的教师在教学管理活动中的角色行为是:①建立各种教学常规,特别是课堂教学常规;②倡导学生参与管理,树立集体观念,充分发挥集体的凝聚力;③通过建立自己的威信,充分发挥情感在管理中的作用。教师扮演的是"向导""建议者"等角色①。

6. 父母与朋友

良好的师生关系中,教师与学生之间就是父母与朋友的关系。低年级的学生总把教师当作父母的化身,对待教师的态度就像对待父母一般;高年级的学生则倾向于将教师看作自己的朋友,希望得到尊重。因此,教师应成为学生交心的对象,关心关爱学生的生活和成长,尊重学生,平等地与学生交往,帮助学生成长成才。

二、教师专业素养

(一)教师职业道德

教师职业需要专门的职业道德来规范教师的行为举止,职业道德是教师在教育教学中必须遵循的基本规范和行为准则,是由教育工作的性质、任务和教育对象的特点决定的。根据教育部 2008 年修订的《中小学教师职业道德规范》,教师的专业道德主要包括爱国守法、爱岗敬业、关爱学生、教书育人、为人师表、终身学习等内容。

---

① 全国十二所重点师范大学. 教育学基础[M]. 北京:教育科学出版社,2002:142.

教育部关于印发《新时代高校教师职业行为十项准则》
《新时代中小学教师职业行为十项准则》
《新时代幼儿园教师职业行为十项准则》的通知①

教师〔2018〕16号

各省、自治区、直辖市教育厅（教委），新疆生产建设兵团教育局，有关部门（单位）教育司（局），部属各高等学校、部省合建各高等学校：

为深入贯彻习近平新时代中国特色社会主义思想和党的十九大精神，深入贯彻落实全国教育大会精神，扎实推进《中共中央 国务院关于全面深化新时代教师队伍建设改革的意见》的实施，进一步加强师德师风建设，我部研究制定了《新时代高校教师职业行为十项准则》《新时代中小学教师职业行为十项准则》《新时代幼儿园教师职业行为十项准则》（以下统称《准则》）。现印发给你们，请结合实际，认真贯彻执行。

一、准则是教师职业行为的基本规范。师德师风是评价教师队伍素质的第一标准。长期以来，广大教师牢记使命、不忘初心，爱岗敬业、教书育人，改革创新、服务社会，做出了重大贡献，党和国家高度肯定，学生、家长和社会普遍尊重。但是，也有个别教师放松自我要求，不能认真履职尽责，甚至出现严重违反师德行为，损害教师队伍整体形象。制定教师职业行为准则，明确新时代教师职业规范，针对主要问题、突出问题划定基本底线，是对广大教师的警示提醒和严管厚爱，是深化师德师风建设，造就政治素质过硬、业务能力精湛、育人水平高超的高素质教师队伍的关键之举。

二、立即部署扎实开展准则的学习贯彻。各地各校要立即行动，结合落实师德师风建设长效机制，开展准则的学习贯彻。要结合本地区、本学校实际进行细化，制定具体化的教师职业行为负面清单及失范行为处理办法，提高针对性、操作性。要做好宣传解读，坚持全覆盖、无死角，采取多种形式帮助广大教师全面理解和准确把握，做到人人应知应做、必知必做，真正把教书育人和自我修养结合起来，时刻自重、自省、自警、自励，自觉做以德立身、以德立学、以德施教、以德育德的楷模，维护教师职业形象，提振师道尊严。

三、把准则要求落实到教师管理具体工作中。要把好教师入口关，在教师招聘、引进时组织开展准则的宣讲，确保每位新入职教师知准则、守底线。要将准则要求体现在教师聘用、聘任合同中，明确有关责任。要强化考核，在教师年度考核、职称评聘、推优评先、表彰奖励等工作中必须进行师德考核，实行师德失范"一票否决"。改进师德考核方式方法，避免形式化、随意化。完善师德考核指标体系，提高科学性、实效性。

四、以有力措施坚决查处师德违规行为。各地各校要按照准则及相应的处理指导意见、处理办法要求，严格举报受理和违规查处。对于发生准则中禁止行为的，要态度坚决，一查到底，依法依规严肃惩处，绝不姑息。对于有虐待、猥亵、性骚扰等严重侵害学生行为的，一经查实，要撤销其所获荣誉、称号，追回相关奖金，依法依规撤销教师资格、解除教师职务、清除出教师队伍，同时还要录入全国教师管理信息系

---

① 资料来源：中华人民共和国教育部。

统，任何学校不得再聘任其从事教学、科研及管理等工作。涉嫌违法犯罪的要及时移送司法机关依法处理。要严格落实学校主体责任，建立师德建设责任追究机制，对师德违规行为监管不力、拒不处分、拖延处分或推诿隐瞒等失职失责问题，造成不良影响或严重后果的，要按照干部管理权限严肃追究责任。

各地贯彻落实准则的情况，请及时报告教育部。教育部将适时对落实情况进行督查。

教育部

2018 年 11 月 8 日

新时代高校教师职业行为十项准则

教师是人类灵魂的工程师，是人类文明的传承者。长期以来，广大教师贯彻党的教育方针，教书育人，呕心沥血，默默奉献，为国家发展和民族振兴做出了重大贡献。新时代对广大教师落实立德树人根本任务提出新的更高要求，为进一步增强教师的责任感、使命感、荣誉感，规范职业行为，明确师德底线，引导广大教师努力成为有理想信念、有道德情操、有扎实学识、有仁爱之心的好老师，着力培养德智体美劳全面发展的社会主义建设者和接班人，特制定以下准则。

一、坚定政治方向。坚持以习近平新时代中国特色社会主义思想为指导，拥护中国共产党的领导，贯彻党的教育方针；不得在教育教学活动中及其他场合有损害党中央权威、违背党的路线方针政策的言行。

二、自觉爱国守法。忠于祖国，忠于人民，恪守宪法原则，遵守法律法规，依法履行教师职责；不得损害国家利益、社会公共利益，或违背社会公序良俗。

三、传播优秀文化。带头践行社会主义核心价值观，弘扬真善美，传递正能量；不得通过课堂、论坛、讲座、信息网络及其他渠道发表、转发错误观点，或编造散布虚假信息、不良信息。

四、潜心教书育人。落实立德树人根本任务，遵循教育规律和学生成长规律，因材施教，教学相长；不得违反教学纪律，敷衍教学，或擅自从事影响教育教学本职工作的兼职兼薪行为。

五、关心爱护学生。严慈相济，诲人不倦，真心关爱学生，严格要求学生，做学生良师益友；不得要求学生从事与教学、科研、社会服务无关的事宜。

六、坚持言行雅正。为人师表，以身作则，举止文明，作风正派，自重自爱；不得与学生发生任何不正当关系，严禁任何形式的猥亵、性骚扰行为。

七、遵守学术规范。严谨治学，力戒浮躁，潜心问道，勇于探索，坚守学术良知，反对学术不端；不得抄袭剽窃、篡改侵吞他人学术成果，或滥用学术资源和学术影响。

八、秉持公平诚信。坚持原则，处事公道，光明磊落，为人正直；不得在招生、考试、推优、保研、就业及绩效考核、岗位聘用、职称评聘、评优评奖等工作中徇私舞弊、弄虚作假。

九、坚守廉洁自律。严于律己，清廉从教；不得索要、收受学生及家长财物，不得参加由学生及家长付费的宴请、旅游、娱乐休闲等活动，或利用家长资源谋取私利。

十、积极奉献社会。履行社会责任，贡献聪明才智，树立正确义利观；不得假公济私，擅自利用学校名义或校名、校徽、专利、场所等资源谋取个人利益。

新时代中小学教师职业行为十项准则

教师是人类灵魂的工程师，是人类文明的传承者。长期以来，广大教师贯彻党的教育方针，教书育人，呕心沥血，默默奉献，为国家发展和民族振兴做出了重大贡献。新时代对广大教师落实立德树人根本任务提出新的更高要求，为进一步增强教师的责任感、使命感、荣誉感，规范职业行为，明确师德底线，引导广大教师努力成为有理想信念、有道德情操、有扎实学识、有仁爱之心的好老师，着力培养德智体美劳全面发展的社会主义建设者和接班人，特制定以下准则。

一、坚定政治方向。坚持以习近平新时代中国特色社会主义思想为指导，拥护中国共产党的领导，贯彻党的教育方针；不得在教育教学活动中及其他场合有损害党中央权威、违背党的路线方针政策的言行。

二、自觉爱国守法。忠于祖国，忠于人民，恪守宪法原则，遵守法律法规，依法履行教师职责；不得损害国家利益、社会公共利益，或违背社会公序良俗。

三、传播优秀文化。带头践行社会主义核心价值观，弘扬真善美，传递正能量；不得通过课堂、论坛、讲座、信息网络及其他渠道发表、转发错误观点，或编造散布虚假信息、不良信息。

四、潜心教书育人。落实立德树人根本任务，遵循教育规律和学生成长规律，因材施教，教学相长；不得违反教学纪律，敷衍教学，或擅自从事影响教育教学本职工作的兼职兼薪行为。

五、关心爱护学生。严慈相济，诲人不倦，真心关爱学生，严格要求学生，做学生良师益友；不得歧视、侮辱学生，严禁虐待、伤害学生。

六、加强安全防范。增强安全意识，加强安全教育，保护学生安全，防范事故风险；不得在教育教学活动中遇突发事件、面临危险时，不顾学生安危，擅离职守，自行逃离。

七、坚持言行雅正。为人师表，以身作则，举止文明，作风正派，自重自爱；不得与学生发生任何不正当关系，严禁任何形式的猥亵、性骚扰行为。

八、秉持公平诚信。坚持原则，处事公道，光明磊落，为人正直；不得在招生、考试、推优、保送及绩效考核、岗位聘用、职称评聘、评优评奖等工作中徇私舞弊、弄虚作假。

九、坚守廉洁自律。严于律己，清廉从教；不得索要、收受学生及家长财物或参加由学生及家长付费的宴请、旅游、娱乐休闲等活动，不得向学生推销图书报刊、教辅材料、社会保险或利用家长资源谋取私利。

十、规范从教行为。勤勉敬业，乐于奉献，自觉抵制不良风气；不得组织、参与有偿补课，或为校外培训机构和他人介绍生源、提供相关信息。

新时代幼儿园教师职业行为十项准则

教师是人类灵魂的工程师，是人类文明的传承者。长期以来，广大教师贯彻党的教育方针，教书育人，呕心沥血，默默奉献，为国家发展和民族振兴做出了重大贡献。新时代对广大教师落实立德树人根本任务提出新的更高要求，为进一步增强教师的责任感、使命感、荣誉感，规范职业行为，明确师德底线，引导广大教师努力成为有理想信念、有道德情操、有扎实学识、有仁爱之心的好老师，着力培养德智体美劳全面发展的社会主义建设者和接班人，特制定以下准则。

一、坚定政治方向。坚持以习近平新时代中国特色社会主义思想为指导，拥护中国共产党的领导，贯彻党的教育方针；不得在保教活动中及其他场合有损害党中央权威和违背党的路线方针政策的言行。

二、自觉爱国守法。忠于祖国，忠于人民，恪守宪法原则，遵守法律法规，依法履行教师职责；不得损害国家利益、社会公共利益，或违背社会公序良俗。

三、传播优秀文化。带头践行社会主义核心价值观，弘扬真善美，传递正能量；不得通过保教活动、论坛、讲座、信息网络及其他渠道发表、转发错误观点，或编造散布虚假信息、不良信息。

四、潜心培幼育人。落实立德树人根本任务，爱岗敬业，细致耐心；不得在工作期间玩忽职守、消极怠工，或空岗、未经批准找人替班，不得利用职务之便兼职兼薪。

五、加强安全防范。增强安全意识，加强安全教育，保护幼儿安全，防范事故风险；不得在保教活动中遇突发事件、面临危险时，不顾幼儿安危，擅离职守，自行逃离。

六、关心爱护幼儿。呵护幼儿健康，保障快乐成长；不得体罚和变相体罚幼儿，不得歧视、侮辱幼儿，严禁猥亵、虐待、伤害幼儿。

七、遵循幼教规律。循序渐进，寓教于乐；不得采用学校教育方式提前教授小学内容，不得组织有碍幼儿身心健康的活动。

八、秉持公平诚信。坚持原则，处事公道，光明磊落，为人正直；不得在入园招生、绩效考核、岗位聘用、职称评聘、评优评奖等工作中徇私舞弊、弄虚作假。

九、坚守廉洁自律。严于律己，清廉从教；不得索要、收受幼儿家长财物或参加由家长付费的宴请、旅游、娱乐休闲等活动，不得推销幼儿读物、社会保险或利用家长资源谋取私利。

十、规范保教行为。尊重幼儿权益，抵制不良风气；不得组织幼儿参加以营利为目的的表演、竞赛等活动，或泄露幼儿与家长的信息。

（二）教师专业知识

教师应该具备合理的知识结构，才能将本学科的知识科学地传授给学生。一般而言，教师应该具备以下几类知识：

1. 扎实的专业知识

作为专业性的教学人员，教师应具备本专业或本学科扎实的专业知识理论和实践技能，这是开展教学活动的基础。教师应广泛而准确地把握所教学科的基本知识，对基本技能能够熟练运用，对学科知识和技能的基本结构有深入的理解和掌握。

2. 广泛的学科知识

课堂教学要能够有效地开展，必然需要教师掌握广泛的学科知识，做到"百家争鸣"；更需要教师掌握学科与学科知识之间的相关性和逻辑关系。

3. 教育教学的理论知识

作为教育人员，教师除了当好"教书匠"，还要做好学习者和研究者的角色。因此，教师应该掌握教育教学的基本理论、了解学科领域的思维方法、了解学科发展的趋势、前沿和动向，具备研究学科理论、推动教育教学改革与发展的基础知识和能力。

4. 实践性知识

教师所教学科或科目不管是理论课程还是实践课程，都需要引导学生将所学知识运用到社会生活中。因此，教师应该具备一定的实践性知识，比如科学合理地处理突发事件、艺术性地组织教学等，这些都能体现出教师的教学技能、教育智慧和教学风格。

（三）教师专业能力

教师的专业能力就是教师的教育教学能力，是教师在教育教学活动中所形成的顺利完成某项任务的能量和本领。教师作为专业人员，其专业能力是教师综合素质的最突出的外在表现，也是评价教师专业性的核心因素。教师专业能力的种类与结构如何，不同学者有不同的观点。

一般来说，教师的专业能力应包括以下几个方面：①设计教学的能力，即教师在综合考虑教材、学生、教学时间、教学手段等因素的基础上，对教学目的、内容程序、方法等进行整体构思的能力。②表达能力，包括语言表达、板书板画、运用多种教学手段演示等的能力。③教育教学组织管理能力，如班级管理能力、课堂管理能力、课外学习管理能力等。④教育教学交往能力，如沟通能力、协调人际关系能力等。⑤教育教学机智，即处理教育教学过程中突发事件的能力。⑥反思能力，即正确评价自己的教育教学状况的能力。⑦教育教学研究能力，即教师对学生、对教育教学实践和理论进行探索，发现问题并试图解决问题的能力。⑧创新能力，如创新教学思想、教学内容、教学方法、教学模式等的能力。

三、教师专业发展

新时代，教师教育已经提到了非常重要的位置，高素质教师的培养更是党和国家关注的重要问题，教师专业发展也日益成为人们关注的焦点。

（一）教师专业发展的内涵

教师专业发展，又称教师专业成长，是指教师在整个专业生涯中，依托专业组织、专门的培养制度和管理制度，通过持续的专业教育，习得教育教学专业技能，形成专业理想、专业道德和专业能力，从而实现专业自主的过程。它包括教师群体的专业发展和教师个体的专业发展[①]。

1. 教师群体的专业发展

教师群体的专业发展是指教师职业不断成熟，逐渐达到专业标准，并获得相应的专业地位的过程。其主要包括以下内容：

（1）教育知识技能的体系化，形成学科专业和教育专业，国家对教师任职既有规定的学历标准，也有必要的教育知识、教育能力和职业道德的要求。

（2）国家有教师教育的专门机构、专门教育内容和措施，教师教育专业化。

（3）国家有对教师资格和教师教育机构的认定制度和管理制度。

（4）形成社会公认的教师专业团体。

① 全国十二所重点师范大学. 教育学基础［M］. 北京：教育科学出版社，2002：129.

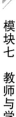

模块七　教师与学生

2. 教师个人的专业发展

教师专业发展的核心就是教师个体的专业发展。教师个体的专业发展是指教师作为专业人员，从专业理想到专业知识、专业能力、专业心理品质等方面由不成熟到比较成熟的发展过程，即由一个专业新手发展成为专家型教师或教育家型教师的过程。

教师个体的专业发展的具体内容包括以下几个方面：

（1）教育理念的发展。

随着社会的进步和教育教学改革的推进，教育教学的理念也应随之更新。如"科教兴国"的理想、"让每个学生都成才和成人"的理念等。它是教师在教育教学工作中的世界观和方法论，是教师专业行为的理性支点和专业自我的精神内核。

（2）专业知识的拓展。

首先，知识的量的拓展，即教师要不断地更新知识、补充知识，扩大自己的知识范围。其次，知识质的深化，即从知识的理解、掌握到知识的批判，再到知识的创新。最后，知识结构的优化，即以广泛的文化基础知识为背景，以精深的学科知识为主干，以相关学科知识为必要补充，以丰富的教育科学知识和心理科学知识为基本知识边界的复合性的主体知识结构，是专业性教师追求的目标。当然，知识结构的优化过程还包括教师个体独到的感悟、体验和经验总结。

（3）专业能力的提升。

随着教育教学的发展，教师的专业能力应随之提升。教师的专业能力的提升包括这几个方面：①处理教学内容的能力；②分析研究学生的能力；③设计教育教学活动的能力；④良好的表达能力；⑤教学组织管理能力；⑥教学自我调控能力和反思能力；⑦教学研究能力；⑧终身学习能力；⑨课程开发能力；⑩专业发展规划能力；等等。

（4）专业认同与专业自我的形成。

教师的专业认同是指教师在职业生活中对教师专业的认可与接受，并愿意以积极的态度、主动的行为去学习和教学，在教师行业中创造并体现符合自己志趣、能力与个性的独特的教育教学和生活方式。具体包括以下几个方面：①自我形象的正确认知；②积极的自我体验；③正确的职业动机；④对职业状况的满意；⑤对理想的职业生涯的清晰认识，对未来工作情境有较高的期望；⑦具有个体的教育哲学与教学模式。教师的专业认同与专业自我的形成，影响着教师的工作态度和教育行为方式，进而直接影响教育教学效果。从历史发展的总趋势来看，教师的专业发展及其研究经历了由被忽视到逐渐关注，由关注教师专业群体的专业化到关注教师个体的专业发展，由关注专业发展的"外部"环境和对社会专业的认可到关注"内部"专业素质提高的过程。

教师专业化过程需要时间的沉淀，需要不断地在教育实践中逐步积累经验。尤其是中小学教师的优秀品质主要是在实践中逐步积累和发展起来的，其成长过程也是多阶段的连续过程。其中，中学优秀教师各种特殊能力形成时间的分布见表7-1。

表 7-1　中学优秀教师各种特殊能力形成时间的分布①　　　　单位:%

各种特殊能力	大学前	大学期间	职后
对教学内容的处理能力	18.95	12.63	68.42
运用教学方法和手段的能力	21.65	12.37	65.98
教学组织和管理能力	19.59	11.34	69.08
语言文字表达能力	34.69	20.41	44.90
教学科研能力	18.18	11.11	70.71
教育机智	19.19	11.11	69.70
与学生交往能力	21.43	10.21	68.37
平均	21.95	12.74	65.31

（二）教师专业发展的途径

教师从师范生到新手教师，再到专业教师、研究型教师，是一个漫长的过程。教师个体专业发展途径如下:

1. 职前的师范教育

师范教育是教师个体专业发展的起点和基础。提高教师队伍的质量，首先必须加强和改革师范教育，根据新时代对教师职能的新要求对其进行专业训练，鼓励和吸引大批优秀学生报考师范学校。为此，师范教育必须强化其培养教育专业人的职能，把学术性、师范性和服务性结合起来;注重师范专业信念体系的形成和敬业精神的培养;建构反映教师专业所需要的知识和技能的课程体系;加强教育理论与实践的联系，建立有效的教育实习制度。

2. 新教师的入职辅导

新教师的入职辅导指的是在新教师进入教师行业时，由经验丰富的导师进行教学指导和帮助，这是一个非常有必要的有序的安排和计划。目前，我国各级师范院校也承担了短期的系统培训工作，其目的是向新教师提供系统而持续的帮助，使之尽快转变角色、适应环境。

3. 在职教师的培训与成长

帮助新教师适应教学实践的要求，顺利完成由师范生到合格教师转变的过程，这是教师在职培养工作的关键。因此，新教师进入岗位之后，应该为其制订成长计划，通过校本培训、教研活动、自我教育等方式使其不断成长、不断提高。在职教师的提升过程就是教师终身教育的过程。

（1）校本培训。

校本培训指的是以教师所在学校为组织单位，以提高教师专业素质为主要目标，通过教育、教学实践和教育科研活动等形式，对全体教师进行的全员性在职培训。校本培训有三个特点:第一，以学校为培训基地，关注教师的实际需要，按需培训;第二，重视在教学实践中培训教师，教学、科研与培训一体化，强调岗位练兵;第三，重视教师在培训中的主体地位，注重激发教师专业成长的内部动机。

① 王邦德.中学优秀教师的成长与高师教改之探索［M］.北京:人民教育出版社，1994:46.

模块七　教师与学生

校本培训的主要形式是校本教研活动，包括相互评课、教学观摩或示范研讨课、课题研究等。校本培训研究的主要问题是教师在教育教学实践中需要解决的实际问题，主要是进行行动研究，并将研究成果直接在教师自己的实践中检验，目的在于改进教育教学工作，提升教师的专业素养。

（2）教师进修。

教师进修主要是指到自己所在单位之外的单位或组织中开展学习，包括跨校学习、短期培训、脱产进修、业余进修等形式。教师进修活动可以推动广大中小学引进新的教育理念、新的专业理论知识与技能，促进学校之间的经验交流，同时推动学校之间、教师之间更大范围的合作，扩大教师的视野，为教师的专业成长与发展提供机遇和丰富的资源。

（3）自我反思与教育。

教师的自我反思与教育就是专业化的自我建构，主要方式有经常性的系统的自我反思、主动收集教改信息、研究教育教学中的各种关键事件、自学现代教育教学理论、积极感受教学的成功与失败等。自我反思与教育是教师把自己放在研究者的位置，对教育、教学日常工作中的疑难问题进行观察、分析、反思与解决，这种方式能快速提升教师的专业理论水平和专业实践的智慧与能力。

【真题再现】

一、选择题

1. 习近平总书记在 2014 年教师节讲话中提出了"四有好老师"标准，其主要内容是（　　）。

①有理想信念 ②有道德情操 ③有扎实学识 ④有实践能力 ⑤有仁爱之心

　　A. ①②③④　　　　　　　　　　B. ①②③⑤

　　C. ①③④⑤　　　　　　　　　　D. ②③④⑤

2. 根据富勒等人的教师发展阶段论，衡量教师发展成熟的重要标志是能够自觉关注（　　）。

　　A. 生存　　　　　B. 情境　　　　　C. 未来　　　　　D. 学生

3. 作为青年教师，除了自我学习以外，也应该通过集体备课，同事研讨教研组活动，分享教学经验，提高教学水平，这突出体现教师专业能力是（　　）。

　　A. 沟通与合作能力　　　　　　　　B. 激励与评价能力

　　C. 教育教学设计能力　　　　　　　D. 组织与实践能力

二、简答题

1. 教师职业倦怠的主要特征。

2. 简述《小学教师专业标准（试行）》中关于教师专业能力的构成。

3.《小学教师专业标准（试行）》中"专业知识"维度包括哪些领域？

【参考答案】

一、选择题

1. B　　　2. D　　　3. A

二、简答题

1. 答：一是情绪耗竭，指个体情绪情感处于极度的疲劳状态，工作热情完全丧失。

二是去人性化，即刻意在自身和工作对象间保持距离，对工作对象和环境采取冷漠和忽视的态度。

三是个人成就感低，表现为消极地评价自己，贬低工作的意义和价值。

2. 答：（1）教育教学设计；（2）组织与实施；（3）激励与评价；（4）沟通与合作；（5）反思与发展。

3. 答：（1）小学生发展知识；（2）学科知识；（3）教育教学知识；（4）通知性知识。

项目二　学生

学生既是教育的对象又是教育的主体，了解和研究学生的本质、地位和发展规律是教育工作的出发点和归宿。

一、学生的本质

学生首先是人，是独立的个体，是生活在一定社会关系中的人，具有特定的社会属性，因此，学生也有其特有的本质属性。

（一）学生是发展的人

学生是发展中的人，从出生到入学、到毕业、到工作，是一个人从不成熟到成熟、从不定型到定型的成长发育过程。对于学生来说，他们身心各方面都存在着极大的发展可能性，其身心发展始终处于变化之中，具有极大的可塑性。

（二）学生是独立存在的人

学生是不成熟的青少年儿童，是未进入正式社会的一个群体。因此，他们长期被长辈看作家庭的附属品，没有被看作有个性的、独立存在的人。人类社会早期，未成年的子女被当作社会或父母的隶属物品，社会或双亲甚至对孩子有生杀大权。随着社会的进步和发展，儿童生存条件得到改善，儿童的自由与兴趣也逐渐得到尊重。新时代，教育理念中的学生观更加强调学生是独立存在的人，是具有个性的人。

（三）学生是主体性的人

学生是独立的个体，是具有主体性的人。他们不是被动的加工对象，他们具有主体性。所谓主体性，就是指学生在教学中的主观能动性，具体包括以下五个方面：①独立性。每个学生都是一个自组织系统，对自身的发展有着独立的想法和行为。②选择性。它是指学生在教育过程中可以在多种目标、多种活动中进行抉择的特点。学生对教学的影响不是无条件地接受，不是盲目地模仿，而总是根据主体的条件（愿望、态度、能力等）来进行选择。不过，选择的效果如何，还依赖于学生已有的主体能力和环境提供的帮助。③调控性。学生可以有目的地对自己的学习活动进行调整和控制，如：学习困难时，激励自己；取得成绩时，告诉自己不要骄傲；学习目标不恰当时，及时调整修正；对学习过程进行自我监控等。④创造性。它是指学生在教育活动中可以超越教师的认识，超越时代的认识与实践局限，科学地提出不同的观点、看法，并创造具有成效的学习方法。创造性是主体性的最高表现形式。⑤自我意识性。它是指学生作为主体对自己的状态及在教育中的地位、作用、情感、态度、行为等的自我认知。主体认识自己越全面、越客观，主体性就可能越强；自我认知的水平低，自我调控能力就可能差，自我创造和自我实现的可能性就小。

二、学生的地位

学生作为未进入正式成人社会的"准社会人"，还不够成熟，因此，需要确保学生的合法权益和社会地位。

（一）学生的社会地位

学生，尤其是青少年儿童是社会的未来、人类的希望，有着独立的社会地位。学生的社会地位指的是学生作为社会成员应具有的主体地位。国家对于学生的主体地位进行了保护，主要体现在对青少年的合法权利提出了保障措施，如《中华人民共和国宪法》（以下简称《宪法》）、《中华人民共和国民法典》（以下简称《民法典》）、《中华人民共和国教育法》（以下简称《教育法》）、《中华人民共和国义务教育法》（以下简称《义务教育法》）、《中华人民共和国未成年人保护法》（以下简称《未成年人保护法》）等。我国对青少年儿童权利的规定主要有以下几种：

1. 生存的权利

《宪法》第四十九条规定："父母有抚养未成年人子女的义务。"《民法典》也有同样的内容。《未成年人保护法》第八条也规定："父母或者其他监护人应当依法履行对未成年人的监护职责和抚养义务，不得虐待、遗弃未成年人；不得歧视女性成年人或者有残疾的未成年人；禁止溺婴、弃婴。"

2. 受教育的权利

《宪法》第四十六条规定："国家培养青年、少年、儿童在品德、智力、体质方面全面发展。"《义务教育法》第四条规定："国家、社会、学校和家庭依法保障适龄儿童、少年接受义务教育的权利。"其第五条规定："凡年满 6 周岁的儿童，不分性别、民族、种族，应当入学接受义务教育。"《未成年人保护法》第九条规定："父母或其他监护人应当尊重未成年人接受教育的权利，必须使适龄未成年人按照规定接受义务教育，不得使在校接受义务教育的未成年人辍学。"其第十四条规定："学校应当尊重未成年学生的受教育权，不得随意开除未成年学生。"

3. 受尊重的权利

《未成年人保护法》第十五条规定："学校、幼儿园的教职员应当尊重未成年人的人格尊严，不得对未成年学生和儿童实施体罚、变相体罚或者其他侮辱人格尊严的行为。"其第三十条规定："任何组织和个人不得披露未成年人的个人隐私。"其第三十六条规定："国家依法保护未成年人的智力成果和荣誉权不受侵犯。"

4. 安全的权利

《未成年人保护法》第十六条规定："学校不得使未成年学生在危及人身安全、健康的校舍和其他教育教学设施中。"其第二十五条规定："严禁任何组织和个人向未成年人的图书、报刊、音像制品。"其第二十七条规定："任何人不得在中小学、幼儿园、托儿所的教室、寝室、活动室和其他未成年人集中活动的室内吸烟。"

（二）学生的学习主体地位

教育教学过程中，教师居于主导地位，而学生的地位一直都是争论的话题，其中主要有两种对立的观点。一种是"教师中心论"，认为教师是教育教学的主体和中心，学生是可以随意涂抹的一张白纸，可以任意填灌的一个容器。另一种是"学生中心论"，把学生视为教育过程的中心，认为"儿童变成了太阳，是中心"。而教育的一切则是围绕着他们转动，全部的教育教学活动都要从学生的兴趣、需要出发，教师只能处于辅助地位。这两种观念都不恰当地贬低或抬高了学生的地位，是不科学的。

现代教育理论认为，在教育过程中，学生既是认识的客体，又是认识的主体。学生作为教育认识的客体，是指学生相对于社会的要求、新的教学内容和教师的认识来说都处于一种被动状态，需要教师有目的、有计划、有组织地引导，将一定社会要求转化为学生内部需要，将新的教学内容转化为学生的素质。承认学生的客体性和客体地位，就是强调教育和教师的主导作用。然而在教育过程中，外界的一切影响并不是简单地输送或移植给学生，必须经过学生主体的主动吸收、转化，学生是活生生的、具有主观能动性的人，是学习的主人。教师的作用只是外因，任何知识技能的领会与掌握都要依靠学生的独立自主学习，教师不可能包办代替；任何有效的教学都必须以尊重学生身心发展规律，特别是学习规律为前提。因此，学生在教育过程中处于主体地位，是主体与客体的统一体。

三、学生的发展

（一）学生的发展的含义

学生的发展，是指学生在遗传、环境和学校教育以及自我内部矛盾运动的相互作用下，身体和心理两个方面所发生的量、质、结构方面变化的过程与结果。身体的发展，包括学生机体的正常发育和体质增强；心理的发展，是指学生在认知、情感、态度、行为等方面的发展。

学生的发展是众多内外因素综合作用的结果。从外部因素看，可以分为可控和不可控、积极和消极维度。学校是影响学生发展的主要外部因素，它是通过可控的、积极的学校因素和选择社会环境中的积极因素来影响学生发展的。从内部因素看，学生身心发展的社会需要与个体现有发展水平之间的矛盾和由这种矛盾所构成的现实性活动是学生发展的根本动力。由于影响学生发展的内外因素都是发展变化并相互作用的，不同的个体有不同的发展道路，因此其发展呈现多种可能性。

（二）学生的发展的规律

1. 顺序性和阶段性

学生个体的身心发展具有一定的顺序，即由低级到高级、由量变到质变的过程。如身体顺序性和阶段性发展，是从头部、躯干向四肢，从中心部位向全身的边缘发展的；行为的发展是先爬后行再跑；记忆的发展是从机械记忆到意义记忆；思维的发展是从具体思维到抽象思维；情感的发展是先有喜、怒、惧等一般情感，而后出现道德感、理智感等高级情感；等等。

个体身心发展也有一定的阶段性，它反映了量变与质变的统一。它表现为青少年身心发展的年龄特征。如在童年期，思维特征是以形象思维为主，情感特征是不稳定且形于外的；而在少年期，其抽象思维已有较大发展，对情感的体验开始向深与细的方向发展，但很脆弱；在青年初期，以抽象思维为主，情感较丰富细腻、深刻稳定，同时道德感、理智感等在情感生活中占主要地位。个体身心发展的顺序性和阶段性的特点，要求教育工作必须适应学生身心发展的各个阶段的顺序，循序渐进，做到由浅入深、由易到难、由具体到抽象、由低级到高级，不能一刀切。同时，由于身心发展各阶段是相互联系的，具有连续性，前一阶段是后一阶段的准备，这就要求考虑各阶段教育的衔接。

2. 稳定性和可变性

个体身心发展的稳定性是指处于一定社会环境和教育中的某个年龄阶段的青少年儿童，其身心发展的顺序、过程、速度都大体相同。如学龄初期儿童的总特征是身体发展较缓慢，思维以形象思维为主；而学龄中期儿童的特征是身心急剧变化，自我意识增强，独立性增强，特别是情感较丰富，又不容易控制自己，有人称之为"危险期"；学龄晚期学生的身心发展明显成熟，接近成人的水平。

然而，在不同的环境和教育条件中，同一年龄儿童的身心发展水平是有差异的。如我国现在青少年的身高和体重远远超过新中国成立前的青少年身高和体重，这说明人的发展的主客观条件不一样，身心发展具有可变性特征。身心发展的稳定性要求在一定时期内，教育内容、方法等要保持相对稳定性；同时，要根据时代特征、地域特点、文化特点，不断革新教学内容、方法，以适应社会和人的发展。

3. 不均衡性

学生的身心发展是不均衡的，表现在不同的年龄阶段身心发展甚至同一方面的发展是不均衡的。如个体的身高、体重有两个发展的高峰期，第一个高峰期出现在出生后的第一年（从出生的 50 cm 增长到 75 cm），第二个高峰期出现在青春发育期。这两个高峰期，个体身高体重的发展较之其他年龄阶段更迅速。有人对人的智力发展进行研究，发现人的感知、思维、记忆、想象等都存在不同的关键期。个体身心发展的不均衡性要求教师要把握其发展的关键期，不失时机地采取教育措施，使其获得最佳发展。

4. 个别差异性

由于人的发展的主客观条件不一样，其发展的过程与结果也有差异。研究者估计：当教师遇到他班上差不多都是 6 岁的孩子时，他事实上面临着一群能力不同的儿童，从他们准备状态的差异来说，实际上是 5~11 岁。个体的差异不仅表现在同一年龄阶段儿童在不同时期的发展速度和水平有个体差异，而且在相同方面的发展速度和水平也有个体差异。这就要求教师深入了解每个个体的身心发展状况和水平，有的放矢、因材施教。

5. 整体性

学生是一个整体的人，以其整个身心投入教学生活，并以整个身心来感知、体验、感受和创造这种教学生活。教师所面对的是一个活生生的整体的人，尽管这个整体不是"完美"的整体。因此，教学应该面对学生整体身心，正如杜威所说："我们所需要的是儿童整体的身心和整个的心灵来创造学校，并以更圆满发展的心灵和甚至更健全的身体离开学校。"教学要着眼于学生的整体性，促进学生的一般发展，注意做到认知因素与非认知因素、意识与潜意识、科学与艺术的统一。

（三）学生发展的一般任务[①]

6~18 岁的中小学生，分别处于人生发展的童年期、少年期和青年早期，面临着不同的发展任务。

1. 童年期学生发展的任务

童年期（7~12 岁）又称学龄初期，相当于小学阶段。这一时期学生主要的发展任务是：

①发展基本的阅读、书写及计算技能；

②发展有意注意的能力；

③发展借助于具体事物进行推理的能力；

④发展社会性的情感；

⑤发展意志的主动性和独立性；

⑥建立起对自己的完整态度；

⑦学习与同辈的相处；

⑧学习分辨是非，发展良知、德行；

⑨发展对社会、集体的态度；

⑩培养创造意识。

2. 少年期学生发展的任务

少年期（13~15 岁）或称学龄中期，相当于初中阶段。这一时期学生主要的发展任务是：

①发展有意记忆的能力；

②发展借助表象进行逻辑思维的能力；

③发展创造性能力及培养探索精神；

④培养一定的兴趣和爱好；

⑤获得情绪的独立性；

⑥学习处理与同辈的关系，建立与同辈的友谊；

⑦形成一定的理想和价值观系统作为行为的指引；

⑧发展自我教育的能力；

⑨适应自身生理变化带来的压力。

3. 青年早期学生发展的任务

青年早期（16~18 岁）也称青春期，相当于高中阶段。这一时期学生主要的发展任务是：

①发展辩证思维的能力；

②为职业生活做准备；

③学习选择人生道路；

④认识自我、认识社会，形成积极的人生观和世界观；

⑤获得一定的社会角色定向；

⑥学会正确对待友谊和爱情；

⑦提高自我调节生活与心理状态的能力；

⑧培养创造性学习的能力。

模块七　教师与学生

---

① 袁振国. 当代教育学 [M]. 4 版. 北京：教育科学出版社，2010：83.

【真题再现】

一、选择题

于老师认为,小学生与其开设综合实践活动课浪费时间和精力,倒不如利用这些课时多上语文课和数学课,于老师的看法(   )。

A. 忽视了学生全面发展　　　　B. 忽视了学生个性发展

C. 忽视了学生均衡发展　　　　D. 忽视了学生主动发展

二、材料分析题

李老师组建了艺术团,组织学生们学习声乐、器乐等。面对家长的质疑,李老师解释道:音乐不能让他们成才,但是能让他们的世界丰富多彩。

李老师利用课余时间指导学生们唱歌、朗诵,孩子们的艺术天分逐渐显现出来。因身体残缺,媛媛闷闷不乐,不太合群,自从参加艺术团后,媛媛找到了自己的兴趣,唱歌跳舞等活动已成为她生活中的一部分。李老师发现后,便帮她训练气息、发音。媛媛的唱歌水平不断提高,性格也变得好起来。孩子们平时不敢抬头,李老师看到很心疼。李老师开设形体课,让学生通过触摸身体各个部位,帮助学生了解坐姿、站姿等。后来,学生们变得昂首挺胸,越来越自信了。

请结合材料,从学生观的角度评析李老师的教育行为。

【参考答案】

一、选择题

A

二、材料分析题

答案如下:

李老师的行为是正确的,符合"以人为本"的学生观的要求。

(1) 学生是发展的人,具有巨大的发展潜能,要用发展的观点认识学生。材料中,李老师肯定残疾学生也是具有潜能的,处于发展过程中,针对残疾学生,长善救失,扬长避短,发现学生的艺术天分,引导学生成长。

(2) 学生是具有独立意义的主体,具有主观能动性,教师要尊重学生的主体地位,因势利导。材料中,李老师尊重残疾学生,针对其特点进行引导,提升学生的自信心,促进学生成长。

(3) 学生是独特的人,具有个性差异,要因材施教。材料中,李老师发现学生的艺术天分,发现媛媛等学生的特点,进行教育,做到了因材施教。

(4) "以人为本"的学生观要求教师在教育教学活动中给学生以人文关怀。材料中,由李老师对学生的肯定、引导和帮助可以看出其对学生的关怀。

总之,李老师的行为值得我们学习。

项目三　师生关系

师生关系是指教师和学生在教育教学过程中结成的相互关系，包括彼此所处的地位、作用和相互对待的态度等。它是一种特殊的社会关系和人际关系，是教师和学生为实现教育目标，以各自独特的身份和地位通过教与学的直接交流活动而形成的多性质、多层次的关系体系。良好的师生关系不仅是顺利完成教学任务的必要手段，而且是师生在教育教学活动中的价值、生命意义的具体体现。

一、师生关系的类型和作用

（一）师生关系的类型

课堂教学实践中的师生关系主要表现为放任型、专制型、民主型三种，不同的师生关系往往会产生不同的教育结果。

1. 放任型师生关系

在放任型师生关系中，教师只管教书，完成教学任务，对学生不管不顾，学生处于放任自流状态。教师没有尽到自己的育人职责，不利于学生的发展，容易培养自我中心主义、我行我素的学生。

2. 专制型师生关系

在专制型师生关系中，教师作为专制者，管理学生的一切事务，学生完全处于被动接受的地位。这种关系不仅压抑了学生的主动性、积极性，而且容易培养懦弱、两面三刀的人。

3. 民主型师生关系

在民主型师生关系中，教师既尊重学生，又严格要求学生，在发挥学生主体性的同时又给予其合理的引导；教师与学生的关系是平等的、相互促进的，是一种比较理想的师生关系。民主型师生关系培养出来的学生比较自主、自立、自强、自律。

（二）师生关系的作用

1. 良好的师生关系促进教育教学活动的顺利开展

教与学的过程实际上是一种师生交往的过程，教学目标的实现不仅取决于传授知识的技能，而且更为重要的是取决于师生关系。良好的师生关系有利于教师开展教学活动，有利于新课程改革和教学任务的完成与实现。

2. 良好的师生关系促进师生间的教学相长

教学活动中，教师有教的意图，学生有学的愿望。良好的师生关系使学生在没有压力的情况下轻松愉快地学习，师生间的互相合作可使学生更简洁有效地获取专门知识。同时，良好的师生关系有助于教师了解学生的思想和学习情况，能更好地调动学生的学习积极性，从而不断提高教师的业务水平；有助于教师认识自己、认识学生、认识教学与社会的关系，从而帮助教师去调整完善自己。

模块七　教师与学生

二、良好师生关系的构建

（一）良好师生关系的特征

1. 尊师爱生

尊师，就是尊重教师，尊重教师的劳动和教师的人格与尊严，对教师要有礼貌，了解和认识教师工作的意义，理解教师的意愿和心情，主动支持和协助教师工作，虚心接受教师的指导。尊师是学生对教师正确的认识、情感和行为的综合体现，是人类的美德。得到学生尊重是教师最大的需要和满足。

爱生，就是爱护学生，这是教师热爱教育事业的重要体现，是教师对学生进行教育的感情基础，是教师的基本道德要求，也是培养学生热爱他人、热爱集体的道德情感基础。爱生就要尊重和信任学生，严格要求学生，公正地对待学生。

新时代的"尊师爱生"是一种新型师生关系，是师生交往与沟通的情感基础、道德基础，其有利于顺利开展教育活动。

2. 民主平等

民主平等的师生关系体现了师生在教育过程中相互尊重人格和权利、相互开放、平等对话、相互理解、相互接纳等。民主平等要求教师能向学生学习、理解学生，一视同仁地与所有学生交往，善于倾听不同意见；也要求学生正确地表达自己的思想和行为，学会合作和共同学习。

3. 教学相长

教学相长需要教师与学生之间能够共享共创。共享就是教师和学生共同体验和分享教育中的欢乐、成功、失望与不安。共创就是教师和学生在相互适应的基础上，相互启发，使师生的认识不断深化、共同生活的质量不断跃进。共享共创是师生关系的最高层次，其结果是教师和学生相互促进、共同发展。教学相长的过程就是学生的道德、思想、智慧、兴趣、人格等全面生成，是教师专业自我的成熟过程。

（二）影响师生关系的因素

影响师生关系的因素有主观的，也有客观的；有教育内部的，也有教育外部的；有直接的，也有间接的。归纳起来主要有以下几个方面：

1. 教师方面

（1）教师对学生的态度。

教师的评价对学生影响很大。教师对学生的评价往往通过语言暗示、表情等反映。教师偏爱优生、忽视中间学生、厌恶"差生"，就会使学生与教师之间产生不同的距离。

（2）教师的领导方式。

它包括专制型、民主型、放任型三种。民主型的领导方式下，师生关系民主、平等、融洽；专制型的领导方式下，师生关系对立。

（3）教师的智慧。

教师的智慧不仅表现在学识上，而且表现在教师的创造性和艺术性教学上。学识渊博是学生亲近教师的重要因素之一。

（4）教师的人格因素。

教师的性格、气质、兴趣等是影响师生关系的重要因素。那种性格开朗、气质优雅、兴趣广泛的教师最受学生欢迎。

2. 学生方面

学生受师生关系影响的主要因素是学生对教师的认识。许多调查表明：若学生与教师关系好，就会喜欢上这位教师的课，并会主动亲近这位教师；但若自认为教师瞧不起自己，就会主动疏远这位教师。

3. 环境方面

影响师生关系的环境，包括学校的人际关系环境、课堂的组织环境。学校领导与教师的关系、教师与教师的关系、教师与家长的关系，必然影响师生关系。课堂的组织环境主要包括教室的布置、座位的排列、学生的人数等。我国中小学课桌的摆放多呈"秧田式"，教师讲台置于块状空间的正前方，这种格局阻隔了师生之间的交往及生生之间的交往。要拉近师生关系，目前许多国家都在探讨圆桌式、马蹄形、半圆形、"蜂巢式"等便于交往和交流的座位排列方式。

（三）良好师生关系的构建策略

影响师生关系的因素包括教师、学生和环境三个方面，建立良好的师生关系需要靠师生双方以及学校的共同努力。因教师在师生关系的建立与发展中占有重要地位，起着主导作用，因此，要建立良好的师生关系，教师需要花更大的时间和精力来完成。对于教师而言，可以从以下几个方面着手：

1. 树立科学的教师观和学生观

教师观是对教师的基本看法，学生观是对学生的基本看法，正确、科学的教师观和学生观，有助于教师认识学生、理解学生的态度与行为，进而促进学生的全面发展。

正确的教师观要求教师正确认识教师职业的社会地位、价值、特点、角色、责任、素质等问题。正确的学生观包括以下几方面：学生是发展的人，有巨大的发展潜力；学生是有个性的人，学生具有主体性，特别是创造性；学生是独立的个体，有正当的权利和利益；学生是一个整体的人，是知、情、意、行的统一体。这就要求教师平时注重对学生的观察和了解，向学生的优点学习，以及不断进行自我反思。

2. 了解和研究学生特点

良好师生关系的建立前提是教师了解学生，与学生取得共同语言，使教育影响深入学生的内心世界，这就要求教师必须了解和研究学生的身心发展特点和规律。了解和研究学生要求教师在平时的工作和生活中注重了解学生个体的思想意识、道德品质、兴趣、需要、知识水平、学习态度和方法、个性特点、身体状况和班集体的特点及其形成原因。

3. 热爱尊重学生，公平对待学生

热爱学生包括热爱所有学生，对学生充满信心，能够经常走到学生之中，与学生交流。一定不能挖苦学生、粗暴对待学生。尊重学生特别要尊重学生的人格，保护学生的自尊心，维护学生的合法权益，避免师生对立。教师处理问题必须公正无私，让学生心悦诚服。

4. 主动与学生沟通，善于与学生交往

师生关系一般要经历生疏、接触、亲近、依赖、协调和默契六个阶段。在师生交往的初期，往往会出现不和谐因素，这就要求教师掌握沟通与交往的主动性，经常与学生保持接触、交心；同时，教师还要掌握与学生交往的策略和技巧，如寻找共同的兴趣或话题，一起参加活动，随时保持通信联系等。

5. 提高自我修养，健全人格

教师的专业素养是影响师生关系的核心因素。教师的师德修养、知识能力、教育态度、个性心理品质无不对学生产生深刻的影响。教师要使师生关系和谐，就必须通过自己崇高的理想、科学的世界观与人生观、渊博的知识、严谨的治学态度、活泼开朗的性格、多方面的爱好与兴趣等来吸引学生。为此，教师必须做到以下四点：①加强学习和研究，使自己更加智慧；②经常进行自我反思，正确评价自己，克服个人的偏见和定势；③培养自己多方面的兴趣和积极向上的人生观；④学会自我控制，培养耐心、豁达、宽容、理解等个性品质。

【真题再现】

材料分析题

材料：

课前，我一走进教室，几个学生便围着我有说有笑。"咦，许老师的水杯怎么还在这儿？"我笑着说："谁帮许老师送回办公室呀？"话音刚落，离我最近的小璇同学便伸手端水杯。当我看到她脏兮兮的小手时，竟鬼使神差地制止了她："不用了，让课代表去吧。"课代表从教室后面跑来，高兴地端着水杯走了，上课时，我发现小璇的情绪明显低落。下课后，我便问她是不是有什么心事，她只是摇头不语，从那以后，我感觉小璇与我的关系明显疏远了。问题：

（1）分析小璇与"我"关系疏远的原因。

（2）结合材料谈谈建立良好师生关系的基本要求。

【参考答案】

材料分析题

答：

（1）小璇与"我"关系疏远的原因：

①"我"没有做到对学生一视同仁，让课代表送杯子，打击了小璇的主动性。

②"我"没有看到小璇的主动性。小璇主动要给"我"送杯子，"我"因为她手脏不让她送。

③"我"的学生观不正确，没有看到学生是发展中的人，应该帮助小璇向更好的方向发展。

④"我"的职业素养有待提高，没有给小璇起到为人师表的示范作用。

（2）建立良好的师生关系：

①了解和研究学生。它主要包括三个方面：了解和研究学生个人，了解学生的群体关系，了解和研究学生的学习和生活环境。"我"应该全面了解小璇，树立正确的学生观。

②树立正确的师生观。树立新型师生观是建立新型师生关系的前提和基础。"我"应该对学生一视同仁，不应该因为小璇手脏就对她的主动性视而不见。

③树立教师威信。"我"需要培养自身良好的道德品质；培养良好的认知能力和性格特征；注重良好仪表、风度和行为习惯的养成；做学生的朋友与知己。

④发扬教育民主，倾听学生的意见。民主与平等的师生关系是提高教育教学质量的需要，也是缩小师生间的心理差距，构建和谐师生关系的需要。

⑤提高教师自身的素质。教师的道德素养、知识素养和能力素养是学生尊重教师的重要条件，也是教师提高教育影响力的保证。

项目四　习近平总书记关于教育的重要论述（6）

"百年大计，教育为本。教育大计，教师为本。"党的十八大以来，以习近平同志为核心的党中央高度重视教师队伍建设问题，在不同场合多次强调教师工作的重要意义。

（1）百年大计，教育为本。教师是立教之本、兴教之源，承担着让每个孩子健康成长、办好人民满意教育的重任。

——2013年9月9日，在向全国广大教师致慰问信中强调

（2）教师要时刻铭记教书育人的使命，甘当人梯，甘当铺路石，以人格魅力引导学生心灵，以学术造诣开启学生的智慧之门。

——2014年5月4日，在北京大学师生座谈会上的讲话中强调

（3）全国广大教师要做有理想信念、有道德情操、有扎实知识、有仁爱之心的好老师，为发展具有中国特色、世界水平的现代教育，培养社会主义事业建设者和接班人做出更大贡献。

——2014年9月9日，在同北京师范大学师生代表座谈时强调

（4）教师重要，就在于教师的工作是塑造灵魂、塑造生命、塑造人的工作。一个人遇到好老师是人生的幸运，一个学校拥有好老师是学校的光荣，一个民族源源不断涌现出一批又一批好老师则是民族的希望。

——2014年9月9日，在同北京师范大学师生代表座谈时强调

（5）好老师要有"捧着一颗心来，不带半根草去"的奉献精神，自觉坚守精神家园、坚守人格底线，带头弘扬社会主义道德和中华传统美德，以自己的模范行为影响和带动学生。

——2014年9月9日，在同北京师范大学师生代表座谈时强调

（6）发展教育事业，广大教师责任重大、使命光荣。希望你们牢记使命、不忘初衷，扎根西部、服务学生，努力做教育改革的奋进者、教育扶贫的先行者、学生成长的引导者，为贫困地区教育事业发展、为祖国下一代健康成长继续做出自己的贡献。

——2015年9月9日，在给"国培计划（二〇一四）"北师大贵州研修班参训教师回信中强调

（7）各级党委和政府要满腔热情关心教师，让广大教师安心从教、热心从教、舒心从教、静心从教，让广大教师在岗位上有幸福感、事业上有成就感、社会上有荣誉感，让教师成为让人羡慕的职业。

——2016年9月9日，在北京市八一学校看望慰问师生时强调

（8）教师做的是传播知识、传播思想、传播真理的工作，是塑造灵魂、塑造生命、塑造人的工作。教师不能只做传授书本知识的教书匠，而要成为塑造学生品格、品行、品味的"大先生"。

——2016年12月7日，在全国高校思想政治工作会议中强调

（9）全面深化新时代教师队伍建设改革，要全面贯彻党的教育方针，坚持社会主义办学方向，遵循教育规律和教师成长发展规律，全面提升教师素质能力，深入推进教师管理体制机制改革，形成优秀人才争相从教、教师人人尽展其才、好老师不断涌现的良好局面。

——2017年11月20日，在十九届中央全面深化改革领导小组第一次会议上强调

（10）评价教师队伍素质的第一标准应该是师德师风。师德师风建设应该是每一所学校常抓不懈的工作，既要有严格制度规定，也要有日常教育督导。我们的教师队伍师德师风总体是好的，绝大多数老师都敬重学问、关爱学生、严于律己、为人师表，受到学生尊敬和爱戴。同时，也要看到教师队伍中存在的一些问题。对出现的问题，我们要高度重视，认真解决。

——2018年5月2日，在北京大学师生座谈会上的讲话中强调

【延伸阅读】

一、建设高素质专业化教师队伍——论学习贯彻习近平总书记全国教育大会重要讲话①

百年大计，教育为本。教育大计，教师为本。

"建设社会主义现代化强国，对教师队伍建设提出新的更高要求，也对全党全社会尊师重教提出新的更高要求。"在教师节当天召开的全国教育大会上，习近平总书记发表重要讲话，站在党和国家事业发展全局的战略高度，对广大教师为国家发展和民族振兴做出的重大贡献给予了高度评价，对建设一支宏大的高素质专业化教师队伍寄予了殷切希望，对加强教师队伍建设提出了明确要求，极大鼓舞和激励着广大教师在教书育人岗位上为党和人民事业做出新的更大的贡献。

教师是人类灵魂的工程师，是人类文明的传承者。在中华民族5 000多年文明发展史上，英雄辈出，大师荟萃，都与一代又一代教师的辛勤耕耘是分不开的。新中国成立以来，党和国家高度重视教育事业，建成了世界上最大规模的教育体系，保障了亿万人民群众受教育的权利，有力推动了经济社会发展。今天，我们拥有了1 600多万人的教师队伍，这是一支了不起的力量。长期以来，广大教师贯彻党的教育方针，教书育人，呕心沥血，默默奉献，自觉承担起传播知识、传播思想、传播真理，塑造灵魂、塑造生命、塑造新人的时代重任，为党和人民培养了一批又一批优秀人才，赢得了全社会广泛赞誉和普遍尊重。

"经师易得，人师难求。"一个人一生遇到好老师，这是一个人的幸运；一个学校拥有好老师，这是这个学校的光荣；一个民族拥有源源不断的好老师，这是这个民族发展的根本依靠、未来依托。在这个意义上说，对教师提出高标准、严要求，是天经

① 雷丽娜. 人民日报评论员：建设高素质专业化教师队伍——论学习贯彻习近平总书记全国教育大会重要讲话［EB/OL］.（2018-09-15）［2021-11-30］. http://www.gov.cn/xinwen/2018-09/15/content_5322330.htm.

地义的，既是对学生负责，也是对民族负责。今天，面对新时代新形势对教育提出的新的更高要求，面对建设社会主义现代化强国对教师队伍能力和水平提出的新的更高要求，我们必须从战略高度认识加强教师队伍建设的重大意义，坚持把教师队伍建设作为基础工作，引导教师做有理想信念、有道德情操、有扎实学识、有仁爱之心的好老师，做学生锤炼品格、学习知识、创新思维、奉献祖国的引路人，致力于建设一支宏大的高素质专业化教师队伍。

教师是立教之本、兴教之源。建设高素质专业化教师队伍，就要把习近平总书记提出的明确要求落到实处。师德师风是评价教师队伍素质的第一标准，要拓宽教师文化视野，提高教师综合素养，加强教师教育体系建设，推动教师成为先进思想文化的传播者、党执政的坚定支持者、学生健康成长的指导者和引路人；人民教师无上光荣，每个教师都要珍惜这份光荣，爱惜这份职业，严格要求自己，不断完善自己，执着于教书育人，有热爱教育的定力、淡泊名利的坚守，用爱心培育爱、激发爱、传播爱；全党全社会要弘扬尊师重教的社会风尚，努力提高教师政治地位、社会地位、职业地位，让广大教师享有应有的社会声望，同时教育投入要更多向教师倾斜，不断提高教师待遇，让广大教师安心从教、热心从教。

"三寸粉笔，三尺讲台系国运；一颗丹心，一生秉烛铸民魂。"大力培养造就一支宏大的师德高尚、业务精湛、结构合理、充满活力的高素质专业化教师队伍，让广大教师更好担当起神圣职责使命，我们就一定能为加快推进教育现代化、建设教育强国、办好人民满意的教育打下坚实的基础。

二、凝心铸师魂 立德育新人——以习近平同志为核心的党中央关心教师队伍建设纪实①

一个人遇到好老师是人生的幸运，一个学校拥有好老师是学校的光荣，一个民族源源不断涌现出一批又一批好老师则是民族的希望。

党的十八大以来，习近平总书记站在党和国家事业发展薪火相传、后继有人的战略高度，为新时代教师队伍建设指明前进方向，对教师工作提出明确要求。

一次次讲话高瞻远瞩，一声声问候温暖人心，一封封书信情真意切……在以习近平同志为核心的党中央关怀和激励下，广大教师不负时代使命、不负人民期望，为培养更多德智体美劳全面发展的社会主义建设者和接班人而不懈奋斗。

尊师重教暖人心 殷殷关怀寄厚望

天高云淡，秋风送爽。金色的九月，正是收获的季节。

北京市八一学校的老师们又迎来了一批朝气蓬勃的新生。"每一年新入学的孩子们，总会让老师给他们讲讲习爷爷那年来到学校的故事。"校党委书记牛震云说。

2016年9月9日，习近平总书记回到自己度过了小学和初中岁月的母校——北京市八一学校。在当天的考察中，总书记同陈仲韩、陈秋影等几位老师一一握手，愉快回忆往事。

老师们感叹，这么多年他没变，还是那样"善良朴素""尊师重教"。

———————————
① 施雨岑，胡浩. 凝心铸师魂 立德育新人——以习近平同志为核心的党中央关心教师队伍建设纪实［EB/OL］.（2019-09-10）［2021-11-30］. http://www.gov.cn/xinwen/2019/09/10/content_5428685.htm.

这是一名学生对自己老师的深深感恩，更是一位领袖对教师群体的由衷敬重。

党的十八大以来，几乎每逢教师节，全国1 600多万名教师就会收到来自习近平总书记的问候和祝福。走进校园、亲切交谈、致信问候……纵然日理万机，总书记总会通过各种方式，表达自己对全国教师的关心关怀、对教育改革和教师工作的殷切期望。

国将兴，必贵师而重傅——

2014年9月9日，习近平总书记在考察北京师范大学时说："各级党委和政府要从战略高度来认识教师工作的极端重要性，把加强教师队伍建设作为基础工作来抓""要加强教师教育体系建设，加大对师范院校的支持力度""要让全社会广泛了解教师工作的重要性和特殊性，让尊师重教蔚然成风"。

2015年9月9日，习近平总书记给"国培计划（2014）"北京师范大学贵州研修班参训教师回信，勉励他们"牢记使命、不忘初衷，扎根西部、服务学生，努力做教育改革的奋进者、教育扶贫的先行者、学生成长的引导者"。

2018年教师节，习近平总书记在全国教育大会上强调，"全党全社会要弘扬尊师重教的社会风尚，努力提高教师政治地位、社会地位、职业地位，让广大教师享有应有的社会声望"。

一个迈向伟大复兴的民族，需要什么样的教育？一项开辟新篇章的事业，召唤什么样的人才？党的十八大以来，带着对这些重大问题的深邃思考，习近平总书记对教师群体的角色定位不断提出新的更高要求，为教师队伍建设指明方向——

总书记以"无上光荣"这四个字形容教师的地位："人民教师无上光荣，每个教师都要珍惜这份光荣，爱惜这份职业，严格要求自己，不断完善自己。做老师就要执着于教书育人，有热爱教育的定力、淡泊名利的坚守。"

总书记提出"四有"好老师的标准，为老师们明确了努力的目标："全国广大教师要做有理想信念、有道德情操、有扎实知识、有仁爱之心的好老师"。

总书记用四个"引路人"的概念，对教育理念和教育能力的全面转变提出更高要求："广大教师要做学生锤炼品格的引路人，做学生学习知识的引路人，做学生创新思维的引路人，做学生奉献祖国的引路人。"

思想高屋建瓴，情怀深厚绵长。

肩负历史赋予的重任，沐浴在党中央的亲切关怀下，广大教师倍感振奋、投身育人事业，托起民族复兴的希望。

身体力行抓关键 立德树人铸师魂

"思政课教师，要给学生心灵埋下真善美的种子，引导学生扣好人生第一粒扣子。"2019年3月18日，习近平总书记在学校思想政治理论课教师座谈会上的重要讲话，发人深思、令人难忘。

国无德不兴，人无德不立。立德树人，是教育事业发展必须落实好的根本任务。

2018年9月10日，全国教育大会在北京召开。习近平总书记发出号召："要把立德树人融入思想道德教育、文化知识教育、社会实践教育各环节，贯穿基础教育、职业教育、高等教育各领域，学科体系、教学体系、教材体系、管理体系要围绕这个目标来设计，教师要围绕这个目标来教，学生要围绕这个目标来学。"

从"宝藏老师"陕西师范大学马克思主义学院副教授张帆，到"带着信仰扎根思政课讲台"的华东师范大学教师闫方洁；从"伏案 400 分钟只为课上 45 分钟"的天津师范大学思政课教师王雪超，到"在解题中渗透育人思想"的长沙理工大学数学与统计学院青年教师谭艳祥……越来越多的教师按照政治要强、情怀要深、思维要新、视野要广、自律要严、人格要正的要求，积极修为，努力将课堂作为发挥自己作用的主要岗位，切实承担好铸魂育人的时代重任。

在以习近平同志为核心的党中央关心推动下，我国思政课教师队伍持续壮大、结构不断优化、整体素质进一步提升，形成了一支可信、可敬、可靠，乐为、敢为、有为的思政课教师队伍。

师者行为世范，方能传道授业解惑。

党的十八大以来，习近平总书记关于教育的重要论述特别是关于教师工作的重要指示批示精神，深刻揭示了教师职业发展的内在规律，赋予了师德师风新的时代内涵，为加强新时代教师队伍建设提供了根本遵循。

——《关于加强中小学校党的建设工作的意见》《关于加强新形势下高校教师党支部建设的意见》等相继出台，推动教师党支部成为教育党员的学校、团结群众的核心、攻坚克难的堡垒。

——大中小学教育、宣传、考核、监督、奖惩相结合的师德建设长效机制逐步完善，"新时代教师职业行为十项准则"划定师德"红线"，覆盖大中小学完整的师德建设制度体系加快建立。

春蚕到死丝方尽，蜡炬成灰泪始干。全国教育系统先进集体和先进个人评选持续进行，一大批优秀教师塑造了当代人民教师的良好形象和感动中国的光辉榜样。

黄大年，吉林大学教授。他放弃国外优厚待遇毅然归国，为填补国内尖端技术空白耗尽心血。

钟扬，复旦大学教授。在生命的最后 16 年，他扎根青藏高原，带领团队收集上千种植物的 4 000 万颗种子，盘点了世界屋脊的生物"家底"。

李保国，河北农业大学教授。35 年里，他的足迹踏遍太行山区所有县，全心全意服务于太行山 10 万群众脱贫奔小康的梦想。

……

如璀璨星辰，榜样的光辉照耀神州大地。

退休后的陈立群怀着"一生只做一件事"的教育情怀，谢绝民办学校开出的百万年薪邀请，来到贵州台江担任中学校长，让自己的扶贫支教攻坚战战果辉煌。

著名作物遗传学家卢永根院士罹患癌症，却将毕生积蓄捐献给华南农业大学设立教育基金，用于奖励贫困学生与优秀青年教师。

在河南信阳绿之风希望小学外，面对飞驰而来的三轮车，教师李芳一边大声呼喊着学生们快让开，一边以身挡车快速推开身边最近的 4 名学生，为救学生献出了自己的生命。

生命的光辉，点亮了孩子们的未来。他们一生惦记着学生，却唯独忘记了自己。

"很多事迹感人至深、催人泪下。这就是人间大爱。"在同北京师范大学师生代表座谈时，习近平总书记字字恳切，饱含着对教师的浓浓情意。

夯基固本育英才 高瞻远瞩兴伟业

参加培训、检修教学用具、准备秋季学期课程……在刚刚过去的暑假里，陕西省延安市宝塔区杨家岭福州希望小学的老师们一直在忙碌。

2015 年 2 月，习近平总书记来到这里，看望教职工，并关切地询问教师待遇状况。老师们难忘他当时殷切的嘱托："教育很重要，革命老区、贫困地区抓发展在根上还是要把教育抓好，不要让孩子输在起跑线上。"

山里娃的未来，终归要由乡村教师合力托举。

"跟 4 年前相比，我们的教学环境已经今非昔比。"37 岁的语文老师张燕感慨。学校不仅配备了现代化教学设备，还与北京市朝阳区芳草地小学、福州市鼓楼第二中心小学等建立教育合作结对机制，为老师们提供更多"走出去"学习的机会。

硬件配齐、软件跟上，一直被视为教师队伍建设中短板的乡村教师难招难留等问题正在一一破解。

2015 年 4 月，习近平总书记主持召开中央全面深化改革领导小组第十一次会议，审议通过了《乡村教师支持计划（2015—2020 年）》。

提高乡村教师生活待遇，统一城乡教职工编制标准，职称（职务）评聘向乡村学校倾斜……这份专门指向乡村教师队伍建设的政策文件，让全国 330 万乡村教师看到了春天。

"国家给乡村教师的这些支持，既是一种鼓励，更是一种鞭策，我只要干得动一天就要坚守一天。"云南省保山市昌宁县大田坝镇文沧村德斯立小学教师张有国说。2019 年发布的《中国农村教育发展报告 2019》显示，根据抽样调查，83.46% 的乡村教师愿意继续留在乡村学校任教。

直面短板、定向施策，乡村教师境遇之变，正是近年来广大教师安心从教、热心从教、舒心从教、静心从教的趋势缩影。

迎来了从站起来、富起来到强起来的伟大飞跃，今日之中国，仍然面临着一道道教育难题：一边是城市里名校资源供不应求，另一边是乡村教育捉襟见肘；一边是考试"指挥棒"让孩子们对分数苦苦追求，另一边是社会对人才综合素质的要求不断提高……

教师，是解决这些矛盾的关键。

以改革为主线，坚持问题导向，始终为教师想办法、做实事、办好事。党的十八大以来，一系列被认为是"直抵人心"的制度性改革，为形成一支肩负教育强国重任的高素质专业化创新型教师队伍保驾护航。

——这是对新时代教师队伍建设做出的顶层设计。中共中央、国务院印发关于全面深化新时代教师队伍建设改革的意见，描绘了新时代教师队伍建设的宏伟蓝图，围绕全面加强师德师风建设、不断提升教师专业素质能力、深化教师管理综合改革、不断提高教师地位待遇等方面提出具体举措。

——这是真金白银的巨大投入。为提高教师专业素质，中央财政 2013 年至 2019 年累计投入经费 135 亿元，支持实施"国培计划"。实施乡村教师生活补助政策，中央财政 2013 年至 2019 年累计安排奖补资金 198.2 亿元，实现集中连片特困地区乡村教师生活补助政策全覆盖，每年惠及约 127 万乡村教师。

——这是留住好老师的实际举措。全面推行中小学教师职称制度改革，设置正高级职称，打破中小学教师的职业"天花板"，一支师德高尚、业务精湛、结构合理、充满活力的高素质专业化创新型教师队伍正在形成。

　　——这是培养好老师的不懈努力。通过全国各地各校师范生教育内容、形式、师资、基地、经费等全方位改革，教师教育布局结构逐步优化，一个开放、协同、联动的现代教师教育体系正在建立。

　　一份份文件、一项项政策、一个个夯基固本的行动，化作教师们砥砺奋进的动力。

　　在习近平新时代中国特色社会主义思想指引下，我国教师队伍建设迎来大好局面——

　　2018年，全国有各级各类学校51.88万所，比上年增加5 017所；专任教师1 672.85万人，比上年增加45.96万人。同时，小学、初中、普通高中专任教师学历合格率分别达99.97%、99.86%和98.41%。

　　各地健全教师补充机制，完善编制管理，通过定向培养、支教、转岗培训等多种方式，重点解决乡村教师短缺问题。2018年国家督导评估认定实现义务教育基本均衡发展的338个县，新补充教师共约22万人，其中，音乐、体育、美术、科学、信息技术等学科教师约4万人。

　　教师是立教之本、兴教之源。

　　"今天的学生就是未来实现中华民族伟大复兴中国梦的主力军，广大教师就是打造这支中华民族'梦之队'的筑梦人。"

　　站在新中国成立70周年的崭新起点，面对"两个一百年"奋斗目标的历史交汇期，1 600多万名中国教师在以习近平同志为核心的党中央坚强领导下，在民族复兴的接续奋斗中砥砺前行，必将汇聚起教育事业改革发展的磅礴力量，坚定托起民族未来的希望！

模块八

班级管理及教育合力

■学习目标

1. 理解班集体的特征及发展阶段，领会培养班集体的意义和方法。
2. 熟记教学组织形式的代表人物、特点及运作方式。
3. 理解班级管理、班级活动管理的重要意义。
4. 熟记班主任工作的主要内容和建设良好班风的基本措施。
5. 理解教育合力的重要意义，并能在实际教学工作中践行。

■知识框架

班级管理及教育合力

- 项目一　班级建设
  - 班集体的历史发展
  - 班集体的基本特征及发展阶段
  - 班级组织的结构
  - 培养班集体的意义
  - 班集体的培养方法
  - 班集体的功能
- 项目二　班级管理
  - 班级管理的概念
  - 班级管理的内容
  - 班级管理的功能
  - 班级活动的管理
  - 班级活动的组织
  - 班级活动的主要内容
- 项目三　班主任工作
  - 班主任的工作内容
  - 班主任工作的作用
  - 班主任建设良好班风的措施
- 项目四　教育合力
  - 家庭教育
  - 社区教育

项目一 班级建设

一、班集体的历史发展

班级是夸美纽斯、赫尔巴特等教育学家提出班级授课制的产物。夸美纽斯在工业生产的启发下，认为："一个面包师搓一次生面，热一次火灶，就可以做出许多面包，一个砖匠一次可以烧许多砖，一个印刷匠用一套活字可以印出成千成万的书籍，所以，一个教师一次也应该能教一大批学生，毫无不便之处。"班级授课制将大工业的生产方式引入教育领域，为社会生产了大批合格的人才，也是近代教育史上的一件大事。班级授课制的产生替代了长久以来的主要教学形式——个别化教学，逐渐成为学校教育的主要形式，班级也逐渐成为师生开展教育活动以及学校进行管理的基本活动单位。我国自清末引入班级授课制，1916 年 1 月 18 日，当时的教育部公布《国民学校令实施细则》，明确规定了我国教育采用班级授管理体式；而后，在 1952 年教育部颁发的《小学暂行规程（草案）》和《中学暂行规程（草案）》，明确提出要在班级上设置班主任一职①。至此，班级授课制、学生固定的被编入某一班级以及班主任工作制度共同构成了我国班级组织的内涵，决定了我国班级具有自己的独特属性和功能，也奠定了班级改革的起点。

班级教学替代了几百年以来的主要教学模式——个别教学，并给全世界的教育带来了根本性的变革，其中"导生制"对班级教学的推动起到了重要的作用。"导生制"是由英国教师倍尔和兰卡斯特创造的一种互教制度，主要内容为教师在学生中选择一些年纪较大和成绩优秀的学生作为助手，教师先对导生进行教学，再由导生转教其他学生，并由导生对这些学生进行考试②。"导生制"教学的优点主要有：①省钱，以导生代替教师，费用可以大大减少；②省师资，由于"导生制"的出现，一名教师可以教授成千名学生，缓解了师生比例失衡的问题；③有助于提升儿童的自我管理能力，导生除了负责教授其他学生的学业问题外，还承担考核、缺席、升降级等任务，使多数学生受到了锻炼，提高了学生的自我管理能力。同时，"导生制"也存在许多问题，如：教学机械化，易使教学成为呆板、机械的训练，此种方法只能用于背书或简单的书写和计算教学中；在学校担任导生的学生显示出骄傲的态度并用命令式的口吻，专职及权威味甚浓③。

到了 19 世纪，赫尔巴特、凯洛夫等教育学家又相继提出了分科课程论、教师主导论、课堂教学的基本原则，使班级教学形式日趋规范。随着班级教学的广泛实施，这种教学形式也受到了批判，适应个体差异的班级教学改革开始活跃起来。如最早对班级授课制进行改造的是"道尔顿制"，其目的是改革传统的年级和班级教学，侧重发展

---

① 李娜. 关于班级的多维多级分析及其对走班制改革的启示 [J]. 中国教育学刊, 2017（11）: 6.

② 马国泉，张品兴，高聚成. 新时期新名词大辞典 [M]. 北京: 中国广播电视出版社, 1992: 856.

③ 腾达春. 外国教育通史: 第三卷 [M]. 济南: 山东教育出版社, 1990: 23-26.

学生个性和培养学生独立工作的能力，提倡根据每个儿童学习各学科的难易程度，适当分配课程时间；"特朗普制"把大班上课、小班讨论、个人独立完成结合在一起，并采用灵活的时间单位代替固定划一的上课时间；"小先生制"是由我国著名的教育家陶行知先生于1923年提出的，他认为儿童可以一边当"学生"，一边当"老师"，以教人者教己，即知即传即学即教，这是一种教学方式，又是一种学习方式[1]。"小先生制"可以解决普及教育的教师问题，1923年首先在山海工学团试行后，推广到全国23个省（市），对普及教育效果较好。

许多研究者认为，虽然新的教学组织形式不断涌现，且各有其长处、理论和实践依据，但各国采用的主要教学组织形式依然是班级授课制[2]。班级授课制虽然存在些许的缺陷，但其优点显然大于其缺陷，在许多方面优于个别教学。

【延伸阅读】

陶行知——"小先生制"

陶行知于1934年淞沪抗战两周年之时提出了"小先生制"。所谓"小先生制"，即以小孩子为教师，利用识字的小孩教授不识字的小孩或成人，以解决师资奇缺的矛盾。这种方法不是"把一个班小学生交给一个小先生去领导"，不是用小孩去代替传统班级的教师，也不是关在学校内由"大同学教小同学"，"他的职务是教人去教人"。一个小先生教会两个人识字，这两个人又去教其他不识字的人，这样像滚雪球一样，不断地"教人去教人"，普及教育的力量就越来越多、越来越大。在他看来，"小先生制"是推行生活教育的理想途径。在推广实践"小先生制"的过程中，陶行知总结归纳出不少在普及教育中很有实用意义的原则和方法。

即知即传，是最主要的原则和方法。小先生的职务，不只是教人，更重要的是教人去教人。小先生的成绩并不仅在直接所教学生的人数，更在间接所传代数之多。等到小先生所教的学生也能教人，像滚雪球一样越来越大，小先生工作的意义也越见其大。

非班级常规，是第二条原则和方法。如果不从实际出发，硬要把一个班级的小学生交给小先生去领导，那便是摧残小先生。所以，克服贪多的野心，把小先生所担任的人数减少到两三个，是保证小先生成功的基本条件。

开门教人，是第三条原则和方法。关起门来由优秀的大同学教小同学，这种方法同小先生制毫不相干。小先生制不但要把在校和不在校的小孩都变成小先生，而且要开起大门去找学生。不论是家中不识字的父母或兄妹，还是隔壁邻居不识字的大人小孩，都是他的对象。只有开门，才能体现小先生制的理论。否则，关起门来教来教去，终与"小先生制"无关。

与生活连在一起教，是第四条原则和方法。文字是生活的符号，在现实生活中，符号与生活可以很自然地联系在一起。如：教一位不识字的老人识字，可帮他认读医生为其所诊断的病例，可帮他读一读药品说明书……

要有指导和考核，是第五条原则和方法。小先生在完成自己使命的过程中，会遇

---

① 张育红. 小先生制：促进学生深度学习的有效途径 [J]. 华夏教师，2016（9）：2
② 全国十二所重点师范大学. 教育学基础 [M] 北京：教育科学出版社，2014：266.

到种种困难，如找不到学生和不明自己职务，老师都应随时指导。老师还应加强考核，考查小先生教学生所干出的成绩。

陶行知所提出的"小先生制"，对于现在我们的教育教学来说依然受用。比如班级内的学困生，老师就可以安排小先生利用课余时间教其学习，这样做不但锻炼了小先生的能力又减轻了老师的负担；又如学习舞蹈的学生大多不是一个班级的同学，在排练节目的过程中，也可以由小先生在课下指导舞蹈动作不到位的同学练习舞蹈，这就是所谓的"开门教人"；再如学校开展的各项活动，在活动中孩子会学到知识，老师都可以让孩子做小先生，回家讲给大人听，也让大人有一个学习的过程。

二、班集体的基本特征及发展阶段

（一）班集体的概念

班集体是按照班级授课制的培养目标和教育规范组织起来的，以共同学习活动和直接性人际交往为特征的社会心理共同体。

（二）班集体的基本特征

1. 明确的共同目标

班集体拥有明确的共同目标是班集体形成的基础。当班级成员有共同的目标时，群体成员在实现目标的过程中便会在认识上、行动上保持一致，班集体成员之间的思想逐渐达成一致，相互之间形成一定的依存性。

2. 一定的组织结构（班委）

一定的班级组织结构是班集体形成的必备要素。班级中的每个成员都是通过一定的班级组织结构联系在一起的，按照班级组织结构建立相应的机构，使班级正常、有序的运行，从而完成共同的任务或实现共同的目标。

3. 有一定的共同生活准则（班规）

班集体不仅需要有一定的组织结构，还需要有一套班级管理规章制度。规章制度可以是明文规定的，也可以是无形的，但必须要取得班集体所有成员的一致认同，所有成员都愿自觉遵守。班级管理规章制度是完成共同任务和实现共同目标的保证。

4. 形成良好的班风

良好的班风的形成是一个班集体形成的重要标志之一，因为班风是一个班集体的作风，是一个班集体中大多数人的思想觉悟、道德品质、意志情感、精神状态的一种共同表现倾向。培养一个团结友爱、奋发向上、纪律严明的良好班集体，是班主任班级管理的重要工作。良好的班风一旦形成，对班级学生的学习起着潜移默化的作用，有着强大的感染力。

（三）班集体的发展阶段

班级成立之后，其从初步形成到巩固成熟是一个连续的、动态的发展过程，我们通常把班集体的发展分为以下几个阶段：

1. 班集体初建期的松散群体阶段

这一阶段是班集体的雏形期，班集体的基本特征已经出现。不过，这时期的集体特征还不稳定，班级的奋斗目标和行为规范尚未完全变成学生的自觉行动。班级处于组建之初，班级成员之间互相不认识，每位学生只是按照课表进入同一间教室上课或根据班主任的统一安排参加共同活动而已。学生彼此之间处在新奇而互相观察的状态，对班主任依赖性较强，班级工作主要由班主任主持。因此，这一时期是班主任工作最忙的时期，也是班主任工作能力经受考验的关键期。

2. 班集体巩固期的合作群体阶段

这一阶段是班集体开始稳定发展的时期，班集体的特征已经鲜明地展示出来，并稳定下来。这一时期，班级中开始涌现出热心为大家服务的学生，班主任指定的班干部也开始发挥核心作用，班级的凝聚力有所显现，多数学生在班级中获得了归属感。在班主任的指导下，班干部可以独立组织班级活动。因此，这一时期是班主任培养班级骨干的重要时期。

3. 班集体成熟期的集体阶段

这一阶段是班集体趋向成熟的时期，集体的特征得到充分而完全的体现，并为集体成员所内化。此时，全班已成为一个组织制度健全的有机整体，学生积极参与班级活动并使自己的个性特长得到发展，整个班级洋溢着一种平等、和谐、上进合作的心理氛围，班主任已经开始成为班级的领导者。班主任的主要任务是根据学校教育计划，加强班集体的特色化建设，同时根据其对每位学生的了解，为学生提出发展规划建议，促进学生的个性发展。

三、班级组织的结构

（一）班级的正式组织和非正式组织

班级的正式组织是指班级内有组织赋予任务而产生的一种有组织的团体，其成员有固定的编制，且职责权利明确，组织地位确定。它主要包括班级教师群体、班级学生群体、少先队、各学习小组和课外活动小组等。每个班级组织都有自己的工作目标，都要建立根据班级分工的组织结构。我国中小学班级的正式组织一般分成三个层次：第一层，是对全班工作负责的角色，即班干部，例如班长、学习委员；第二层，是对小组工作负责的角色，即小组长；第三层，只对自己的任务负责的角色，即小组一般成员。

班级的非正式组织是相对于班委会、团支部这一类班级正式组织而言的，是指由若干个具有共同爱好的学生，自由、自愿、自然而结合的一种无形的小团体。这种组织是自发形成的，学生之间带有明显的感情色彩，基本是以个人的喜恶、兴趣爱好为联系纽带的。这些组织不受正式组织的限制，也没有明确规定的正式结构，但是其内部也会形成一些特定的相互关系结构和协调性较强的行为规范，会自然涌现出自己的"领头人"。这些"领头人"会以其特有的精神导向和情感的一致性制约着组织成员的行为，并对组织的行为向好发展具有不容置疑的作用力和约束力。它没有定员编制，没有明确的组织形态，却是客观存在的。非正式组织强调的是情感的沟通和非正式的互动交往。一般来说，学生的非正式组织有四种类型。

1. 娱乐型

学生出于情绪上的好感和消磨课余闲暇时间的需要而聚集在一起，他们的主要目的是好玩、有趣，这些小团体有时格调不高，甚至庸俗，但是他们能感觉到满足。

2. 消极型

这种群体会自觉或不自觉地与班主任、班委会发生对立,如破坏纪律、发牢骚,不参加集体活动。

3. 破坏型

这类群体已经游离出正式的组织,他们没有是非善恶的标准,任凭一种所谓的江湖人的欲望、勇气和胆量而作为,常常对班级组织产生破坏作用。

4. 积极型

这种群体的价值目标与班级正式群体的价值目标是一致的,是班级正式群体的补充,例如学生自发组织的文艺活动小组、公益活动小组、体育活动小组等。

班级非正式组织的特征:①成员间情感密切,群体意识强烈,具有稳定性;②具有自发性;③具有内聚力,但同时具有不稳定性、排外性与多样性;④班级具有二重性作用,即当非正式组织的意愿与班集体目标一致时,他们能为班集体的建设起到巨大的辅助作用,否则会对班集体的建设起到阻碍作用,甚至破坏作用。

非正式组织和正式组织的共存是不以人的好恶而客观存在的事实。班级中的非正式组织的存在也是客观的,是班级、学校发展需要和学生发展需要等多因素作用的结果。对于班级中的非正式组织不可视而不见、放任自由或者强行取缔。唯一的办法是把非正式组织和正式组织结合起来考虑,加强引导和教育。教师应当用辩证唯物主义的理念,正确对待非正式组织,加强对非正式组织的教育管理和正确引导,扬长避短。

(二)班级组织的角色结构

班级组织的角色通常是成对的出现,例如教师和学生、集体和个人。同时,角色的多重性也是班级组织角色结构的基本特点,比如:教师不仅要教书还要育人,有的学生不仅是学习者还在班级担任班干部的职务。班主任是班级的中心角色。由于时空、条件的变换,班主任的角色也在不断地变化,例如:在学生自行组织的活动中,班主任可能起到参谋的角色,也可能是一般的参与者;在某些课外活动、体育活动中,班主任可能完全是充当学生的角色。因此,班主任一方面要强化自己的角色意识,自觉履行自己的角色职责和义务;另一方面还要善于转换角色,发扬教育民主,做到教学相长。

(三)班级组织的规模

班级组织的规模主要是指班内学生的人数,一定的班级组织的规模是学校开展教学活动的前提条件。我国是一个人口大国,学龄儿童众多,班级规模适当扩大,有其一定的现实意义。然而班级组织的规模的过度膨胀,由此产生的教学空间的拥挤,会给学生的身心带来不利的影响。目前,我国中小学班级的人数大多超过国家规定。在人口密度过大的教室内学习,学生的身心健康和学习效果不能不令人担忧。

一间教室的空间是固定的,而学生的数量是可以变化的,也就是说随着班级人数的变化,人均占有的学习空间也会随之变化。一个班级组织的规模过大带来的不仅仅是空间上的拥挤,而且对学生的身心健康,对教和学的能动性的发挥,对大面积提高学生学习水平都是极其不利的。具体来说,班级组织规模过大对学习的影响主要表现在以下五个方面:①影响学生参与课堂活动的机会和程度;②影响学生获得个别指导的机会;③影响学生获得教师期望的水平和程度;④影响学生学习的课堂纪律环境;

⑤影响学生的学业成绩。

根据《教育部关于贯彻国务院办公厅转发中央编办、教育部、财政部关于制定中小学教职工编制标准意见的通知》（教人〔2002〕8号）的实施意见，对中小学每班学生的人数做了明确的规定：小学40至50人、中学45至50人（如表8-1所示）。

教育学基础

表8-1　中小学班标准额与每班配备教职工参考　　　　单位：人

学校类别	地域	班额	教职工	教师	职工
高中	城市	45~50	3.6~4	3	0.6~1
	县镇	45~50	3.5~3.8	3	0.5~0.8
	农村	45~50	3.3~3.7	3	0.3~0.7
初中	城市	45~50	3.3~3.7	2.7	0.6~1
	县镇	45~50	2.8~3.1	2.7	0.1~0.4
	农村	45~50	2.5~2.8	2.7	0.1
小学	城市	45~50	2.1~2.4	1.8	0.3~0.6
	县镇	45~50	1.9~2.1	1.8	0.1~0.3
	农村	各地斟定			

四、培养班集体的意义

（一）班集体是促进学生社会化的重要机构

（1）班集体是一个集体主义价值导向的规范化的组织；

（2）班集体内有共青团团员或少先队队员；

（3）每个学生都来自不同的社区和家庭，拥有各自不同的社会知识经验背景；

（4）班集体内有各种非正式群体。

（二）班集体是满足学生个体心理需要的场所

良好的班集体具有相互关爱、尊重平等的人际关系和自由安全的心理氛围。学生作为其中的成员，能够感受到集体的关爱、尊重，能够感受到自由安全愉悦的集体心理氛围，这对学生的心理健康无疑是一种最好的保护剂。

（三）班集体是促进学生个性和谐发展的平台

集体生活中开展的各种评价，有利于形成学生积极客观的自我意识，唤起积极的自我价值追求，从而促使其健康发展。

五、班集体的培养方法

班集体不是自然形成的，而是需要班主任与学生一起构建，任何一个班集体都会经历初期组建、形成和发展的过程，这实际上也是教育培养和社会化的过程。一般来说，班主任培养一个良好、积极正向的班集体需要从以下几个方面着手：

（一）确定班集体的发展目标

目标是班集体的发展方向和动力，能为班集体的发展点亮前进之路。班级目标是指在一定时期内班级成员所共同期望达到的要求和任务。按照时间长短，可以将班级发展目标分为近期目标、中期目标和远期目标三种。一个班集体只有拥有共同的发展目标，才会拥有凝聚力，才能使班级成员在认识上、行动上、思想上保持一致，才能实现发展。虽然每个班级的发展目标不尽相同，但在设计班级目标时，主要依据两个方面的因素：一是国家的教育方针、政策和学校的培养目标，二是班级的现实发展水平及需要。

（二）建立班集体的核心队伍（班委）

建立班集体的核心队伍是建设良好班级的重要环节。一个良好的班集体会有一批团结在教师周围的班团干部，他们是带动全班同学实现发展目标的核心力量。建立班集体的核心队伍，首先，教师要善于发现班集体中的积极分子，在充分了解学生的基础上，选拔出那些能热心为集体服务、能团结同学且具有一定管理能力的学生干部。其次，教师对选拔出来的班干部进行培养，既要鼓励他们独立开展工作，又要耐心地帮助他们提高工作能力；既要维护他们的威信，又要对他们严格要求；既要对他们的工作成绩给予表扬，又要指出他们工作中的不足。

教师在培养班干部时可从三个方面着手：①加强班干部的政治思想理论学习，每学期定期或不定期地组织班干部参加政治理论学习，听形势政策报告，提高学生的政治理论水平，统一思想；②坚持学生干部例会制度，每月或每星期让学生干部对自己的工作进行总结、反思，总结工作中的优点，正视自身的缺点，也可以让学生干部针对班级管理中的突出问题、共性问题集体讨论，共同制订解决方案；③注重学生干部能力的培养，敢于把任务交给学生干部，信任学生干部，使其在不断的工作中逐渐提升能力。

（三）建立班级规章制度

班级规章制度是班集体为实现共同目标而制定的规则和法规，是集体按一定程序办事的规程，它是集体中每个成员必须遵守的行为准则，是实现班级目标的政策保障[①]。班级规章制度具有两大功能：①导向功能，引导学生遵守一定的规章制度，培养学生的纪律性、组织性，使班集体朝着正确的方向发展；②约束功能，约束学生的言行，让学生按照规章制度的要求锻炼自己，从而养成正确的学习习惯和作息习惯。

建立健全的完善的班级规章制度，要注意以下三个方面：①明确班级规章制度的内容，一般来说，班级规章制度的内容主要包括学生在校学习生活的常规制度、为建立班级良好的教学秩序而制定的课堂纪律及评比制度、日常学习和活动时间规定、清洁卫生制度等；②完善班级规章制度的制定和执行过程，其实制定班级规章制度的过程就是组织学生学习讨论，从正面对学生进行组织纪律教育的过程，是一个不断提高学生组织性和纪律性的过程；③遵守制定和执行规章制度的基本要求，在制定班级规章制度的过程中要遵循符合班级学生实际情况、内容明确具体、坚决贯彻执行等基本要求。

（四）组织形式多样的教育活动

全班学生是在各种教育活动中逐步成长起来的。学生通过参加各种教育活动可以得到锻炼。设计并开展形式多样的教育活动是班主任的经常性工作之一。按照活动内

---

① 李自璋. 简论班主任建立班规和培养班风的技能 [J]. 泸州教育学院学报，1999（4）：21.

容进行划分，教育活动可以分为思想教育活动、科技活动、公益活动、组织活动、文娱活动、体育活动等。思想教育活动是指以马克思列宁主义、毛泽东思想、中国特色社会主义理论体系的学习为中心，包括理论教育、形式政策教育、理想教育、道德教育、纪律教育、爱国主义和革命传统教育等在内的各种思想教育。科技活动是指以学习科技知识，进行发明、技术革新为内容的活动，包括生产过程中的科技活动和非生产过程的科技活动。公益活动是指以绿化祖国、美化生活、服务人民、方便社会为宗旨的不计报酬的社会公益活动，也就是习惯上说的"学雷锋，做好事"活动。组织活动是指以团的组织建设和思想建设为主要内容的活动，包括发展组织、整顿组织和组织生活会等。文娱活动是指以文化娱乐为目的的活动，例如唱歌、跳舞、知识竞赛、读书、演讲、旅游、书法、绘画、集邮等。体育活动是指组织青少年因地制宜地进行体育锻炼，帮助青少年增强身体素质，如打篮球、踢足球、爬山等。

（五）培养正确的舆论和良好的班风

是否有正确舆论和良好的班风是衡量一个班级好坏的主要标准。具有良好班风的班级一般都具有较强的凝聚力、约束力、感染力和吸引力，且对其他班级还具有影响力。培养正确的舆论、良好的班风，最重要的是帮助学生树立起是非观念，让学生知廉耻、懂荣辱。班主任要自觉地、有意识地通过各种渠道、多种形式组织学生学习政治理论、道德规范，提高全班学生的思想政治觉悟；表扬好人好事，批评不良的思想行为，为形成正确舆论和良好的班风打下良好的思想基础，特别是当班级涉及原则问题而学生又未能正确认识事件时，要善于抓住这样的时机，通过积极的教育疏导和必要的思想斗争，帮助学生分清是非，推动班级正确舆论和良好班风的形成①。

六、班集体的功能

班级是学校教育的基本单位，是思想政治教育工作者讲授德育内容、传授德育信息、施展德育艺术的场所，更是学生学习生活中接触最多的环境。班集体对学生的健康成长具有十分重要的作用，具体来讲，班集体对学生的发展主要有以下四个方面的作用：

（一）班集体具有教育功能

（1）班集体能够促进学生思想政治素质的提高；

（2）班集体可以加强学生道德品质修养；

（3）班集体可以促使学生养成健康的人格心理。

（二）班集体具有组织协调功能

（1）奋斗目标的激励作用；

（2）规章制度的约束作用；

（3）集体核心的榜样带头作用；

（4）班集体具有较强的纽带作用。

（三）班集体具有提升功能

班集体首先是个文化学习单位。集体成员可不断丰富完善自己文化知识；全体成员的互帮互学、互相交流，促使每一个成员的知识变为全体成员的知识，全体成员的

---

① 肖高武. 如何建设良好的班集体［J］. 长沙水电师范学院（社会科学版），1992（4）：118.

知识也会变为个人的知识，从而达到提升全体成员文化素质的作用。

（四）班集体具有导向功能

（1）班集体具有正确的舆论导向作用；

（2）班集体能引导学生建立健康和谐的人际关系；

（3）班集体具有建设优良学风的作用。

【真题再现】

一、辨析题

非正式群体在班级管理中只有消极作用。

二、简答题

简述班主任培养班集体的主要方法。

三、材料分析题

材料：

在我刚担任初二（3）班班主任时，班级风气较差。我接手后的第一件事就是组织培养班集体。我是这么做的：

第一，我和全班学生讨论确定班集体的发展方向，最终确定了近期（两个月），中期（一学年）和远期（毕业前）班集体的目标。近期，主要搞好课堂纪律、抓好班级建设；中期，争取成为学校优秀班集体；远期，力求全面提高学习成绩和素质。我没有在第一次班会课上训话，而是对学生表达了希望和信任，相信经过他们的努力，一定能把班级建设成优秀班级。同时，我深入学生中间，争取大多数学生的支持并制定了《班级管理常规》，严格实行德育考核，奖罚结合。此外，我还定期向家长通报。两个月下来，班级风气明显好转，近期目标基本实现。

第二，在重新组建班委会过程中，学生反映，生活委员翁×常常在自习课带头讲话，课间吵闹造成不良影响，我和班委会讨论后决定撤换她。当宣布这一决定时，看到她情绪低落，我没有批评她，而是关心她，告诉她我这样做，是为班级包括她在内的全体学生着想。经过几次推心置腹的谈话，她在各方面有了较大的提高，同时，在原班委会基础上，我又根据各班委的特长进行了适当调整。

第三，我组织了"学雷锋日""环保日""篮球赛""社会调查"等一系列活动。在活动组织和实施中，逐渐形成了正确的舆论和良好的班风，激发了学生高度集体荣誉感，培养了他们明辨是非、善恶、美丑的能力。

第四，针对后进生，我分别采取了个别谈心、道德谈话、个别辅导等方式，在促进学生转变中起了较好的作用，同时也壮大了班集体。比如，我班赖×同学脾气暴躁，常仗着大块头与同学打架，与老师顶撞，但他特别擅长体育运动，尤其是篮球打得好。当时恰逢学校组织班级间篮球赛，我意识到转化的机会来了。我找到他研究如何排兵布阵，并请他做班级篮球队队长，他很感动。赛场上，赖×奋力拼搏，表现出色，最终，我班取得了第一的成绩。我趁热打铁，又推荐他做体育委员，得到全体同学同意。在此基础上，我又找赖×谈话，希望他珍惜大家对他的信任。从此，他从班级的"反叛者"变成了"主人翁"，直到初三以良好成绩毕业。

问题：结合材料说明该班主任老师培养班集体的主要方法。

【参考答案】

一、辨析题

答：错误。理由：非正式群体是指以个人感情为基础自发形成的小群体。每个班级都会有非正式群体的存在，这类群体对班级的影响有大有小，有好有坏。对于非正式群体，不能视而不见，也不能一概否认。只有积极引导，善于利用非正式群体中的积极因素，才能对班集体的建设起到正面效果。

二、简答题

答：①确定班集体的发展目标；

②建立得力的班集体核心；

③建立班集体的正常秩序；

④组织形式多样的教育活动；

⑤培养正确的集体舆论与良好的班风。

班集体不是自然形成的，任何一个班集体的形成都会经历组建、形成、发展的过程。

三、材料分析题

材料中该班班主任老师培养班集体的主要方法有：

（1）确定班集体的发展目标。材料中班主任和全班学生讨论确定班集体的发展方向，最终确定了近期（两个月），中期（一学年）和远期（毕业前）班集体的目标。

（2）建立班集体的核心队伍。材料中班主任选拔和培养班干部。在重新组建班委会的过程中，学生反映，生活委员翁×常常在自习课带头讲话，课间吵闹造成不良影响，班主任和班委会讨论后决定撤换她。

（3）建立班集体的正常秩序。材料中班主任争取大多数学生的支持并制定了《班级管理常规》，严格实行德育考核，奖罚结合，并定期向家长通报。在班干部犯错误的时候，班主任严肃处理，绝不姑息。

（4）组织形式多样的教育活动。材料中班主任组织了"学雷锋日""环保日""篮球赛""社会调查"等一系列活动。在活动组织和实施中，逐渐形成了正确的舆论和良好的班风，激发了学生高度集体荣誉感，培养了他们明辨是非、善恶、美丑的能力。

（5）培养正确的舆论和形成良好的班风。材料中班主任严肃处理犯错误的班干部，绝不姑息，并通过一系列活动，形成了正确的舆论和良好的班风。

（6）促进个别学生的发展。材料中班主任针对后进生，分别采取了个别谈心，道德谈话。个别辅导方式在促进学生转变中起了较好的作用，同时也壮大了班集体。

项目二　班级管理

一、班级管理的概念

班级管理是一种有目的、有计划、有步骤的社会活动，这一活动的根本目的是实现教育目标，使学生得到充分、全面的发展。班级管理的对象是班级中的各种资源，包括教室的桌椅板凳、学生的日常作息、教室的卫生情况、学生的学业情况以及学生之间关系的调解等。班级管理是一种组织活动，它体现了教师与学生之间的双向活动，是一种互动的关系。在小学班级管理中，对班级学生的了解既是做好班主任工作的基础条件，又是决定班主任工作成效的主要因素。

二、班级管理的内容

班级管理的内容主要体现在以下几个方面：第一，班级组织建设，这是班级管理的首要任务。教师在进行班级组织建设前一定要有明确、清晰、切合实际的班级目标。目标的引导才能使班级规范有序、有凝聚力，才能让大家劲往一处使、心往一处想，才能使班级组织建设更加合理完善。第二，班级制度建设。班级制度是调节学生与学生之间的行为规范，制度是班级管理的具体体现，按制度的形成可以分为成文制度和非成文制度。第三，班级教学管理。它主要包括明确教学管理的目标和任务、建立行之有效的班级教学秩序、建立班级管理指挥系统、指导学生学会学习。第四，班级活动管理。

三、班级管理的功能

班级管理的功能主要有：①有助于实现教学目标，提高班级学生的学习效率（主要功能）；②有助于维持班级秩序，形成良好的班风（基本功能）；③有助于锻炼学生的综合能力，学会自治自理（重要功能）。

四、班级活动的管理

（一）班级活动概述

班级活动是指在班主任的组织带领下，为实现班级的教育目标而举办的各种主题教育活动，它是建设班级文化的有效手段，是增进师生感情的有利抓手。

（二）班级活动的重要性

1. 班级活动有助于班集体的形成

一般来说，组织、形成班集体总是以协调一致的集体工作和有益的班级活动开始的，如果一个班级不开展或很少开展活动，是不可能成为一个真正的集体的。

2. 班级活动有助于实现班级教育目标

班集体实现班级的奋斗目标是在实践活动中发展和巩固起来的，目标是班集体发展的方向和动力，而组织相应的具体活动则是班集体向着既定目标前进的重要形式。只有在班级活动中，学生才能正确认识个人与集体、个人与他人之间的关系，培养集体主义精神和对集体的责任感、义务感。

3. 班级活动有助于形成正确的集体舆论和良好的班风

通过健康、有益的班级活动，正确的、合理的东西能够得到肯定和弘扬，错误的、不良的东西则为大家所不齿。只有这样，正确的舆论和班风才会逐渐形成和发展起来。

4. 通过开展班级活动，能够不断地实现班级不同阶段的奋斗目标

班级活动是建设班集体的重要措施，班级活动是一个班生命力的具体体现，根据班级建设的不同阶段开展的活动，能使班集体产生巨大的吸引力和凝聚力。

5. 通过开展班级活动，能够发现学生的闪光点，培养学生的能力

在班级活动中，学生是活动的主体，平时，教师不易发现学生的才能，但是通过活动，可以快速发现他们的特长。如，在文娱活动中会发现艺术人才；在朗诵和演讲比赛中会发现口才特长生。因此开展多样的班级活动不仅能够使学生全面发展，而且可以展现学生的特长。

6. 开展班级活动，能够丰富学生的课余活动

学生在校学习是紧张、忙碌的，他们希望能够有一些课余活动来放松一下自己紧绷的神经，放松一下心情。丰富的课余活动可以让学生放松心情、放松身体。在学习过程中只有劳逸结合才能够使学生学习效率更高。

（三）班级组织活动的基本途径与方法

1. 班级活动与学生思想品德教育相结合

在组织班级活动时要与学生的道德建设相结合，通过活动传递正确的世界观、价值观和人生观，以活动的形式帮助学生树立正确的社会主义核心价值观，为成为社会主义公民打下良好的基础。

2. 班级活动与班级实际情况相结合

在组织活动时，切记"盲目跟风"，一定要结合班级的实际情况，分析班级目前存在哪些问题、学生最需要的是哪方面的疏导和帮助，做到"实"而"小"，"近"而"巧"，切忌组织虚假活动，不要为了活动而组织活动。

3. 班级活动与学生的生活实践相结合

组织班级活动时，要注意活动内容必须与学生的生活实践息息相关，只有这样才能吸引学生的注意力、引起学生的兴趣、培养学生的主动精神，才会对学生的生活具有实际的指导意义。

4. 班级活动与各学科相关知识相结合

组织班级活动时要注意课内课外有关知识的联系，要注意各学科之间的整合，有意识地将各学科学到的知识、课外学到的知识巧妙运用到团队活动当中去。

五、班级活动的组织

（一）组织班级活动的基本原则

班级组织活动的基本原则包括目的性原则、针对性原则、多样性原则、易操作性原则、原创性原则、整体性原则。

（二）组织班级活动的阶段和基本要求

首先，拟定班级活动的主题。在选择班级活动主题的时候需要注意如下问题：充分调动学生的思维，充分尊重学生的意愿，充分展现本班的特长。

其次，做好班级活动的准备。在活动准备的过程中需要注意以下问题：充分重视全班学生的参与，充分发挥班干部的才能，充分体现管理者的关心。

再次，实施班级活动。班级活动的中心环节是班级活动的实施。在实施的过程中教师应保持警惕，注意观察学生，防止学生在活动过程中受伤或出现意外情况。

最后，班级活动的总结。班级活动的总结可分为两个环节。环节一是学生总结活动，主要由学生发表自己的活动感言，总结在活动中的优点与不足。学生通过总结环

节可以明了自己在活动中的得失。环节二是教师总结评价，教师的总结评价必须得体和中肯，让学生在活动后既得到努力活动的表扬，又能清楚自己的缺点与不足。

六、班级活动的主要内容

一般来说，班级活动的主要内容如下：

一是班会。班会是班级比较固定的班会活动形式。一般在课表上都会专门安排班会的活动时间，它是由班主任、班委或其他学生来拟定主题，全班学生共同参与的一种集体活动。根据主题是否明确，班会可以分为主题班会和常规班会两种形式。

二是文体活动。开展班级文体活动，可以活跃班级氛围，促进学生互相了解，展现学生的特长，促进学生的全面发展。联欢晚会是经常采用的文体活动形式。

三是科技活动。班级的科技活动可以通过科技班会、科技参观、科技兴趣小组三种形式进行。

四是节日、纪念日活动。

五是课外活动。

六是其他班级活动。这主要包括学习经验交流、知识或智力竞赛、社会公益劳动、社会调查或参观等。

【真题再现】

选择题

小学班级管理中，既是做好班主任工作的基础条件，又是决定班主任工作成效的主要因素是（　　）。

A. 班主任工作职责　　　　　　B. 班主任自身素质
C. 班级学生的质量　　　　　　D. 对班级学生的了解

【参考答案】

选择题

D

项目三　班主任工作

班主任是学校中全面负责一个班学生的思想、学习、健康和生活等工作的教师，是班集体的组织者、教育者和领导者，是一个班中全体任课教师教学、教育工作的协调者，是学校行政领导教育、教学工作的得力助手①。

一、班主任的工作内容

班主任的工作内容主要分为两大类：常规工作和个别教育工作。班主任的常规工

① 周德昌，江月. 简明教育词典［M］. 广州：广东高等教育出版社，1992：356.

作主要涉及七个方面：了解和研究学生、组织和培养班集体、建立学生档案、组织班会活动和课外活动、协调各种教育的影响、进行操行评定、写好班主任工作计划和总结。班主任的个别教育工作主要是分别对优等生、中等生、后进生进行教育。

（一）班主任的常规工作的具体内容

1. 了解和研究学生（班主任工作的前提和基础）

班主任对学生的了解包括对学生个体的了解和对学生群体的了解两个部分。对学生个体的了解包括以下几个方面：思想品德、学习、身体状况、心理、家庭和社会交往情况等。对学生群体的了解包括对正式群体和非正式群体的了解。班主任了解和研究学生的方法主要有观察法、谈话法、书面材料和学生作品分析法、调查访问法等，其中观察法是教师了解学生的最基本方法。

班主任了解、研究学生的主要内容包括以下几个方面：

（1）了解和研究班级群体的主要内容。

①班级成员的基本构成，如生源状况、年龄层次、性别比例等；

②班级群体的学业状况，包括不同学业程度的具体情况和不同学科学业程度的具体情况；

③班级群体的发展状况，如班级组织、班级规范、人际关系、班级舆论、班风、班级传统等；

④班级日常行为表现，如学习习惯、课堂内外的纪律等。

（2）了解和研究班级个体的主要内容。

①学生的基本情况，如性别、年龄、身体状况、兴趣爱好、个性倾向等；

②学生的社会关系，如家长职业、家庭经济状况、家庭结构、家庭关系、家庭所在的社区环境等；

③学生的学业和品德状况，如学习态度、学习习惯、学习性向、智能发展水平等；

④学生的品德形成与社会性发展状况，如行为习惯、人际关系、人际交往方式、思想道德面貌等。

2. 组织和培养班集体（班主任工作的中心环节）

将学生编在一个班里并不就是一个集体，一个健全的班集体，应当具有明确的、共同的奋斗目标，坚强的领导核心，自觉的纪律，正确的舆论以及团结友爱、勤奋爱好的好风气，因此组织和培养班集体是班主任工作的中心环节。这里需要区分三个常考知识点：班主任的中心工作——促进学生的发展；班主任最经常性的工作——德育；班主任的中心环节——组织和培养班集体。

3. 建立学生档案

学生档案能够综合反映学生在校期间德智体美劳诸多方面发展的情况，它是学校档案和校史的重要组成部分，更是展示学校工作成绩的一个窗口，因此，建立健全学生档案是学校工作中不容忽视的重要环节。建立学生档案一般分为四个环节：收集、整理、鉴定、保管。学生档案有两种：集体档案和个体档案。

4. 组织班会活动和课外活动

班会是班主任向学生进行教育的一种有效形式和重要阵地，是培养优良班集体的重要方法，也是养成学生活动能力的基本途径，它是班主任工作的重要内容。班主任活动的特点有：集体性、自主性和针对性。班会的种类有：常规班会、生活班会和主题班会。

课外活动是培养和发展人才所不可缺少的途径，是课堂教学的必要补充，是丰富学生精神生活的重要组成部分。课外活动的特点：自主性强、灵活性强、实践性强。

5. 协调各种教育的影响

个体的发展会受多种因素的影响，家庭、社会、学校等都对学生的发展产生各自的影响。班主任需要协调的教育影响主要包括：任课教师的教育影响、学校领导的教育影响、班委会的教育影响、少先队和共青团的影响、学生家庭的教育影响、社会的教育影响。

6. 进行操行评定

操行评定是以教育目的为指导思想，以学生守则为基本依据，对学生一个学期内在学习、劳动、生活、品行等方面的小结与评价。教师在进行操行评定时需要遵守的原则有：体现素质教育思想、公平客观、促进学生发展。一般来说，操行评定有四个步骤：学生自评、小组评议、班主任评价、信息反馈。

对学生进行操行评定的意义：有利于帮助学生正确认识自己，有利于学生家长了解子女的综合表现，有利于科任教师了解学生。班主任在对学生进行操行评定时，需要注意三个方面：一是操行评语要实事求是，抓住主要问题，有针对性，能反映学生思想品德的表现和发展取向；二是要充分肯定学生进度，适当指出他们的主要缺点，指明努力方向，不可罗列现象，主次不分；三是文字要简明、具体、贴切，避免伤害学生情感，造成家长误解。

7. 写好班主任工作计划和总结

班主任工作总结是指班主任对一个时间段的整个班级工作过程、状况和结果根据一定的标准做出的恰如其分的评估。班主任工作计划一般分为学期计划、月或周计划以及具体的活动计划。学期计划比较完整，一般包括基本情况，班级工作的内容、要求和措施，本学期的主要活动与安排三个部分。班主任工作总结一般分为全面总结和专题总结两类，一般在学期、学年末进行。做好总结应注意两点：一时平时注意对班主任工作资料的积累，二是注意做阶段小结。

（二）个别教育工作

1. 对优等生的个别教育

优等生，又叫"先进生"，是指那些品学兼优，在德、智、体、美、劳诸多方面得到较好发展的学生。针对优等生的教育，班主任需要做到以下四个方面：第一，严格要求，防止自满；第二，不断激励，提高抗挫折能力；第三，消除嫉妒，公平竞争；第四，发挥优势，带动全班。

2. 对中等生的个别教育

中等生，又叫"中间生"，是指那些在班级中各个方面都表现平平的学生，中等生有两个共同点：一是信心不足，二是表现欲不强。针对中等生的教育，班主任需要做到以下三个方面：第一，重视中等生的教育，因为中等生的教育不仅关系到中等生自己的发展，而且关系到整个班级的发展；第二，根据中等生的特点，有的放矢地进行个性化教育；第三，给中等生创造展示自己才能的机会，增强他们的自信心和表现欲。

3. 对后进生的个别教育

后进生是指那些在学业成绩和思想品行方面落后于平均水平的学生，这些学生的典型特征有：求知欲不强、学习能力低、意志力薄弱、自卑、严重的逆反心理、未养成良好的学习习惯。班主任在对后进生进行教育时需要做到：第一，关心热爱与严格要求相结合；第二，培养和激发学习动机；第三，善于发掘后进生的"闪光点"，增强其自信心；第四，根据后进生的特点因材施教；第五，对后进生的教育要持之以恒。

二、班主任工作的作用

班主任工作繁重，工作内容细碎，要负责班级的建设、组织、管理工作，具有掌管全班学生的学习和生活的职能，负责处理班级的一切事物，同时也要负责学生在校期间的健康成长。班主任的领导方式一般可分为专制型、民主型、放任型。

专制型班主任喜欢让学生听命于自己，他的话就是命令、就是指示，不服从的学生就会受到批评、威吓和谩骂。无论是在生活还是在学习上，专制型班主任会限制学生的自由，管理支配学生的一切，而且还压抑学生的独立思考和创造性的发挥，学生在这样的班级中总是提心吊胆、战战兢兢地学习和生活着。

民主型班主任主张学生与自己是完全平等的，他们尊重学生的意见和看法，并积极采纳学生的合理化建议。在日常的班级管理中，他们主要不是以直接的方式领导，而是以间接的方式引导班级组织的发展。他们管理的班级有规则，但这些规则主要是由学生制定的，学生通过讨论决定应当如何遵守规则，而且指导制定这些规则的目的不是为了惩罚，而是使班级形成一个充分自觉维护规则的氛围，使每一个学生都能将自己的特长、优势展现出来，体验成功和快乐。

放任型班主任看似主张无为而治，其真正的动机是不愿意负责任。他们任意宽容学生的任何行为，使学生错误地认为自己可以为所欲为。在这样的班级中，班主任与学生、学生与学生之间只不过是空间上的聚集，在精神上是分散的，没有凝聚力，该类班主任不能为学生学习和生活提供保障和支撑。

三、班主任建设良好班风的措施

班主任建设良好班风的措施如下：

（1）发挥自身的表率作用；

（2）发挥舆论阵地的宣传作用；

（3）让学生发挥榜样的作用；

（4）发挥任课教师和家长的作用；

（5）营造健康的班集体的舆论氛围，建立合理的班集体规范。

班级管理工作是学校教育的重要基地之一，而培养良好的班风是班主任做好班级管理工作的重要前提。好的班风离不开班主任的敬业精神、负责的态度。以身作则、为人师表是教师在长期职业活动中形成的优良传统，这也是对教师从事教育工作的要求，班主任尤其应该如此。所谓表率则是指为了教育的需要，班主任在学生中率先垂范、自正其身、严于律己。现在的教育往往只重视"言教"，忽视了"身教"。教师在要求学生，其实学生也同样要求着教师。教师严于律己、率先垂范能增加教师的威信，增强学生与教师的感情；同时又有助于树立教师在社会、家长中的形象。

【真题再现】

简答题

1. 简述班主任工作的主要内容。

2. 请简述小学教师撰写操行评语的注意事项。

3. 简述班主任了解、研究学生的主要内容。

【参考答案】

简答题

1. 答：班主任的工作内容主要分为常规工作和个别教育工作两大类。班主任常规工作主要涉及七个方面：了解和研究学生、组织和培养班集体、建立学生档案、组织班会活动和课外活动、协调各种教育影响、进行操行评定、写好班主任工作计划和总结。个别教育工作主要是对优等生、中等生、后进生分别进行个别教育。

2. 答：（1）操行评语要实事求是，抓住主要问题，有针对性，能反映学生思想品德的全面表现和发展趋向。

（2）操行评语要充分肯定学生进步，适当指出他们的主要缺点，指明努力方向，不可罗列现象，主次不分。

（3）操行评语的文字要简明、具体、贴切，使人一看就明白，能够接受，切忌空洞、抽象、一体化，严防用词不当，伤害学生感情，造成家长误解。

3. 答：

班主任了解和研究学生的主要内容有：

（1）了解和研究班级群体的主要内容。①班级成员的基本构成，如生源状况、年龄层次、性别比例等；②班级群体的学业状况，包括不同学业程度的具体情况和不同学科学业程度的具体情况；③班级群体的发展状况，如班级组织、班级规范、人际关系、班级舆论、班风、班级传统等；④班级日常行为表现，如学习习惯、课堂内外的纪律等。对于一个新组建的班级，主要是侧重于对第一项内容的把握。

（2）了解和研究班级个体的主要内容。①学生的基本情况，如性别、年龄、身体状况、兴趣爱好、个性倾向等；②学生的社会关系，如家长职业、家庭经济状况、家庭结构、家庭关系、家庭所在的社区环境等；③学生的学业和品德状况，如学习态度、学习习惯、学习性向、智能发展水平等；④学生的品德形成与社会性发展状况，如行为习惯、人际关系、人际交往方式、思想道德面貌等。

项目四　教育合力

教育合力是指以学校教育为主体，以家庭教育为基础，以社区教育为依托的共同育人的力量。在形成教育合力时，家庭、学校、社会三方面必须要统一要求，在作用上形成互补、协调一致。

一、家庭教育

家庭教育是学校教育和社会教育的基础，它开始于孩子出生之日（甚至上溯到胎儿时期），婴儿时期的教育也称为"人之初"的教育，在人的一生中起着重要的奠基作用。孩子在上学之后，家庭教育既是学校教育的基础，又是学校教育的补充和延伸。著名的心理专家郝滨曾说："家庭教育是人生教育的基础和起点。"中国古代有许多关于家庭教育的著作，如司马光的《家范》、颜之推的《颜氏家训》、班昭的《女诫》、诸葛亮《诫子书》、欧阳修的《诲学说》、唐太宗的《诫皇属》等。

【延伸阅读】

诸葛亮《诫子书》

《诫子书》是三国时期政治家诸葛亮临终前写给他儿子诸葛瞻的一封家书。从文中可以看出诸葛亮是一位品格高洁、才学渊博的父亲，他对儿子的殷殷教诲与无限期望尽在此家书中。全文通过智慧理性、简练谨严的文字，将普天下为人父者的爱子之情表达得非常深切，成为后世历代学子修身立志的名篇。

全文如下：夫君子之行，静以修身，俭以养德。非淡泊无以明志，非宁静无以致远。夫学须静也，才须学也。非学无以广才，非志无以成学。淫慢则不能励精，险躁则不能治性。年与时驰，意与日去，遂成枯落，多不接世，悲守穷庐，将复何及！

白话文释义：君子的行为操守，从宁静来提高自身的修养，以节俭来培养自己的品德。不恬静寡欲无法明确志向，不排除外来干扰无法达到远大目标。学习必须静心专一，而才干来自学习。所以不学习就无法增长才干，没有志向就无法使学习有所成就。放纵懒散就无法振奋精神，急躁冒险就不能陶冶性情。年华随时光而飞驰，意志随岁月而流逝。最终枯败零落，大多不接触世事、不为社会所用，只能悲哀地坐守着那穷困的居舍，那个时候再来悔恨又怎么来得及。

《诫子书》的主旨是劝勉儿子勤学立志，修身养性要从淡泊宁静中下功夫，最忌急惰险躁。文章既概括了做人治学的经验，着重围绕一个"静"字加以论述，同时把失败归结为一个"躁"字，对比鲜明。文章短小精悍、言简意赅，文字清新雅致、不事雕琢，说理平易近人，这些都是这篇文章的特殊之处。

（一）古代家庭教育的典范——《颜氏家训》

颜之推的《颜氏家训》被认为是我国封建社会第一部系统完整的家庭教科书，明代鸿儒王三聘誉此书为"古今家训，以此为祖"，清人王钺在《读书从残》中也称其"篇篇药石，言言龟鉴"。下面将从《颜氏家训》的伦理道德教育、日常行为教育、治学教育三个方面进行详细阐述。

1. 以"孝悌仁义"为核心的伦理道德教育

（1）对父母的要求。

颜之推认为在教育子女方面，父母有着不可推卸的责任和义务。他在《教子》篇中主张"当及婴稚，识人颜色，知人喜怒，便加教诲，使为则为，使止则止"。意思是"当孩子知道辨认大人的脸色、明白大人的喜怒时，开始对他们加以教诲，叫他去做他就能去做，叫他不做就不会去做。这样，等到他长大时，就可以不必对他打竹板处罚了"。否则等到孩子傲慢骄横的习行已经养成，才想到去约束去管教则为时已晚，有时甚至会加深子女对父母的怨恨之情。在对待亲子关系的时候，他认为"父母威严而有慈，则子女畏慎而生孝矣"，意思是"只要父母既威严又慈爱，子女自然敬畏谨慎且有孝行了"。颜之推认为在家庭教育中应严与慈相结合，不能因为儿童幼小而一味溺爱和放任，父母在子女面前要严肃庄重，有一定的威信，这样子自然敬畏谨慎并且有孝行。

在家庭教育中，父亲的作用不可替代，要把握好教育子女的分寸。例如颜之推在《颜氏家训·教子》中指出："父子之严不可以狎，骨肉之爱不可以简。简则慈孝不接，狎则怠慢生焉。"这里的狎释义为亲昵而不庄重。整句话的意思为，父亲对于子女要严格要求，不能亲近而不庄重；骨肉之间的爱，不可以不慎重。不慎重，慈爱的结果就不能导致孝顺；亲近而不庄重，不孝敬之心就会产生。同时陈鹤琴先生在论述父子相处之道时曾对此深表赞同，认为"做父亲的同小孩子做伴，并不是同小孩子轻狎，轻狎则小孩子容易生藐视心"，可谓是对严与慈的关系理解深刻。颜之推认为教育的实质就是自上而下、先前而后的，尤其是在道德教育上更是上行下效的，所谓为人父母更应当以身作则。

（2）为人子女。

颜之推赞赏孝顺之人，反对不孝之人，他曾说："孝为百行之首。"他在《序致》篇中回忆自己小时候侍奉父母"每从两兄，晓夕温清，规行矩步，安辞定色，锵锵翼翼"。意思是"每每跟随两位兄长，不分四季早晚，行止端正，言语恰当，脸色温和，拜见父母，走路时都很小心谨慎"。也就是引导子孙在父母在世的时候要恭敬谨慎，悉心奉养；父母去世以后，也要做到《礼记·杂记》中所说的"见似目瞿，闻名心瞿"（看见与过世父母相似的容貌，听到与过世父母相同的名字，都会心跳不安）。但是也必须根据实际情况斟酌自己当下应取的态度，不可片面一味地尊崇古代规矩。

（3）为人兄弟。

颜之推在《兄弟》篇中强调："兄弟者，分形连气之人也。"他提倡"兄友弟恭"的兄弟关系，认为只有兄弟关系和谐，家族才会兴旺。"兄弟之爱是子侄关系、妯娌关系的基础，兄弟不睦，就会淡漠以上各种关系，破坏整个家庭的和谐，所以需要着力维护。"尤其父母去世以后，兄弟之间更应当相互照顾、相互爱怜，不可因各自娶妻成家就疏远淡薄了。

（4）治理家务。

他在《治家》篇中告诫子孙："笞怒废与家，则庶子之过立见；刑罚不中，则民无所措手足。"治家同治国一样，需要赏罚分明、宽严有度，这样才会事事井井有条；他鼓励大家要勤俭持家，但要有仁厚之风，希望人们能够做到"施而不奢，俭而不吝"（实施而不奢侈，借鉴而不吝啬，就可以了）。对于有些家庭中存在重男轻女以及虐待儿媳的现象，颜之推给予严厉的批评。

（5）婚姻问题。

在对待子女婚嫁问题上，他反对攀附权贵，告诫子孙选择配偶要以家世清白为准，不可因为"贪荣求利"而招来猥婿傲妇。关于妻子死后，丈夫续弦再娶的问题，他认为在此事上一定要慎重，以免"异性宠则父母被怨，继亲虐则兄弟为仇"而导致家庭破碎。

颜之推把家庭作为实践伦理道德的重要场所，倡导以和为贵、仁义道德的家庭文化氛围，强调以孝悌为核心的伦理道德教育，此为修身立家之根本。一个人只有自身道德高尚、家族和谐仁义才有了迈入社会的坚实基础，才能更好地谋求个人发展。因此，以"孝悌仁义"为核心的伦理道德教育是其家庭教育内容的基石。但是对于儒家伦理道德中的"忠君"思想并无过多提及，体现了其伦理道德教育中重"孝"轻"忠"的一面，这也是他内心矛盾的体现。当今社会，许多孩子不知道如何与长辈及兄弟相处，颜之推的教育内容将如何具体去做纳入其中，"内化于心，外化于行"也正是其伦理道德教育之精华所在。除此之外，他还强调了婚姻问题的严肃性以及教育子女的重要性，这体现了家庭教育的终身性。家长不能只将家庭教育看成对未成年子女的教育，应该在子女成年后给予其将要组建新家庭及今后家庭生活方面的相关指导，帮助子女建立正确的家庭观、婚姻观和生育观。

2. 以"明哲保身"为特点的日常行为教育

（1）规范礼仪风操。

颜子推在《风操》篇中专门论述了有关避讳、取名、称呼、交际、吊唁等方面应遵循的礼仪规范和南北礼俗的差异优劣，认为"礼为教本，敬者身基"，以此来教育后人作为士大夫想要立身于世，必须要谨慎对待礼仪风操之事，学会以礼待人、以节接物。同时他反对一味尊崇古制，主张应根据具体情况知晓变通，这是他独具会心之处。

（2）待人谦虚诚恳。

颜子推在《名实》篇中说道："至诚之言，人未能信；至洁之行，物或质疑。皆由言行声明，无余地也。"这也就是说做人要懂得谦虚，凡事留有余地。"巧伪不如拙诚"，那些巧妙伪装、沽名钓誉的人只能骗人一时，不能欺骗一世。

（3）参政勿多言多事。

颜之推深信"多言多败""多事多患"的古训。在《省事》篇中，他把"上书进言"看作出卖忠心以求高官，出卖言论以求厚禄的行为。所以他教育子孙保全身家的方法就是不要多话，不要多事，恪守己道，不靠巧言令色和上书君主来博取名利。

（4）入仕不过中品。

颜子推在《止足》篇说："宇宙可臻其极，情性不知其穷，唯在少欲知足，为立涯限尔。"也就是说劝戒子孙凡事要知进知止，明哲保身，不能贪得无厌，放纵自己的欲望。他极力要求后人在仕途上谨守"仕宦不可过两千石，婚姻勿贪势家"的祖训以及保有"不过处在中品，前望五十人，后顾五十人，足以免耻辱，无倾危也"的仕宦心态。这也正是他一生动荡漂泊、历仕四朝后的人生感悟。

（5）修行持戒。

颜子推在《归心》篇，告诫子孙要虔诚，要敬畏因果，坚持持戒修行，这也是尊崇周孔之道。同时，颜之推认为真正的养生必须要注意避祸，先保全性命，在《诫兵》篇列举了本族中因从武力而取祸的例子告诫子孙要远离兵武之事，恪守士大夫之风才可保全门户。

因为颜之推身经乱世、辗转南北，既见证了梁、北齐、北周政权的灭亡，也看到和听说了太多的士大夫及其家庭的种种破灭离散，所以在生活上他谨慎地恪守适中的理念。告诫子孙如何立身保命是颜之推家庭教育的重要内容。而当时的儒学在很大程度上已经不能解决现实问题，因而使他的处世哲学具有鲜明的时代特性和自身特点，在立足儒学根本的基础上融合了玄学、佛教的内容，明显带有明哲保身的中庸色彩。当然，如今时代不同，社会进步，颜之推这种留有明哲保身的家族公立色彩、消极世故的处事心态应该加以摒弃和批判，但是他对子孙在礼仪风俗、待人接物、知足戒贪等方面的教育，还是应该加以学习和重视的。

3. 以"勤奋务实"为要领的治学教育

（1）明确学习目的。

颜之推在《勉学》篇中谈道："夫所以读书学问，本欲开心明目，利于行耳。"他鼓励子孙通过勤学自立于世，不能依靠祖上的荫庇，认为"家财万贯，不如薄技在身"，并强调了在各种技艺中最容易学会又值得推崇的本事，就是读书。

（2）端正学习态度。

他主张虚心务实、博学广师的学习态度，批判了读书人"但能言之，不能行之"，只知道谈笑戏谑、写诗作赋，对治国治军没有丝毫帮助的社会现象。他反对"凌忽长者，轻慢同列"那种自高自大、目中无人的作风，认为"爱及友商工贾，厮役奴隶，钓鱼屠肉，饭牛牧羊，皆有先达，可为师表，博学求之，无不利于事也"。他强调了知识不仅在书本中，更在人民生活的方方面面。

（3）把握学习时机。

颜之推主张"人生小幼，精神专利，长成已后，思虑散逸，固须早教，勿失机也。"也就是说，人在幼儿时期，精神专注敏锐，应对儿童及时早教，抓住最佳时机。正所谓"幼而学者，如日出之光，老而学者，如秉烛夜行，犹贤乎瞑目而无见者也。"如果早年没有用功也为时不晚，晚年醒悟且立志成才的例子也不少。

（4）掌握学习方法。

颜之推总结了勤学、切磋、眼学、博览机要的学习方法，认为一个人的学习成果如何，很大程度上取决于他的勤奋程度。他以《礼记·学记》中的"独学而无友，则孤陋而寡闻"一句来劝诫子孙，在学习过程中应与同伴交流切磋，互相启迪，避免错误。除此之外，在《杂艺》篇中，他还表述了对学习书法、绘画、骑射、博弈、投壶、卜筮、算数、医学等技艺的看法。他认为"杂艺不仅是个人文化修养的表现，而且还具有娱乐和保健的作用"，但要注意的是只宜兼学，不必专精。

总而言之，颜之推的家庭教育内容是围绕"以孝悌仁义"的伦理道德教育为基石、以"明哲保身"的日常行为教育和"勤奋务实"的治学教育为重点开展的。其教育内容有如下特点：首先，它是全员教育，不仅针对未成年子女，还针对已为人父母的成年子女，体现其广义的家庭教育观；其次，它是全程的教育，从儿童到少年再到成年都有相应的教育内容，体现了其教育内容的终身性；最后，它是全方位的教育，从生活实处着手，涵盖了修身、治学、治家、处世等各方面的教育内容，体现了其教育内容的广泛性和实用性。对当今社会家庭教育的主要启示包括：第一，应充分发挥家庭教育的优势，从子女日常生活中接触到的具体人、事、物入手，将社会核心价值与生活实际相结合，真正发挥家庭教育的重要作用；第二，要意识到家庭教育是终身教育，对未成年子女组建新家庭的正确引导与对未成年子女德、智、行、言的教育同样重要，都会对人的一生产生重要的影响。当然，他所具有的消极的处事心态、强烈的家族功利色彩以及一些腐朽的封建思想应该加以摒弃和批判。

（二）家庭教育的特点

1. 家庭教育的早期性

家庭是儿童生命的摇篮，是人出生后接受教育的第一个场所，也是人生的第一个课堂；父母则是儿童的第一任教师，所以说家庭教育具有早期性。一般来说，孩子出生后经过三年的发育，进入幼儿时期，这是人的身心发展的重要时期，我国古谚有"染于苍则苍，染于黄则黄"。人的许多基本能力都是在这个阶段形成的，如语言表达能力、基本动作、生活习惯以及性格。

2. 家庭教育的连续性

孩子出生后，几乎有 2/3 的时间是在家庭中度过的，时时刻刻都在接受着父母的教育，这种教育是在有计划和无计划、有意和无意中进行的。不管以什么样的方式、什么样的方法，家长以其自身的言行随时随地影响着子女，家庭教育对孩子的生活习惯、道德品行、谈吐举止都有着重要的影响，所以有些教育家又把家长称为终身教师。这种终身教育往往反映在一个家庭的家风上，而家风往往要延续几代人，而且家风通常与家庭成员从事的职业相关，如"杏林世家""梨园之家""教育世家"等。同时，家风也在一定程度上反映了家庭的学风，其往往延续几代人，甚至几十代人。如在中国近代，无锡人严功增补清末《国朝馆选录》，统计了清顺治三年丙戌科至光绪三十年甲辰科，状元共 114 人，其中父子兄弟叔侄累世科第不绝者，如苏州缪、吴、潘三姓，常熟翁、蒋两姓，浙江海宁陈、查两姓，因此可以发现家庭教育的连续性往往对人才群体的崛起有重要的影响。

【古语典故】

教育界——"杏坛"

杏坛是孔子教育光辉的象征，公元前 522 年，孔子 30 岁，开创平民教育，收徒讲学。有一天，孔家小院非常热闹，孔子带领一群青少年垒土筑坛，并移来一棵小银杏树栽在坛边。孔子抚摸着银杏树说："银杏多果，象征着弟子满天下。树干挺拔直立，绝不旁逸斜出，象征弟子们正直的品格。果仁既可食用，又可入药治病，象征弟子们学成后可以有利于社稷民生。此讲坛就取名杏坛吧！"此后，孔子每日杏坛讲学，四方弟子云集。

医学界——"杏林"

据《神仙传》记载，三国时期，吴国有一名医生，名叫董奉，福建闽县人。董奉少年时期，发奋钻研医术，立志要做一位济世的医生。后来一个偶然的机会，他遇到一个高人，因而修得极为高明的医术。董奉看到当地人由于三国征战而贫困交加，十分同情，便在凤凰山之南的一个贫困的小山坡上居住下来。他根据当地的地理、气候条件，把江南种植果木的农业技术知识传播给钟离国的农民，鼓励人们在荒山坡上种植杏树以救荒致富。可惜，很多人对这位悬壶治病的"游医郎中"提倡的种杏致富的意义持怀疑态度，并不实行。于是，董奉定下了一个奇特的规章：看病不收费用，但重病者病愈后，要在他居住的山坡上种植杏树五株；病轻者，种一株。由于他医术高明，医德高尚，远近患者纷纷前来求治，数年之间就种植了万余株杏树，成为一片杏林。杏子成熟时，董奉写了一张告示，规定：来买杏的人，不必通报，只要留下一斗谷子，就可自行摘一斗杏子。他把杏子交换来的谷子，用以救济贫民。据说，每年都有两三万贫病交加的人，受到董奉的救济。

董奉去世后，"杏林"的故事一直流传了下来。明代名医郭东就模仿董奉，居山下，种杏千余株。苏州的郑钦谕，庭院也设杏圃，病人馈赠的东西，也多用来接济贫民。元代的书画家赵孟頫病危，当时的名医严子成给他治好了，他特意画了一幅《杏林图》送给严子成。后来，人们在称赞有高尚医德，精湛医术的医生时，也往往用"杏林春暖""誉满杏林""杏林高手"等词来形容。近现代的一些医药团体、杂志也常以"杏林"命名。"杏林"已成为医界的别称。有关"杏林"的佳话，不仅成为民间和医界的美谈，而且成为历代医家激励、鞭策自己努力提高医技、解除病人痛苦的典范，"杏林"也成了医学界的代名词。

戏曲界——"梨园"

"梨园"这个词，很多人耳熟能详。戏曲界叫"梨园界"，这一行业叫"梨园行"，戏曲演员为"梨园弟子"，几代人从事这个事业的家庭为"梨园世家"。

据史载："玄宗既知音律，又酷爱法曲，选坐部伎子弟三百人，教于梨园。声有误者，帝必觉而正之，号皇帝梨园弟子。"

李隆基年幼即喜爱歌舞。在六岁时，有一次他的祖母，也就是历史上有名的女皇帝武则天大摆盛宴款待群臣，李隆基即席秀了一段歌舞表演，博得在座群臣的赞赏。李隆基继位后，在714年大力提倡歌舞、戏曲，选定了"梨园"作为活动场所。"梨园"是当时唐朝离宫别殿里一个广植梨树的果木园，是供帝后、皇亲国戚饮宴、游戏的地方。李隆基亲自挑选乐师与宫女，并将他们集中在"梨园"学习歌舞戏曲，自己培训演员，遇有不当之处，还亲自指正。他所成立的这个歌舞戏曲班子，可以说是历史上第一所规模宏大的国立戏曲学校。因为第一个戏曲班子建立在梨树果园中，所以戏曲界就被称为"梨园"。

3. 教育内容的生活化

家庭教育与家庭生活在各个方面交叉渗透，随着家庭生活的变化和受教育者的身心发展，家庭教育也不断地变换着内容和形式，从各方面影响青少年的发展。

4. 教育方式的情感化

家庭的血缘关系使任何教育动机和措施都带上浓厚的情感色彩，这种情感性可以加强家长的责任心和影响力，但也容易让情感蒙蔽的家长和子女失去理智，出现过度保护、过分溺爱等情况。过分溺爱是很多家庭的通病，孩子有任何要求，无论是精神上的还是物质上的，统统给予满足。如果孩子事事都能得到满足，他的抗挫折能力就无法得到锻炼，就很容形成自傲、任性、自私等性格缺点。著名心理学专家郝滨认为，父母要根据孩子的性格特征寻找恰当的教育方式，既要防止简单粗暴的武力解决，又要防止事事满足的过分溺爱。

5. 教育方法的多样化

家庭教育方式层出不穷，主要有解答疑难、知道读书、树立榜样、游戏等方式。

（三）家庭教育的主要内容

不同的年代，不同的阶段，家庭教育的内容不尽相同，一般来说家庭教育的主要内容包括，但不仅限于下列内容：

（1）爱国主义教育：爱国主义情感是孩子走人生正路的重要精神力量。

（2）责任心和义务感教育：这既是家庭美德的内容，又是社会公德的内容，从小培养孩子的责任心、义务感，无论做家事，还是做公事，都能认真负责，尽自己应尽的义务。

（3）勤劳节俭的教育：勤劳节俭是一个人的立身之本，勤劳与节俭相辅相成，不勤劳的人不懂得珍惜劳动成果，珍惜劳动成果的人往往更勤劳。

（4）生活能力的培养：主要包括独立思考、独立生活、自我管理等能力的培养。

（四）家庭教育的基本原则

1. 量力而行

要想使家庭教育获得成功，就需要全面了解孩子身心发展的实际水平，遵循孩子的生理和心理的发展规律，再在此基础上考虑教什么、如何教。孩子在发育的时期，生理、心理、认识能力、语言能力都会随着年龄的增长迅速发展和发生变化，所以家长在进行家庭教育时，既要有一定的难度，又要让孩子经过努力可以达到。

2. 循序渐进

孩子知识的积累与成长并非一蹴而就，而需日积月累，如涓涓细流终将汇成滔滔江河。家长在给孩子传授知识时，要注意新旧知识的联系，增强知识的系统性。家长既要注意巩固孩子已学过的知识，又要启发孩子学习新知识，逐步培养孩子系统思考问题的能力。尤其是当孩子对所学知识尚未理解时，家长不要着急传授新知识，要遵循量力而行的原则。每个家长都有望子成龙、望女成凤的盼望，都期望自己的孩子能够学有所成，将来出人头地、光耀门楣。家长常常从自己的主观愿望出发，借着"都是为你好"的说辞，强加本该不属于这个年龄段的教学内容，例如我们经常探讨的幼儿教育小学化。甚至有些家长因为孩子的成绩产生攀比的心理，"你看看隔壁家的某某某，学习多自觉啊！""我同事的女儿今年考上重点中学了，你怎么就没人家这么争气呢？"……小时候是否经常听到父母唠叨这些熟悉的话语，将来的你是否会对你的孩子也这样说呢？

3. 因材施教

因材施教最早是由孔子提出来的，因材施教是教学中一项重要的教学方法和教学原则，指教学中教师根据不同学生的认知水平、学习能力以及素质，选择适合每个学生特点的学习方法来有针对性地教学，从而发挥学生的长处，弥补学生的不足，激发学生学习的兴趣，树立学生学习的信心，从而促进学生全面发展。

【延伸阅读】

孔子因材施教的故事

有一次，孔子讲完课，回到自己的书房，学生公西华给他端上一杯水。这时，子路匆匆走进来，大声向老师讨教："先生，如果我听到一种正确的主张，可以立刻去做吗？"孔子看了子路一眼，慢条斯理地说："总要问一下父亲和兄长吧，怎么能听到就去做呢？"子路刚出去，另一个学生冉有悄悄走到孔子面前，恭敬地问："先生，我要是听到正确的主张应该立刻去做吗？"孔子马上回答："对，应该立刻实行。"冉有走后，公西华奇怪地问："先生，一样的问题你的回答怎么相反呢？"孔子笑了笑说："冉有性格谦逊，办事犹豫不决，所以我鼓励他临事果断。但子路逞强好胜，办事不周全，所以我就劝他遇事多听取别人意见，三思而行。"

思想型孩子沉默寡言，不喜欢与人交谈和群体活动，感情起伏比较少，多面无表情，爱观察及问老师问题，喜欢汲取新知识。这类孩子的社交能力较弱，家长要鼓励他主动与他人交往，多肯定他的看法以及提升自信心，不可压制他的好奇心。

（五）家校合作应遵循的基本要求

（1）改善家庭与学校的合作关系，注重平等沟通，发挥学校主导，调动家长积极性。

（2）提高家庭与学校的合作能力，统一认识，共同承担孩子的教育责任。

（3）畅通家庭与学校的合作渠道，资源共享，形成教育合力。

（4）提高家庭与学校的合作层次，逐步提高家长的参与感，相互支援，合作共进。

（六）家校联系的基本方式

（1）家访。

家访是由学校的教师和干部到学生家庭进行访问，一般是与家长沟通情况，交流感情、密切关系、商讨共同教育儿童、青少年的方法。

（2）班级家长会。

班级家长会是一种传统的家校合作方式，主要目的是使家长与班主任及学科教师面对面地集中沟通，交流意见，增进理解与支持，共同为学生发展协调配合。

（3）家长学校。

家长学校是指家长在专业教师的指导下，学习教育学、心理学方面的知识，以及教育子女的方法。

（4）家长沙龙。

家长沙龙是指以家长为主体，以学生成长为中心，以教师及专家学者为咨询指导，旨在提高家长教育素养，提升教育理念，转变传统教育观念，实现以家庭教育为突破口，最终形成教育合力的一种形式。

（5）家长委员会。

家长委员会由关心学校、关心教育事业、具有教育子女经验的家长代表组成，其主要职责是参与学校和班级的教育与管理，协助做好学生教育工作。

（七）教师家访的注意事项

（1）要提前预约。

家访前一定要提前预约，建议提前一天或两天给家长打电话，让他们提前做好准备，千万不要到了学生家门口才打电话通知，这样会使家长不知所措，甚至有时候家长不在家。

（2）选准家访的时机。

最好是在周六周日，中午 11 点至下午 1 点这一时间段最好不要家访，因为家长正在做饭或是休息时间。一般来说，家访的最佳时间控制在 30 分钟左右最为合适，问题解决了，及时告退，切莫没话找话说。

（3）奉行三不原则。

不再学生家吃饭，不拿家长的任何礼物，不求家长办任何事情。

（4）明确家访目的。

家访的目的主要包括：及时向家长反映孩子近段时间的表现；了解学生家庭各方面情况、家庭教育环境对孩子的影响，孩子在家中的表现；一起探讨孩子的教育。

（5）在家访过程中注重实效性，与家长沟通做到尊重、平等。

教师既要尊重家长的意见和看法，又要维护学校和教师的声誉。教师可多介绍学校和教师在管理和教学方面好的做法，不要和家长产生正面冲突，态度诚恳，请家长多给自己、给学校提意见。

（6）注意安全。

教师在家访的过程中要注意交通安全。一般来说，教师家访最好有同事陪同，切忌只身一人家访。

二、社区教育

（一）社区教育的含义

社区教育是一种终身教育的概念和组织形式。社区教育起源于 20 世纪美国杜威所提出的"学校是社会的基础"的思想，而后经由曼雷、莫托在美国密歇根州对这一思想进行的实验，注入了实际的内容。这一实验通过加强学校与社会之间的联系和沟通，使学校成为可以为社区所利用、为社区服务的一种资源，从而使"社会教育"的内涵得以不断地扩充和完善，逐渐被世界各国普遍接受，并最终成为现代国际教育发展的普遍趋势。我国一些学者在受到美国社区教育思想与实践的影响后，相继在农村办起了乡村教育，以此来改良中国社会。如陶行知在 1927 年做的乡村教育实验，晏阳初于 1926 年在河北定县开展的"平民教育"实验，梁漱溟于 1928 年在山东邹平县开展的"乡村建设"实验，都是立足乡村社区发展教育，将教育与社区建设发展融为一体，使教育的社会效益显著起来的范例[①]。

社区教育这一概念在国外得以确立主要是在第二次世界大战结束以后，但对社区教育的解释，每个国家都存在着不一样的看法。我们以最典型的美国和日本为例。

1976 年，美国颁布了《联邦任务》，其中提及美国社区教育的内容至少应该包括以下几个方面的内容：一是学校、培训机构之类的教育公共设施得到充分利用；二是各种年龄层次、各种不同层次的人群和不同的种族的人群都应该全部包括；三是人们要根据自己的实际情况和所能解决的问题来参加社区教育；四是要设立多种形式与制订多种计划来开展社区教育；五是充分利用社区内的各种机构和部门的共同合作；六是从多方面筹集资金，包括政府的、私人的以及企业的等。

日本在颁布的《世界教育事典》中对社区教育的理解包括：社区居民的生活、社区内存在的一些问题等内容都要列入学校的教育课程计划，要准确科学地理解社区教育的含义，对社区有强烈的归属感和情感认识；社区学校是社区内最主要的社区教育文化中心，因此社区学校应该向社区内全体居民开放，提高其教育和技能培训活动。

---

① 梁志燊. 中国学前教育百科全书·教育理论卷［M］. 沈阳：沈阳出版社，1995：146.

比较以上两种认识，不难发现两者对社区教育认识的出发点和着眼点是不同的。美国是站在社区发展的角度来谈社区教育，把学校看作社区的一部分，社区发展是中心，社区教育是为了社区发展。而日本则是站在学校的角度来谈社区教育，突出和强调学校教育在社区教育中的地位和作用，围绕学校和学校教育来谈社区。

我国的社区教育是在国家实行改革开放后，总结原有学校教育、家庭教育、社会教育相结合经验的基础上，借鉴国外社区教育的经验，从国内不同地域的实际出发，通过试点逐步发展起来的。我国的社区教育大致可分为三类：一是以一所学校为中心，连接所在社区的部分工厂、事业单位和政府部门共同组成的社区教育委员会；二是以社区为中心，由街道办事处或区级政府牵头，社区教育机构等企业单位共同参与组建的；三是以工业区或农业县为地区界限的社区教育，皆在加强对企业、农村未来劳动者素质的培养和社区文化建设。我国比较具有代表性的观点是吴遵民教授提出的，我国社区教育是由地区居民自发产生的，为追求精神生活的充实以及对终身学习的需求，由政府提倡并在地区基层组织共同推动的自下而上的群众性教育活动，其宗旨是提高地区居民的精神文化素养，满足其自我完善的需求，切实保障地区居民的自主学习权利[①]。

（二）社区教育的特征

1. 区域性

区域性，是指社区教育是以社区为基本单位，如江苏省常州市金坛区直溪镇社区教育中心、安徽省合肥市西县山南镇社区教育中心。社区教育是面向社区成员，为提高社区成员整体素质，满足社区发展需要而进行的教育。需要特别指出的是，社区教育的内容和形式并不是一成不变的，也不是固定的，需要根据社区成员的人口结构特征以及需要进行合理安排。如，有的社区事业人口较多，就应该开展一些就业指导、再就业技能培训等活动；再如，有的社区老年人口较多，就应该开展一些老年人医疗咨询、保健讲座和理疗康复服务等活动。

【延伸阅读】

江苏省常州市金坛社区直溪社区教育活动——创新服务模式助农战"疫"

直溪社区大多数人都是以务农为生，2020 年由于新冠肺炎疫情的暴发，各行各业都受到了影响，为了保证打赢疫情防控和农业生产两场硬仗，常州市各地社区教育机构迅速行动，创新开展特殊时期教育服务"三农"模式，携手教育服务"三农"高水平基地，与广大农户一起，共战疫情，不误农时。

金坛区直溪镇社区教育中心联合金坛"健倡"红香芋种植教育服务"三农"基地，克服疫情防控时期不能集中培训的困难，组织社区教育志愿者为广大芋农开展"种芋选择与处理"在线直播培训，指导芋农如何选择种芋，如何充分晾晒，示范种芋灭菌处理方法，以及疫情期间如何做好劳动防护措施。同时，采取上门配送培训资料、张贴红香芋春播前芋种选择与处理的技术要点宣传画等多种方式，把香芋春播知识送给广大芋农。金坛区指前镇社区教育中心邀请金坛区农机学校教师赴区教育服务"三

① 吴遵民. 当代社区教育新视野［M］. 上海：上海教育出版社，2003：78.

农"基地，组织小班化、分流教学，进一步提升各合作社农机从业人员的安全生产意识，保障春耕生产。金坛区儒林镇社区教育中心帮助河蟹养殖基地发布蟹、虾苗种供应信息，及时解决河蟹滞销和种苗紧缺的问题。

2."三全"性

"三全"即全员、全程、全面，这是区别于其他各类教育的最基本的特点。"全员"性指社区教育的服务对象是不分年龄、不分性别、不分职业的所有社区成员。从年龄来看，包括婴幼儿、青年人、中年人、老年人等各年龄阶段人员；从社区人员结构来分，包括外来务工人群、下岗失业人群、残疾人群等。社区教育强调尊重每一个社区居民的受教育权，关注每个人的学习与成长，通过相关的教育教学活动，提高全社区居民的整体素质，增进社区成员的身心健康。"全程"性，即社区教育为每一个社区居民人生中任何阶段的学习提供教育服务，换句话说，社区教育是终身教育，它可以为个人在幼儿时提供学前教育，在青少年时提供校外教育，在中年时提供继续教育，在老年时提供闲暇教育。"全面"性，即社区教育应根据社区发展需求、社区成员生活和工作的需要，提供文化、就业、健康、德育、法制等多方面、多角度的教育。社区教育的全程性、全员性决定了社区教育的全面性，社区教育内容的广泛性是全面性的具体表现。社区教育内容十分广泛，种类繁多，包括就业指导、就业技能培训、文体活动、健康医疗、文明素质类等。

3.多样性

社区教育的多样性主要表现在以下四个方面：第一，学习和教育在时间和空间上具有弹性。社区教育属于非正规教育，教育内容和学习内容可以随着社会需求结构的变化自行调节，而且，课堂教学时间也比较固定，根据社区成员的时间进行灵活调整。第二，可以采用灵活多样的教学手段。根据具体的教学内容，教学手段可以是线上的直播课程，也可以是线下的教室课程。许多社区甚至深入田间地头、进入车间工厂开展教育活动。第三，社区教育的载体选择十分丰富。开展社区教育活动可以以学校为载体，但是不仅仅局限于学校，它同样可以以社区文化中心为依托。

（三）社区教育的重要意义

1.社区教育是构建学习型社会、终身教育体系的现实基础

学习型社会理念是1968年由美国前芝加哥大学校长罗勃特·哈钦斯在《学习社会》一书中提出的。他认为："教育的目的并不仅是国家的繁荣，而应该是使每一个个人的自我能力都能够最大限度地得到发展，并使人的人格臻于完善。"终身教育是20世纪60年代初出现的一种最有影响的国际教育思潮，世界上最早提出"终身教育"概念的是1929年英国教育家耶克斯利的《终身教育》，这也是世界上第一本有关终身教育的专著，但耶克斯利在书中只是提出了"终身教育"的概念，并未进行系统的论述。1965年，法国成人教育学者、联合国教科文组织成人教育计划处处长保罗·朗格朗在联合共教科文组织召开的"第三届促进成人教育委员会"的会议上提交了一份《关于终身教育》的提案，并发表《论终身教育》的报告书，系统介绍了终身教育思想，标志着终身教育真正的概念化和体系化，自此终身教育成为一种影响深远的教育理念。1996年联合国教科文组织发表的报告《教育——财富蕴藏其中》，将终身教育思想代

入更高的认知层面和更加广泛的全球推进平台，标志着终身教育思想最终形成。《教育——财富蕴藏其中》指出，面向 21 世纪教育的四大支柱，就是要培养学生学会四种本领：①学会认知，培养学生学会运用认知工具求知，学会发现问题，学会探究知识，学会构建知识；②学会做事，既要学会实践，更要学会创造；③学会共同生活，要培养学生学会与其他人共同生活，就要学会合作生活、合作学习，从过去的集中教学方式到个别学习方式，到现在提倡的合作学习；④学会生存，学会生活、学会自身的发展，要重视发展性教学，不仅要传授知识，还要注重对能力和高尚情操的培养。社区教育具有全员、全程、全面的突出特点，覆盖社区的全体成员，贯通人的整个生命历程，涵盖思想道德、基础文化、职业技术、艺术休闲等多种类型的教育。社区教育是终身教育的重要实现形式，是终身教育的最佳着力点，能够使社区居民真正享受到学习的乐趣和意义，提高社区所有居民学习的积极性，为建设学习型社会打下坚实的基础。

2. 社区教育助力社会文化发展大繁荣

社区教育可以提高全社区居民的文化素质水平，助推社会文化发展大繁荣。首先，社区教育有利于创造良好的社区文化氛围，帮助居民树立正确的人生观、世界观、价值观。社区教育是弘扬以爱国主义为核心的时代精神，是树立和践行社会主义核心价值观的基地。社区教育拥有非常便利的条件向社区居民集中开展社会主义核心价值观的宣传教育，弘扬中华民族的传统美德。其次，社区教育有利于传承和保护中华民族优秀的传统文化。中华民族优秀的传统文化凝聚着所有中华民族历久弥新的精神财富，是建设我国共有精神家园的重要支撑。然而目前我国一些优秀的非物质文化正在逐渐消失，例如河北唐山的皮影戏、夷陵版画、画糖画。社区教育在文化传承与创新中起到了基础性作用。非物质文化进社区、非物质文化体验培训课等社区活动可以将非物质文化遗产推到基层、推到人民群众当中去，从而使其得到继承和发扬。

【延伸阅读】

中国优秀的非物质文化
唐山皮影戏

皮影戏，旧称"影子戏"或"灯影戏"，是一种用灯光照射兽皮或纸板做成的人物剪影来表演故事的民间戏剧。表演时，艺人们在白色幕布后面，一边操纵戏曲人物，一边用当地流行的曲调唱述故事，同时配以打击乐器和弦乐，有浓厚的乡土气息。这种传统的民间艺术形式很受人们欢迎。

相传汉武帝时，一方士为解皇帝思念爱妃李夫人亡故之秋，取海底神石，刻成李夫人模样，置于轻纱幔中，灯光下宛如李夫人重现。皮影由此而源，至宋、金、元时期呈现出极其繁盛的趋势，并由南至北，形成了异彩纷呈的地方艺术风格。饱汲滦河水滋养的唐山皮影是其中一朵独具魅力的奇葩。

唐山皮影戏以历史故事、神话传说、寓言故事为主，题材大多来源于历史名著，主题积极向上，有的表现保家卫国的英雄，有的表现惩恶扬善的侠士，有的表现反抗压迫的勇者，歌颂真善美，鞭挞假恶丑。唐山皮影戏的唱腔为板腔体，唱词多为七字句或十字句，主要板式有大板、二板、二六板、紧板、快板等。伴奏乐器主要有四弦、二胡、扬琴、大阮、唢呐等，以表现舞台及各种戏剧人物的不同情绪。

唐山皮影戏的剧目内容是深层剖析当地社会民俗民风、宗教心理的重要材料。历代唐山皮影戏艺人对唱腔表演、舞台道具的材料和技艺的改良与创新从未间断过，这些经验是今人和后人的宝贵财富。唐山皮影戏的传承延续着口传心授的方式，为文化传承的方式方法提供了重要借鉴价值。唐山皮影戏的唱腔、音乐、表演、造型有着本地域特有的风格，受到国内外同行和观众的赞誉，具有很高的欣赏与研究价值。

糖画

糖画是一种传统民间手工艺术，以糖为材料进行塑造，所用的工具仅为一勺一铲。糖料一般是红白糖加上少许饴糖放在炉子上用温火熬制，熬到可以牵丝时即可用来浇铸造型了。做糖画的人是没有底稿的，画稿全在他的头脑里。做糖画必须胸有成竹，要趁热一气呵成，他们汲取了传统皮影制作的特征及雕刻技法，十二生肖说来就来，张飞、赵云、花鸟鱼虫、飞禽走兽，随着缕缕糖丝的飘洒，便栩栩如生地呈现在你面前，再趁热粘上一根竹签，便大功告成。小孩举着腾云驾雾的飞龙或展翅欲飞的彩凤，对着阳光凝望，它是那么晶莹剔透、活灵活现，一时还舍不得吃，只轻轻用舌尖舔一下，又得意地向同伴炫耀，看得人眼馋口也馋。

关于糖画，还有一个更加生动有趣的民间故事。据糖画老艺人白世云、樊德然、黎永成等回忆，相传唐代四川大诗人陈子昂在家乡时，很喜欢吃黄糖（蔗糖），不过他的吃法却与众不同。一代才子会首先将糖溶化，在清洁光滑的桌面上倒铸成各种小动物及各种花卉图案，待凝固后拿在手上，一面赏玩一面食用，自觉雅趣脱俗。

后来陈子昂到京城长安游学求官，因初到京师人地两生，只做了一个小吏。闲暇无事时，他便用从家乡带去的黄糖如法炮制，以度闲暇。一天，陈子昂正在赏玩自己的"作品"，谁知官中太监带着小太子路过，小太子看见陈子昂手中的小动物，便吵着要。太监问明这些小动物是用糖做的时，便要了几个给小太子，欢欢喜喜回官去了。谁知回官后小太子将糖吃完了，哭着吵着还要，惊动了皇上，太监只好上前如实回禀。皇上听完原委，立即下诏宣陈子昂进官，并要他当场表演。

陈子昂便将带去的黄糖溶化，在光洁的桌面上倒了一枚铜钱，用一支竹筷粘上送到小太子手中，小太子立即破涕为笑。皇上心中一高兴，脱口说出"糖饼（儿）"两字，这就是"糖饼（儿）"这一名称的由来。由此陈子昂便得到了升迁，官至右拾遗。

后来，陈子昂解衣归里后，为了纪念皇上的恩遇，同时也因闲居无聊，便收了几个徒弟传授此技。这些徒弟又传徒弟，并将它传向四方。有的干脆以此为业，走邮串乡做起糖饼儿生意来。这糖饼儿生意虽小，但因曾得到过皇帝的赏识，所以生意十分兴隆，学的人越来越多，并代代相传，这一技艺从此就流传下来。在一些大街小巷里经常会看见糖饼儿人的身影，周围围着一圈好奇的人。

3. 合理的、适当的社区教育能够促进社区建设和社会发展

社区是社会的最基本的单元，社区建设在整个社会发展中起到至关重要的作用，没有社区的建设和发展也就没有社会的可持续性发展。首先，社区教育能够提高社区成员的思想道德修养。社区居民的思想道德修养直接影响到街坊邻居之间的关系、社区的文化氛围和环境整洁等。社区居民思想道德修养的提高有利于文明社区的创建，有利于形成良好的社会风气、社会氛围，使居民能够生活在彼此信任、安全、舒适轻松的环境内。其次，社区教育能够通过对社区居民的劳动技能培训扩展居民的再就业渠道。这样做一方面可以提高居民的生活质量，提高他们的生活幸福感；另一方面可以为社区提供人力资本，切实服务社区建设。最后，社区教育可以通过打造特色文化增强社区居民的凝聚力。社区文化对社区居民具有聚合的作用。社区通过引导社区居民参加社区教育活动，形成学习共同体。

4. 社区居民的内在学习动力和需求呼唤社区教育

如今社会快速发展，知识与技能迅速更迭，人们需要不断更新自己的知识才能更好地适应社会的发展，社区教育能够较好地满足社区居民对学习的需求。首先，以社区为依托创办的学前教育能够更好地适应幼儿的发展和家长的需要。幼儿家长因为工作繁忙、交通拥堵等原因，都希望孩子能够就近上幼儿园。社区中的幼儿园恰恰能满足家长的需求，同时由于幼儿园的小朋友基本上是一个社区的，可以更好地帮助他们建立安全可靠的同伴关系。其次，社区教育是青少年校外教育的重要组成部分。对于在校的青少年，学校是他们接受教育的主要场所，同时社区教育是学校教育的重要补充，是青少年成长不可或缺的一部分。青少年在学校所学的知识往往抽象程度较高，社区教育有着丰富的实践资源，可以配合学校的理论知识，为青少年提供各种实践锻炼的场所，从而提高他们动手实践能力和解决实际问题的能力。同时社区教育也是挽救"问题少年"的重要场所。社区可通过社区教育为"问题少年"提供帮助，对无业的青少年进行职业技能培训和继续教育，或者开设法律教育、心理咨询、社交技巧等课程帮助青少年矫正不良社会行为。最后，社区教育能够满足城市农民工对职业性教育的需求。城市农民工是我国改革开放和工业化、城镇化进行中涌现的一支新型劳动大军，这一群体的规模较大。社区教育可以联合职业教育机构帮助农民工迅速掌握一技之长，也可以通过职前培训加职后指导规划的方式使农民工更好更快地适应城市生活。

【真题再现】

一、选择题

发挥教育合力必须注意三种教育形态的有机结合，这三种教育形态是（　　）。

①家庭教育②学校教育③社会教育④自我教育

    A. ①②④　　　　　　　　　　　B. ①③④

    C. ①②③　　　　　　　　　　　D. ②③④

二、简答题

1. 简述家校联系的基本方式。

2. 简述家校合作的途径。

三、材料分析题

材料1:

唐老师布置学生回家用泥巴做手工,要求留意制作的过程和感受,给作文积累素材。谁知不久,小强爸爸气势汹汹地来到办公室,对唐老师大吼:"老师,为啥娃儿回家作业不做,就玩泥巴?"唐老师没有生气,和颜悦色地对家长说:"您的心情我理解,但我先读一篇作文给您听,可以吗?"于是,唐老师就把小强在作文课上写的作文读了一遍,大致内容是:周末,他用泥巴好不容易制成了一辆"新型坦克",很是得意,不料老爸一见,就将他的"成果"狠狠地摔个粉碎,还骂自己不务正业,他非常难过……读罢文章,唐老师给家长讲明为什么要安排孩子回家做这样的作业。家长听后连声道歉,说:"是我不对,我还以为您就是让学生玩呢。"

问题:

(1) 评析唐老师与家长沟通的做法。

(2) 试述家校合作应遵循的基本要求。

材料2:

四 (2) 班小明最近在校表现不好,学习成绩直线下滑,为了解小明在家中的情况,班主任顾老师到小明家家访。在同小明父亲交流情况时,顾老师引用了一句古语:"养不教父之过。"小明的父亲听后很不高兴地说:"顾老师,您这话欠妥,孩子是我生养的,我不送他到学校接受教育,剥夺他受教育的权利,那是我的过错,现在,我把孩子送到学校接受教育,你们教不好,这应是老师的过错,怎么能说是我们做家长的过错呢?"结果,双方未能在教育小明的问题上达成共识。

问题:

(1) 结合材料,谈谈你对教师与家长冲突的看法。

(2) 试述教师家访的注意事项。

【参考答案】

一、选择题

C

二、简答题

1. 答:(1) 通信联系、电话联系、短信联系、网络联系;

(2) 召开家长座谈会;

(3) 互相访问,即学校进行家庭访问,家长访问学校和班主任;

(4) 建立家长委员会。

2. 答:一般而言,学校教育与家庭教育相互配合的方法主要包括家访、班级家长会、家长学校、家长委员会、家长沙龙。

(1) 家访:由学校的教师和干部到学生家庭进行访问,一般是与家长沟通情况,交流感情、密切关系,共同商讨教育儿童、青少年的方法。

(2) 班级家长会:这是一种传统的家校合作方式,其主要目的是使家长与班主任及学科教师直接面对面地集中沟通,交流意见或建议,增进互信理解与支持,共同为学生进一步发展协调配合。

（3）家长学校：家长学校是组织学生家长学习进修的教育机构。家长在专业教师的引领指导下，学习教育学、心理学方面的知识，以及教育子女的方法，由此，能更好地配合班主任教育孩子，做好班级管理工作。

（4）家长沙龙和家长委员会：家长沙龙是以家长为主体，以学生学习成长为中心，以教师及专家学者为咨询指导，旨在提高家长教育素养，提升教育理念，转变传统教育观念，实现以家庭教育为突破口，最终形成教育合力的一种形式。家长委员会由关心学校、关心教育事业，具有教育子女经验的家长代表组成，其主要职责是参与学校和班级的教育与管理，协助做好学生教育工作。

三、材料分析题

材料1：

（1）答：唐老师与家长沟通的做法一方面体现了正确的家校沟通的理念，值得我们学习；另一方面，唐老师的做法也表明唐老师与家长欠缺及时沟通，需要我们注意。

首先，这种做法体现了家校沟通的尊重原则。家长和教师都是能够对学生施加教育影响的教育主体，在对学生的教育中具有平等的地位。材料中的唐老师在面对家长的质疑时，能够尊重家长，以平和的心态去对待家长，体现了老师对家长的尊重。

其次，这种做法表明唐老师与家长欠缺及时沟通。由于老师和家长教育思想和教育方法不一定相同，难免会出现误解与矛盾，这就需要老师能够站在家长的立场想问题，及时和家长沟通，让家长可以理解并支持老师的做法，老师才能得到家长的密切配合，目标一致地对学生进行教育，提高教育效果。材料中的唐老师由于没有事先和家长沟通，导致家长误解，影响了孩子在制作泥巴过程中的体验，并产生了难过的情绪。唐老师在今后的教学中，应注意及时和家长沟通，避免出现类似事件。

（2）答：

家校合作中应遵循的基本要求有：

第一，教育性。家校合作应使学生、家长和教师都能够得到教育。

第二，发展性。家校合作应以促进学生发展为目的。

第三，针对性。家校合作应该针对学生的问题进行有针对性的指导。

第四，有效性。家校合作的目的是促进学生发展，最终必须要完成预定目标。

材料2：

（1）答：材料中发生家校冲突的原因主要是未达成教育的合力。

首先，家校合作共育的过程中，一些老师发现孩子的问题后只知找家长告状，把责任往家长身上推，做法欠妥，让家长对老师的要求产生抵触情绪。

其次，很多家长片面地认为，家庭只需要把孩子照顾好就可以了，教育问题应该由学校全权负责，缺少与学校的配合观念，造成了家校之间的冲突。

所以在家校相处的过程中，学校和家庭应承担相应的职责，秉承家校共育的理念，促进学生更好地发展。

（2）答：

家访注意事项：

①提前与家长沟通做好相关准备；②明确家访的目的性；③在家访过程中注重实效性，与家长沟通中做到尊重、平等；④最终形成教育的合力。

模块九

教育评价

■**学习目标**

1. 了解教育评价的功能、历史发展及范围。
2. 理解教育评价、教师评价和学生评价的含义、评价标准。
3. 掌握师生评价的方法。
4. 引导学生正确认识评价的目的，掌握综合素质评价方法。

■**知识框架**

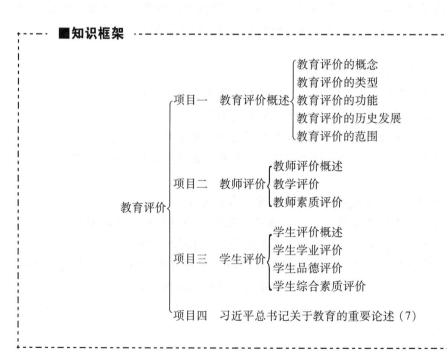

教育评价
- 项目一 教育评价概述
  - 教育评价的概念
  - 教育评价的类型
  - 教育评价的功能
  - 教育评价的历史发展
  - 教育评价的范围
- 项目二 教师评价
  - 教师评价概述
  - 教学评价
  - 教师素质评价
- 项目三 学生评价
  - 学生评价概述
  - 学生学业评价
  - 学生品德评价
  - 学生综合素质评价
- 项目四 习近平总书记关于教育的重要论述（7）

项目一　教育评价概述

一、教育评价的概念

（一）评价、价值和教育价值

"评价"一词早在我国北宋时期就已经出现，《宋史·隐逸传上·戚同文》中有"〔宗翼〕隐而不仕，家无斗粟，怡怡如也，未尝以贫窭干人。市物不评价，市人知而不欺"的记载，这里的"评价"是讨价还价的意思。《辞海》中对"评价"的解释是"评价，评论货物的价格……泛指衡量人物或事物的价值"。《现代汉语词典》中对"评价"的解释是"泛指衡量人物或事物的价值"。我们可以将"评价"简单理解为评定价值，或是根据某种价值观对事物或人进行判断和衡量。由此可见，评价和价值是分不开的，只有基于正确价值观的评价才具有其公正性和有效性。

"价值"的含义非常广泛，在哲学中，"价值"属于关系范畴，从认识论上来说，是指客体能够满足主体需要的效益关系，是表示客体的属性和功能与主体需要之间的一种效用、效益或效应关系的哲学范畴。在经济学中，"价值"泛指客体对主体表现出来的积极意义和有用性，可视为能够公正且适当反映商品、服务或金钱等值的总额。我们可以简单将"价值"理解为事物的用途和积极作用。价值与人的需要有关，但它不是简单由人的需要决定的。价值是主观性与客观性的统一，当主体具有某种需要，同时客体本身具有满足主体需要的效用性时，才能体现出价值。

教育作为一种培养人的社会活动，它不仅要满足人自身发展的需要，还要适应社会发展的需要。教育价值，是指教育能够满足人自身发展需要和社会发展需要的程度。教育价值包含个人价值和社会价值。教育的个人价值是教育对人的发展所起的促进作用，是教育最基本的价值，也是教育的内在价值。它主要表现为引导个体发展方向、提升个体发展的速度、开发个体的特殊才能、唤醒个体生命的自觉[①]。教育的社会价值是教育对社会存在、延续和发展需要的满足，是教育的外在价值。在教育评价过程中，由于主体不同、主体的需要不同，对同一客体的评价也会得到不同的结论。因此，形成正确的价值观和价值取向对评价活动的开展非常重要。

（二）教育评价的概念界定

"教育评价"这一概念是由美国著名教育学家、"当代教育评价之父"拉尔夫·泰勒（Ralph W. Tyler）于20世纪40年代初首次提出并正式使用的，他将教育评价定义为："确定教育目标在实际中被理解到何种程度的过程。"他还提出以教育目标为核心的教育评价原理，即"泰勒原理"，也称"目标模式"。"泰勒原理"由确定教育目标、选择教育经验、组织教育经验、评价教育体验四个基本问题构成。被公认为课程开发原理最完美、最简洁、最清楚的阐述，达到了科学化课程开发理论发展的新的历史阶段。但"泰勒原理"也存在其局限性，如只重视对结果的评价，忽视了对过程的评价，

---

① 全国十二所重点师范大学. 教育学基础［M］. 北京：教育科学出版社，2013：156.

更忽视了教育的价值问题。

克龙巴赫（L. Cronbach）则把评价定义为："收集和使用信息对教育项目进行决策。"该定义关注到评价与教育过程中的关系和评价的改进作用，但依然没有具体指出教育评价到底是什么。日本大桥正夫认为："教育评价就是对照教育目标，对教育行为产生的变化进行价值上的判断。"该定义关注到价值判断，可见教育评价的定义在不断完善。

20世纪80年代以来，我国教育界也对教育评价的概念进行了专门研究。一般把教育评价定义为：在系统地、科学地和全面地收集、整理、处理和分析教育信息的基础上，对教育的价值做出判断的过程，目的在于促进教育改革，提高教育质量①。该定义指出教育评价的对象为教育领域中的任何元素，明确教育评价的本质是对教育的价值做出判断。

华东师范大学陈玉琨②教授认为：教育评价是对教育活动满足社会与个体需要的程度做出判断的活动，是对教育活动现实（已经取得的）或潜在的（还未取得，但有可能取得的）价值做出判断，以期达到教育价值增值的过程。该定义明确指出教育评价本质上是一种价值判断活动，既强调教育对社会需要的满足，也强调对个体需要的满足，指出教育评价的最终目的是达到教育价值的增值。

基于以上认识，本书将教育评价定义为：教育评价是根据一定的教育价值观或教育目标，在系统而科学地收集和运用信息的基础上，对所实施的各种教育活动、教育过程和教育结果进行价值判断的过程。

【延伸阅读】

当代教育评价之父——拉尔夫·泰勒

拉尔夫·泰勒是美国著名教育学家、课程理论专家、评价理论专家。他是现代课程理论的重要奠基者，是科学化课程开发理论的集大成者。由于对教育评价理论、课程理论的卓越贡献，泰勒被誉为"当代教育评价之父"。他在1949年出版的《课程与教学的基本原理》被誉为"现代课程理论的圣经"。

"泰勒原理"的基本内容是围绕四个基本问题的讨论展开的：

第一，学校应该达到哪些教育目标？

第二，提供哪些教育经验才能实现这些目标？

第三，怎样才能有效组织这些教育经验？

第四，我们怎样才能确定这些目标正在得到实现？

围绕上述四个问题，泰勒提出了课程编制的四个步骤或阶段：可进一步归纳为"确定教育目标""选择教育经验""组织教育经验""评价教育经验"。这就是"泰勒原理"的基本内容。

"泰勒原理"倾向于把课程开发过程变成一种普适性的、划一性的模式，这种预设的、决定主义的课程模式的弊端是显而易见的。它遏制了课程开发中的创造性，忽视了不同学校实践的特殊性；教师在课程开发中的主体性、创造性得不到应有的尊重；

---

① 金娣，王刚. 教育评价与测量［M］. 北京：教育科学出版社，2007：2.

② 陈玉琨. 教育评价学［M］. 北京：人民教育出版社，1999：7.

学习者是被控制的对象，在课程开发和教育过程中被置于客体地位，其主体性不可避免地受到压抑；工具化的知识观与社会效用标准观，使课程扮演着社会适应及社会控制的手段之角色，而对社会文化的批判、改造及重建缺乏责任意识及使命感。

二、教育评价的类型

教育评价的范围广，内容多，从不同的角度可以将教育评价分成不同的类型。按评价的方法分类，有量化评价和质性评价；按评价的作用和功能分类，有诊断性评价、形成性评价和总结性评价；按评价的参照标准分类，有绝对评价、相对评价和个体内差异评价；按评价的范围分类，有宏观教育评价、中观教育评价和微观教育评价。

（一）量化评价和质性评价

量化评价是数量化评价法的简称，是指对事物发展过程和结果从数量方面进行描述、分析，采用数学的方法取得数量化结果，从而对评价对象做出价值判断的评价方法。量化评价的过程主要包括对评价对象进行数量等值化，收集数据资料，运用一定的数学方法，用数字表示定量结论。其基本方法包括标准化测试和指标量化考评法。标准化测试的设计包括命题计划的设计、测验试题的设计、测验试卷的编辑三方面的内容。指标量化考评法评价指标体系的构建包括确定评价指标、确定指标权重、确定指标标准三方面的内容。

在使用量化评价的方法时，要注意以下几点：①客观性，建立科学的量化标准，严格按照规范化、标准化的程序进行，避免主观臆断；②有效性，许多量化评价指标体系侧重数据的易取性和客观性，忽略了有效性，进而造成未能正确反映评价对象的真实性；③全面性，量化评价既要保证评价标准的全面，也要保证评价过程中收集信息的全面、全面分析评价对象的全方面及全过程；④可行性，量化评价的评价标准不应过于概念化、抽象化，应抓住本质，实用可行。

量化评价的优势是标准化和精确化程度高，数据结果更直观，结论相对客观和科学。量化评价曾一度被认为是科学的评价方法，但在现代教育评价中，人们发现教育活动过程是复杂的，其中许多因素很难做到简单量化，如情感、态度、价值取向等，量化评价的标准及指标的赋值也很难完全客观。

质性评价是评价者收集评价对象各方面的信息后，不采用数学的方法，直接做出描述与分析，从而进行价值判断。质性评价源于解释主义哲学。在 20 世纪 60 年代之前，人们一度十分重视量化评价，认为只有量化分析才是科学的。随着社会批判思潮的兴起，人们认识到评价不是一个单纯技术问题，纯粹价值中立的描述是不存在的。20 世纪 70 年代以后，"量化评价"逐步被"质性评价"取代。质性评价方法的基本形式有参与性观察、深度访谈、成长记录和评语①。

质性评价的优势在于研究更加深入细致，方法更加灵活，评价更加全面，特别是在学生评价中，不片面的用量化数据来衡量所有学生，更有利于因材施教，激发每位学生的学习动力和潜力，适用于教育活动的复杂性。其局限性主要在于数据庞杂，没

---

① 涂艳国. 教育评价［M］. 北京：高等教育出版社，2014：191.

有具体的标准，不适用于大规模的教育评价研究，研究结构不具备代表性。

量化评价和质性评价各有其优缺点和适用范围。在教育评价中，我们应具体问题具体分析，以获得更加全面准确的评价结果为导向，选择更为适宜的评价方式，也可将两者结合起来。

【延伸阅读】

档案袋评价法

档案袋评价法是在 20 世纪 80 年代形成和发展起来的一种新的质性评价方式。它是指教师和学生有意地将各种有关学生表现的材料收集起来，并进行合理的分析与解释，以反映学生在学习与发展过程中的努力、进步状况或成就。

档案袋评价的基本特征是：①档案袋的基本成分是学生作品，而且数量很多；②作品的收集是有意而不是随意的；③档案袋应提供给学生发表意见和对作品进行反省的机会。

从不同的角度可将档案袋分成不同的类型，美国学者格莱德勒以档案袋的不同功能为标准，将其分为理想型、展示型、文件型、评价型以及课堂型五类。

其中最具代表性的是理想型，而理想型档案袋主要由三个部分构成：

①作品产生过程的说明。它是主要学习计划产生和编制的文件记录，它可以有各种不同类型。

②系列作品。它是学生在完成某一学习计划的过程中创作的各种类型的作品集。

③学生的反思。它一方面为学生的成长提供重要契机，另一方面也培养了学生自我反思和自我教育的习惯。它对学生在学习上的成长尤其重要。

比尔·约翰逊则把档案袋评定分为最佳成果型、精选型和过程型。以最佳成果型为例，各学科选入档案袋的内容可包括：

①语言艺术。它是指一系列写作类型的最佳作品。

②科学。它是指学生做的最佳实验室成果、开发的最佳原创假设等。

③社会研究。它是指学生写的最佳历史研究论文、学生提出最佳原创历史理论等。

④数学。它是指对教师所提出的问题的最佳解答、对问题的最佳描写等。

一个理想的"档案袋"能够为教师提供其他评价手段无法提供的有关学生学习与发展的重要信息，能够为教师描绘出一个动态型、完整的、立体的学生发展的"图画"。档案袋能通过收集不同类型的材料，以多种方式（使用不同的媒体）描述儿童的成长过程和各自的特点：

①反映儿童的完整面貌。档案袋收集了传统评价中不予考虑的各种材料（包括许多形成性的材料），这些材料可以在很大程度上帮助我们克服传统评价固有的缺陷。特别值得注意的是，由于档案袋评价主要是形成性的，所以，它可使我们更加关注学生的学习过程、学生各方面才能的发展和学生向预期目标进步的过程。

②档案袋评价提供给学生对自己的作品进行自我评估和反省的机会，即学生要不断地对自己选取的作品进行反思与评判，所以档案袋评价有助于学生反思能力、自我评判能力、自我监控能力和自我反省能力的发展。

③档案袋的内容可以帮助教师更及时、准确地掌握每个学生真实客观的学习情况，

了解每个学生的学习方式和学习特点，提供更有针对性地指导；同时，还可以帮助教师形成对学生合理的教育预期，提出适当的学习目标，选择有效的教学策略。

④档案袋能够有效地促进教学与评价的有机结合。教师可以把档案评价贯穿在整个教学过程的始终，将其当作教学不可分割的一部分。

（资料来源：https://baike.baidu.com/item/）

（二）诊断性评价、形成性评价和总结性评价

诊断性评价也称教学性评价、准备性评价，一般是指在某项教学活动开始之前对学生的知识、技能以及情感等状况进行的预测。其目的在于了解学生的知识基础和准备状况，以判断他们是否具备实现当前教学目标所要求的条件，为实现因材施教提供依据。在教学活动中，经常会使用到诊断性评价，如教师在对新的班级进行授课前，通过诊断性评价了解学生知识掌握情况，有利于全面进行学情分析，对每位学生的学习情况有所了解，并有针对性地安排之后的课程内容，做到以学生为中心。在运用针对性评价时，教师要注意避免将其作为甄别的手段，给学生贴标签，进行分类，打击学生自尊心和学习积极性。

形成性评价是指在教育活动进行过程中，为调节活动过程、保障目标实现而进行的价值判断。其旨在了解过程情况，便于及时进行调整。比如在教学过程中，教师进行形成性评价的目的不是给学生评定成绩，而是帮助学生了解自己学习中的不足和没有掌握的知识部分。教师也可以根据评价结果及时调整教学计划、改进教学方法。形成性评价的主要手段有测试、考试等。在使用形成性评价时，教师要注意避免频繁使用，以免给学生带来不必要的负担，更不能将评价结果等同于学习成绩，误解形成性评价的功能。

总结性评价也称终结性评价、事后评价，一般是在教学活动告一段落后，对活动结果做出价值判断。总结性评价重视的是结果，旨在对整个教学活动的效果做出总结性的评价。如学校每学期举行的期中考试、期末考试，看重的只是最终的结果，并不十分注重对教育活动的改进和完善。在使用总结性评价时，教师要注意客观预设目标，确保评价的可靠性和真实性。

以上三种评价方式是根据评价的作用和功能进行划分的，但并非彼此排斥，而是相互联系的。阶段的划分也是相对的，无论是形成性评价或是终结性评价都带有诊断的性质。由于评价的根本目的就是促进发展，所以任何评价都带有形成性的性质。教师在采取其中任何评价形式时，都应让学生明确评价的目的、评价的方式以及评价的标准。诊断性评价、形成性评价和终结性评价的差异如表9-1所示。

表9-1　诊断性评价、形成性评价和终结性评价的差异

种类	诊断性评价	形成性评价	终结性评价
目的	合理安置学生，考虑区别对待，采取补救措施，查明学习准备情况，确定不利因素，以便"对症下药"	改进学习过程，调整教学方案，促进学生进步与发展诊断、分析教学过程，确定教学效果，提出改进措施	判定最终学习结果，为甄别和选拔服务；评定学业成绩

表9-1（续）

种类	诊断性评价	形成性评价	终结性评价
内容	必要的预备性知识与技能，以及学生生理、心理、环境等因素	语言知识、语言技能、情感态度、学习策略、文化意识	知识、技能
方式	特殊编制的测验、学籍档案和观察记录分析	日常观察、作业评定、问卷调查、自评/互评、访谈、平时测验、活动记录等	考试（期终或学年考试、结业考试等）
时间	课程或学期、学年开始时，教学进程中需要时	课题或单元教学结束后，经常进行	课程或一段教程结束后，一般每学期1~2次
结果	为教学活动的开展提供前提和基础	记述是否达到目标的要求，指出缺点，提出建议	记分

（三）绝对评价、相对评价和个体内差异评价

绝对评价是指在评价对象群体之外确定一个客观标准，然后把评价对象与客观标准进行比较，确定评价对象达到标准程度的评价。绝对评价的评价标准是固定的，评价对象只与标准比较，相互之间不进行比较。该评价方法的优点是可以检查目标的实现程度，评价标准固定、明确、操作性强。它适用于合格性和达标性活动，如毕业会考、大学英语四级考试、教师资格证考试等，凡达到合格标准便可获得证书。绝对评价的缺点是客观标准的制定很难做到完全客观和合理。

相对评价也称常模参照评价，是指在评价对象的群体内选取一个或若干个对象作为标准，然后把该群体中的各个评价对象与标准进行比较，以判断该群体中每一成员所处位置的评价。相对评价的评价标准是在评价对象群体内部确定的，能科学地看出所评对象在该群体中的地位以及与其他个体之间的差距，适用于选拔性和竞赛性活动，如高考、研究生考试、公务员考试等。由于群体之间存在差异，如城市学校与农村学校之间存在巨大差异，一个群体内的评价结果不适用于另一个群体。相对评价仅能够评定个体在该群体内的地位，并不能评定被评对象的实际水平，可能会出现"矮子里面选高个"，选出的"高个"也未必是真高的情况。

个体内差异评价是指以评价对象自身的某一时期的发展水平作为评价标准而实施的评价。这种评价方法在尊重个性的基础上，充分尊重个体间或个体内部存在的差异，让个体同自己的过去或某几个侧面进行比较，符合个性教育和因材施教的原则。但它缺乏对不同个体间的比较，其评价对象难以客观全面评价自己，容易产生自满心理，缺乏竞争意识。

以上三种评价类型，各有优点和缺点。从评价标准来看，绝对评价的标准固定、明确，操作性强，但缺乏灵活性，忽略群体的变化发展需要；相对评价的标准能判断出所评对象在该群体中的地位以及与其他个体之间的差距，但不适用于另一群体；个体内差异评价的标准充分尊重个体间或个体内部存在的差异，但容易导致闭关自守。所以，在实际应用的过程中，教师应将它们结合起来使用，充分发挥三者的优势，以达到全面评价的目的。

（四）宏观教育评价、中观教育评价和微观教育评价

宏观教育评价是指以教育的全领域或涉及宏观决策方面的教育现象、措施为对象

的教育评价。如对教育目标、教育结构、教育内容（课程）、教育体制、教育方法、教育项目、教育经费、教育设施、教育的社会效益等方面的评价。这类评价属于总体的、全局性的、战略性的、宏观的、高层次的评价。

中观教育评价是指以学校内部各方面工作为对象的教育评价。评价的内容包括学校的办学条件、办学水平、领导班子、教师队伍、思想政治教育工作、教学工作、体育卫生工作、总务工作、团队工作、家长工作、学校社会效益等方面。

微观教育评价是指以学生的发展和变化为对象的教育评价。评价的内容包括对学生的思想品德、知识技能、情感态度、健康状况、审美情操、劳动技能等方面的评价。

三、教育评价的功能

（一）导向功能

教育评价的导向功能是指教育评价具有引导评价对象向预定目标前进的功效和能力。进行教育评价活动时，对评价对象的价值判断，都是根据评价目标和评价标准进行的。这些评价目标和标准，对评价对象来说，有如"指挥棒"般的存在。评价对象必须向着评价目标努力，才能得到较好的评价结果。可以说教育评价中评什么、怎么评，引导着评价对象在教育教学活动中做什么、怎么做。

为更好地发挥教育评价的导向功能，就要把握好评价指标的方向性、合理性和时代性。建立科学的教育评价导向，破除"五唯"（唯分数、唯升学、唯文凭、唯论文、唯帽子）顽瘴痼疾。例如，中共中央、国务院 2020 年 10 月印发的新中国第一个关于教育评价系统改革的文件《深化新时代教育评价改革总体方案》中明确提出"三不得一严禁"："各级党委和政府要坚持正确政绩观，不得下达升学指标或以中高考升学率考核下一级党委和政府、教育部门、学校和教师，不得将升学率与学校工程项目、经费分配、评优评先等挂钩，不得通过任何形式以中高考成绩为标准奖励教师和学生，严禁公布、宣传、炒作中高考'状元'和升学率。"其中将师德师风作为教师评价第一标准，改变用分数给学生贴标签的做法等要求，为我国的教育活动提供了更加科学的办学导向。

（二）鉴定功能

教育评价的鉴定功能是指教育评价认定、判断评价对象合格与否、优劣程度高低、水平高低等实际价值的功效和能力。由于早期教育资源，特别是优质教育资源的紧缺，教育评价被看作教育资源分配的主要工具，当时教育评价发挥的主要功能就是鉴定，泰勒的目标模式注重的正是这一功能。人类社会的各种活动无不带有目的性，教育活动亦然。教育活动是否达到教育目的所规定的标准一直是人们非常关注的问题。教育评价通过对评价对象与评价标准相适应的程度做出区分和认定，从而发挥其鉴定功能。鉴定功能主要表现在以下几个方面：一是水平鉴定，根据评价标准，确定评价对象达到的程度，如学期末的考试、教师教学水平的评价等；二是评优鉴定，通过评价对象间的比较，评定优胜者，如评估示范学校、评选优秀教师和优秀学生等；三是资格鉴定，通过对评价对象是否具有从事某种活动的资格做出判断，如教师资格证考试等。为充分发挥教育评价的鉴定功能，就要做到避免滥用鉴定的方法，如频繁考试，这只会让学生疲于应对，产生心理负担。

（三）改进功能

教育评价的改进功能是指教育评价本身所具有的促进评价对象向预想目标不断改进和完善行动的功效和能力。与传统的教育评价更注重发挥鉴定功能相比，现代教育评价更注重发挥教育评价的改进功能。改进功能主要将评价结果及时反馈，肯定正确的、有利于实现教育目标的教育行为，改进不良的、不利于实现教育目标的教育行为，从而控制教育活动，促进其不断发展和完善。要发挥好教育评价的改进功能，就要做到明确评价目的，确立合适的评价标准并及时反馈。

（四）调控功能

教育评价的调控功能是指教育评价对评价对象的教育活动进行调节和控制的功效和能力。实现教育预计目标不是一件容易的事情，在实际的教育活动中，犹如在大海上航行，无数因素都有可能导致偏离航线。评价者依靠评价获得的信息，通过信息反馈分析，按预设目标，调节教育教学活动，使其返回正确航道，尽快达到预设目标。教育评价的调控功能主要表现在两方面：一是评价者对评价对象的调控，如各级党委教育工作领导小组对各级各类学校通过评价进行调控；二是评价对象的自我调控，通过评价了解自身存在的优势和劣势，明确努力方向，改进措施。

四、教育评价的历史发展

（一）萌芽阶段

早期教育评价方式与人才选拔制度密切相关，人才选拔制度决定了教育评价的方式。我国西周的选士制度是世界上最早的评价选拔人才的制度。可以说，教育评价的源头在中国。西周的选士制度由乡里选士、诸侯贡士和学校选士构成。学校选士在学校中进行，也是学校教育的评价制度。《学记》中记载，西周时期"古之教者，家有塾，党有庠，术有序，国有学。比年入学，中年考校。一年视离经辨志；三年视敬业乐群；五年视博习亲师；七年视论学取友，谓之小成。九年知类通达，强立而不反，谓之大成。夫然后足以化民易俗，近者说服而远者怀之，此大学之道也"。这是我国有记载的最早的比较系统的学校评价制度。

西汉时期建立了以察举制为核心的选士制度。《汉书·文帝记》中记载，公元前165年，汉文帝出题考试，以举贤良授官职。试题写在竹简上，称为"策题"。"朕之不德，吏之不平，政之不宣，民之不宁"，这是有记载的最早的试题，也是世界笔试考试的开端。魏晋南北朝时期则主要通过九品中正制来推举人才，各地方政府设立中正官，负责向朝廷举荐人才，中正官举荐的人才依据家世、才能和德行，评为九个品级：上上、上中、上下、中上、中中、中下、下上、下中、下下。九品中正制等级严明，具有一定进步意义，但后来导致了"上品无寒门，下品无势族"的门阀制度。隋王朝统一中国后，废除了被世族垄断的九品中正制。606年，隋炀帝开设进士科，开科取士，通过科考选拔官吏，重开庶民进入仕途的通道，标志着我国历经隋、唐、宋、元、明、清数朝，实行了1 300年的科举制度的建立。科举制度对教育和教育评价的发展，起到了重要的作用，是迄今为止持续时间最长的一种教育评价制度。1905年我国废止科举制度时，正值西方教育测验运动兴起之时，在内外力量的作用下，也形成了我国的教育测量运动。直到20世纪30年代，日本帝国主义的侵略，中华民族处于危难之际，教育测验研究也就此中断，我国教育评价理论的研究水平由此与世界拉开了距离。

在西方，早期的教育评价基本上是用考查的方法来进行，如问答、谈话、辩论、背诵等口试的方法。直到 1702 年，英国剑桥大学率先以笔试代替口试。1845 年，美国麻省波士顿教育委员会在普通学校采用笔试。此后，教育评价方法逐渐从以口试为主发展为以笔试为主。但这一阶段的教育评价存在评价范围狭窄、主观性强、缺乏统一标准和科学的命题规则等很多弊端。针对以上问题，一些学者做了很多研究，并受实验心理学、个别差异研究和智力测验的影响，引发了一场长达 20 多年的教育测验运动。自 19 世纪末至 20 世纪 30 年代，教育评价在本质上被认为是以测验或测量为主要手段。在美国，教育测量取代了传统的考试。以色列教育家利维称这一阶段为"测量主导时期"。桑代克在这一阶段做出了突出贡献，编写了《书法量表》《拼字量表》《作文量表》等最早的标准量表，使教育测量走上了科学化的道路，他也因此被称为"教育测验之父"。测验内容发展为学力测验、智力测验和人格测验三种。随着教育测量运动的不断发展，人们认识到测验的局限性，不能全面测定教育的效果，导致教科书中心主义。

【延伸阅读】

教育测验之父——桑代克

爱德华·李·桑代克（Edward Lee Thorndike，1874—1949 年）是美国著名的心理学家、动物心理学的开创者、心理学联结主义的建立者和教育心理学体系的创始人。他提出了一系列学习的定律，包括练习律和效果律等。他于 1912 年当选为美国心理学会主席，于 1917 年当选为国家科学院院士。

桑代克在 1899 年成为哥伦比亚大学师范学院的一位心理学讲师。根据卡特尔的建议，桑代克把他的动物研究技术应用于儿童及年轻人，之后他越来越多的用人做测试对象，并把大量时间花在人类学习、教育心理测验等领域。除了用一年的时间去俄亥俄州克里夫兰西部保留地大学做教员之外，他成果颇丰的一生中的其余时间都是在哥伦比亚大学师范学院度过的。在他的学术生涯中，他共出过 507 种书、专论和学术论文，这创纪录的成就，后来的心理学家，可能除了皮亚杰，没有人能与之相比。

桑代克的主要贡献：

（1）创立了教育心理学这门学科，使教育心理学从教育学和儿童心理学中分化出来，成为一门独立的学科。因此，桑代克被称为教育心理学的奠基人。

（2）借用大量生物学和生理学的概念来建立他的联想主义心理学说。其结论大多是建立在心理实验的基础上的，这使他的理论具有较强的客观性，为实验心理学的研究做出了贡献。

（3）发展了古典联想主义心理学。他的学习心理学是以"联结"一词贯穿始终的，所以他自称为"联结主义者"。其联结主义的主要特点就是强调情境与反应之间的联结，而不讲观念之间的联想或联结。因此将完全客观的参照系与他的心理学理论结合起来。他所提出的学习规律在提法上也与早期联想主义心理学者有所不同。主要缺点表现在：桑代克的学习理论具有机械性。他只注意人的外部行为，为了研究，他把这种行为分解成最简单的要素，即刺激—反应单元。但是他忽视了对心理元素和意识的研究。

毫无疑问，桑代克是心理学发展中的重要人物之一。尽管他的很多见解引起人们的争论和反驳，但是他的学习理论在心理学上始终占有重要的地位。他的一些观点，特别是他的效果律一直是人们争论的一个主题，至今仍有人为验证效果律和强化的作用，而埋头进行细致的实验研究工作。虽然在桑代克之后又出现了一些新的学习理论和模式，但他对动物和人类学习的研究方法和结论在心理学史上的影响是不可抹杀的。

桑代克的研究内容十分广泛。一些史学家将他划归美国机能主义心理学派，但也有不少人认为他更像行为主义学派的人物，可他本人认为自己并不属于任何一个学派。

（资料来源：https://baike.baidu.com/item/%E6%A1%91%E4%BB%A3%）

（二）创立阶段

1929 年至 1933 年资本主义世界暴发了经济大危机，导致了长期的大规模失业。大批完成初等教育的青年由于找不到工作，只能被迫到中学注册学习，引发了教育改革的需要。进步教育协会（Progressive Education Association，PEA）自 1933 年至 1940 年在中等教育方面进行了调查研究，被称为"八年研究"。为了研究和检验成果，以美国教育学家泰勒为首的评价委员会成立了，于 1942 年发表了被后人称为"划时代的教育评价宣言"的《史密斯-泰勒报告》。泰勒和他的同事正式提出了"教育评价"的概念为"在本质上是一个确定课程和教学计划实际达到教育目标的程度的过程"①。他们创立了以确定教育目标作为评价过程的核心和关键的"目标模式"，这也是第一个教育评价模式。泰勒也因此被称为"教育评价之父"。

此后，许多学者针对教育评价设计教育目标体系，其中以泰勒的学生布鲁姆（B. S. Bloom）的认知领域教育目标分类学最为著名。他将教育目标分为三大领域：认知领域、情感领域和动作技能领域。认知领域的教育目标包含从低级到高级六个水平：识记、领会、应用、分析、综合、评价。这之后，教育评价领域在维持泰勒模式基本思想的同时，主要从标准化测验和教育目标分类学两个方面进行研究。

（三）发展阶段

1957 年苏联的人造卫星先于美国发射，打击了美国人的优越感，美国人生出一种危机感。美国人将科技落后于苏联的原因归结为教育质量不高。1958 年，美国政府通过《国防教育法》，拨出近 3 亿美元经费用以提高各级学校数理学科的教育质量。一些学者对一直居于指导地位的泰勒模式提出异议，质疑作为教育评价中心的目标本身的合理性和可行性，反对用统一的目标限制个人的自由发展。教育评价研究进入繁荣发展的阶段。

1963 年，克隆巴赫提出教育评价的中心应是为决策提供信息，格拉泽指出学校教育应着重进行绝对评价而不是相对评价。1967 年，斯克里对形成性评价与终结性评价、专业性评价与业余性评价、对目标达到程度的评价与对目标本身价值的评价等做出明确的阐述和区分。1969 年，艾斯纳抨击泰勒模式没有评价目标本身的方法，不一定适用于教育实际。从此，以目标为评价中心的模式不再是唯一，其他模式相继出现，如斯塔弗尔比姆的 CIPP 模式、斯克里文的目标游离模式、斯塔克的应答模式等。1977 年，毕比首次提出教育评价是对教育活动的价值做出判断。克隆巴赫提出教育评价的

---

① 泰勒. 课程与教学的基本原理 [M]. 施良方，译. 北京：人民教育出版社，1997：85.

目的是改进教程。这一阶段，教育评价的理论与方法迅速发展，教育评价的范畴也从学生学习、课程与教学效果发展到教育决策和教育规划。

（四）当代教育评价的状况

20 世纪 70 年代初，随着美国经济的增长，公民权运动开始高涨，教育研究开始考虑人的需要，方法论上逐渐向人文主义哲学靠拢，教育评价不应是对预期结果进行测量与描述，而是对整个教育方案，包括前提假设、理论基础、实施效果等问题进行全面深入的研究，出现了一系列新的教育评价模式。质性评价方法由此兴起，开创了一个新的评价时代。这一阶段的教育评价主要有以下几个特点：一是评价受多元主义价值观的支配，在多元的价值观中并非选取而是进行协调；二是评价对象的参与性，评价对象既是评价的参与者，也是评价的主体，评价并非评价者对评价对象的控制过程；三是强调质性方法的运用，将量化评价与质性评价结合使用，形成互补；四是充满人文关怀，将评价相关方都视为评价的主体，认为评价的最终目的是人，强调评价的服务功能。

我国的教育评价研究到 1977 年恢复高考为止，中断了近 40 年。其间，教育评价研究和实践几乎全面停止，国外的研究未及时引入，也不存在自己的独立研究。随着恢复高考，以及国家的重视，教育评价研究才大规模开展起来。1990 年，国家发改委颁布实施了《普通高等学校教育评估暂行规定》，这是新中国成立以来第一个关于教育评价的行政性法规。同时，全国成立了许多教育评价研究机构，如全国普通教育评价专业委员会、全国高等教育评价研究会、各地方教育评价学会等。2001 年，国务院颁布了《国务院关于基础教育改革与发展的决定》，随着新一轮基础教育课程改革的推进，全面、多元、开放、民主的教育评价体系已初步建立。2020 年，中共中央、国务院印发了新中国成立以来第一个关于教育评价系统改革的文件《深化新时代教育评价改革总体方案》，以破除"五唯"为导向，深化教育评价改革，为构建符合中国实际、具有世界水平的评价体系指明了方向。

五、教育评价的范围

教育评价的范围十分广泛，美国学者盖伊总结了各种类型的评价所涉及的主要变量与主要的决策问题，见表 9-2[①]。需要注意的是，教育评价的范围绝不只这五种类型，还有教育督导评价、教育政策评价等对各种教育活动、教育过程和教育结果实施的评价。我国《深化新时代教育评价改革总体方案》中教育评价的范围主要包含学校评价、教师评价、学生评价和用人评价，其中每一项又可以根据评价目的或内容的不同进行细化，如教师评价包含对教师师德师风的评价、教育教学的评价和教师科研评价等。学生评价包含对德育评价、体育评价、美育评价、劳动教育评价等。

① 陈玉琨. 教育评价学［M］. 北京：人民教育出版社，2019：29.

表 9-2　教育评价类型与涉及的主要变量及决策问题

评价类型	被评主要变量	主要的决策问题
学生评价	学业成就 能力倾向 个性	分级与升学 选择与安置 后续教学安排
课程评价	学业成绩 态度 成本	教学方法、策略或教材相对于目标的有效性 相对效益 成本效益
学校评价	学业成绩 能力倾向 个性	后续教学与非教学活动的安排 资源分配
大群体评价	学业成就	教学系统相对于目标的有效性 各子系统的相对有效性
制订方案与 项目评价	具体的项目与方案	相对目标的有效性 相对效益
人事评价	如教师与学生的课题行为这类的活动 被评人的态度与观点 有关人员的态度与观点	聘用 提升 薪水

【真题再现】

选择题

1. 1949 年，美国学者泰勒出版的《课程与教学的基本原理》提出了课程编制的"四段论"，形成了著名的"泰勒原理"的课程编制模式，这一模式被称为（　　）。

　　A. 实践模式　　　B. 过程模式　　　C. 环境模式　　　D. 目标模式

2. 为了便于因材施教，学校对报名参加英语课外小组的学生进行水平测试，并据此成绩进行编班，这种评价属于（　　）。

　　A. 安置性评价　B. 诊断性评价　C. 总结性评价　　D. 形成性评价

3. 法国文学家加缪获得诺贝尔文学奖后，及时给他的小学老师写了一封信表示感谢。这反映了教师劳动具有（　　）。

　　A. 复杂性　　　　B. 延续性　　　　C. 创造性　　　　D. 示范性

4. 以评价对象自身的状况作为参照标准，对其在不同时期的进步程度进行评定。这种评价属于（　　）。

　　A. 绝对性评价　B. 相对性评价　C. 总结性评价　　D. 个体差异评价

5. 陈老师在教学中经常通过口头提问课堂作业和书面测验等形式对学生的知识和能力进行及时测评与反馈。这种教学评价被评为（　　）。

　　A. 诊断性评价　B. 相对性评价　C. 终结性评价　　D. 形成性评价

6. 依据学生个人的成绩在该班学生成绩序列中所处的位置来判断其成绩的优劣，而不考虑其是否达到了教学目标的要求。这种教学评价属于（　　）。

　　A. 诊断性评价　B. 绝对性评价　C. 总结性评价　　D. 相对性评价

7. 我国新一轮基础教育课程改革中，课程评价功能更加强调的是（   ）。

    A. 甄别与鉴定   B. 选拔与淘汰

    C. 促进学生分流   D. 促进学生发展与改进教学实践

8. 泰勒在《课程与教学的基本原理》一书中提出了课程的开发的"目标模式"，这一模式的主要局限在于（   ）。

    A. 程序不清晰   B. 过分强调预设性目标

    C. 缺乏逻辑性   D. 不重视课程评价环节

9. 我国近代教育对封建教育制度所进行的废科举、兴学堂等改革始于（   ）。

    A. 明朝末期   B. 清朝初期   C. 清朝末期   D. 中华民国初期

10. 为了保护学生学习的积极性，老师在批改学生作业时，对做错的题目暂不打"×"，做对后再打"√"，这种评价属于（   ）。

    A. 延迟评价   B. 绝对评价

    C. 相对评价   D. 个体内差异评价

【参考答案】

选择题

1. D   2. A   3. B   4. D   5. D   6. D   7. D   8. B   9. C   10. A

项目二　教师评价

一、教师评价概述

（一）教师评价的含义

自有学校以来，教师就一直接受学生、家长及社会的评价。但正式的教师评价直到20世纪50年代才开始在西方发达国家产生，我国则在20世纪80年代以后才有比较正式的教师评价。教师评价与教育基础理论研究、教育发展研究共同构成教育科学研究的三大领域。其本质是在一定教育价值观的指导下进行的价值判断过程。对于教师评价的内涵，不同学者有不同的看法。有学者认为教育评价主要包括教师胜任能力评价和教师绩效评价。教师的胜任能力主要指教师的基本素质和专业能力，这对教师的教学效果有直接影响。教师绩效评价是指对教师实际工作表现进行的价值判断。北京师范大学的林崇德教授将教师基本素质细化为教师的职业理想、知识水平、教育观念、教学监控能力和教学行为与策划。我国学者蔡永红等人[①]根据教师的工作过程将教师评价分为前测评价——教师胜任力评价、过程评价——教师绩效评价、后测评价——教师有效性评价。在实际的教师评价中，无论是国内还是国外，都更加关注的是教学有效性评价，即教师教学的实际效果。

基于以上认识，本书将教师评价定义为：评价者依据一定的评价标准和程序，采

---

①　蔡永红，黄天元. 教师评价研究的缘起、问题及发展趋势［J］. 北京师范大学学报（社会科学版），2003（1）：130-136.

用多种方法收集处理评价信息，对教师的专业素质、工作表现及工作效果进行价值判断的过程。

（二）教师评价的发展

20世纪70年代前的教师评价大多是自发性的、不成体系的。教师评价的目的侧重于对教师进行聘任、奖惩、提升和淘汰。如美国在殖民地时期，通过社会团体定期到课堂确认教师课堂管理情况。英国教师联合会出于自律的需求自发制定了教师评价的措施与奖惩标准。清朝政府颁布的《奏定学堂章程》中规定了各级各类学堂教员的资格水平。中华民国时期，对教师资格考核也有非常严格的制度，对教师实行二重审定原则[①]，主要关注教师的聘任和任职资格，即教师胜任力评价。

20世纪70年代后才有了较为正式的教师评价。教师评价的目的侧重于教师绩效评价，也称奖惩性教师评价，即通过学生的学习结果来评价教师的教学效能，它是用于决定教师的留任、晋升、加薪、解聘等奖惩性的教师评价制度。如全美教育协会（National Education Association，NEA）当时进行了一项调查，发现93%的教师都非常认可以提升教师绩效为目的的教师评价。我国当时中小学教师队伍学历不达标教师比重较大，教师评价的主要目的是考核教师学历是否合格，教学基本技能是否达标，为教师的聘任、奖励和晋升提供依据，将教师评价和奖惩直接挂钩，奖惩性教师评价占主导地位。

20世纪80年代后，发展性教师评价兴起，它是一种形成性评价，评价的目的是用以改进教学，提高教师专业水平，促进教师职业发展。不同于终结性评价的奖惩性教师评价，就如何将这两种评价结合在一起这一难题，各国都进行了一些努力。如美国全国教学专业标准委员会（National Board of Professional Teaching Standards，NBPTS）尝试努力调和，并认识到"教学是教育的核心，国家能够促进学校发展的最重要的行动是增强教学"。于是，美国在国家、州与学区等各个层面上都采取了一系列增强教学、促进学校发展的策略，从而出现了国家（NBPTS）与地方（州与地方学区）多种水平的教师评价系统。英国则因为过于强调奖惩性评价未能得到教师的支持，开始重视发展性教师评价。然而，由于发展性评价实施难度较大，标准不够明确，操作困难而陷入困境。后期又有学者结合绩效评价，寻找发展性教师评价和奖惩性教师评价之间的平衡点。我国学者王斌华[②]将英国的发展性教师评价制度介绍到国内，提出发展性教师评价有利于革除奖惩性教师评价的弊端，在促进教师专业发展和提高教育质量中能发挥重要作用。

二、教学评价

教学评价是对教师的教学过程和教学效果进行价值判断的过程。评价范围可以根据教师的外在职业行为和内在素质分为教学行为评价和素质评价。教学评价的目的是提升教师教学能力，提高教学质量。教学活动的复杂性和评价价值观的多元性，给确立评价标准带来一定难度。

---

① 李华兴. 民国教育史 [M]. 上海：上海教育出版社，1997：132.
② 王斌华. 发展性教师评价制度 [M]. 上海：华东师范大学出版社，1998.

对于教学评价的内容，不同学者有不同的看法。国外进行了很多对学生评价教师教学因素分析的研究，研究发现的公共评价项目主要包括：教学的组织、结构或清晰度；教师和学生间的交流或关系；教学技巧、表达或讲课能力；学习负担、课程难度；对学生的影响等。这些评价项目包括很多具体的因素，如表9-3所示。

表9-3　学生评价教师教学的项目①

评价项目	评价内容
组织、结构或清晰度	对教材的讲述很有条理 教师对每一堂课都充分备课 课堂上的时间能得到很好的利用 教材组织得很好 讲课教师清楚地说明需要学的内容 宣布的教学目标和实际的教学内容相当一致
师生交流和良好关系	教师能随时和学生讨论问题 教师知道学生何时不懂所学内容；在学生遇到困难时，教师能积极帮助 学生无拘束地提出问题或发表意见，教师关心学生是否学懂这门课
教学技巧、表达和讲课能力	教师用举例方式来讲清内容 教师讲话听得见，声音清楚 教师对讲述内容阐述清楚 教师能总结（或强调）讲课（或讨论）中的重点
学习负担、课程难度	相对于别的课来说，这门课的负担重 讲课的内容过多 指定的阅读材料非常难 课程引起学生思考的兴趣 学生对这门课做了很大努力
考试及评分	教师告诉学生评分的方法 考试反映课程的主要内容 教师能对论文和测验提出有益的意见 教师评分公平合理
对学生的影响、学生的自评	学生从本课学到很多东西 本课程一般能满足学生学习的目标 本课程激励了学生，使我想在这方面或有关领域做更多的工作
总评价	作为一名教师，这位教师的教学工作属于：（从优到差） 课程的总价值是：（从优到差） 讲课教师对这门课程的价值起着重要作用 这位教师讲课的总的质量是：（从优到差）

我国学者关于教学评价内容的研究主要分以下几类：①评价教师。对教师的授课能力、水平和效益进行价值判断。②评价学生。任课教师对学生的学习过程及其结果进行评价。③评价教师的教和学生的学。评判教师的教学与学生的学习是否达到既定目标。④评价教学过程及效果。⑤评价课堂教学活动整体。本书中我们根据教师的教

① 袁振国. 当代教育学［M］. 北京：教育科学出版社，2004：273-274.

学行为和教学结果，将教学评价分为课堂教学评价和教学绩效评价。

（一）课堂教学评价

（1）课堂教学评价标准。

课堂教学评价标准的制定非常复杂，根据不同价值观导向，评价的侧重点会有所不同。

美国对中小学教师课堂教学评价的标准基本包含：有效的课堂教学设计、学生参与度和师生合作。我国叶澜教授认为，一堂好课没有绝对的标准。《基础教育课程改革纲要（试行）》中反对过于注重知识传授，强调知识与技能、过程与方法、情感态度与价值观"三维"目标的达成，要求教师在教学过程中与学生积极互动、共同发展，培养学生的自主性，引导学生探究，促进学生在教师指导下主动学习。

基于以上认识，在对教师进行课堂教学评价时，应包含以下三个方面：

①课堂教学设计。教学设计是教师开展教学的准备工作，体现出教师对学生学习情况的分析能力、对课程的规划和预设能力。

②课堂教学过程。教学过程体现出教师对课堂的管理能力、对教学内容的组织能力、教学方法的运用和引导学生主动学习的能力。

③课堂教学效果。课堂教学后，考察学生的学习效果，不局限于基础知识和技能的提升，还有师生的情感态度等方面的收获。

（2）课堂教学评价方式。

①观察法：通过随堂听课的形式，对教师课堂教学进行评价。使用观察法进行评价时，要明确听课的目的，不是单纯评分评级，而是要提出有针对性的意见建议，帮助教师提高教学水平。

②调查法：学期末学生对教师课堂教学的评价，也可以是同行互评。调查法可通过问卷和访谈的方式进行。

（3）教学反思。

教学反思是教师对自己的课堂教学行为、决策及效果进行审视和分析的过程。它通过提高参与者的自我觉察水平来促进其能力发展。教师通过教学反思，回顾教学过程中的优点和缺点，对存在问题进行改进，不断追求教学环节的最优化和教学效益的最大化。

教学反思的内容包括：教学理念是否体现以学生的发展为本，是否突出学生的主体地位，是否引导学生主动学习等；教学目标是否符合课程标准要求，是否全面可行等；教学过程是否安排合理，处理是否得当等；教学语言是否准确，表达是否通俗易懂等；教学反馈如何；学业成绩考核和评定如何；教学再设计，通过不断梳理、研究、发现、创新，提升教学水平。

教学反思的类型，从不同的角度可以分成以下几种类型。

一是从教学流程划分，教学反思可分为以下三种：

①课前前瞻性反思。它是指在教学活动之前进行反思，以查漏补缺。

②课中监控性反思。它是指在教学过程中对自己的教学行为及时调控。

③课后批判性反思。它是指在教学完成后，全面反思整个教学过程，改进教学设

计，提升教学能力。

二是从参与主体划分，教学反思可分为以下两种：

①自我反思。它是指教师对自己或他人的教学过程进行分析、总结，找出优点，改掉缺点。

②群体反思。它是指通过教研小组或集体备课等形式进行同行互评，指出问题，分享教学经验，共同学习、共同进步。

教学反思的目的是不断对教学进行改进，将反思的成果应用到之后的教学中，所以教学反思的过程应要经历"具体经验→观察分析→重新概括→积极验证"四个阶段。教学反思的主要方法包括撰写教学日记、利用教学录像、教师间交流讨论、案例研究等。

（二）教学绩效评价

（1）教学绩效评价标准。

教学绩效评价是指对教师的教学工作的结果进行价值判断的过程。常用的评价方法是绩效考评法，即学校出于绩效管理的需要，针对教师工作，运用量化评价与质性评价相结合的方法，对教师工作结果和表现进行考核和评价。工作结果是指教师履行职责的结果，包括出勤率、教学时长、学生成绩、科研量等，考评方式通常可以采用量化的评价标准。工作表现是指教师履行职责过程中的行为、态度和素质等。

由于教师工作的复杂性和长期性，很难制定一个统一的评价标准，评价时应兼顾教师的工作表现和结果，采用质性评价与量化评价相结合的方式。不能只关注结果忽略过程，急功近利，要将两者都纳入评价的范畴，才能充分发挥评价的激励和发展功能。英国推行带有奖惩性的"表现管理"教师评价制度。美国鼓励教师参加教师评价，区分"新手"和"熟手"，各州确立了绩效本位教学标准，将熟练教师的知识和技能标准详细列出，制定相应的评价政策及框架，帮助教师在专业发展的各个阶段明确方向。我国实施的教师教学绩效评价，一方面以学生成绩作为评价依据，一方面进行专业技术人员的年终考核，分为优秀、良好、中等、合格和不合格五个等次。

（2）教学绩效评价的实施。

进行教师教学绩效评价时，评价人员要注意将奖惩与发展相结合，给予教师良性的压力，激发教师内在动力，促进教师的专业发展。因此，我们要先确定评价范围。有学者将教师绩效从以下六个维度进行划分，并对这六个维度进行了操作定义[①]，它们分别为：

职业道德——教师表现出来对职业准则与规范的遵从，对学校目标和自己工作目标的认同、维护与支持，对教育事业的热爱，对工作的热情和责任感等行为；

职务奉献——教师表现出来不断反思教育教学工作，总结工作经验，关爱每一个学生，适应时代不断完善自己等方面的行为；

助人合作——教师主动帮助同事，表现出良好的协作精神，与家长建立良好合作关系，真诚待人等方面的行为；

教学效能——教师在计划、组织与表达教学内容方面的行为；

① 蔡永红，林崇德. 教师绩效评价的理论与实践［J］. 教师教育研究，2005（1）：36-41.

教学价值——教师通过自己的教学，使学生在各方面发生了积极的变化；

师生互动——教师与学生在课堂内外的交往与互动行为。

这六个维度涵盖了教师教学活动的过程与结构，可以作为教师教学绩效评价的内容结构。

在评价方法的选择上，评价人员要注意将量化评价与质性评价相结合，采用多元化的评价方法，广泛收集评价信息。除了常用的绩效考核、科研量这些量化数据外，评价人员还可以采用教师档案袋这种质性评价方式。

三、教师素质评价

教师职业的专业性要求教师具有一定的心理、能力、思想素质以及较高的知识水平。教师素质评价在教师聘任过程中运用较广。教师素质评价比教师教学成果及行为的评价内容更广，评价更加复杂。目前尚无公认统一的教师素质评价体系，不同学者对教师素质内涵的定义也存在差异。

（一）教师素质评价标准

我国教师素质评价一般从"德、能、勤、绩"四个方面进行评价，关注教师的思想政治素质、知识素质、能力素质。随着时代的发展，社会对教师素质的要求越来越高。有学者提出教师素质评价的指标应突出以下四个方面[①]：①思想道德素质——坚定正确的政治方向，正确的价值观、人生观，与时代合拍的社会意识和教育观念，较高的师德素养；②身体心理素质——人格健全，卫生习惯良好，心理品质良好；③文化业务素质——广博的科学文化基础知识，所教学科的扎实的专业知识，必备的教育科学和心理科学知识；④能力素质——交流与合作的能力，学习与研究的能力，信息处理能力，解决问题的能力，改革创新的能力，教育科研的能力，正确评价学生的能力，组织教学的能力，辅导学生思想、心理的能力，与家长沟通的能力，计算机应用能力。鉴于此，教师素质评价的内容主要包括思想品德与职业道德素质、科学文化素质、能力素质和身体心理素质四个方面。

（二）教师素质评价的实施

首先，教师素质评价的实施应明确目的，是选拔，还是促进教师专业发展的日常管理。其次，根据评价目的的不同，制定评价指标体系，突出体现思想品德与职业道德素质、科学文化素质、能力素质和身体心理素质四个方面的内容，并坚持把师德师风作为第一标准，坚决实行师德师风"一票否决制"。可以采用三级指标体系的方式建立评价指标体系：一级指标为评价的具体方向，二级指标体现评价内容，三级指标为具体的评价项目（具体如表9-4所示）。最后，根据指标在整个指标体系中的重要程度分配权重，权重可以用小数（0~1.0）、整数或百分数来表示。评价方式上应采用综合评价法，注重多维性和动态性，通过同事间互评、自我评价、专家评价和学生评价等相结合的方式，保障评价的可观性和全面性。

---

① 张金卫. 高校教师素质评价体系构建 [J]. 江苏高教，2002（1）：46.

表9-4 教师素质评价指标体系（部分）

一级指标	二级指标	三级指标	指标描述
思想品德与职业道德素质	思想政治素质	爱国守法	热爱祖国，热爱人民，拥护中国共产党的领导，拥护中国特色社会主义制度；遵守宪法和法律法规，不得有损害国家利益和集体利益的言行。
		社会责任	勇担社会责任，为国家富强、民族振兴和人类进步服务；热心公益，服务大众；主动参与社会实践，自觉承担社会义务。
	师德修养	爱岗敬业	忠诚人民教育事业，树立崇高职业理想；恪尽职守，甘于奉献；认真完成教育教学任务，积极参与教育教学改革。
		关爱学生	热爱全体学生，尊重学生人格，公正对待学生，维护学生合法权益与身心健康；深入了解学生，严格要求学生，实行因材施教，实现教学相长。
		教书育人	坚持育人为本，立德树人；注重学思结合，知行合一；严慈相济，教学相长，诲人不倦；尊重学生个性，促进学生全面发展。
		严谨治学	弘扬科学精神，勇于探索，追求真理，修正错误，精益求精；实事求是，发扬民主，团结合作，协同创新；秉持学术良知，恪守学术规范；坚决抵制学术失范和学术不端行为。
		为人师表	学为人师，行为世范；淡泊名利，志存高远；树立优良学风教风，以高尚师德、人格魅力和学识风范教育感染学生；言行雅正，举止文明；自尊自律，清廉从教，以身作则；自觉抵制有损教师职业声誉的行为。

【真题再现】

一、选择题

1. 在学校教育中，教师最主要、最基本的职责是（ ）。

　　A. 培养能力　　　B. 传授知识　　　C. 依法执教　　　D. 教书育人

2. 刘老师在教学过程中善于引导学生掌握知识，积极思考，运用多种策略解决问题。这说明他的（ ）比较突出。

　　A. 教学监控能力　　　　　　　　　B. 教学反思能力

　　C. 教学认知能力　　　　　　　　　D. 教学操作能力

二、简答题

1. 简述教师教学能力的结构。

三、材料分析题

1. 刘老师教学《第一场雪》时，运用各种方式激励学生。学生在质疑时，她就说："你真是个爱思考的孩子！"学生朗读表现出色，她就说："老师仿佛置身于雪景中，心中无比轻松愉悦。"

大家齐读得好……大家读得不好时，她首先肯定"读得不错，要是不仅能表现出惊讶，还能表现出赞叹的感觉来，就更棒了。"

问题：

（1）评析刘老师对学生课堂表现的评价。

（2）谈谈"新课改"倡导的评价理论。

【参考答案】

一、选择题

1. D 2. D

二、简答题

1. 答：

教师能力结构包括以下三个方面：

（1）基础能力素养：①智能素养（观察、思维、想象、记忆能力素养）；②语言表达素养，这是影响教师教育活动成效的重要因素。

（2）专业能力素养：①教学设计能力；②组织管理能力；③研究能力。

（3）心理素养、身体素养。

三、材料分析题

（1）答：

第一，刘老师做到了教学评价的客观性，能让学生感觉教师的评价是合适的。

第二，刘老师做到了教学评价的指导性。通过教师的评价，学生知道自己应该朝向哪个方向努力。

第三，刘老师做到了教学评价的科学性。刘老师在对学生的评价除了适合学生，而且评价也非常正确合理。

（2）答：

"新课改"倡导激励性评价和发展性评价，激励性评价是指在教育教学活动过程中，教师对学生的行为做出及时、积极的反馈，以调动学生学习的积极性，促进教学工作的顺利完成。发展性评价的内涵包括：①评价的根本目的是促进发展；②体现最新的教育观念和课程评价发展的趋势；③评价内容综合化；④评价标准分层化；⑤评价方式多样化；⑥评价主体多元化；⑦关注发展过程。

项目三　学生评价

一、学生评价概述

（一）学生评价的含义

学生评价是教育评价领域中最基本的一个领域，也是最重要的领域之一。学生评价的结果一定程度上可以体现出教师的教学能力，学校的办学质量，甚至是一个国家的教育水平。学生评价有利于每位教师了解学生学习情况，改进教学方法，实现因材施教，促进学生个性发展。不同学者对学生评价的含义有不同的理解。陈玉琨教授认为学生评价是对学生个体学习的进展和变化的评价，它包括对学生学业成绩、思想品德和个性等方面的评价。肖远军认为学生评价是指评价者依据一定的评价标准，对学生个体学习的进展和变化及其影响因素进行系统分析和价值判断，以期达到教育评价增值的过程。

结合以上观点，我们可以这样理解学生评价。学生评价是指评价者根据一定的评价标准，在系统地、科学地和全面地收集、整理、处理和分析学生信息的基础上，对学生学习进展和行为变化进行价值判断的过程。学生评价包括对学生学业成绩、思想品德、个性和综合素质等方面的评价，以促进教育与教学改革。

（二）学生评价的意义

学生评价对于学校、教师和学生自身的意义有以下五点：

第一，有助于学校评价教师教学水平，提升管理水平。学校通过学生评价可以了解到教师的教学质量、学校的校风建设等情况，发现问题并及时改进，提升学校管理水平。

第二，有助于教师进行学情分析，因材施教。教学前进行学生评价，便于教师掌握学生的基础知识储备、基础技能掌握、学习能力与态度等方面的情况。教师在进行教学设计时，可以有针对性地确定教学目标，选择适宜的教学方式。

第三，有助于教师了解教学效果，改进教学方式。教师可通过在教学中进行学生评价的方式，了解教学效果，总结教学经验，及时发现教学过程中存在的问题，改进教学方式，提高教学质量。

第四，有助于教师评价学生学习结果。教师可通过对某一阶段学习进行总结性的学生评价，了解学生掌握情况，考虑对个别学生进行辅导或让学生进行重修。

第五，有助于激发学生学习动机，促进学生主动学习。教师可通过学生评价，帮助学生全面了解自己的学习情况，提倡良性竞争，将压力转化为动力。

（三）学生评价的发展趋势

20 世纪 90 年代，我国全面推进素质教育，培养适应 21 世纪现代化建设需要人才。《中共中央 国务院关于深化教育改革，全面推进素质教育的决定》中提出："以提高国民素质为根本宗旨，以培养学生的创新精神和实践能力为重点，造就'有理想、有道德、有文化、有纪律'的、德智体美等全面发展的社会主义事业建设者和接班人……培养学生的科学精神和创新思维习惯，重视培养学生收集处理信息的能力、获取新知识的能力、分析和解决问题的能力、语言文字表达能力以及团结协作和社会活动的能力。"学生评价是推进素质教育的重要环节，应当体现素质教育的要求，从而出现了以下改革和发展趋势。

（1）发展性的评价目的。

长期以来，学生评价的主要目的是甄别与选拔。这种价值取向，造成学校办学单纯追求升学率，学生学习是为了考高分。随着素质教育改革的推进，人们对于教育有了更全面地认识，学习不单纯是为了考试，学生评价也不应只关注对学生基础知识和技能的考评，而是对学生综合素质进行评价。学生评价应为学生发展服务，以促进学生发展为目的。

（2）全面性的评价内容。

以往，学生评价的评价内容大多只注重学生学业成绩，特别是对书本知识的掌握，忽略学生的德育、体育、美育、劳动教育等方面的评价，造成学生中存在"高分低能"

或"高分低德"等情况。21世纪的教育更加注重培养学生各方面的能力和情感态度等综合素质，学生评价的内容也应与时俱进，不只关注学生的学业成绩，而是对学生的综合素质和思想品德等方面进行全面评价。

（3）多样化的评价方法。

通过考试测验的量化评价方法是我国学生评价的主要方法。这种唯分数的评价方法过于片面，使学生心理压力过大，容易对考试产生恐惧心理，不利于促进学生的发展。我们应该采用多样化的评价方法，将量化评价与质性评价相结合，突出评价的改进功能；明确评价不是目的，而是促进学生发展的手段；将量化的分数和平时的课堂表现、作用情况、学习态度等多样化的评价方式结合起来，全面客观地评价学生。

（4）差异性的评价个体。

素质教育面对的是全体学生，每个个体都有其独特性。学生评价不应是选择适合教育的学生，而是为全体学生提供适合的教育。面对差异性的评价个体，评价要根据学生的差异，制定适合的目标、标准和方式，因材施教。学生评价应有利于每一个学生得到发展和提高。

（5）多元化的评价主体。

"新课改"中强调变"要学生学"为"学生要学"，教师不再是教学唯一的主体，教师的角色更多的是学生学习的引导者，引导学生主动学习，激发学生学习兴趣，培养学生学会学习。进行学生评价时，我们应加入学生对自我的评价、同学间的互评、家长评价等多元化的评价主体；帮助学生清晰认知自我，对自己的学习方式、学习效果、人际关系、沟通交流、与他人合作等进行反思，促进学生全面发展。

二、学生学业评价

学业评价是学生评价的重要组成部分，主要是指以国家的教育教学目标为依据，运用恰当、有效的工具和途径，系统地收集学生在各门学科教学和自学的影响下认知行为上的变化信息和证据，并对学生的学习水平进行价值判断的过程[①]。1956年，美国教育学家布鲁姆发表了《教育目标分类学——认知领域》，将教育目标分为认知、情感和动作技能三个领域。美国心理学家加涅将学习结果分为态度、运动技能、言语信息、智慧技能和认知策略。1996年，国际21世纪教育委员会向联合国教科文组织提交了《教育——财富蕴藏其中》的研究报告，报告中指出：面向未来社会发展，教育必须围绕四种基本的学习能力来重新设计、组织，即学会认知、学会做事、学会共同生活和学会发展。

结合以上观点，学生学习活动主要包含认知活动、技能活动和情感活动三个基本领域，此处我们重点介绍认知学习评价和技能学习评价。

（一）认知学习评价

认知学习评价的方式包括测验、行动观察、实验、评定等，其中测验是使用最多、最便利、结果相对客观的评价方式。测验是用以测量学生学习行为或结果的工具，通常由许多项目（问题、任务等）构成，学生对这些项目的反应可以记分，分数被用于

---

① 袁振国. 当代教育学［M］. 北京：教育科学出版社，1998：249.

评估学生学习的情况。

测验的种类根据测验的目的可分为准备性测验和结果性（终结性）测验，根据编制方式可分为标准化测验和教师自编测验，根据测验试题的应答方式可分为客观性试题测验和主观性试题测验。不同的测验方式各有利弊，如：客观性试题测验的答题时间短，覆盖面大，但命题费时；主观性试题测验命题省时、容易，但评分主观、复杂。评价者可以根据具体情况，衡量利弊，选择最合适的测验方式。

测验的编制过程主要包括以下四点：

第一，明确测验的目的和对象。根据测验目的和对象，我们可确定测验是准备性测验还是结果性（终结性）测验。

第二，界定测验试题的难度。难度的大小一般按照通过测验人数的多少来表示，如通过的人数占绝大多数，则表示测验的难度较小。

第三，确认测验的可行性。测验的可行性主要是指测验的有效编制，以保证测验具有较高的信度。

第四，提供测验的评定细则。对客观性试题提供标准答案，对主观性试题提供答案要点，说明评分规则，便于测验后评分。

（二）技能学习评价

技能学习包括动作技能、使用工具的技能、社交技能、实验技能等。技能的学习主要通过示范、模仿、练习、独立等阶段的反复训练，以达到熟练的过程。评价一般多采用观察法、作品表现法、表演评价法等，其中观察法是最常用的方法之一。技能学习评价的实施主要包括以下几个步骤：详细界定要评价的内容，选择适当的操作情境，明确描述测验的情境及要求，准备评价操作的观察与记录量表，确定评价的标准（见表9-5），根据标准进行评价。

表9-5 动作技能测量标准及等级分值①

等级	分值	动作技能标准
优秀	90分以上	能熟练掌握与完成动作： 动作正确、规范、协调 动作连贯、有节奏感 完成动作，表情自然，姿态端正
良好	75~89分	能较连贯地完成动作： 动作基本正确，符合技术要求 动作比较少，协调和连贯 有小的缺点和不足
及格	60~74分	能基本完成动作： 动作有些僵硬、不协调 动作不够连贯，表情紧张 有较明显的错误

模块九 教育评价

---

① 张奇. 音体美教学心理学 ［M］. 北京：北京教育出版社，2001：159.

表9-5(续)

等级	分值	动作技能标准
不及格	59分以下	未能完成动作： 全部动作有部分完成 需要他人保护与帮助才能完成动作 关键的技术环节不能完成 全部动作不能完成

三、学生品德评价

学生品德评价是指评价者采用科学的评价手段，系统地收集学生在某一时期内的品德特征信息，以德育大纲和德育目标为主要依据，做出价值判断的过程。学生品德评价有利于促进学生的发展，为德育决策提供依据。我国智育和体育的评价标准相对具体，德育的评价则要复杂、细致得多，定量分析只适用于具体的外显行为，很难对内隐的思想观念进行评价。

学生品德评价的内容主要根据社会要求、德育大纲、德育目标、《中小学生日常行为规范》和《中小学守则》等要求来制定。学生品德评价主要包括思想政治、道德行为、个性心理素质和能力等方面。在具体制定评价指标体系时，要根据学生不同阶段的身心特点，科学设计评价目标和指标体系，引导学生养成良好思想道德、心理素质和行为习惯，传承红色基因，增强"四个自信"，立志听党话、跟党走，立志扎根人民、奉献国家。

我国学生品德评价的方法主要有以下五种：

（1）考试考核评价法。

该方法将品德评价与思想品德课、政治课的考试结合起来；通过书面考试的形式，用反映学生品德水平的行为事例组成题干，以不同品德水平的学生对待同一事例可能做出的不同表现行为为选择答案，让学生选择或判断。这种方式的弊端在于难以对学生的实际行为做出判断，存在学生知行不统一的情况。

（2）整体印象评价法。

该方法是指评价者根据评价标准，通过日常对学生的观察和了解，经过综合分析后给予终结性整体评价的方法。如学期结束，班主任对学生的品德发展情况做出优、良、及格、不及格的评定。这一方法的弊端在于评价结果的随意性、片面性、主观性较强。

（3）操行评语法。

该方法是指班主任用书面语言描述学生品德发展状况的方法。相较于整体印象评价法，操行评语法更具体形象，也相对全面，但同样存在主观性强、对学生了解不深入、评语千篇一律等问题。

（4）操行加减评分法。

该方法是一种对学生品德行为表现进行定量统计的方式，包括制定评语式的评价项目，对每项做出具体规定，制定加减分标准。学前结束时，根据学生表现，由学生、任课教师、班主任评定，得出综合总分。这种评价方式注重以行为为依据，忽视了道德意识和思想动机，加减分值的确定难度较大，容易使学生片面追求分数。

（5）评等评分评语综合评价法。

该方法是对上述各种评价方式兼容综合的方法，是指在得出分数、等次之后，再加上评语，解释等级分数意义，将定性说明和量化分数相结合，从而较全面地反映学生的品德情况的方法。

学生品德评价的方法，除了以上几种常用方法外，还有调查评价法、情境平均法、社会关系测量法等。由于品德评价内涵的复杂性、内隐性，难以量化，因此尚未有统一的评价方式和标准，各个方法都存在一定的弊端。总体来说，定性评价的方式居于主流地位。

四、学生综合素质评价

学生综合素质评价是指根据一定的评价标准，对学生的综合素质进行系统分析，从而做出价值判断的过程。2002年，教育部颁发的《教育部关于积极推进中小学评价与考试制度改革的通知》（以下简称《通知》）为改进中小学评价与考试制度与全面推进素质教育的要求不相适应的问题，对中小学评价与考试制度进行改革，提出初中升高中的考试与招生中，要综合考虑学生的整体素质和个体差异，改变以升学考试科目分数简单相加作为唯一录取标准的做法。2005年，教育部印发的《关于基础教育课程改革实验区初中毕业考试与普通高中招生制度改革的指导意见》中首次提出了对初中毕业生进行综合素质评价，明确评价的内容以《通知》中提出的道德品质、公民素质、学习能力、交流与合作能力、运动与健康、审美与表现六个方面的基础性发展目标为基础，结合实际情况将其具体化。

（一）学生综合素质评价标准

学生综合素质评价标准主要包括学科学习目标和基础性发展目标两个方面。学科学习目标是指经过学科学习应达成的基本目标，在各学科课程标准中已列出本学科的总目标和各个学段学生应该达到的具体学习目标。《通知》中重点说明了基础性发展目标，其主要包括以下内容：

一是道德品质。即应爱祖国、爱人民、爱劳动、爱科学、爱社会主义；遵纪守法、诚实守信、维护公德、关心集体、保护环境。

二是公民素养。即应自信、自尊、自强、自律、勤奋；对个人的行为负责；积极参加公益活动；具有社会责任感。

三是学习能力。即应有学习的愿望与兴趣，能运用各种学习方式来提高学习水平，有对自己的学习过程和学习结果进行反思的习惯；能够结合所学不同学科的知识，运用已有的经验和技能，独立分析并解决问题；具有初步的研究与创新能力。

四是交流与合作能力。即能与他人一起确立目标并努力去实现目标，尊重并理解他人的观点与处境，能评价和约束自己的行为；能综合地运用各种交流和沟通的方法进行合作。

五是运动与健康。即热爱体育运动，养成体育锻炼的习惯，具备锻炼健身的能力、一定的运动技能和强健的体魄，形成健康的生活方式。

六是审美与表现。即能感受并欣赏生活、自然、艺术和科学中的美,具有健康的审美情趣;积极参加艺术活动,用多种方式进行艺术表现。

需要说明的是,在实际教育教学中,学科学习目标和基础性发展目标很难完全分开,基础性发展目标通常蕴含在学科学习目标中。因此,学生综合素质评价内容的构建的探讨焦点应放在基础性发展目标上。

(二)学生综合素质评价的实施

1. 明确评价内容和评价标准

学校根据基础性发展目标,结合实际,制定可行的指标体系。

2. 选择评价方式

学校应采用可行的、包含多元主体(学生自评、同学互评、教师评价和家长评价等)的、多样化的、开放式的评价方式(行为观察、情境测验、学生成长记录等),以全面客观反映学生发展情况。

3. 收集和分析反映学生发展过程和结果的资料

学校应建立学生成长记录,收集学生的自我评价、成绩记录、作品、社会实践和社会公益活动记录、体育与文艺活动记录、教师和同学评价、考试和测验的信息等资料。学生成长记录应客观描述学生发展情况。评价的结果包括综合性评语和等级两部分。

4. 制订促进学生发展的改进计划

评价的意义在于促进学生的发展。教师根据分析报告,全面了解学生的优点、不足及发展需要,制订改进计划,帮助学生认识自我,树立自信。

不同阶段、不同类别学校的学生综合素质评价指标体系也不同,表9-6列举的是北京市初中生综合素质评价指标体系。上海市则采用《上海市中小学生成长记录册》的方式,进行学生综合素质评价,并于2004学年起开始实施。

表9-6 北京市初中生综合素质评价指标体系

一级指标	二级指标	评价要素	评价方法与工具
思想道德	道德品质	爱祖国、爱人民、爱劳动、爱科学、爱社会主义,遵纪守法、诚实守信、维护公德、关心集体	情境测验、日常观察记录、人物推选卡
	公民素养	自信、自尊、自强、自律、勤奋,对个人的行为负责,积极参加公益活动,具有社会责任感,保护环境,具备奥林匹克基本常识,理解奥林匹克基本精神	
学业成就	知识技能	基础知识和基础技能水平,在相关学科和实际生活中的应用水平	纸笔测验、情境测验、问卷调查、人物推选卡
	学习能力	发现、解决问题的能力,合作学习的能力,独立探究的能力,收集、识别、管理、使用信息的能力,对学习过程和结果的反思能力	
	学业情感	学习态度、学习兴趣、学习意志、学业价值观	

表9-6（续）

一级指标	二级指标	评价要素	评价方法与工具
身体健康	体育锻炼、个人健康、技能	体育锻炼习惯和方法、卫生习惯、保健习惯和方法、健康意识、健康的生活方式	问卷调查、身体形态测量、身体机能测量、身体素质测量
	身体形态	符合《学生体质健康标准》要求	
	身体机能	符合《学生体质健康标准》要求	
	身体素质	符合《学生体质健康标准》要求	
心理健康	自我认识	了解自我、调控自我	情境测验、调查问卷、日常观察记录、人物推选卡
	人际关系	关心、尊重他人，明辨是非，正常交往	
	适应环境的能力	适应学习环境的能力，适应社会环境的能力	
个性发展	特长	学科特长、体育运动特长、艺术特长	事实描述
	有新意的劳动和活动成果		
	其他（自己选择）		

【延伸阅读】

美国当代著名的教育家和心理学家——本杰明·布鲁姆

本杰明·布鲁姆（Benjamin S. BLOOM, 1913—1999 年），曾任芝加哥大学名誉教授。布鲁姆经过长年的心理教学研究发现：教师对学生的积极期待，对学生的学习和发展具有积极的推动作用。这就是著名的布鲁姆效应。

他是泰勒的学生、助手和同事。他继承了泰勒的研究成果，率先建立了教育目标分类系统。布鲁姆整个教学理论的核心内容是"掌握学习"理论。所谓"掌握学习"，就是在"所有学生都能学好"的思想指导下，以集体教学（班级授课制）为基础，辅之以经常、及时的反馈，为学生提供所需的个别化帮助以及所需的额外学习时间，从而使大多数学生达到课程目标所规定的掌握标准。该方法将学习分为小的单元，学生每次学习一个小的单元并参加单元考试，直到学生以 80%～100% 的掌握水平通过考试为止，然后才能进入下一个单元的学习。

布鲁姆受到行为主义和认知心理学的影响，在 20 世纪 50 年代，他领导一个委员会对教育目标进行系统的分类研究后，将教育目标分为认知、情感和动作技能三个领域，并从实现各领域的最终目标出发，确定了一个细化目标的程序。

1. 认知领域教育目标

布鲁姆等人在 1956 年把认知领域的教育目标公布出来，该领域的教育目标包含由从低级到高级、由简单到复杂的六个水平：知识、领会、运用、分析、综合、评价。

2. 情感领域教育目标

依据价值内化的程度不同，情感领域教育目标可分为接受、反应、价值化、组织、价值体系个性化形成五级。

3. 动作技能领域教育目标

布鲁姆本人并没有编写出动作技能领域的目标分类，这个领域出现了好几类分类法，尚无公认的最好的分类，这里介绍的是辛普森（Simpson E J）的分类。他把动作技能领域的教育目标，分为知觉、定向、有指导的反应、机械动作、复杂的外显反应、适应、创新七级。动作技能的各个层次，也均有各自的一般目标，这些目标可以用一些特殊学习结果和行动的动词加以表示。

该理论对教育目标的分类并非尽善尽美，但有助于我们从多角度、多层次去思考学校的教育教学目标。

（资料来源：https://baike.baidu.com/item/%E6%95%99%E8）

【真题再现】

一、选择题

1. 将教学目标分成认知、情感、动作技能三大领域的教育学家是（   ）。

    A. 布鲁姆　　　　　B. 奥苏贝尔　　　　　C. 杜威　　　　　　D. 布鲁纳

2. 衡量学生品德形成与否的关键要素是（   ）。

    A. 道德认识　　　　B. 道德意志　　　　C. 道德行为　　　　D. 道德情感

3. 张老师用一套试卷对程度相当的两个平行班进行测试，学生的成绩基本一致，这说明这张试卷具有较好的（   ）。

    A. 信度　　　　　　B. 效度　　　　　C. 难易度　　　　　D. 区分度

4. 张老师对《匆匆》进行教学设计时，将"体会时间的宝贵，并珍惜时间"作为教学目标这一目标属于（   ）。

    A. 知识性目标　　　B. 过程性目标　　　C. 技能性目标　　　D. 情感性目标

二、辨析题

1. 强调学生的主体地位必然削弱教师的主导作用。

2. 有什么样道德认识，就一定有什么样的道德行为。

三、简答题

1. 简述小学教师撰写操行评语的注意事项。

2. 简述个体能力发展的差异性。

【参考答案】

一、选择题

1. A　2. C　3. A　4. D

二、辨析题

1. ×【解析】道德认识是指对道德行为规范及其意义的认识，是人的认识过程在品德上的表现。道德认识是个体品德的基础，是道德情感、道德意志产生的依据，对道德行为具有定向的意义，是行为的调节机制。道德行为是品德形成的最终环节，是指个体在一定的道德意识支配下表现出来的对他人和社会的有道德意义的活动。它是个体道德认识的外在表现，是实现道德动机的手段。道德行为的形成受主观和客观等各方面的影响，因此，不一定能形成和道德认识相应的道德行为，二者不一定完全一致，题目中的观点是片面的。

2. ×【解析】教师的主导与学生的主体是相互依存、缺一不可的。教学中主要发挥学生的主动性，让学生参与到学习中。在这个过程中，教师应给学生指明方向，保证学生学习的方向性。

三、简答题

1. 答：（1）班主任要明确评语不是一种检查和评比，而是一种阶段性的总结。学生期末评语是老师对学生一学期来的表现的一种分析和总结，目的是使学生能全面正确地了解自己，了解自己存在的优势和不足，鼓励学生发扬优势，改进不足。因此，班主任在写学生评语时应注意不要给学生下定义或分等级，而是要客观地给学生做一次比较全面的总结。

（2）评价主要注重的是学生的发展过程，这就要求班主任平时要注意细心观察，为期末评语的撰写积累素材，要在学生的日常生活中发掘学生的闪光点。班主任评语中要由衷地为学生的优点"喝彩"。然而学生的闪光点并不是每时每刻都能表现出来的，有些甚至是一闪而过。

这就需要班主任在日常的学习生活中善于抓住学生的闪光点，并把它记下来作为日后写评语的素材；要正确评价一个学生，不能只是着眼于他眼前的表现，也要关注他以往的表现，更要注重他未来的发展。

2. 答：个体能力的个体差异性表现在以下三个方面：

（1）能力发展水平的差异，能力发展有高有低，但整体上来说，能力的个性差异呈正态分布。

（2）能力个体差异表现在能力表现早晚的差异，有人从小就聪明，有的则大器晚成。

（3）个体能力类型的差异，包括感知能力、想象能力以及特殊能力，不同的人差异很大。

项目四　习近平总书记关于教育的重要论述（7）

（1）在镇中心小学，习近平总书记走进五年级一班的课堂，亲切询问孩子们的学习和生活情况。习近平总书记说："现在孩子普遍眼镜化，这是我的隐忧。还有身体的健康程度，由于体育锻炼少，有所下降。文明其精神，野蛮其体魄，我说的'野蛮其体魄'就是强身健体。"

——2020年4月，习近平总书记来到安康市平利县老县镇考察调研

（2）青少年是祖国的未来、民族的希望。我们党立志于中华民族千秋伟业，必须培养一代又一代拥护中国共产党领导和我国社会主义制度、立志为中国特色社会主义事业奋斗终生的有用人才。在这个根本问题上，必须旗帜鲜明、毫不含糊。这就要求我们把下一代教育好、培养好，从学校抓起、从娃娃抓起。在大中小学循序渐进、螺旋上升地开设思想政治理论课非常必要，是培养一代又一代社会主义建设者和接班人

的重要保障。

  ——2019 年 3 月，在学校思想政治理论课教师座谈会上强调

  （3）要深化教育体制改革，健全立德树人落实机制，扭转不科学的教育评价导向，坚决克服唯分数、唯升学、唯文凭、唯论文、唯帽子的顽瘴痼疾，从根本上解决教育评价指挥棒问题。要深化办学体制和教育管理改革，充分激发教育事业发展生机活力。要提升教育服务经济社会发展能力，调整优化高校区域布局、学科结构、专业设置，建立健全学科专业动态调整机制，加快一流大学和一流学科建设，推进产学研协同创新，积极投身实施创新驱动发展战略，着重培养创新型、复合型、应用型人才。要扩大教育开放，同世界一流资源开展高水平合作办学。

  ——2018 年 9 月，在全国教育大会上强调

  （4）教育决定着人类的今天，也决定着人类的未来。基础教育在国民教育体系中处于基础性、先导性地位，必须把握好定位，全面贯彻落实党的教育方针，从多方面采取措施，努力把我国基础教育越办越好。广大教师要做学生锤炼品格的引路人，做学生学习知识的引路人，做学生创新思维的引路人，做学生奉献祖国的引路人。

  ——2016 年 3 月，在北京市八一学校考察时强调

【延伸阅读】

中共中央 国务院印发《深化新时代教育评价改革总体方案》

【真题再现】

  选择题

  习近平总书记在 2016 年教师节讲话指出教师要做学生发展的引路人，其内容是（ ）。

  ①做学生锤炼品格的引路人

  ②做学生学习知识的引路人

  ③做学生提升能力的引路人

  ④做学生创新思维的引路人

  ⑤做学生奉献祖国的引路人

  A. ①②③④   B. ①②③⑤   C. ①②④⑤   D. ①③④⑤

【参考答案】

选择题

C

模块十

教育研究

■**学习目标**

1. 理解教育研究的概念、历史发展和分类。
2. 掌握不同的教育研究方法。
3. 提高学生的教育研究能力。
4. 引导学生成为研究型教师，激发学生的职业积极性。

■**知识框架**

教育研究
- 项目一　教育研究概述
  - 教育研究的概念
  - 教育研究的历史发展
  - 教育研究的分类
  - 教育研究的设计
- 项目二　教师研究方法
  - 调查研究法
  - 观察研究法
  - 实验研究法
  - 个案研究法
  - 历史研究法
  - 比较研究法
- 项目三　行动研究
  - 行动研究概述
  - 行动研究的意义
  - 行动研究的操作程序
- 项目四　叙事研究
  - 叙事研究概述
  - 叙事研究的意义
  - 叙事研究的操作程序

项目一　教育研究概述

一、教育研究的概念

"研究"一词在日常生活中经常运用，如"这件事我们再研究一下"，但在学术活动中的"研究"仿佛变得高深起来。其实，"研究"是一种带有目的性的系统的探究活动，包含目的、过程和方法等基本要素。这通常是以发现规律、解决问题或改进现状等为目的，采用科学合理的方法，按照步骤进行的活动过程。

关于"教育研究"的概念，学术界存在一定分歧，不同学者侧重点也不同。喻立森[①]认为教育研究是一种特殊的生产活动，其产品是精神产品——教育科学知识，其本质内涵是以创新为前提的精神生产。郑金洲等[②]则认为教育研究是采用系统的方法来研究教育问题的活动。裴娣娜[③]认为教育研究是以发现或发展科学知识体系为导向，通过对教育现象的解释、预测和控制，以促进一般化原理、原则的发展。其宗旨是为了解决一定的教育科学问题。由于教育概念的不统一，教育研究的概念也不会存在统一的说法。基于以上认识，本书将教育研究定义为：教育研究是带有目的性，通过一系列规划好的活动步骤和科学方法的实施，认识教育现象，解决教育问题，探索教育规律，以推动教育改革、提高教育质量、发展教育理论的创造性活动。

二、教育研究的历史发展

（一）经验总结时期

近代自然科学在16世纪才逐渐从自然哲学中分化出来，教育研究主要是通过对教育实践经验进行总结，形成丰富的教育理论。当时的教育学还处在萌芽阶段，直到17世纪才成为一门独立的学科。在此之前，哲学是一切知识的母体，而亚里士多德的古典演绎法被认为是获取知识的唯一方法。当时的教育研究主要是对教育实践经验的总结，多以描述为主，比较零散，缺乏系统性和科学性。

（二）分析为主时期

夸美纽斯被称为教育学的"开山鼻祖"，他一生写了大量的教育论著，其中最著名的《大教学论》，它被视为近代第一部教育学著作，标志着近代教育科学的产生。直到"新进步主义"教育运动的兴起，这一时期的教育研究从经验总结上升到对理论的概括，对教育的研究不局限于教育现象的描述，而是注重分析揭示现象背后的联系和发展规律。

---

① 喻立森. 教育科学研究通论 ［M］. 福州：福建教育出版社，2001：31-32.
② 郑金洲，陶保平，孔企平. 学校教育研究方法 ［M］. 北京：教育科学出版社，2003：18.
③ 裴娣娜. 教育研究方法导论 ［M］. 合肥：安徽教育出版社，2018：4.

民主主义教育家——扬·阿姆斯·夸美纽斯

扬·阿姆斯·夸美纽斯（Johann Amos Comenius，1592—1670年）是捷克伟大的民主主义教育家、西方近代教育理论的奠基者。他出身于一磨坊主家庭。他是公共教育最早的拥护者，其理念在他所著作的《大教学论》中提出。年轻时，他被选为捷克兄弟会的牧师，并主持兄弟会学校。三十年战争（1618—1648年）爆发后数十年，他被迫流亡国外，并继续从事教育活动和社会活动。他尖锐地抨击中世纪的学校教育并号召"把一切知识教给一切人"，提出统一学校制度，主张普及初等教育，采用班级授课制度，扩大学科的门类和内容，强调从事物本身获得知识。他的主要著作有《母育学校》《大教学论》《语言和科学入门》《世界图解》等。

夸美纽斯受到人文主义的深刻影响，对人具有的智慧和创造力充满信心，主张通过教育使人获得和谐发展，希望通过教育改良社会，实现教派和民族的平等。泛智论是夸美纽斯教育思想的核心。所谓"泛智"，就是使所有的人通过接受教育而获得广泛、全面的知识，从而使智慧得到全面的发展。他主张学习广泛的知识，掌握学科知识的精粹；强调所学内容要对实际生活有用；重视对自然科学知识的学习，以及各种语言的学习；注重对学生行动能力的训练等。其教育代表作《大教学论》中开宗明义"阐明把一切知识教给一切人的全部艺术"，并试图通过教育实验来实现"泛智教育"和"泛智学校"的理想。夸美纽斯在《大教学论》中还提出了许多重要的教学原则，如直观性原则、启发诱导原则、量力性原则、循序渐进原则、巩固性原则，以及因材施教原则等。这些原则依然是我们今天的教师在教学活动中遵循的基本原则。

夸美纽斯的另一重要贡献是，在教育史上他最早从理论上详细阐述了班级授课制以及相关的学年制、学日制、考查、考试制度。虽然早在欧洲宗教改革时期，在耶稣会派和路德派等教派学校的教学实践中，已经出现了分班、分级教学制度，并且按年、月、周规定教学进度，但是，夸美纽斯是对班级授课制等做出系统理论阐述的第一人。他以太阳的"光亮和温暖给予万物"而"不单独对付任何单个事物、动物或树木"为依据，论证了班级授课制的必要性和可行性。夸美纽斯以他在教育理论上的卓越贡献，奠定了他在西方教育思想史上的重要地位。

夸美纽斯主张普及义务教育，"把一切事物教给一切人类"实际上是对所有儿童授以学前教育和初等教育。中等教育只有那些有志于从事脑力劳动的人们才能享受，高等教育则更是少数"智者"的权利。但在当时的历史条件下，夸美纽斯打破了封建主义的禁锢，主张人人有权利接受教育，适合当时社会生产力的发展要求。

（资料来源：https://baike.baidu.com/item/%E6%89%AC%C2%B7%E9%98/）

（三）科学主义时期

19世纪下半叶，一些教育家倡导在一般科学方法的框架内进行教育研究。"科学教育学的奠基人"赫尔巴特，强调教育学作为一种科学，是以实践哲学和心理学为基础的。裴斯泰洛齐创办新庄孤儿院，进行教育新方法的实验研究。梅伊曼和赖伊创立实验教育学，直接将心理实验的方法用于教育研究。随着20世纪初西欧"新教育"运动的出现以及杜威教育理论的产生，并出现了以实用主义研究方法为主的潮流。杜威在実用主义理论基础上，对当时传统的教育理论进行了全面改造，强调必须从教育实验中构建理论。至此，教育研究方法从哲学方法论中分化出来，成为独立的研究领域。

（四）综合多元时期

20 世纪 50 年代以来，西方哲学出现了以动态的、多元的思维方式代替过去静止、单一的思维方式的趋势。随着社会的不断发展以及教育变革的推进，教育研究越来越受到重视，教育研究方法和研究内容也越发多元化，教育研究课题的复杂性和综合性日益增强。综合性的教育研究才能真正推动教育改革、提高教育质量、发展教育理论。

事实证明，每次重大的科学革命，不仅带来了新的理论，还带来了人们新的认识方法和工具。可以说，方法论的变革也是思维方式的变革，从而引起教育研究方法的发展（如表 10-1 所示①）。

表 10-1 不同时代的科技发展与教育研究

时代	生产及科技发展特点	哲学认识论	思维方式	教育研究方法论
古代至16 世纪初	手工生产方式	朴素的唯物主义和辩证法思想（从具体到抽象，从个别到一般的开始阶段）	直观猜测	笼统、直观、综合地认识教育现象。重观察、经验性的、模仿自然科学方法的采用
16 世纪中期至19 世纪中期	大工业生产和自然科学的发展（处于收集资料阶段，只有力学和数学得到充分发展）	培根的经验归纳法、笛卡儿的理性演绎法、康德的批判的方法论、黑格尔的客观唯心主义辩证法	机械论、形而上学的思维方式占统治地位	演绎推理法、实验方法的采用
19 世纪末、20 世纪初至 20 世纪四五十年代	现代科学技术的发展	马克思主义哲学认识论、现代科学方法论	整体的、辩证的、动态的、多维的思维方式	辩证思维和科学实验成为现代教育科学研究的两大武器。系统科学方法、数学方法的采用

三、教育研究的分类

（一）基础研究、应用研究、发展研究和评价研究

根据研究的目的、功能、作用的不同，教育研究可分为基础研究、应用研究、发展研究和评价研究。基础研究的目的在于完善和发展教育理论，即研究的是"是什么"的问题。应用研究的目的在于运用理论解决教育实践问题，具有实用意义，即研究的是"为什么"的问题。发展研究的主要目的在于发展直接用于教育实践的有效方法，即研究的是"怎么做"的问题。评价研究的目的是对教育目标、教育机构或教育活动等方面做出价值判断，为教育政策分析和教育决策提供依据，即研究的是"怎么样"的问题。

基础研究是指揭示教育现象的本质，研究教育的规律，扩展教育科学知识体系，修改、补充或发展某些现有理论或概念的研究。基础研究可分为以下三个方面：一是

---

① 裴娣娜. 教育研究方法导论 [M]. 合肥：安徽教育出版社，2018：38.

对已有理论或原理进行突破性的研究，破除原有体系的不合理之处，建立新的体系；二是对已有理论进行深入研究，进行补充和发展；三是对理论中个别概念、原理做出修正或扩展，涉及范围较小，难度较低。基础研究属于纯科学研究或学术研究，如对教育本质、教学规律、课程理论等教育科学理论体系方面的研究。

应用研究是指在基础研究的理论基础上，解决某些具体的教育实践问题的研究。应用研究将理论转化为可行的方案、技能与策略，是教育理论与教育实践相结合，以期达到预定的教育目标。应用研究可分为以下三个方面：一是对全国性或全局性重大教育实际问题的研究，目的是推动教育发展或提出解决策略，如教育资源的合理配置、素质教育的实施等；二是对某一领域或某一区域教育实践问题的研究，为解决实际问题提供有效方法，如学校的管理制度、教师的培养模式等；三是针对个别实际教育问题的研究，研究范围相对较小。

发展研究是指根据基础研究和应用研究得到的成果，为教育实践工作者提供能够直接应用的教育产品的研究，它具有可操作性的特征，直接将教育理论、思想或观点转化成具体的教育实践方法。它更利于将教育理论应用到教育实践中去，将教育研究与实际教育实践联系在一起，相互补充、相互联系、相互作用，如教师教学策略、素质教育实施策略等方面的研究。

评价研究是指通过收集和分析相关资料数据，根据一定评价标准，对教育目标、教育机构以及教学活动等方面做出价值判断的研究。它旨在为教育政策和教育决策提供依据，如我国基础教育课程改革成效、教育评价方式改革成效等方面的研究。

（二）文献研究与现场研究

根据研究地点、资料收集的方式的不同，教育研究可分为文献研究和现场研究。

文献研究是指通过查阅文献获得资料，再加上研究者的思维加工取得成果的研究，也被称为书斋式研究。研究者不直接接触教育实践活动，而是作为旁观者和思考者。专业研究者或理论研究者常常采用这种研究，对教育思想、教育发展或理论进行历史分析，对教育实践活动进行反思等。教育文献有一次文献、二次文献和三次文献之分。一次文献就是原始文献，是直接记录的研究成果，如调查报告、论文、专著、档案等。二次文献是有关一次文献的文献，也称检索性文献，是对一次文献的加工整理。三次文献是参考性文献，是在二次文献的基础上，对一次文献的整理和概括，覆盖面更广、信息量更大、综合性也更强，如研究综述、数据手册、教育词典等。

现场研究是指在教育实践活动发生的现场进行的研究。虽然这种研究也需要对相关文献进行查阅，但更强调的是研究者必须亲临教育活动现场，对研究主体或过程进行观察和记录，获取研究资料。现场研究更适用于了解和解决教育实践问题的研究。在学校情境中进行的研究主要是现场研究，如教师在实际教学实践活动中对学生或教学方式等进行的研究就是现场研究。

（三）定量研究与定性研究

根据研究的性质和手段的不同，教育研究可以分为定量研究和定性研究。

定量研究是指研究者事先建立假设并确定具有因果关系的各种变量，通过概率抽样的方式选择样本，使用经过检测的标准化工具和程序采集数据，对数据进行分析的研究。实验研究就是一种典型的定量研究。定量研究具有以下四点特点：一是理论基础是实证主义哲学，认为自然或社会现象背后的原理都可以简化为单一的客观存在；二是强调操作的精准性；三是强调情境的可控性；四是强调数据采集的准确性。

定性研究是指研究者在自然情境下收集资料，从质的方面进行分析，对研究对象的本质特征进行的研究。研究者通常采用综合、比较和归纳等分析方法，以揭示研究对象发展的规律和本质特征。定性研究具有以下四个特点：一是强调说明的描述性，更多以文字的形式进行说明和论证；二是强调对资料进行归纳分析；三是强调研究对象的自然情境，深入特定情境中进行研究；四是强调分析研究的过程。

（四）宏观研究、中观研究与微观研究

根据研究的范围或内容的不同，教育研究可以分为宏观研究、中观研究与微观研究。

宏观研究是指将教育视为一个整体，对宏观层面的教育活动进行较大范围的整体研究。宏观研究将教育视为社会系统中的一个子系统，其研究内容主要包括两个方面：一是对教育系统与社会大系统、教育系统与其他子系统之间的关系的研究，如教育与经济、教育与文化、教育与人口等；二是对教育内部全局性问题的研究，如教育方针、教育目标、教育政策等。宏观研究一般涉及层面较多，研究时间较长，范围较广，难度较大。

中观研究是指将教育活动看作在某种机构（如各级各类学校、教育机构等），对中观层面的教育活动进行局部性的研究。中观研究的研究范围比宏观研究要小，但又不如微观研究具体，介于宏观与微观之间，如对学校的教师培训、学生课堂管理等方面的研究。

微观研究是指将教育活动视为人与人交往的一种形式，对微观层面的教育活动进行的研究。微观研究侧重于研究教育活动中人与人之间的交往，对教育教学活动中某一具体问题进行具体研究，涉及面较小，如启发式教学在语文教学中的应用、教师评价方式对学生心理的影响等方面的研究。

以上教育研究是根据不同维度进行的分类，彼此之间并非相互排斥，而是相互联系、相互补充、相互作用的。如基础研究也要依靠应用研究进行验证，应用研究也为基础研究提供理论指导。文献研究的一次文献来源于教学实践，现场研究也需进行文献研究。定性研究为定量研究提供框架，而定量研究又为进一步的定性研究提供条件。

四、教育研究的设计

（一）选定研究课题

选定研究课题是进行教育研究的第一步，也是最关键的一步。选题既确定了研究的方向，也明确了研究的内容。选题的来源可以根据社会发展需要提出，或者是学科建设中需要解决的问题、教育实践中出现的实际问题、教师在教学过程中观察到的可研究的选题等。一个合格的选题应具备以下几点特征：

（1）选题必须有价值性。

选题的价值表现在理论和应用两个方面：一是选题是否起到发展、修正、检验、完善教育理论的作用，二是选题是否对教育实践活动起到促进发展的作用。

（2）选题必须有创新性。

选题应是未曾解决或尚未完全解决的问题，而不是进行无意义的重复研究。创新是科学研究的基本特征，选题要结合时代要求，从新问题、新事物、新理论、新方法中进行选择。但也要明白创新并非要求研究的一切都是全新的，而是在前人研究的基础上进行。

（3）选题必须有可行性。

选题应该是可以研究的，切实可行的。可行性主要包括主观条件和客观条件两个方面。主观方面涉及研究人员自身的素质，如是否具备相应的知识基础、科研能力等。客观条件涉及研究所需的外在条件，如研究资料、研究设备、研究时间、研究经费等。

（二）分析研究问题

研究者需认真分析研究问题。只有清楚准确地界定研究问题，研究活动才能顺利进行。研究题目应是中性的，不带有价值判断，包含研究范围、对象等内容，最好涉及两个变量，不宜太短也不宜太长。一个具体的教育研究课题，一般涉及多个变量及其相互关系。变量分为自变量、因变量和无关变量。自变量是由研究者主动操纵变化的变量，能独立变化并引起因变量变化。因变量是由自变量的变化引起被试行为或有关因素、特征的相应反应的变量，是研究中需要观测的指标。无关变量是与研究目标无关的非研究变量，即除自变量和因变量以外的一切变量。无关变量会影响研究进程或结果，研究者需有效控制，保障研究结果明确可靠。研究者在分析后选择自变量，确定因变量，并初步判断自变量与因变量之间的关系；之后给研究变量下定义，也就是明确核心概念的定义。

（三）提出研究假设

研究假设是研究者根据经验事实和科学理论对所研究的问题预先赋予的某种答案，即研究者对研究结果的预测，对变量之间关系的预设。提出合理的研究假设是研究成功的基本条件。研究假设的作用主要有以下几点：

（1）研究假设是研究的核心。

科学研究的目的在于探索，整个研究过程实际上是围绕验证假设展开的。

（2）明确规定课题。

研究假设为研究指明方向，在研究过程中起定向作用。研究假设明确规定了课题，既便于研究者把握研究方向，也便于别人理解课题内容。

（3）研究假设是通向理论的桥梁。

从假设到理论是科学认识发展的必由之路。假设是有待验证的理论，理论则是已经验证的假设。

（四）进行文献检索

文献检索是教育研究中非常重要的步骤，贯穿于研究活动的全过程，为选题提供依据。文献检索的作用有以下三点：一是帮助研究者全面掌握研究问题的情况，选定研究课题和确定研究方向；二是为教育研究提供科学的论证依据和研究方法；三是吸取已有研究经验，避免重复劳动，提高研究效率。

教育文献的主要来源包括教科书、专著、期刊、科研论文、教育档案和非文字资料等。获取的途径包括图书馆、网上检索等，以下是一些常用的教育类网址，仅供参考。

1. 中国期刊网 http://www.chinajoumal.net.cn
2. 教学网 http://www.teachnet.com
3. 教师网 http://www.teachers.net
4. 教育应用图书馆 http://www.csu.edu.au/education/library.
5. 中国教育科研网 http://www.cernet.edu.cn
6. 中国人民大学书报资料中心 http://www.confucius.en.net
7. 北京图书馆 http://www.bta.net.cn/lib/tushu.html
8. 华东师范大学图书馆 http://www.lib.ecnu.edu.cn
9. 中国知网 https://www.cnki.net/
10. 贵州数字图书馆 http://www.gzlib.org/

（五）拟订研究计划

研究计划是研究工作进行之前的书面规划，是研究进行的具体设想。研究计划的内容包括以下几个方面：

（1）研究题目。

研究题目应简单明了反映研究对象、内容、方法，显示研究变量间的关系，使人一看就大致了解研究内容。

（2）研究目的和意义。

研究目的和意义主要表明为什么要进行研究，研究的理论价值和实践价值，进行研究的重要性和必要性。

（3）研究内容。

研究内容说明研究的具体问题，并将问题进行细化。

（4）研究假设。

研究假设是为整个研究活动提供具体行动的指引。

（5）研究对象和研究变量。

研究者对研究对象和变量进行明确界定，可以保障研究的有效性。

（6）文献综述。

文献综述展示了该研究领域的现状。

（7）研究方法与设计。

研究者须说明研究采用的方法、途径和步骤。

（8）研究进度和成果形式。

研究者须说明研究预计所需时间，拟定各时间段的研究进度，保障研究在预定时间内完成。成果形式可以是研究报告、专著或论文等。

（9）研究经费预算。

经费是进行研究的物质基础。研究者应根据实际情况列出经费预算表。一般经费预算的主要项目有图书资料费、打印费、调研费、设备仪器费、研究评审费等。

【真题再现】

一、选择题

1."人只有通过适当的教育之后，人才能成为一个人。"夸美纽斯的这句话旨在说明教育是（　　）。

    A. 培养人的社会实践活动   B. 使人得以生存的活动

    C. 传递社会经验的活动   D. 保存人类文明的活动

2. 提出"泛智"教育思想，探讨"把一切事物教给一切人类的全部艺术"的教育家是（　　）。

    A. 夸美纽斯   B. 赞可夫   C. 赫尔巴特   D. 布鲁纳

3. 明确指出教学就是阐明"把一切事物教给一切人们的全部艺术"的著作是（　　）。

    A. 赫尔巴特的《普通教育学》   B. 卢梭的《爱弥尔》

    C. 夸美纽斯的《大教学论》   D. 洛克的《教育漫话》

4. 在教育研究文献中，各类文物、教育史专著、名师教育实录等属于（　　）。

    A. 事实性文献   B. 工具性文献   C. 理论性文献   D. 经验性文献

二、简答题

1. 简述教育报告的一般结构。

2. 简述教育研究中文献检索的基本要求。

【参考答案】

一、选择题

1. A 2. A 3. C 4. A

二、简答题

1. 答：

（1）题目：通过简练、确切、鲜明的文字概括全篇内容，点明被调查范围。

（2）引言：简明扼要地说明调查的目的、意义、时间、地点、对象、范围等，交代调查的方法，报告主要调查的内容，使读者对调查报告获得总体认识；或者提出社会、师生所关注和迫切需要调查了解的问题，以引起关注。

（3）正文：这是调查报告的主体部分。这部分要把调查获得的大量材料，经过分析整理，归纳出若干项目，条分缕析地叙述，做到数据确凿、事例典型、材料可靠、观点明确。为了增加形象性，使人一目了然，一些数据尽可能用图表表示。

（4）讨论或建议：依据正文的科学分析，可以对结果做理论上的进一步阐述，深入地讨论一些问题，亮出自己的观点，提出建设性的意见和建议。

（5）结论：通过逻辑推理，归纳出结论。即简单交代调查研究了什么问题，获得了什么结果，说明了什么问题。

以上几个部分，写作时可以灵活安排，适当合并，无须面面俱到。

2. 答：

（1）全面性：放宽视野，检索内容客观全面。

（2）准确性：检索过程要认真细致。

（3）勤于积累：检索方法要多样化，建立个人资料库。

（4）善于思考：用创造性思维综合分析文献内容。

项目二　教育研究方法

一、调查研究法

调查研究法是通过观察原始资料，有目的、有计划地收集研究对象的材料，从而形成科学认识的一种研究方法。调查研究法是一种描述研究，属于经验型方法，间接获得材料，不同于观察法直接获取材料。所收集的材料都是自然状态下反映出的实际情况，不同于实验法需要加以控制。以现状为调查研究的对象，不同于历史研究法的研究对象是过去发生的事。教育科学的调查研究法是在一定的教育理论指导下，运用观察、问卷、访谈以及测验等科学方式，有目的、有计划地收集有关教育问题或现状的资料，从而分析得出有关教育现象科学认识的一种研究方法。

调查研究法是一种有目的、有计划的研究活动，需要按照一定的工作程序进行。调查研究的具体方法包括问卷、访谈、测验等。根据具体方法的选择，程序上虽各有侧重，但研究程序主要包括以下几个步骤：

（1）确定调查课题。

研究者须根据课题的目的，确定调查内容、调查对象、调查地点和调查方法。

（2）拟订调查计划。

为保障调查工作的顺利进行，研究者必须拟定详尽的调查计划。计划内容包括调查研究的题目和目的、调查研究的对象、调查的方法、调查工作的人员组织及分工、调查进度表等。

（3）做好调查前的准备工作。

准备工作包括提前进行人员培训，准备有关资料或仪器、量表、调查问卷、访谈提纲等。

（4）组织调查实施。

研究者须根据调查计划有序开展调查活动。

（5）整理分析调查资料。

研究者须及时对收集来的资料加以提炼、归类、系统化。根据资料的性质的不同，资料可分为叙述性资料（如访谈记录）和数字化的资料（如具体数据）。

（6）撰写调查报告。

调查报告主要包括研究背景、选题价值、调查方法和对象、调查结果、调查分析和调查研究的结论等内容。

二、观察研究法

观察研究法是指研究者在教育教学活动的自然状态下，有目的、有计划地通过感官和辅助仪器进行看、思、记系统考察的一种研究方法。观察研究法的运用范围非常广，特别是在教师教育研究中发挥了十分重要的作用。观察研究法有助于研究者发现问题、形成研究课题，有助于获得真实客观的事实材料，有助于提出解决问题的举措，有助于对教育科学理论的正确性进行检测。观察研究法的局限性主要包括观察取样小、资料琐碎不易系统化，造成观察研究结果代表性不强；易受观察者主观因素影响，影响研究信度；研究往往只能说明实践"是什么"，不能判断出实践背后"为什么"的理论，即"知其然，不知其所以然"。

观察研究法根据不同维度可分为不同的类型（见表10-2①）：根据事先是否确定具体观察项目，分为有结构观察和无结构观察；根据观察者是否直接参与所研究的活动，分为参与观察和非参与观察；根据对行为的不同取样方式，分为时间取样观察和事件取样观察；根据观察者是否对被观察者进行控制，分为实验观察和自然观察。

表 10-2　观察研究法的分类

分类标准	类别	特点
根据事先是否确定具体观察项目	有结构观察	有明确的评价目标、对象和范围，有详细的计划、步骤和设计的观察方法
	无结构观察	对观察内容项目与观察步骤不预先确定，也无具体记录要求的非控制性观察
根据观察者是否直接参与所研究的活动	参与观察	观察者不同程度参与被试者的活动中，共同生活并参与日常活动，从内部观察并记录被试者的行为表现与活动过程
	非参与观察	观察者不参与被试者的活动，不干预其发展变化，以局外人的身份从外部观察并记录观察对象的行为表现与活动过程
根据对行为的不同取样方式	时间取样观察	在一个确定的短时间阶段里观察被试者的各种行为，主要记录行为出现与否，行为出现的次数，以及持续时间
	事件取样观察	从被试者的各种行为中选出一种有代表性的行为进行观察，在自然的情境中，等待所要观察的行为出现，然后记录行为全貌
根据观察者是否对被试进行控制	实验观察	观察者对周围条件、观察环境、观察对象等观察变量做出一定的控制，采用标准化手段进行观察
	自然观察	对观察对象不加控制，在完全自然的情况下精心地进行观察

在进行观察研究之前，研究者需要先做好以下准备工作：

（1）确定观察的问题。

研究者须根据研究课题，明确观察的内容，根据观察内容设计需要通过观察活动来回答的问题。

（2）制订观察计划。

观察计划主要包括观察的对象、内容、范围、地点、时间、时长、次数、方法、手段、效度等。

（3）拟定观察提纲。

研究者须将观察内容进一步具体化，可以将具体内容进行分类，如观察者、事件、地点、时间、起因、关系、原因等几个方面的问题，并将它们分别列入观察提纲。

---

① 易连云. 教育科学研究方法［M］. 重庆：西南师范大学出版社，2016：44.

三、实验研究法

实验研究法是指根据研究目的，合理创设一定条件，认为干预或控制研究对象与验证教育现象为因果关系的一种研究方法。实验研究法可以揭示教育现象的因果关系，丰富教育理论，也可以将教育理论成果转化为实践应用，这也是教师专业化成长的重要途径。为保障实验研究的效度，实验前需提出较成熟的假设，加强对无关变量的控制，认真选择测查工具。实验研究法的实施主要包括以下几个步骤：

（1）确定实验课题。

研究者须根据实验课题提出实验假设，明确自变量和因变量的关系，确定指导实验的理论基础。

（2）拟定实验方案。

实验方案主要包括问题的提出、实验假设和理论依据、实验内容和措施、实验的组织管理等内容。

（3）实施实验。

研究者须根据实验方案进行实验，根据实验需要进行实验前测。实验中，研究者尽量避免干扰因素对实验效度的影响，并如实记录实验获得资料和数据。研究者施加实验处理后进行实验后测。

（4）整理分析实验资料。

实验资料的多少和质量的高低直接关系到研究结果是否具有科学性。研究者在整理前须先将不可靠资料剔除，分析整理后形成系统的有条理的资料和数据，得出科学结论。

（5）撰写实验报告。

实验报告是对实验进行总结，主要内容包括研究内容、研究背景、场所、实验内容、过程和方法、实验结果及分析等。

四、个案研究法

个案研究法是指在对教育教学具体事实记述的基础上，对单一的研究对象进行深入分析，揭示事物本质和教育规律的一种研究方法。这种研究方法有助于教师因材施教，有效揭示典型的、特殊的教育现象或研究对象的特点，促进教育科学研究的发展，促进教师进行自我反思，有助于教师的专业成长。个案研究法的缺点在于样本数量少，代表性较差，研究耗时耗力，需要投入时间、人力、财力采用多种手段全面收集研究对象各方面的信息。进行个案研究法时，研究者要注意保护研究对象的隐私权，在未得到研究对象的同意前不得随意泄露其相关信息；注意排除主观干扰，保持客观中立；确保收集资料的完整性和真实性；不轻易将结论推广到全体，避免以偏概全。个案研究法的实施主要包括以下几个步骤：

（1）确定研究对象。

研究者须根据研究的目的和内容，选定某一方面具有典型特征的人或事作为单一研究对象。

（2）收集个案资料。

研究者须广泛全面地收集研究对象的资料，以更好地深入研究，找出问题的关键。如研究对象为个人，收集资料主要包括基本资料、身体健康资料、成长及心理健康资料、家庭背景资料、当前问题资料等。

（3）整理分析个案资料。

研究者须通过整理分析，找出个体在现象间存在的因果联系；主观分析个案研究对象内在动机，客观分析外部环境，了解影响因素。

（4）拟定指导方案。

研究者须根据分析结果，因材施教，拟定指导方案。指导方案的内容包括指导目的、具体措施。研究者须从个体内在因素和外部环境入手，实施指导，帮助个体充分发展。

（5）追踪指导研究。

个案研究属于深度研究，涉及变量较多，且对象复杂，需要在指导后追踪观察其变化，查看指导措施的实际效果。如特殊行为已改正，则研究告一段落；否则，需继续进行研究。

（6）撰写个案研究报告。

个案报告是个案研究成果的重要表现形式。个案研究报告的内容包括研究对象的基本情况、特殊表现的描述、特殊表现的原因探索、对个案资料的分析、指导措施及过程、研究结论与建议。

【延伸阅读】

个案研究案例

一、个案的基本情况

小张，独生子，11 岁；性格直爽、好冲动；头脑较聪明，很讲义气。其母亲为家庭主妇，父亲在外做生意，一个月回家一次。父母对小张很宠爱，在各个方面都尽量满足小张的要求，对小张的期望也比较大。

二、问题行为的表现

1. 小张在学校的前两年经常跟其他同学打架，同学和老师对他的印象不好。

2. 小张是住校生，有时候不遵守住宿制度，晚上不按时就寝，大声在宿舍讲话；在课间经常和同学打闹，和同学打架差点被开除。由于其认错态度好，学校给予他通报警告处分。

3. 小张学习兴趣不大，上课爱说话，有时会扰乱课堂纪律，有时候会不交作业。他的各科成绩经常亮红灯，每次月考总分在班级后几名。上课睡觉是经常的事情。

4. 小张思考问题往往以自己的愿望为出发点，对他人是绝对化的要求。他执拗、偏激，对矛盾归因时只看对方的错误，对老师的批评教育表现出强烈的抵触情绪，经常给班级管理带来困难。班主任因他很头痛。

从以上行为中，可以判断小张品行存在障碍，急需矫正。

三、制订辅导方案

1. 父母与家庭治疗（主要是消除家庭教育的负面影响）。

（略）

2. 认知疗法。

（略）

四、治疗与辅导过程中的问题

1. 耐心疏导

（略）

2. 允许反复

（略）

五、个案小结

1. 辅导方法

在辅导过程中，我始终尊重小张，理解小张的行为，信任小张的行为，和小张真实地交流；同时在相互信任的基础上，逐渐引导小张进行对自己行为的独立思考；减少小张对我的戒备心理，能够听我的话，这就为我的教育奠定了很好的基础。我在此基础上，帮助小张解开了一些心底的"结"；用心理暗示的方法，引导小张自己不断鼓励自己、相信自己。

2. 经验与教训

建立良好的师生信任关系，这是我教育成功的关键因素。从实际出发，我采用学生喜欢的方式与之交流，既尊重了学生，又达到了教育的效果。辅导者不能急于求成，应该允许学生有一个适应过程以及行为反复，才能趋于稳定。教师要根据学生的心理发展规律，耐心、细致地做工作，以转化学生的不良行为。

3. 反思

心理辅导教师要不断提高自己的业务水平，要善于多观察细微之处，要对学生有爱心和耐心，不论是什么的样的学生，都是有尊严、有性格的。决不能姑息迁就，更不能慌张。心理辅导教师要给予学生充分的信任，要多和学生、班主任以及家长沟通，及时获得第一手的材料。此外，心理辅导教师应该具备准确分析、评价各种信息的能力。

（资料来源：https://zhidao.baidu.com/question/490112830.html）

五、历史研究法

历史研究法是指系统客观地分析研究某种教育现象发生和发展的历史资料，认识研究对象的过去，揭示其发展规律的一种研究方法。历史研究法有助于借鉴历史教育，对未来教育的发展进行预测；有助于揭示教育发展的规律和特点；有助于开拓新的教育研究领域。历史研究法适用于研究各个时期教育发展的情况，如历史上教育学家的教育思想和理论观点、某一时期的教育流派和教育制度等。我们在运用这一方法时要注意研究资料的来源并分析鉴别，以确保资料的真实性；正确处理古今关系，批判、继承与创新关系；坚持历史唯物主义观；运用多学科理论，用全局的眼光看待历史。历史研究法的实施主要包括以下几个步骤：

（1）确定研究问题。

研究者须分析课题性质、研究目标及资料条件，确定研究问题。历史研究的问题可以是研究假设的陈述或是对研究目的的陈述。

（2）收集鉴别历史资料。

历史资料是历史研究的基础，研究者须尽可能全面收集历史资料，并对资料进行鉴别，确保资料的真实可靠性。

（3）分析研究历史资料。

研究者须用历史唯物主义观点对历史资料进行分析研究，对其进行思维加工，形成科学认识。

（4）形成研究结论。

历史研究结论的形成是从文献中所得的逻辑分析，历史依赖于解释，解释是历史研究的核心①。

六、比较研究法

比较研究法是指对某些教育现象在不同时期或不同地域的表现进行比较分析，以揭示出教育现象的本质，认识教育规律的一种研究方法。比较研究法有助于更好地认识不同国家或地区的教育状况和特点、促进教育教学改革、认识教育的本质、发现教育的发展规律。比较研究法根据事物间的差异性和同一性的不同，可以分为同类比较研究和异类比较研究；根据比较对象历史发展和相互联系的不同，可以分为纵向比较研究和横向比较研究；根据质和量的统一观点的不同，可以分为定性分析比较和定量分析比较。研究者在运用这一方法时，要注意保证比较对象之间属于同一范畴，具有可比性；保证资料的准确性和可靠性，从而可以进行全面比较研究；以科学的态度实事求是地进行比较；注意比较研究的结论是相对而言的，要慎重对待结论，不能孤立和绝对地看待。比较研究的实施主要包括以下几个步骤：

（1）明确比较的目的，选定比较对象。

研究者须根据研究课题确定比较对象，考虑比较对象之间的可比性。

（2）收集整理资料。

研究者须通过查阅相关文献、调查、实地考察等方式广泛收集资料，确保资料的完整性和准确性。

（3）比较分析资料。

研究者须注意比较对象的典型性和可比性，选取事物本质特征的内容进行比较，分析比较对象间存在差异的原因。

（4）得出比较研究结论。

研究者须在全面比较分析后，对研究问题做出研究结论，找出比较对象间的差异，探索教育的规律，获得经验和对策。

【真题再现】

一、选择题

1. 通过对儿童的日记、作文、绘画、各种作业等的分析来了解儿童的研究方法是（　　）。

① 欧群慧，刘瑾. 小学教育研究方法［M］. 北京：北京师范大学出版社，2013：157.

A. 作品分析 B. 文献分析 C. 行为分析 D. 调查分析

2. 李老师为研究近年来我国小学教育的发展状况，需要收集有关数据，最可靠的信息来源是（　　）。

A. 教育论文 B. 教育年鉴 C. 教育辞书 D. 教育著作

3. 教育实验中，控制其他条件，考察不同教学方式对学生学习效果的影响。那么，教学方式在这项实验中属于（　　）。

A. 因变量 B. 自变量 C. 干扰变量 D. 无关变量

二、简答题

简述访谈法的基本步骤。

【参考答案】

一、选择题

1. A　2. B　3. B

二、简答题

答：（1）设计访谈提纲。

（2）恰当进行提问。

（3）准确捕捉信息，及时收集有关资料。

（4）适当地做出回应。

（5）及时做好访谈记录，一般还要录音或录像。

项目三　行动研究

一、行动研究概述

（一）行动研究的缘起

"行动"和"研究"，是用以说明不同人从事的不同性质的活动的概念。"行动"主要指实践者、实际工作者的实践活动和实际工作；"研究"主要指受过专门训练的专业工作者、学者专家对人的社会活动和社会科学的探索。

"行动研究"（Action Research）作为一个术语，出现于20世纪三四十年代。

1933年至1945年，美国联邦政府印第安人事务局局长柯立尔（John Coller）与事务局内外人士一起做研究。他认为与其让行政人员及社会人员来评价鉴别专家研究的结果，不如让行政人员及社会人员作为研究主体根据自身需要进行研究更具效果。他将这种实践者在行动中为解决自身问题而参与进来的研究，称为"行动研究"。

20世纪40年代，美国社会心理学家库尔特·勒温（Kurt Lewin）和他的学生研究不同人种之间的人际关系，以提高人际关系的质量。当时，他们让实际工作者以研究者的姿态参与到研究中，积极反思自己的处境，希望改变自己的现状。1946年，勒温将这种结合了实际工作者智慧和能力的研究称为"行动研究"，并指出行动研究的特征包含参与、民主、对社会知识及社会变化的同时贡献。

20世纪50年代，在美国哥伦比亚大学师范学院院长考瑞（Corry S M）等人的提倡下，行动研究从社会研究领域进入美国教育科研领域，并且运用范围日益扩大。他在1953年出版的《改进学校实践的行动研究》中，第一次系统地将行动研究用到教育中，提出"所有教育上的研究工作，经由应用研究成果的人来担任，其研究结果才不致白费。同时，只有教师、学生、辅导员、行政人员及家长、支持者不断检讨学校措施，学校才能适应现代生活之要求。故此等人员必须个别及集体采取积极态度，运用其创造思考，指出应改变之措施，并勇敢地加以试验；且须讲求方法，有系统地收集证据，以决定新措施之价值。这种方法就是行动研究法"①。从此，行动研究很快影响到教育实践。

20世纪60年代中期，由于实证主义的兴起，尚未成型的行动研究模式让位于"研究—发展—普及"（RDD）模式。至20世纪70年代，由于实证研究的弊端日益显现，如这种模式远离实际的学校生活，脱离教育实践，教师处于被动接受指令的边缘，忽视教师作用，研究成果难以推广实施等，行动研究再次兴起。在英国，地方行动研究网络已建立，以剑桥教育研究所为基地的课堂行动研究网最有名。美国教育协会的分会"辅导与课程编制协会"宣布，每一个合格的会员都应该对行动研究法有足够的了解和应用能力。法国"现代学校合作组织"提出：教师应参与行动研究，成为改进教育实践的人，为使研究更有成效，甚至可以让家长也参与到教育研究中来。后来，我国也越来越重视教师作为研究者的优势与重要性。

（二）行动研究的含义

人们对行动研究的认识由于研究背景和视角的不同，而各有不同的定义。英国的艾利奥特（Elliott）认为，行动研究旨在提供社会具体情境中的行动质量，是对该社会情境的研究。《国际教育百科全书》中定义，行动研究是由社会情境（教育情境）的参与者为提高对所从事的社会或教育实践的理性认识，为加深对实践活动及其依赖的背景的理解所进行的反思研究②。我国有的学者认为，行动研究是一种由实际工作者在现实情境中自主进行的反思性探索，并以解决工作情境中特定的实际问题为主要目的，强调研究与活动的一体化，使实际工作者从工作过程中学习、思考、尝试和解决问题③。有学者则认为，行动研究是指情境的参与者基于实际解决问题的需要，进行系统的研究，以讲求实际解决问题的一种方法。还有学者认为，行动研究是务实工作者所进行的研究，因此，务实工作者在工作情境下，除了能对实际的问题加以改善和解决，更能借助研究促进知识的增长和自我的提升④。

综合以上观点，人们对行动研究的认识大致分为三种：一种认为行动研究是行动者用科学的方法对自己的行动所进行的研究；一种认为行动研究是行动者为解决自己在实践中遇到的问题而进行的研究；还有一种认为行动研究是行动者对自己的实践进行批判性思考，并进行改进行动的研究。基于以上认识，本书将行动研究定义为：行动研究是将研究者和实践者结合起来，以解决教育教学情境中的实际问题的一种研究方法，旨在改善教育教学实践、服务教育教学实践。

---

① 戴长河. 行动研究概述［J］. 教育科学规划，1995（1）：42-46.
② 陈向明. 质的研究方法与社会科学研究［M］. 北京：教育科学出版社，2000：448.
③ 十二所师范大学. 教育学基础［M］. 北京：教育科学出版社，2002：300.
④ 潘慧玲. 教育研究的取径：概念与应用［M］. 上海：华东师范大学出版社，2005：307.

（三）行动研究的特点

1. 实践性

行动研究的主要目的是解决教育实践中的问题，改善教育教学实践，而不是发展和完善学科中的理论。行动研究不局限于某一种学科主张，而是利用各种有利于解决教育教学实际问题的理论、方法和经验。研究发现也可以立即运用于教育实践，将解决实践问题放在第一位，充分肯定了教育实践工作者在认识实践及解决教育实践问题中的重要作用。

2. 合作性

行动研究强调行动过程与研究过程的结合，注重研究者与实践者之间的合作。行动研究是一种合作研究，教育研究者和实践者的关系不再是由上而下，而是相互合作。实践者从研究者那里获得专业的理论和研究技能，研究者从实践者那里获得实践成效。行动研究将理论与实践相结合，不断改善教育实践，从而提升教师自身专业能力发展。

3. 反思性

行动研究是行动者对教育实践进行反思的研究。实际工作者要系统地反思自己的工作过程、环境和问题，有些问题是作为教育实践活动"局外人"的研究者发现不了的。通过反思，教师才能发现教育实践中存在的问题，并和研究者一起研究解决，在改进教学实际的同时，有利于促进教师的专业发展。

（四）行动研究与基础研究

行动研究的主要目的是解决教育教学中的实际问题，不考虑理论的完善和发展。基础研究是指研究者希望自己的发现能合乎自己或专门研究领域学者的兴趣而进行的理论研究，旨在揭示普遍规律，促进理论的发展。行动研究和基础研究可以看作教育研究中最不正规和最正规的两个极端，两者的比较见表10-3①。

表10-3　行动研究与基础研究的比较

类别	基础研究	行动研究
科研训练	需要在测量、统计知识和研究方法等方面提供较广泛的训练。有许多教育科学研究之所以科学性不强，其原因在于研究者缺乏足够的专业素养	由于通常不需要进行严格的研究设计和分析，所以对研究者在统计知识和方法方面的要求不高。在教育测量知识方面，可能比一般教师所掌握的要求更高些，假如达不到这种要求，也可以通过咨询取得协助
目标	获得可供较大范围的总体应用的概括性知识，发展和检验教育理论	获得能够直接应用于实际课堂情境的知识，锻炼教师的研究能力
研究课题	通过众多的方法确定课题。研究者必须通晓课题的性质，但通常不需要直接涉足与课题有关的事情	研究者从实际工作面临的困难中确定课题，与改进研究者本身的教学工作的效果直接相联系
假设	需要提供可供操作化处理和检验的相当专门化的假设	通常把研究假设用课题陈述的形式来表示。较为理想的做法是，行动研究的假设应像正规的教育研究那样力求严格细致

---

① 宋虎平. 行动研究 [M]. 北京：教育科学出版社，2003：173.

表10-3（续）

类别	基础研究	行动研究
查阅文献	通常需要查阅和评述大量的第一手资料，以便研究者对这一研究课题的实际状况有一个全面的了解，使得研究者站在前人的"肩膀上"进行研究	运用适当的第二手资料，使教师对这一研究领域有一个大致了解，几乎用不着详尽无遗地对第一手来源材料做查阅和评述
取样	研究者力图从总体获得随机的样本或其他类型的无偏见的样本，但这一点并不是常常能做得完美无缺的	班级中的学生或教师本身都可以作为研究对象
实验设计	在研究工作开始前，需要详尽细致的规划，并且尽可能地贯彻执行。规划中需十分注意实验条件的可比较性及减少误差与偏见，控制无关变量	在研究工作开始前，只需要做出一般程序性安排。如果对改进教学工作有利，也可以在研究中改变原来的计划程序。对控制实验条件和降低误差一般不做要求，因为教师本人直接介入了研究情境，总会带有某种偏见
测量	努力获得最可靠的测量手段。在研究中运用测量手段时，首先必须对其做出完整的评价和试用	不需要对测量手段进行严格的评价。虽然研究者在教育测量的运用和评价方面缺乏必要的训练，但是通过咨询，可以满足实际研究的需要
数据分析	经常要求较为复杂的数据、材料分析，由于正规的教育研究的目标是做出概括性较强的结论，因此，一般均强调统计检验的显著性	只需要进行一些简单程序就足够了，研究工作所强调的是实际意义而不是统计上的显著性。参加研究的教师个人的见解往往举足轻重
结果的应用	要求结果富有概括力，具有可行性，但是实际上许多有用的发现在教育实践中并没有得到应用。研究者和教师之间在科研素质和经验方面造成的差距给相互交流带来了很大的困难	研究结果的即时运用在教师本人的课堂教学实践中有利于提高教学效果。超出这个范围的应用是很少见的

二、行动研究的意义

行动研究强调行动过程与研究过程的结合，旨在概述教育教学实践。行动研究的意义主要表现在以下几个方面：

1. 行动研究有利于教育理论与教育实践相结合

教育理论与教育实践的脱节、研究者的研究成果不适用于教育实践的问题长期存在。由研究者主导的教育改革，在教育教学实践中难以推行的情况也时有发生。行动研究强调研究者与行动者结合起来，共同解决教育教学中的实际问题，这解决了研究与实践相脱离的问题。作为实践者的教师不再是被动听从，而是参与其中，与研究者形成互补，共同提高。教师从专家那里获得专业理论知识和研究技巧；专家也可以通过教师了解实践情况，使研究成果更符合实际需求，容易被教师接受，积极运用于教育教学实践。

2. 行动研究有利于促进教师的专业发展

行动研究强调作为实践者的教师要不断反思自己在教育教学实践中存在的问题，并不断改进。教师专业化的含义主要包括教师工作具有不可替代性和教师必须不断学习而获得持续的成长与发展。教师通过行动研究，不止步于做一名局限于教授课本知识的"教师匠"，而是不断反思教育教学实际问题、学习教育理论、阅读相关文献、钻研研究方法，成为一名教育教学的"研究者""教育家"。改进教育教学方式，可提高教师专业素质，促进教师专业发展。

3. 行动研究有利于提高教育教学质量

行动研究的目的不在于完善和发展理论，而是在于解决教育教学中的实际问题。以实际问题为研究对象，改进教育教学，有利于提高教育教学质量。作为教育对象的人具有复杂性，每个人都有其独特的个性，教育理论未必适用于所有人。教师进行教育教学活动一定要因材施教，结合学生特点进行教育教学。每个学生存在的问题有差异性也有共性，教师通过行动研究及时解决教育教学中学生存在的实际问题，有利于提高教育教学质量。

三、行动研究的操作程序

关于行动研究的程序，学术界有不同的认识，其中凯米斯和他在澳大利亚迪金大学的同事设计的模式较为流行。凯米斯主要采纳的是行动研究的创始人勒温的有关思想，认为行动研究是一个螺旋式加深的发展过程，每一个螺旋发展圈里都包含着 4 个相互联系并具有内在反馈机制的环节。这 4 个环节分别是计划、行动、观察、反思，具体如图 10-1 所示。

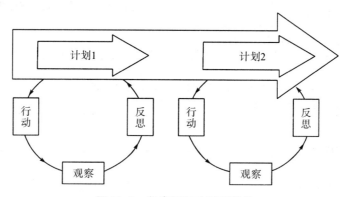

图 10-1　凯米斯行动研究模式

结合凯米斯行动研究模式，本书将行动研究的操作程序分为确定研究问题、分析研究问题、制订研究计划、实施行动、评价反思、归纳总结等步骤。

（一）确定研究问题

行动研究的目的在于解决教育教学中的实际问题。教师在实际教学工作中往往面临各种问题，但教师由于思维定式往往容易忽略问题。因此，要确定研究问题，教师一定要善于发现问题，多看、多听、多思考。发现问题的方式有很多，例如通过反思自己的教育教学活动，将新的教学观念、理论与教学实践相结合，发现问题；还可以通过和学生、其他教师或家长的交流中发现问题。

（二）分析研究问题

确定研究问题后，研究者和行动者一起从不同层面和角度对问题进行分析和研究，使研究的课题更加具体、清晰。一般可以通过回答以下问题来进行分析：一是这个问题是否具有普遍性？二是导致这个问题的原因可能有哪些？三是这个问题别人是否研究过？四是研究这个问题需要做什么准备和给予哪些支持？五是这个问题可以从哪些角度研究？研究范围是什么？

（三）制订研究计划

在分析研究问题的基础上，根据实际情况，制订初步的研究计划，清晰研究思路，有利于研究的顺利进行。研究计划包括课题名称、研究问题、研究方法、文献综述、核心概念的界定、研究步骤和时间进度安排、人员分工等内容。

（四）实施行动

将研究计划落实到教育实践中，这是行动研究中最关键的环节。在行动中，行动者要注意整理记录行动过程和效果，并根据实际情况、行动的有效性和学生反应等不断改进实践行动，调整下一步计划。

（五）评价反思

根据行动结果，研究者须对研究做出评价，进行反思，完善计划和行动方案，进入下一个行动过程。评价的指标包括研究结果是否达到预期，是否使教育教学活动中的实际问题得到解决，还有哪些方面需要进一步完善等。

（六）归纳总结

经过以上研究过程后，研究者须将整个过程中的收获从感性认识上升到理性认识。行动研究的总结不一定是完全规范意义上的论文、研究报告或某种抽象的理论，而是感性与理想的融合、理论与实践的结合。

【延伸阅读】
行动研究案例：高中学生英语写作中连接词使用的行动研究①

一、提出问题

连接词的使用是我国学生在英语写作中的难点之一，也是学生作文中的薄弱环节。《普通高中英语课程标准（实验）》（以下简称《课程标准》）在写作评价标准中指……国外也有学者提出……

1. 发现问题

我们接手高一英语教学工作后，发现学生作文中连接词的使用不理想。为了更客观地了解学生使用连接词的情况，我们对两个班共97名学生高一上学期期中作文进行了统计分析。

…………

2. 对问题的假设性分析

针对以上问题，结合以往教学经验，我们做出如下假设：

（1）汉语词语之间或分句之间不用或较少使用语言形式连接手段。受汉语的影响，加之没有意识到英汉两种语言在连接手段上的区别，学生对连接词在英语中的重要性认识不足。

（2）初中教师对连接词对语言连贯性的作用强调不够，致使学生在作文中没有关注连接词的使用。

① 刘岩，张季红，陈则航. 高中学生英语写作中连接词使用的行动研究［J］. 中小学外语教学（中学篇），2009（12）：8-14.

（3）学生阅读量小，知道的连接词有限。

3. 问题的确认

为了验证以上初步假设，我们通过问卷了解学生（学生选择标准见研究对象部分）所面临的困难，以帮助我们找到原因所在。在问卷调查中，我们给学生提了四个问题：……

问卷调查的结果表明：……

4. 重新确认问题

问卷调查的结果与我们对学生使用连接词情况的初步假设大致吻合。

…………

二、制订行动计划

基于在写作教学中发现的学生在使用连接词方面存在的问题，我们设计了行动研究方案，涉及以下四个方面：

1. 开展连接词的英汉对比教学，培养学生在英语写作中使用连接词的意识……

2. 课内进行连接词的单项与综合训练……

3. 指导学生课外阅读，为连接词的有效输出做准备……

4. 促使学生多写，保证写作输出

围绕上述研究思路，我们制订了如下研究计划：

（1）研究对象：……

（2）数据收集：……

三、实施行动研究与过程监控

1. 实施行动研究

根据上面制订的四项行动计划，我们开始实施行动研究。研究分三个阶段进行。

第一阶段：开展英汉两种语言在使用连接词方面的对比教学……

第二阶段：开展连接词的单项学习……

第三阶段：开展连接词的综合训练……

2. 过程监控

（1）数据分析按照上述研究计划进行。我们首先统计出两组学生在三个学期内使用连接词的情况……

（2）第二次问卷调查与反馈在经过一年半的行动研究之后，我们对 20 名学生又进行了一次问卷调查……

（3）小结测验统计结果表明，随着行动研究的深入，总体上看学生使用连接词的数目在上升，连接词使用类型趋于丰富，这与学生第二次问卷调查的反馈是一致的……

3. 总结与行动研究调整

从我们对学生作文的持续观察和学生使用各类连接词的情况统计来看，尽管学生已经系统学习了各类连接词，但在第一组学生作文中的体现不如第二组明显。随着学期的推移，学生开始使用诸如 in other words 等在高一上学期几乎没有见到的连接词。

…………

在按计划进行连接词行动研究教学的同时，我们在高二上学期进行了必要的教学调整。如：①除了加强教材课文中连接词的填空练习，还配以相对应的无连接词的段落，让学生在语言实践中体会篇章中有无连接词的差异，从而促使学生主动使用连接词；②经常引导学生触类旁通和温故知新；③加强作文面批。

四、结束语
（略。）

项目四　叙事研究

一、叙事研究概述

（一）叙述研究的含义

20世纪60年代，叙述学在西方兴起，最初仅限于文艺学领域，到了20世纪80年代，被广泛应用于人文社会科学的许多领域，如心理学、人类学、语言学、社会学等。近年来，叙事研究作为质性研究中的一种方法，受到广大教育工作者的重视和青睐，并在实际中不断得以运用。"叙事"单从字面上理解，就是叙述故事、叙述经历和经验的意思。叙事研究是建立在叙事基础上的研究，是指借助于叙事故事、经历和经验而进行的探究。就其属性而言，叙事研究属于质性研究，而不是量化研究[①]。在教育研究中，叙事研究通过描述和分析有意义的教学事件、教师生活和教育教学实践经验，来发掘和揭示内隐于日常工作、实践和行为背后的意义、思想或理念，从中发现教育问题、探索教育思想、揭示教育活动的特点[②]。

综上所述，叙事研究是由研究者对有研究价值的教育事件和现象，通过叙述的方式进行反思和思考的研究。教育叙事研究主要以两种方式开展：一种是教师教育叙事，即教师对自己在教育教学中发生的事进行叙述与研究；另一种是专业教育叙事，即教师只是叙述者或研究对象，由专门的教育研究者进行记述研究。

（二）叙事研究的特点

1. 真实性

教师叙述研究的教育故事，必须是真实发生的，是叙事者亲身经历的或研究者记述的真实的资料，不能人为更改或虚构事实。对故事中的任何细节，都不能进行编造。如果是对人为臆想出来的教育故事进行研究，那么得出的结论也是毫无价值的。

2. 情境性

教育叙事是在一定的情境中发生，带有研究者的研究与思考的，不是简单地罗列或记流水账，而是带有情境、完整的、动态的记述，从而使读者投入其中，产生身临其境的感觉。教育叙事研究所得出的结论也是在特定情境中的，带有情境性。

3. 反思性

教师通过回顾教育事件和现象，进行反思，从中发现教育问题，获得教育启示，总结教学经验。叙事研究的价值在于教师在叙事中的反思，通过反思发掘问题，深化

① 陈永明. 教师教育学 [M]. 北京：北京大学出版社，2012：133.
② 杨小微. 教育研究方法 [M]. 北京：人民教育出版社，2005：112.

认识，修正教育教学活动，探索深层的教育理念和思想。

二、叙事研究的意义

1. 叙事研究有助于研究者发掘教育教学生活中例行事项的深层意义

叙述教育故事帮助研究者回顾日常教育活动，并从中发现值得思考和研究的教育问题或现象。故事叙说有助于促使研究参与者系统梳理和深入思考自己遇到了什么问题、为什么遇到这个问题和怎样解决这个问题，给看似平凡、普通、单调、重复的活动赋予独特的意蕴，有助于研究参与者发掘日常教育教学生活中的例行事项的深层意义①。

2. 叙事研究有助于促进教师专业发展

叙事研究具有反思性的特点，教师通过反思，可以提升自身发现教育教学问题的敏感度，不断改进教育教学方式，提高教育教学水平。正如华东师范大学教授叶澜所说："如果一位教师写三年的教案，他仍然是一名教师；如果一位教师写三年的反思，那么他就有可能成为这个领域的专家。"可见，对于教师来说，坚持进行叙事研究，每天写教学日志，进行教学反思，对专业发展是有很大的帮助的。教师也不再局限于"教书匠"的身份，而是成为一名教育研究者，将理论与实践相结合，将理论应用于实践，再通过实践反思，不断完善理论。

3. 叙事研究有助于教师间分享教育教学经验

教师工作主要是一种个体化的劳动过程，教师间的交流有限。教师将教育教学研究以叙事的方式、书面的形式记录下来，在同事间进行分享，使个人经验成为共享经验，有助于教师间教育教学经验的分享和相互学习，从而推动教师群体的全面发展。

三、叙事研究的操作程序

1. 确定研究问题

进行叙事研究时，研究者应先确定研究问题，且研究的问题是有意义的问题。"有意义的问题"有两层含义：一是研究者对该问题确实不了解，希望通过研究获得答案；二是该问题在现实生活中确实存在，对研究者具有实际意义。

2. 选择研究对象

叙事研究一般选择小样本进行实验，所以研究对象选择要精准。选择的研究对象要有典型性和很强的代表性。同时，研究对象要了解研究者的意图，积极参与研究，善于和研究者沟通合作，才能保证研究顺利进行。

3. 进入研究现场

进入研究现场就是走入教师活动的场所，观察记录研究对象的真实表现，获取真实资料。

4. 收集相关资料

进入研究现场后，研究者通过观察、访谈和实物收集的方式收集相关研究资料。观察和访谈前，研究者先准备好观察计划和访谈提纲，避免浪费时间，认真仔细地做

---

① 张希希. 教育叙事研究是什么 [J]. 教育研究，2006（2）：54.

好详尽的记录，尽可能收集更多的资料。实物收集包含工作日志、自传资料、日记、书信、照片等与研究相关的资料。

5. 整理分析资料

叙事研究的重点是进行符合材料实际的分析，因此整理分析资料十分关键。研究者要即时、严格地进行。

6. 撰写研究报告

教育叙事研究报告暂无统一的标准格式，一般应包含研究者对"事"的故事性描述和对"事"的论述性分析。研究者应对研究对象进行细致的阐述，对事件进行深刻的描述。叙述清楚故事的事实，揭示出故事内部的真相及规律。

【延伸阅读】
叙事研究案例：一位幼儿教师个人教育观念的叙事研究①

一

教师个人教育观念是指教师在一定的历史文化背景下，在日常生活、教育教学实践与专业理论学习中，基于对学生发展特征和教育活动规律的主观认识而形成的有关教育的个体性看法，主要包括教育观、儿童观、教师观、师生观和自我效能感等。

在本文中，我们通过对一位幼儿教师个人教育观念形成历程的叙事研究，呈现出她个人教育观念的形成过程、影响因素，并简单地进行分析。当然，本文的目的绝不仅仅是向读者叙述一个故事，更期望通过"重述和重写那些能够导致觉醒和变迁的教师的故事，引起教师实践的变革"，并借助叙事方式所蕴含的对教育经验的重构意义，促进教师的专业发展与教育实践的不断进步。

二

高寒是一位有 18 年教龄的幼儿教师，自从 18 岁毕业于北京幼师开始，她就一直耕耘在幼教一线。多年的实践经验与理论学习使高寒在面临许多教育问题时都有自己独特的看法，可以认为高寒已经形成了较为稳定的个人教育观念。

1. 高寒的个人教育观念及其形成过程

（1）教育观

（略。）

（2）教师角色观

（略。）

（3）师生关系观

（略。）

（4）常规观

（略。）

（5）自我效能感

（略。）

---

① 易凌云，庞丽娟. 在"亲历"中成长：一位幼儿教师个人教育观念的叙事研究 [J]. 学前教育研究，2005（2）：40-43.

（6）对自身成长方式的看法

（略。）

2. 成长历程及其对个人教育观念的影响自述

（1）主要生活历程及其影响

（略。）

（2）主要工作经历及其影响

（略。）

（3）专业学习经历及其影响

（略。）

三

对高寒的叙述当然不应仅仅是为了呈现一个纯粹的个人故事，我们更期望能够从这个叙述中获得某些启示。在此，我们尝试对高寒的个人教育观念及其形成过程、影响因素等进行分析。对诸多的教育问题与教育现象，高寒都形成了个人较为稳定与独特的看法。高寒的个人教育观念体现了一种现实主义的价值取向，这是多年一线教学实践的磨炼与长期的教育理论熏陶共同影响的结果。

（一）个人教育观念的形成是一个理论与实践相互作用的过程。

（略。）

（二）个人教育观念的形成是多重因素共同影响的结果。

（略。）

高寒在表述自己的个人教育观念和叙述自己的成长历程时，谈到了各种因素对她形成现有的个人教育观念的影响。我们可以将其中重要的因素及其作用加以概括分析，具体如下：

（略。）

【真题再现】

选择题

教育研究主体通过对有意义的教育教学事件的描述与分析属于（　　）。

A. 经验研究法　　B. 调查研究法　　C. 行动研究法　　D. 叙事研究法

【参考答案】

选择题

D

模块十一

乡村教育

- - - ■**知识框架** -

乡村教育

项目一　乡村振兴
- 乡村振兴战略概述
- 乡村发展的历史演进
- 乡村发展的现状
- 乡村发展的突出问题
- 乡村振兴实施的路径选择

项目二　乡村振兴与乡村教育发展
- 乡村教育
- 乡村教育发展的历史演进
- 乡村教育发展的历史启示
- 乡村教育发展面临的问题

项目三　近代乡村教育的先驱
- 晏阳初——"平民教育的思想"
- 费孝通——"差序格局理论"
- 梁漱溟——"乡村建设理论"
- 陶行知——"乡村教育思想"

项目四　乡村振兴与乡村教师
- 乡村教师的历史价值
- 乡村振兴背景下赋予乡村教师新的历史使命
- 新时代乡村教师队伍建设激励政策
- 新时代涌现出的最美乡村教师

项目一　乡村振兴

一、乡村振兴战略概述

乡村振兴战略是习近平总书记 2017 年 10 月 18 日在党的十九大报告中提出的。2018 年 1 月 2 日，国务院发布 2018 年中央一号文件，即《中共中央 国务院关于实施乡村振兴战略的意见》。2018 年 3 月 5 日，国务院总理李克强在《政府工作报告》中提到，大力实施乡村振兴战略。2018 年 5 月 31 日，中共中央政治局召开会议，审议《国家乡村振兴战略规划（2018—2022 年）》。2018 年 9 月，中共中央、国务院印发了《乡村振兴战略规划（2018—2022 年）》，并发出通知，要求各地区各部门结合实际认真贯彻落实。

乡村振兴战略作为新时代七大战略之一，是党的十九大在顺应时代发展，准确把握世情国情的基础上做出的前瞻性战略部署。乡村振兴战略的提出有着深刻的现实社会背景和丰富的科学内涵，对于缩小城乡差距、实现城乡融合发展，助力"两个一百年"奋斗目标的实现具有重大意义。

（一）乡村振兴战略的提出背景

乡村振兴战略这一重大政治判断是基于改革开放以来尤其是党的十八大到党的十九大这五年时间所取得的全方位的多层次的历史性成就和历史性变革，基于社会矛盾运动的必然结果，但我们应该清晰地认识到新时代的新矛盾和新挑战。面对新时代的新特征以及当前社会主要矛盾的变化，乡村振兴战略应运而生。乡村振兴战略提出的背景主要有三个层面：

第一，乡村振兴战略是基于"两个一百年"奋斗目标中第一个百年奋斗目标的决胜期的到来这一重要背景之一提出的。"农业农村农民问题是关系国计民生的根本性问题。"但是当时我国农村发展的不平衡不充分问题是制约我国实现全面小康的短板之一，特别是针对边远贫困地区小康目标的实现，因为我们要实现的小康是城市和乡村都要实现的全面的小康。

第二，中国特色社会主义进入新时代，我国社会主要矛盾已经转化为人民日益增长的美好生活需要和不平衡不充分的发展之间的矛盾。这一社会主要矛盾的转化对"三农"领域的各方面发展提出了新的更高的要求，乡村居民不仅要吃饱穿暖，获得基本的物质满足，还要有良好的生态人文环境以充实精神世界，实现对美好生活的向往。

第三，党的十八大以来，"三农"工作取得了丰厚的成果和丰富的经验是乡村振兴战略的又一重要背景。自家庭联产承包责任制实施以来，我国乡村人民的生活水平得到大幅改善，我国"三农"工作已经取得了一系列的历史性成就并积累了相当丰富的可借鉴的经验，这就为乡村振兴战略的推进和实施打下了坚实的基础，如乡村市场扩大化、经济发展多元化、农业发展功能多样化等。

（二）乡村振兴的实施时间

2017 年 12 月 29 日，中央农村工作会议首次提出走中国特色社会主义乡村振兴道路，让农业成为有奔头的产业，让农民成为有吸引力的职业，让农村成为安居乐业的美丽家园。

实施乡村振兴战略"三步走"时间表：

按照党的十九大提出的决胜全面建成小康社会、分两个阶段实现第二个百年奋斗目标的战略安排，中央农村工作会议明确了实施乡村振兴战略的目标任务：

——到 2020 年，乡村振兴取得重要进展，制度框架和政策体系基本形成；

——到 2035 年，乡村振兴取得决定性进展，农业农村现代化基本实现；

——到 2050 年，乡村全面振兴，农业强、农村美、农民富全面实现。

（三）实施乡村振兴战略的内涵

自党的十九大提出乡村振兴战略以来，党中央相继出台《中共中央 国务院关于实施乡村振兴战略的意见》和《乡村振兴战略规划（2018—2022 年）》，2020 年中央一号文件再次聚焦"三农"领域的重点工作，以确保脱贫攻坚任务的顺利收官和全面小康社会的建成。乡村振兴战略作为"三农"工作的总抓手，自提出以来就在推动乡村工作各方面的进展，同时也推动乡村事业发展进入了一个全新的阶段。"产业兴旺，生态宜居，乡风文明，治理有效，生活富裕"作为乡村振兴战略的总要求，对乡村发展也提出了新的更高的要求，同时赋予了乡村振兴战略更加丰富、更加科学的内涵。

1. 产业兴旺

产业兴旺强调产业发展在乡村振兴中的重要作用，包含"质量兴农、绿色兴农"的乡村产业发展理念，注重在发展乡村产业的同时，兼顾第一、第二、第三产业的融合发展，实现乡村产业的多元、多渠道发展。同时也要以更加包容、更加开放的心态去创新、培育适合乡村发展的新型产业，实现乡村产业发展的一体化。

2. 生态宜居

生态宜居相较于新时期的"村容整洁"对于乡村良好生态环境的建设提出了更高的要求，乡村不仅要村容整洁，更要求乡村整个生态环境的和谐，以达到人与自然的和谐共生，实现宜居宜业宜游的美丽乡村家园建设。

3. 乡风文明

"乡风文明是乡村振兴的保障"，党的十九大报告重申乡村振兴中"乡风文明"的重要性，也就是说要繁荣兴盛乡村文化，不断提高乡村社会的文明程度。其中就包括思想道德体系建设、继承乡村优秀传统文化、社会主义先进文化等。

4. 治理有效

治理有效的内涵较管理民主更加深刻丰富，是乡村治理理念，从注重过程向注重结果的转变，也是国家治理体系，治理能力现代化，在"三农"工作的深刻体现，它不仅要求扎实推进乡村党组织建设，充分发挥基层党组织的战斗堡垒作用，还要达到自治、法治、德治的完美结合。

5. 生活富裕

乡村振兴战略的根本目的就是满足乡村居民对美好生活的向往，最大限度地实现人民群众的利益诉求。生活富裕这一内涵要求我们从乡村教育、乡村医疗、乡村卫生、乡村基础设施等诸多方面着手提高乡村人民的生活水平，使乡村人民生活更具有幸福感。

（四）实施乡村振兴战略的意义

第一，实施乡村振兴战略对于解决新时代中国特色社会主义主要矛盾具有重要意义。现阶段，"我国社会主要矛盾已经转化为人民日益增长的美好生活需要和不平衡不充分的矛盾之间的矛盾"。也就是说人民追求的生活目标发生了新的转变，有了更高、更全面的追求，因此实施乡村振兴战略对于解决新时代社会的主要矛盾具有重要的意义。

第二，实施乡村振兴战略对建设美丽中国具有重要的现实意义。乡村美是中国美的前提和基础，乡村生态文明建设是乡村振兴战略的重要组成部分之一，对美丽中国建设具有重要的作用。

第三，实施乡村振兴战略对乡村社会文化的繁荣发展具有重要的意义。乡村文化建设作为乡村振兴战略的重要组成部分，对乡村振兴战略的实施具有重要的推动作用，"文化兴国运兴，文化强民族强"，此道理同样适用于乡村。

第四，实施乡村振兴战略对于优化乡村社会治理格局，完善社会治理体系具有重要的现实意义。目前，我国乡村正处在乡村转型的关键时期，面临着各种各样的问题，如"留守儿童""空巢老人"以及传统中国社会乡土性的弱化和乡村干部队伍的后继乏人等。以上这些都是乡村治理要解决的问题，而乡村振兴战略的实施则为解决这些问题提供了良好的机遇。

二、乡村发展的历史演进

第一阶段（新中国成立前至1952年）：小农经济阶段。

新中国成立前，中国经济主要是自给自足的小农经济，城市主要经营家庭手工业，农村是男耕女织的家庭农业，城乡差距不明显。新中国成立后，农民们有了自己的土地，农民的生产积极性被激发。1950年2月，苏联援建中国50个重点项目，为我国开启现代化工业做出巨大贡献，填补了战后工业发展的空白，城市开启工业化进程。这一时期乡村社会相比城市更加稳定，中国还未脱离农村中心时代。

第二阶段（1953—1977年）：新中国工业化阶段。

世界各国工业化经验告诉我们，要实现工业化一般有两种途径：一是吸收外部投资，依靠投资进行工业化，但也会导致大量的外债；二是通过向农业部门汲取剩余来实现工业化，这样则会损害本国小农的利益，以税收或者工农产品剪刀差这些方式进行工业化会加大城乡差距，加强二元经济结构。新中国的工业化同时经历了这两种途径，这也是我国城乡关系发生剧变的原因。随着社会主义改造逐渐完成，我国二元经济逐渐固化，表现为乡村对城市的单向支持，城市对乡村资源的不断剥夺。这种强化的二元经济主要体现在两个方面：一方面，统购统销政策批量提取农业剩余；另一方面，户籍制度割裂城市和乡村。

第三阶段（1978—2001年）：农业市场化改革阶段。

这一时期可以称为农业市场化改革时期，这一时期我国二元经济结构从制度上再次改变，农村生产制度的剧变、城乡交往的逐渐自由化加速了城市化的进程。但是农业支持工业、乡村支持城市的趋势依然没有改变，发展方式依然是偏向城市发展。

第四阶段（2001—2017年）：城乡统筹阶段。

加入世界贸易组织（WTO）以后，我国经济与世界正式接轨，经济得到迅猛发展，大量外资进入中国市场，降低了工业化、现代化发展对农业剩余的依赖。因此这一时期，农业受到国家政策的重点关注，如农业税取消、新型农村合作医疗制度实施、社会主义新农村建设等政策给农村和农业带来很大的福利，国家对"三农"问题越来越重视。

第五阶段（2018年后）：乡村振兴阶段。

党的十九大报告中所提出的乡村振兴战略，将我国乡村的发展带入了新的阶段，这一阶段的工作重心就是集中力量进行乡村振兴。2018年1月2日《中共中央 国务院关于实施乡村振兴战略的意见》发布，其中强调了乡村振兴的五项总要求，指出产业兴旺是重点，生态宜居是关键，乡风文明是保障，治理有效是基础，生活富裕是根本，并对扶贫体制、创新人才政策、融资政策、领导核心做出了重要指示。

三、乡村发展的现状

1. 乡村产业现状

改革开放以后，我国农业生产条件和技术得到了显著的改善，乡村产业发展呈现多元化趋势，农业机械化水平得到了极大的提升。但同时也存在农业生产细碎化，规模化生产推进缓慢；农业机械化水平虽然得到了提高，但离世界先进水平还有一定的差距，缺乏国际竞争力；低端基础农产品供给过剩，高端农产品及服务供给不足等问题。

2. 乡村文化现状

近年来，艺术表演团体到乡村进行演出的场次迅速增长，在2017年已经达到184.31万场，乡村居民的文化娱乐支持也随着文娱活动的增加而增加，已经从2011年人均396.4元增长到2017年人均1 171元。同时许多乡村对自身的特色资源进行开发、包装、整合，开展特色旅游、文化小镇等文旅产业，这已经成为众多乡村致富之源。

3. 乡村生活现状

随着社会主义新农村建设的推进，我国乡村基础建设得到大幅提升，生活水平得到显著改善。2016年我国基本已经实现村村通路通电、村村通电话，乡村网络建设快速发展。但仍然存在基础设施的短板，如生活垃圾处理不到位、农村厕所改造不到位、生活方式落后等问题。

4. 乡村治理现状

乡村治理是乡村发展的重中之重，在中央和地方政府的不断推动下，乡村治理水平快速发展，取得一定的成绩，如乡村基层民主不断完善、基层党组织不断加强、农村公共服务和社会保障体系逐步建立。但同时也存在一些隐患，如缺少民主监督、基层党组织老龄化严重、基层党员干部年龄偏大、缺少新鲜的血液等。

四、乡村发展中的突出问题

1. 农村老龄化、空心化现象相对突出

根据国家统计局《第三次全国农业普查主要数据公报》，我国农业生产人员的年龄主要在36~54岁，55岁以上的占据了30%以上，由此可见农业劳动力老龄化现象比较严重，中老年人为农业劳动的主力，农村青年人大量流出。同时这也带来了许多社会

问题，如留守儿童的教育问题、农村老人的赡养问题。除此之外，农村空心化现象也比较严重，大量的农村青年进城务工，并且务工时间比较长，导致农村"空心化"现象，大量农村住宅闲置，许多农田无人耕种。

2. 农村生态环境问题仍需改善

近年来，农村农业的快速发展提高了农产品的产量和农民的生活水平，但同时农村的生态环境问题仍需改善。在农业层面，农产品的增量是建立在大量使用化肥和农药的基础上，而且一些农民过量使用农药化肥和追求快速的短期效益，导致农村出现严峻的问题，例如水源污染、土壤酸化、耕地板结等现象。此外，在农民生活层面，虽然生活水平较之前得到大幅提升，但是农村脏乱差问题依然没有得到根本改善，农村厕所改造需要继续推进，2017 年卫生厕所普及率为 81.8%，无害化卫生厕所普及率为 62.7%，无害化卫生厕所的普及率急需提升。许多农村依然使用旱厕，旱厕一方面给农民生活造成不便，另一方面会对环境造成较大的污染。

3. 乡村治理体系有待完善

乡村作为基层民主的核心，一直以来备受党中央的关注，这是我国治理能力的体现。但近年来，乡村人口持续流出，大多数年轻人外出务工，农村老龄化现象比较严重，很多便民利民政策难以实施下去，甚至出现利益流入私人腰包，乡村基层治理能力受到极大的破坏。具体表现为，首先，农村基层干部老龄化严重、文化水平普遍不高；其次，有些干部不顾民众感受，强硬推进政策，存在"一刀切"的现象；最后，农民法律知识缺乏，很多农村农业法律不健全，人情大于法理现象依然存在。

4. 乡村劳动力教育水平普遍有待提高

乡村劳动力水平不高加大了乡村振兴实施的难度，乡村振兴需要创新创业人才、科学研究人才、乡村治理人才等，这些都对当地教育水平提出了要求，乡村发展长期陷入人才缺乏的瓶颈。乡村劳动力教育水平不高的重要原因主要是乡村基础教育的投入不足，乡村义务教育逐渐衰败，优质教育资源向城市集中，大量农村家庭将自己的孩子送到城镇读书，农村本地的生源越来越少，这些导致了大部分农村儿童得不到良好的教育。

五、乡村振兴实施的路径选择

我国乡村振兴已经取得了一定的成绩，但是问题依然比较严峻。要实现乡村振兴这一长期目标，我们还需要付出巨大的努力，需要继续推进乡村生态振兴、乡村民生振兴、乡村产业振兴、乡村文化振兴、乡村治理振兴这五条路径。

1. 乡村生态振兴

"绿水青山就是金山银山"这一理念对于乡村振兴来说具有重要的意义，与城市相比，乡村的自然风光秀美，良好的生态环境能直接影响乡村的生活质量。随着近几年人们对生态环境越发重视，生态经济的概念已经深入人心，乡村与城市相比，其生态资源更加丰富，具有发展生态经济的比较优势，推进乡村生态振兴重点在于推进乡村农业的绿色发展和持续改善乡村生态居住环境。具体来说，可以从推进乡村农业绿色可持续性发展、加强乡村生态保护与恢复入手。

2. 乡村民生振兴

乡村振兴的根本目的在于提高乡村居民的生活质量和水平，如今乡村居民的生活水平、生活质量稳步提升，已经得到大幅改善，但在推进乡村振兴的新时代，需要乡村民生更高层次的振兴，需要更进一步提高乡村农民的生活质量和生活水平。具体来说，可以从改善乡村居住环境、强化乡村基础设计的建设、继续落实加强乡村公共服务政策入手。

3. 乡村产业振兴

乡村产业振兴是乡村振兴的重要着力点和基础，乡村产业振兴能直接提高乡村居民的收入，增加乡村就业机会，吸引优秀的人才加入乡村产业振兴中来。乡村发展离不开产业振兴，但乡村产业振兴存在农业生产分散化，这使得农民往往各自为政，较难形成统一的生产组织，同时由于农民在生产的过程中缺乏专家的指导，很难走出自身"小农思维"的瓶颈。为了解决乡村产业振兴的诸多问题，可以从推进农业现代化、发展壮大乡村产业、结合乡村本地特色开发新型产业入手。

4. 乡村文化振兴

乡村文化振兴是促进乡村持久振兴的内在动力，乡村文化振兴的核心在于实现乡风文明，具体来说可以从弘扬中华民族优秀传统文化、加强乡村居民思想道德建设、丰富乡村居民文化生活、推进优秀文化演出下乡村等活动入手。

5. 乡村治理振兴

乡村治理振兴是实施乡村振兴的保障，大量乡村青年外出务工，导致乡村老龄化严重，基层选举出现腐败现象，很多便民利民政策难以落实。如果不能改善乡村治理的现状，实施乡村振兴战略也较难实现，因此推进乡村治理振兴是实现乡村振兴战略的重要路径。具体来说可以从加强乡村基层党组织与政权、促进乡村自治法治德治有机结合、加强基层政府的作用夯实基层政权入手。

项目二　乡村振兴与乡村教育发展

一、乡村教育

（一）乡村的内涵

在我国古代，"乡"是指以家为基本单位的区域名称，即古代说的"万二千五百家为乡"。"村"一般是指人烟稀少，远离城市的聚落。我国古代的乡村一般泛指古代的城市以外的广阔区域。近代的"乡村"一般多是与"城市"相对的概念而出现的，正如赵质宸[①]在《乡村教育概论》中写道："乡村……为别与城市者。就中国而言，即全国之最大多数民众所居住之场所也。"可见，近代关于"乡村"一词，主要是对于城市之外所有地区的统称，是相对城市而言的概念。

查阅《现代汉语词典》，其中关于"乡"字有四种解释：①家乡；②我国行政区

①　赵质宸. 乡村教育概论［M］. 北京：京城印书局，1933：1.

域划分的基层单位，由县一级的行政单位领导；③乡村（与城市相对）；④姓氏。"乡村"是指主要从事农业，人口分布较城镇分散的地方；"农村"则是指从事农业生产的人居住的地方。因此，从上面的解释不难看出，乡村这一概念包含着农村，因为乡村里面的居民除了去种地以外，还有小工小商、樵夫渔夫等，或者一个乡村的居民纯为渔者或纯为商者，这需要看乡村居民所处的环境是怎样的。

从行政区域划分的角度来看，1999 年国家统计局发布的《关于统计上划分城乡的规定（试行）》对乡村概念的解释是："乡村是指城镇地区以外的其他地区，包括集镇和农村。集镇是指乡、民族乡人民政府所在地和经县人民政府确认由集市发展而成的作为农村一定区域经济、文化和生活服务中心的非建制镇；农村指集镇以外的地区。"[①] 2008 年颁布的《统计上划分城乡的规定》依然将我国的地域划分为城镇和乡村，城镇包括城区和镇区。镇区是指城区以外的县人民政府驻地和其他镇，乡村是指城镇以外的区域。

综上所述，自"乡村"概念诞生以来，一直作为与城镇相对应的区域的总称。因此，我们现在所说的乡村，一般是指县级行政区以下的广阔区域，包括乡镇和村落。

（二）乡村教育的内涵

乡村教育不仅是一个时间和空间的概念，更是一种意义和价值的存在，在我国，乡村永远都是一种社会形态，而有乡村必有乡村教育。对于乡村教育的概念，具体而言可以包括宏观、中观及微观三个层面。宏观层面的乡村教育一般泛指为乡村建设和发展服务的一切的教育形式，包括正式教育、非正式教育，也包括基础教育、高等教育。中观层面的乡村教育主要是指以广大乡村地区的学龄儿童和村民为教育对象，促进乡村儿童和村民的发展，促进乡村文化传承和乡村社会建设。微观层面上的乡村教育主要是指乡村的学校教育，指在乡村地区作为正式的社会机构的学校内而开展的教育实践活动。

二、乡村教育发展的历史演进

（一）古代乡村教育

我国的乡村教育在西周以前就处于萌芽阶段，远古先民由教民"钻木取火"到"教民以猎"，进而"教民农作"，并由"结绳而治"到"易之以书契"。乡学最早出现于夏商，《孟子·滕文公上》中记载："夏曰校，殷曰序，周曰庠，学则三代共之。"朱熹在《四书集注》中指出庠、序、校皆为乡学。西周至秦汉时期为我国乡村教育的形成时期，在各乡都建有乡学。隋唐至元朝是我国乡村教育的发展时期，这一阶段封建社会经济发展达到顶峰，我国的古代乡村教育体制也更加趋于成熟和完备。明清是我国古代乡村教育由兴盛转衰败的时期，这一阶段，各级各类乡村教育机构，特别重视对封建礼教的宣传和灌输，以达到稳定社会的目的。

（二）近代乡村教育的发展

鸦片战争以后，西方教育制度传入我国，古代乡村教育制度逐步瓦解，并开始向

---

① 刘冠生. 城市、城镇、农村、乡村概念的理解与使用问题 [J]. 山东理工大学学报（社会科学版），2005（1）：54-57.

近代西方教育形式转化。1903 年清政府颁布《奏定学章程》，又称"癸卯学制"，章程中规定每四百户设一所初等小学，同时在全国开始四年制的强迫教育。

近代乡村教育思潮和运动，在中国乡村教育史上有着非常重要的影响，它产生于多灾多难的中华民国时期。20 世纪二三十年代，中国大批知识分子走向乡村，试图通过乡村教育来挽救中国，比如陶行知、黄炎培、余庆堂、晏阳初、梁漱溟等学者纷纷到乡村开展调研，对乡村教育问题展开激烈讨论。黄炎培曾说："吾尝思之，吾国方盛倡普及教育，苟诚欲普及也，学校十之八九当属于乡村；即其所设施十之八九，当为适于乡村生活之教育。"虽然近代乡村教育先哲试图通过教育挽救国家的道路没有成功，但他们致力于乡村教育的论述和思想依然绽放着智慧的光芒。

中国共产党是近代乡村教育发展的重要推动者和实践者，中国共产党领导的乡村教育发轫于革命根据地的教育。李大钊很早就意识到乡村教育的重要性，并指出"中国是一个农业大国，大多数劳动者都是农民，要用教育去解除农民的痛苦和黑暗"。1921 年，澎湃在广东省海丰地区创办十多所农民学校，不仅教农民识字，还传播革命思想。1924 年，毛泽东在韶山创办农民夜校，组织农民协会。中国共产党在乡村开展扫盲教育、职业教育、社会教育、干部教育，使乡村教育进入一个崭新的发展阶段。

（三）现代乡村教育的发展

1949 年中华人民共和国成立后，全国教育事业百废待兴，全国 80% 以上的人都不识字，乡村地区不识字的人更多，因此乡村教育是重中之重。在中国共产党领导下，我国乡村教育进入新的发展时期。1977 年邓小平发表"尊重知识、尊重人才"的重要讲话。1999 年国务院教育部制订《面向 21 世纪教育振兴行动计划》，我国乡村教育自此进入新的发展时期。

三、乡村教育发展的历史启示

"以史为鉴，可以知兴衰；以人为鉴，可以知得失"，我国有 2 000 多年的乡村教育发展历史，积累了不少有益的历史经验，这些经验对我们发展乡村依然大有裨益，其合理之处值得我们学习借鉴。

（一）乡村发展必须与乡村教育相结合

我国自古以来就是农业大国，在"无农不稳"的观念的指导下，古代历代的统治者都非常重视农业的发展，同时我国古代乡村教育非常重视农业教育。北魏贾思勰认为"田者不强，困仓不满，官御不励，诚心不精"，因此，需要"采捃经传，爰及歌谣，询之老成，验之行事，起自耕农，号曰《齐民要术》"。可见，古代乡村教育与整个乡村的发展（农业发展）紧密联系，突出了乡村教育不仅重视伦理教化，也重视向乡村居民传递生产农业方面的知识。清朝著名思想家方苞在《齐民四术》一书中，指出"农民应该从农业、风俗、法律等方面注重学习，从而富己"。我国古代这些重视农业教育的经验对实施现今乡村振兴战略有着积极的作用。

（二）乡村教育的发展必须考虑当地的实际教育特征

我国古代乡村教育的发展与古代国家权力向以乡村为主的地方延伸有莫大的关系，但乡村教育的发展必须充分利用和依靠当地的教育基础。汉代重农抑商，汉朝颁布地方官学学制，规定地方官学的主要认识是推行教化。隋唐时期，更加重视地方官学教育，唐朝规定：天下州县，每乡一学。唐朝乡村教育得到较大的发展，但"师资、经费、学生"等方面均没有统一的规定。宋朝的地方官学不仅有普通性质的地方学校，还设有各种专科学校，如州医学和县医学。明清时期建立起更加完备的地方官学制度，明朝地方官学种类有府学、州学、县学、社学、义学，清朝则在全国各地设立主管教育的官员。总而言之，不难看出，我国古代历朝历代都非常重视乡村教育的发展，同时乡村教育的发展主要是以地方教育力量为主，各个地方的教育可以根据自己的实际情况来灵活组织乡村教育，国家则对乡村教育进行宏观层面的管理把控。因此，我们在发展乡村教育时，切忌搞"一刀切"，应因地制宜，充分考量各地不同的实际情况，发展适合本土的乡村教育①。

（三）乡村教育不可以忽视民办教育的力量

我国古代乡村教育的形式丰富多样，不仅限于官学，而且以私学为主的民办教育也广泛存在，是促进乡村教育发展的重要力量，如义学、私塾、乡约等都是乡村儿童接受启蒙教育的主要形式。义学最早出现于宋朝，是宗族内为穷苦子弟而设的教育机构，一些地方世家大族为了使本族弟子能够在社会中出人头地，纷纷设置义田、义庄和义学义团结族人，接济本族贫困子弟受教育。私塾是一种由民间个体设立的基层教育机构，最早诞生于春秋战国时期。我国古代乡村教育主要靠私塾来满足，私塾在数量和分布上比官学要多得多，是我国古代乡村教育的基础。乡约最早开始于宋朝，是群众自定的行为规条和规范，明朝把乡约作为推行教育的最重要的形式。作为私学的最高层次书院教育也是乡村教育的重要力量，对乡村教育的发展起到一定的积极作用。由此可见，我国自古就非常重视民办教育，因此在实施乡村教育时，需要充分挖掘民间教育资源，多渠道办学，发挥民办教育的社会效益。

（四）乡村教育的发展关键在于师资

我国自古以来就有尊师重道的优良传统。纵览我国乡村教育发展的历程，优质的师资在推动乡村教育发展过程中起到至关重要的作用。远古时期，氏族部落的教师往往由老者充当，他们往往掌握着丰富的生产经验，是当之无愧的教师。在进入封建社会后，在乡村从事教育的教师一般包括三类：一是多年寒窗苦读，虽然没有金榜题名的秀才，这些人文化水平一般都比较高，是我国古代从事乡村教育的主要群体；二是一些告老还乡的官吏，这些人不管是在文化知识还是社会经验上面都足以为人师表；三是一些创办私学的学者，他们由于各种原因终身归隐于田野间，有的一边从事农业生产，一边进行教学。可见，乡村教育的发展有赖于优秀的师资，当代乡村教育发展亦是如此，尤其要重视乡村教师队伍的发展，只有这样，乡村教育才能焕发出新的生机。

四、乡村教育发展面临的问题

（一）乡村教育与新农村建设相脱节

首先，乡村教师缺乏"乡村教育情怀"，参与乡村建设的意识不强。乡村教师除了

---

① 李森，汪建华. 我国乡村教育发展的历史脉络与现代启示［J］. 西南大学学报（社会科学版），2017（43）1：61-69.

要履行教书育人、传道授业解惑的基本责任外，还应该用自己所学的知识为乡村建设现代化、乡村振兴，发挥乡村教师作为知识分子的一分力量。而当前乡村教师参加乡村建设的意识不强：一方面，乡村教师对自己的身份认同度比较低，缺乏与本地乡民、社区融为一体的意愿，乡村教师没有将自己作为乡村的一分子对待，而是将自己作为乡村建设的"局外人"，缺乏乡情和乡愁；另一方面，乡村教师流动比较频繁，一些教师无法忍受乡村的生活环境，向往城市的璀璨灯光，他们只是将乡村教师这个工作作为一个跳板，没有扎根于乡村的理想和信念。

其次，乡村教育在发展的过程中忽视本地的乡土文化。乡村的振兴与现代化既是国家的政策导向，也是乡村生活的实际需求，但在乡村现代化的过程中，一些乡民感到不适应，只关注到对物质的满足和需求，而忽视了乡村的内在文化。乡村文化蕴含着乡村几百年发展而来的、最宝贵的文化内涵，是乡村文化振兴的重要内容，这些乡村文化也恰恰是促进乡村振兴的内在原动力，如少数民族的乡土风俗、乡风文化等。

最后，乡村学校培养出来的人才与乡村振兴的需求脱轨。一方面，乡村尽其所能投入资金创办乡村学校，培养合格的人才，但孩子们在城市求学几年后不愿意再回到乡村，导致人才流失率比较严重，乡村教育的投入与回报不对称，甚至乡村学校、乡村振兴出现无人才可用的现象。另一方面，与乡村振兴所需的人才不相符。在城市中求学归来的青少年，出现复杂的心理斗争——城市待不住，农村不想待。这些孩子在经过城市的灯红酒绿之后，向往城市的生活，在迫不得已回到乡村之后，心理形成落差，往往会出现心浮气躁的现象。

（二）乡村教育经费投入依然不足，管理体制不健全

首先，乡村教育经费投入总量依然相对较少。乡村教育经费投入总量依然偏少，难以满足乡村学校的发展需求。比如，就学校软硬件设施投入来说，有些学校硬件设施的配置依然比较薄弱、软件设施的配置比较落后，一些乡村地区的学校缺乏配备的多媒体教学条件。就校园文化建设来说，网络和图书馆等方面投入缺乏重视，学生接触的学习资源有限。这些软硬件设施的缺乏都影响着乡村学校的发展、乡村教育的发展。

其次，乡村教育资源配置不合理。一方面，在资源配置方面没有考虑到因地制宜，灵活性较差，大部分地区只关注到乡村学校的校舍、硬件设备，但是对学校管理方面、教师福利、教师培训方面的投入较少。另一方面，挪用乡村教育专项经费问题时有发生，部分地区乡村学校挪用专项经费问题较为严重，同时乡村学校资金管理也比较混乱，教育经费的监管体制不健全、不规范，导致教育经费使用效益大打折扣。

（三）乡村教师存在"下不去、留不住、教不好"现象

新农村建设时期我国加强了对农村教师队伍建设，取得了一系列的成果，但是仍然存在一些问题，如乡村教师的流动性比较大，在一定程度上制约着乡村教师队伍质量的提升。乡村教师队伍作为我国乡村教育发展的短板，一直备受关注。国家也出台了一系列关于乡村教师队伍建设的政策，但由于城市生活和城市文化自身的吸引力，以及人们对乡村文化和乡村教育价值的忽视和怀疑，使得一些教师即使在政策倾向和鼓励的前提下也不愿意长久地从事乡村教育事业。

项目三 近代乡村教育的先驱

中国是具有悠久农耕文明史的农业大国，"乡村"是根，文化是"魂"，"所有文化，多半是从乡村而来，又为乡村而设——法制、礼俗、工商业等莫不如是"①。近代中国的许多学者在认识到乡村建设的重要性之后，想要通过复兴乡村建设达到曲线救国的目的。中国学者晏阳初、陶行知、梁漱溟、费孝通等纷纷投入乡村建设的实践活动之中，并经过探索形成了一定的乡村建设理论，这些理论能够为我们今天实施乡村振兴战略、推进乡村文化振兴提供理论指导和实践引领。

一、晏阳初——"平民教育的思想"

晏阳初（1890—1990 年）别名晏遇春，四川巴中人，中国平民教育家和乡村建设家。他在早期开展平民教育运动时，认为中国的"四大病"分别是贫、愚、弱、私，他主张通过民办学校对民众，特别是先对农民教识字，再实施生计、文艺、卫生等教育，培养广大民众的生产力、知识力、团结力和强健力。

1920 年晏阳初海外求学归来，他当时立志将自己终身献给中国广大的劳苦大众。1922 年晏阳初发起全国识字运动，号召"除文盲、做新民"，同年 3 月，在长沙实施他的《全城平民教育运动计划》，他将长沙分成 52 个单位，发动 400 多名小学教师以游行、散发传单等方式宣传平民教育，后来他筹建了 200 多所平民学校，先后招生 2 500 余人。在长沙实验的全国识字运动是晏阳初平民教育理论的第一次大规模的实施，取得了重大的影响。

随着平民教育运动的实施，晏阳初认识到中国教育的重点在于农民教育，于是选择河北保定县作为平民教育的实验点，设立乡村教育部。1929 年，他将实验点转移至定县，全力以赴开展乡村教育实践。20 世纪 30 年代初，晏阳初在定县的乡村教育实践得到国民政府民政部次长的肯定，并将晏阳初的经验推至全国，设立乡村建设育才院。晏阳初自 1920 年开始致力于乡村平民教育，被誉为"世界平民教育运动之父"，与陶行知先生并称"南陶北晏"。

晏阳初在将自己平民教育思想进行实践的过程中也逐渐形成了相对完备的乡村教育思想体系，主要包括以下几个方面的内容：

1. "一大发现"

所谓"一大发现"就是指"脑矿"的发现。晏阳初在为法国战场的华工服务时，发现虽然华工被其他国家的官兵瞧不起，但这些华工身上普遍具有勇敢、坚毅、勤劳等优秀品质，不比任何国家的人差，只不过他们没有接受过教育而已。如果能通过教育来发掘他们身上的巨大潜力，那么中国未来的前途将一片光明。

2. 乡村建设理论

晏阳初认为想要通过教育救中国，必须经过实地调查了解中国教育的现状，因此

---

① 梁漱溟. 乡村建设理论［M］. 上海：上海人民出版社，2011：10.

他在国内进行为期一年多的实地调查研究活动，走访了 19 个省，对中国教育情况有了清晰的认识。晏阳初认为"不谋建设的教育，是会落空的，是无补于中国农村社会的"。教育是一种开启农村智慧的工具，而工具只有应用到乡村建设的实践当中才会促进农村的政治、文化、卫生、经济等各方面取得相应的发展。

3. 晏阳初在平民教育中倡导学校、社会、家庭三种教育方式

学校教育是指通过开办初级学校、高级学校以及大学的方式满足学生的需求，为乡村建设培养多层次的人才。社会教育是指学校毕业生通过举行各种活动，如阅读报刊、办板报，对妇女和成人进行继续教育。家庭教育是指帮助家庭中不同地位的人获得教育的机会，并且可以增进家庭关系的和睦、增强家庭的社会责任感等。

4. 四大教育

四大教育是针对中国乡村教育的"愚、贫、弱、私"四大病症所提出的生计教育、卫生教育、文艺教育、公民教育四大解决方案，最终目的是通过教育达到乡村建设，最终实现振兴中华的目标。

5. 五个结合

五个结合分别是指教育与农民生活、乡村建设相结合，理论与实际相结合，科学与农村实际相结合，物质文明与精神文明相结合，个人与集体相结合。

二、费孝通——"差序格局理论"

费孝通（1910—2005 年）江苏吴江人，著名的社会学家、人类学家、民族学家，中国社会学、人类学的奠基人之一，代表作品有《文化论》《人文类型》《江村经济》《乡土中国》。费孝通在《乡土中国》中提出了"差序格局"理论，该理论是对中国人为什么普遍具有"私"的通病的解读而提出的。费孝通先生将其解释为："从自己推出去和自己发生社会关系的那一群人里所发生的一轮轮波纹的差序。"这一个差序是一个以"己"为中心，受到血缘、地缘、政治地位、经济水平、知识文化水平等多种因素影响的人际网络关系。人际关系"范围的大小也要依着中心的势力厚薄而定"。"己"的中心势力越大，人际关系网络范围也就越大；反之，"己"的中心势力越小，相对应的人际关系网络的范围也就越小。

首先，伸缩性。费孝通在《乡土中国》中认为中国人的"私"与社会结构密不可分。西方社会具有界限明显的社会结构，而在中国，人与人之间、群己之间的界限则相对模糊。例如，"家"在西方社会是指丈夫、妻子和未成年的子女，但中国"家"的范围可以根据群己的力量随意延伸，只要"己"的势力足够大，任何人都可以拉入自己的圈子，并可称为"一家人"。

其次，人伦性。中国社会受到传统儒家思想的深入影响，儒家思想提倡"人伦"，费孝通将"伦"字解释为以己为中心推及出去的波纹差序，这个差序其实就是中国传统社会当中所说的纲纪伦理，它是社会的基本架构，不容改变。正如其所言"亲亲也、尊尊也、长长也、男女有别，此其不可得与民变革者也"。

最后，等级性。"差序"中的"序"就有等级的含义，这是在中国 2 000 多年的传统文化下形成的，正所谓"君为臣纲、夫为妻纲、夫为子纲"，即古代中国社会森严等等级的生动写照。

三、梁漱溟——"乡村建设理论"

梁漱溟（1893—1988 年）是中国近现代最重要的思想家之一，他出生于显赫的清朝世家，但到父亲梁济这代，家世逐渐衰败。他认为自己是一个"有思想，又且本着他的思想而行动的人"。梁漱溟最初的蒙学主要由父亲梁济完成，虽然儿时的梁漱溟体弱多病，且智力发育较晚，但父亲通过讲故事与引导阅读的方式培养梁漱溟的独立思考能力。中学期间，梁漱溟并不用功读书，而是将精力放在思考人生问题和社会问题上，这个阶段他对政治格外关注，并加入了同盟会京津支部，反对清朝统治。后来，梁漱溟转而研读佛学，正是凭借佛学的功底，被蔡元培请到北大教授佛学。1924 年梁漱溟辞去北大教职工作，1926 年南下广东，试图将南京晓庄学校的治学治校经验在广东进行实践，但由于各方面的影响，梁漱溟不得不再次进行乡村建设的转移。于是，梁漱溟来到山东成立了山东乡村建设研究院，将其治理乡村的理念直接在研究院的实践过程中开展，实施了农业试验、建立农业技术指导基地、成立乡村学校。

梁漱溟认为乡村是中国社会的根基，乡村建设是解决处于水深火热中的中国的有效路径。他认为乡村是中国社会的主体，所以中国文化也多来自乡村，或者说乡村文化是中国文化的主体。然而，近代以来中国乡村文化受到来自西方思想的入侵，甚至可以说是破坏，作为中国文化之根的乡村遭受到如此之破坏，必须从乡村自身着手改变乡村被破坏的现状，并阻止继续破坏的趋势，达到积极建设中国的诉求。

梁漱溟指出农民占中国人口的大多数，因此农民的素质、农村社会的安定、农村的产业发展等农村问题是中国问题的关键所在。但是农民往往会相对缺乏组织纪律、思想观念也会相对比较落后，因此应该运用引导、启发的方法，以中国传统文化为根本，选择合理的外来文化进行吸收，让农民自觉、自愿地参加到乡村教育活动当中。

梁漱溟从中国特殊的国情出发，提出乡村建设理论。他认为，乡村建设应通过创新发展中国的旧文化以拯救中国的旧农村这一过程来实现乡村文化制度的重建并最终实现乡村的复兴和发展[①]。他认为乡村建设的目的不仅是解决当前乡村的问题，更重要的是重建一套适合中国社会的新的组织系统，以期解决中国的政治、经济等方面的问题，从而实现中国社会的整体振兴。

四、陶行知——"乡村教育思想"

陶行知（1891—1946 年），安徽人，中国人民教育家、思想家，伟大的民主主义战士。陶行知先生毕生致力于教育事业，为我国教育的现代化做出了重大的贡献，他不仅创立了完整的教育理论体系，并且进行了大量的教育实践，与其相关的典故有"四糖故事""最后演讲"等。

陶行知在面对当时积弱贫瘠的中国时，进行深入的调查研究，认为乡村教育是中国的立国之本。中国自古以来就是农业大国，但当时的农民鲜有接受教育的机会，农民知识的匮乏导致乡村的发展落后。因此陶行知提出通过平民教育来唤醒农民，提高农民的整体素质，符合当时中国的发展现状。在教育的过程中，陶行知提出生活即教

---

① 卯海娟. 乡村振兴战略下中国乡村文化建设研究［D］. 甘肃：兰州理工大学，2020.

育、教学做合一的相关理论。

陶行知认为生活即教育包含两层含义：一方面，生活决定教育的内容；另一方面，教育改造生活。因而陶行知对当时乡村教育内容严重脱离乡村教育的实际情况进行了批判，认为乡村教育必须贴合乡村的实际生活，以生活为出发点和落脚点。教育的目的不仅是掌握知识，更重要的在于将这些知识运用在生活实践当中。因而乡村教育必须与农业相结合，即可从养鸡、养鸭、耕种、灌溉等与农民日常劳动息息相关的生活着手开始。

陶行知主张教学做合一，在陶行知看来教学做是一体的，是一件事的三个方面。如陶行知以种田为例，认为种田的教、学、做都应该是在田间地头进行的，其他的任何教育也应该如此，其中他特别强调"做"的亲身实践性。后来陶行知离开繁华都市，并创办了晓庄师范。在这里，陶行知将他的教学做合一的思想付诸实践。在晓庄师范，他为农民普及科学文化知识，虚心向农民学习，致力于改造农村贫穷落后的面貌。

项目四　乡村振兴与乡村教师

乡村教师在中国教育发展的历史中扮演者重要的角色。新中国成立以来，乡村教师为我国乡村教育事业做出了卓越的贡献，具体包括扫除文盲教育、实施义务教育、两个文明建设和"守护留守儿童"等方面。进入新时代，乡村振兴战略又赋予乡村教师新的历史使命，乡村教师不仅要保证乡村儿童上好学、建设社会主义新农村，还在做好乡村意识形态工作、传承传统文化等方面担负着重要的责任。

一、乡村教师的历史价值

（一）乡村教师铸就了穷国大国办教育的辉煌业绩

新中国成立之初，乡村教育几乎一片空白，绝大多数农民子女没有机会上学。为了改变广大农村教育空白的现状，党和国家依靠集体力量，组织乡村教师支撑起乡村教育。当时农村人口多、适龄儿童多，但是我国基础教育相对缺失，为了满足乡村教育的需求，迅速组织乡村有文化的劳动者变身教师，献身于乡村教育事业。

（二）乡村教师扛起新中国扫盲教育的历史重担

新中国的扫盲教育与乡村教师的努力是分不开的。随着改革开放的不断深入，党中央和国务院加大了扫盲工作的力度。1988年2月5日，国务院发布《扫除文盲工作条例》，提出要通过扫除文盲工作，提高中华民族的文化素质，促进社会主义物质文明和精神文明建设。1990年，国家教委等十家单位联合发出颁布《关于建立扫盲领导机构联合开展扫盲工作的通知》，要求"统一安排农村中小学举办扫盲班（组）或包教活动"[1]。1993年中共中央、国务院发布《中国教育改革和发展纲要》，文中提出要"基本普及九年义务教育，基本扫除青壮年文盲"。在《扫除文盲工作条例》中明确规定扫除文盲的教师友乡、街道、村、企业、事业单位聘用，并给予一定的报酬，当地学校、文化

---

① 国家教育委员会政策法规司. 中华人民共和国现行教育法规汇编［M］. 北京：人民教育出版社，1998.

馆等有关方面应积极承担扫除文盲的教学工作。由此可见，扫盲工作的重担落在了乡村教师的身上，数以万计的乡村教师不辞辛苦，担起了扫除文盲的工作，特别是在偏远贫困的地区，扫盲工作更是艰辛无比。乡村教师白天在学校完成日常教学工作，晚上参加乡村夜校扫盲，积极参加扫盲宣传，扫盲教学，深入乡村农户家中，实施动员工作。乡村教师用自己的实际行动帮助国家扫除了大批的文盲，为新中国培养了一批又一批的社会主义建设者。1995 年的《全国扫盲工作部际协调小组办公室第一次会议纪要》中的相关资料显示，"1994 年全国共扫除文盲 486.2 万人。在广大乡村教师的艰苦奋斗和社会力量的帮助下，我国扫盲教育取得了丰厚的成果"。

（三）乡村教师创造了乡村两个文明建设的丰富内涵

乡村教师在乡村精神文明建设和物质文明建设的过程中都起到了不可低估的作用。首先，在乡村精神文明方面，学校是乡村精神文明的窗口，乡村教师则成为乡村精神文明的传播者，特别是在乡村文化、社会公德、科技知识等方面的传递过程中均起到了重要的作用。其次，在乡村物质文明方面，乡村教师为经济建设各条战线上的人才培养都做出过基础性的贡献。乡村教师在乡村文明建设和发展过程中的重要作用不言而喻，他们培育了一代又一代社会主义建设者和接班人，运用自己的知识和言行提升乡村村民的精神风貌，培育文明的乡风、淳朴的民风，切实做好优秀农工文化、少数民族文化。

（四）乡村教师守护着留守儿童的精神家园

在社会经济和城镇化进程加速的过程中，越来越多的乡村青年到城市进行工作，渐渐的，在乡村里的青年越来越少，只剩下了老人和孩子，于是这些留在乡村和祖辈一起生活的孩子就被称为留守儿童。留守儿童通常是隔代教育，祖辈在家照顾孩子，父母则在城市打工赚钱，这样的生活方式构成了农村家庭的新型生活方式。对于留守儿童来说，亲情的缺失可能成为儿童最严重的问题，他们常年与父母分离，与父母沟通比较少，同时受祖辈身体状况、生活负担的影响，他们对爱、呵护的渴望比较强，他们害怕陌生环境，精神和情感也会相对空虚和匮乏。精神家园得不到呵护，会影响留守儿童的学习动力，影响他们的身心发展。在这样的现实困境下，乡村教师担起了留守儿童精神家园的守护和培育工作，乡村教师没有抛弃这些孩子，他们不仅担负起对留守儿童知识的、生活技能的传授，而且填补了留守儿童心中空缺的父爱与母爱。乡村教师就像父母一样，默默给予留守儿童支持与关爱，经常对他们嘘寒问暖，与他们进行心灵沟通。

二、乡村振兴背景下赋予乡村教师新的历史使命

历史进入新时代，2018 年中央一号文件《中共中央 国务院关于实施乡村振兴战略的意见》中明确指出实施乡村振兴战略，是党的十九大做出的重大决策部署，是决胜全面建成小康社会、全面建设社会主义现代化国家的重大历史任务，是新时代做好"三农"工作的总抓手。然而，在实施乡村振兴战略中，乡村教师依然是重要的推动力，依然离不开乡村教师的默默付出与坚守。

（一）乡村教师是乡村子女"上好学"的重要保障

21 世纪我国实现了基本普及九年义务教育和基本扫除青壮年文盲的战略目标，基本解决了乡村儿童"上学难"的问题，使乡村儿童"有学上""有书读"。但是在解决

乡村儿童"有学上"的问题之后还不能解决乡村儿童"上好学"的现实困境，如何实现教育过程公平是现在社会关注的焦点。城市学生比乡村学生占有更多更优质的教育资源，在优质资源分布有限和不均的情况下，会形成一系列的连锁反应，如优质的家庭会依循着优质小学到重点中学或超级中学，再到重点大学这一通道发生持续的传递效应。正如《无声的革命：北京大学与苏州大学学生社会来源研究》的统计分析发现，在 1985—1994 年和 1995—1999 年这两个阶段，北京大学的本科生来自干部家庭的比例分别为 31.6% 和 39.17%，专业技术人员的家庭分别为 47.9% 和 39.23%，而出自农村家庭的比例分别为 21.4% 和 15.02%。为了满足乡村儿童"上好学"的现实需求，教育部原部长陈宝生在 2019 年全国教育工作会议上的讲话中强调"乡村教育是中国教育的神经末梢"，要加大对乡村教师的倾斜和支持力度。实施乡村振兴，重要的一环是实施乡村教育振兴，而乡村教师正是乡村教育的力量所在、希望所在。

（二）乡村教师是新时代新农村建设的中坚力量

在乡村，大批青壮年纷纷外出务工，留守在农村的大多是文化知识水平不高的老年人和儿童，一些乡村缺少生活氛围、文化氛围和教育氛围，要把这些乡村建设成为"乡风文明、村容整理、管理民主"的社会主义新农村，就必须把乡村教师作为乡村建设的重要知识库，充分发挥乡村教师在建设新农村中的堡垒作用。乡村教师要在乡村中成为宣传科学文化知识的引领者、推广科学先进技术的生力军和乡村精神文化的组织员。乡村教师要积极联合当地的政治、经济、文化等各种力量，形成教育合力，显示教育的强大功能。

（三）乡村教师是新时代做好乡村意识形态工作的思想支柱

在乡村，学校是做好意识形态工作的基本阵地，乡村教师是做好意识形态工作的思想支柱。陶行知先生曾说："乡村学校作为改造乡村生活的中心，乡村教师作为改造乡村的灵魂。"尽管过了近百年，但乡村教师担负的历史使命是不会改变的，并且在乡村意识形态建设工作中，乡村教师的作用也是不可替代的。乡村教师用高尚的思想教育人、影响人，培育了一代又一代社会主义建设者。自然法则决定了人类的未来永远属于青年一代，而教师则恰恰担任着培育青年一代的任务，从这个意义上讲，教师是名副其实的人类社会的建设者。此外，乡村教师以社会主义核心价值观为引领，巩固党在农村的思想阵地，做好舆论宣传教育引导工作，带领群众开展社会主义精神文明活动，宣传党的路线方针和强农惠农富农的政策，引导村民听党话、感党恩、跟党走。乡村教师应从生活实践中挖掘乡村道德教育的素材，结合村民的实际特点，运用村民能接受的方式，进行爱国主义教育、社会主义教育、集体主体教育，积极建设好乡村思想文化阵地，强化村民的社会责任意识、主人翁意识。

（四）乡村教师是传递乡村传统文化的先进代表

回望中国历史，乡村教师在村民心中的地位是崇高的，影响是举足轻重的。随着加快精神文明建设的发展，乡村教师在乡村社会发展的过程中担任了重要的角色。乡村教师组织学生参与乡村文化建设，举行一些村民喜闻乐见的传统活动，将一些流传在乡间、受村民推崇的传统文化发扬光大，通过编撰乡土教材、举办地方文化活动等方式传承地方文化，不仅丰富了学生的实践能力，而且陶冶了农民的情操，从而大大提高了农民的文化素质，传承了乡土文化。

党的十八大以来，以习近平同志为核心的党中央高度重视教育事业，并在党的十九大做出了优先发展教育事业、加快实现教育现代化、建设教育强国的重大战略部署。习近平总书记强调，"教育是民族振兴、社会进步的重要基石，是功在当代、利在千秋的德政工程"，并且指出教育工作的薄弱环节在农村。党和国家特别强调乡村教育的发展，让每个乡村孩子都能够接收到公平、优质的教育，阻断贫困现象的代际传播。根据党的十八大精神和习近平总书记重要讲话精神，相关部门及时研究促进教育公平、提高教育质量的相关政策措施，把乡村教育和乡村教师队伍发展建设问题提到党和国家教育政策研究的议程上。2015年中央全面深化改革领导小组审议通过、国务院办公厅印发的《乡村教师支持计划（2015—2020年）》，对乡村教师的概念做出了更加明确的界定，指出乡村教师是指"包括全国乡中心区、村庄学校教师"。从国家层面专门出台关于乡村教师的政策文件，这在我国社会主义教育史上是第一次，具有深刻的历史意义。

2017年，党的十九大胜利召开，做出了中国特色社会主义进入新时代的重要判断，强调"建设教育强国是中华民族伟大复兴的基础工程，必须把教育事业放在优先位置，加快教育现代化，办好人民满意的教育"，在会议中提出"乡村振兴战略"。乡村教师队伍决定了乡村学校的现代化水平，也决定了乡村教育的发展水平。如果没有一支素质过硬的乡村教师队伍，那么就难以实现教育公平，难以实现教育现代化的要求。因此在2020年7月31日，教育部等六部门出台了《教育部等六部门关于加强新时代乡村教师队伍建设的意见》进一步为乡村教师队伍建设工作提出了新目标、新任务和新要求，开启了乡村教师队伍发展的新征程。

（一）《乡村教师支持计划（2015—2020年）》

《乡村教师支持计划（2015—2020年）》（简称《计划》）是为深入推进全面建成小康社会、全面深化改革、全面依法治国、全面从严治党"四个全面"战略布局，认真贯彻党中央、国务院关于加强教师队伍建设的部署和要求，采取切实措施加强老少边穷岛等边远贫困地区乡村教师队伍建设，明显缩小城乡师资水平差距，让每个乡村孩子都能接受公平、有质量的教育而特别定制的。

1. 工作目标

到2017年，力争使乡村学校优质教师来源得到多渠道扩充，乡村教师资源配置得到改善，教育教学能力水平稳步提升，各方面合理待遇依法得到较好保障，职业吸引力明显增强，逐步形成"下得去、留得住、教得好"的局面。到2020年，努力造就一支素质优良、甘于奉献、扎根乡村的教师队伍，为基本实现教育现代化提供坚强有力的师资保障。

2．主要举措

（1）全面提高乡村教师思想政治素质和师德水平。

坚持不懈地用中国特色社会主义理论体系武装乡村教师头脑，进一步建立健全乡村教师政治理论学习制度，增强思想政治工作的针对性和实效性，不断提高教师的理论素养和思想政治素质。切实加强乡村教师队伍党建工作，基层党组织要充分发挥政治核心作用，进一步关心教育乡村教师，适度加大发展党员力度。开展多种形式的师德教育，把教师职业理想、职业道德、法治教育、心理健康教育等融入职前培养、准入、职后培训和管理的全过程。落实教育、宣传、考核、监督与奖惩相结合的师德建设长效机制。

（2）拓展乡村教师补充渠道。

鼓励省级人民政府建立统筹规划、统一选拔的乡村教师补充机制，为乡村学校持续输送大批优秀高校毕业生。扩大农村教师特岗计划实施规模，重点支持中西部老少边穷岛等贫困地区补充乡村教师，适时提高特岗教师工资性补助标准。鼓励地方政府和师范院校根据当地乡村教育实际需求加强本土化培养，采取多种方式定向培养"一专多能"的乡村教师。高校毕业生取得教师资格并到乡村学校任教一定期限，按有关规定享受学费补偿和国家助学贷款代偿政策。各地要采取有效措施鼓励城镇退休的特级教师、高级教师到乡村学校支教讲学，中央财政比照边远贫困地区、边疆民族地区和革命老区人才支持计划教师专项计划给予适当支持。

（3）提高乡村教师生活待遇。

全面落实集中连片特困地区乡村教师生活补助政策，依据学校艰苦边远程度实行差别化的补助标准，中央财政继续给予综合奖补。各地要依法依规落实乡村教师工资待遇政策，依法为教师缴纳住房公积金和各项社会保险费。在现行制度架构内，做好乡村教师重大疾病救助工作。加快实施边远艰苦地区乡村学校教师周转宿舍建设。各地要按规定将符合条件的乡村教师住房纳入当地住房保障范围，统筹予以解决。

（4）统一城乡教职工编制标准。

乡村中小学教职工编制按照城市标准统一核定，其中村小学、教学点编制按照生师比和班师比相结合的方式核定。县级教育部门在核定的编制总额内，按照班额、生源等情况统筹分配各校教职工编制，并报同级机构编制部门和财政部门备案。通过调剂编制、加强人员配备等方式进一步向人口稀少的教学点、村小学倾斜，重点解决教师全覆盖问题，确保乡村学校开足开齐国家规定课程。严禁在有合格教师来源的情况下"有编不补"、长期使用临聘人员，严禁任何部门和单位以任何理由、任何形式占用或变相占用乡村中小学教职工编制。

（5）职称（职务）评聘向乡村学校倾斜。

各地要研究完善乡村教师职称（职务）评聘条件和程序办法，实现县域内城乡学校教师岗位结构比例总体平衡，切实向乡村教师倾斜。乡村教师评聘职称（职务）时不作外语成绩（外语教师除外）、发表论文的刚性要求，坚持育人为本、德育为先，注重师德素养，注重教育教学工作业绩，注重教育教学方法，注重教育教学一线实践经历。城市中小学教师晋升高级教师职称（职务），应当有在乡村学校或薄弱学校任教一年以上的经历。

（6）推动城镇优秀教师向乡村学校流动。

全面推进义务教育教师队伍"县管校聘"管理体制改革，为组织城市教师到乡村学校任教提供制度保障。各地要采取定期交流、跨校竞聘、学区一体化管理、学校联盟、对口支援、乡镇中心学校教师走教等多种途径和方式，重点引导优秀校长和骨干教师向乡村学校流动。县域内重点推动县城学校教师到乡村学校交流轮岗，乡镇范围内重点推动中心学校教师到村小学、教学点交流轮岗。采取有效措施，保持乡村优秀教师相对稳定。

（7）全面提升乡村教师能力素质。

到2020年前，对全体乡村教师校长进行360学时的培训。要把乡村教师培训纳入基本公共服务体系，保障经费投入，确保乡村教师培训时间和质量。省级人民政府要统筹规划和支持全员培训，市、县级人民政府要切实履行实施主体责任。整合高等学校、县级教师发展中心和中小学校优质资源，建立乡村教师校长专业发展支持服务体系。将师德教育作为乡村教师培训的首要内容，推动师德教育进教材、进课堂、进头脑，贯穿培训全过程。全面提升乡村教师信息技术应用能力，积极利用远程教学、数字化课程等信息技术手段，破解乡村优质教学资源不足的难题，同时建立支持学校、教师使用相关设备的激励机制并提供必要的保障经费。加强乡村学校音体美等师资紧缺学科教师和民族地区双语教师培训。按照乡村教师的实际需求改进培训方式，采取顶岗置换、网络研修、送教下乡、专家指导、校本研修等多种形式，增强培训的针对性和实效性。从2015年起，"国培计划"集中支持中西部地区乡村教师校长培训。鼓励乡村教师在职学习深造，提高学历层次。

（8）建立乡村教师荣誉制度。

国家对在乡村学校从教30年以上的教师按照有关规定颁发荣誉证书。省（区、市）、县（市、区、旗）要分别对在乡村学校从教20年以上、10年以上的教师给予鼓励。各省级人民政府可按照国家有关规定对在乡村学校长期从教的教师予以表彰。鼓励和引导社会力量建立专项基金，对长期在乡村学校任教的优秀教师给予物质奖励。在评选表彰教育系统先进集体和先进个人等方面要向乡村教师倾斜。广泛宣传乡村教师坚守岗位、默默奉献的崇高精神，在全社会大力营造关心支持乡村教师和乡村教育的浓厚氛围。

（二）《教育部等六部门关于加强新时代乡村教师队伍建设的意见》

为了深入贯彻落实习近平总书记关于教育的重要论述和全国教育大会精神，2020年9月，教育部、中央组织部、中央编办、国家发展改革委、财政部和人力资源社会保障部等六部门印发《教育部等六部门关于加强新时代乡村教师队伍建设的意见》（简称《意见》），聚焦短板弱项，有针对性提出创新举措，在脱贫攻坚与乡村振兴有效衔接的大背景下，实现乡村教师可持续发展助力乡村振兴，推动实现公平有质量的乡村教育。《意见》共有9个部分、23条内容，提出的目标、任务、举措与党和国家相关政策一脉相承，与《乡村教师支持计划（2015—2020年）》有效对接。

《意见》开篇直奔主题："为全面贯彻习近平总书记关于教育的重要论述和全国教育大会精神，深入落实《中国教育现代化2035》和《中共中央 国务院关于全面深化新时代教师队伍建设改革的意见》，加强新时代乡村教师队伍建设，努力造就一支热爱乡村、数量充足、素质优良、充满活力的乡村教师队伍。"这是对《计划》提出的"到2020年，努力造就一支素质优良、甘于奉献、扎根乡村的教师队伍"的延续，其中从"甘于奉献"到"热爱乡村"，从"扎根乡村"到"充满活力"，两者既有内在的一致性和连贯性，又具有明显的提升和递进。《意见》具体包括以下内容：

1. 准确把握时代进程，深刻认识加强新时代乡村教师队伍建设的重要意义和总体要求

（1）重要意义。

乡村教师是发展更加公平更有质量乡村教育的基础支撑，是推进乡村振兴、建设社会主义现代化强国、实现中华民族伟大复兴的重要力量。面对新形势新任务新要求，乡村教师队伍还存在结构性缺员较为突出、素质能力有待提升、发展通道相对偏窄、职业吸引力不强等问题，必须把乡村教师队伍建设摆在优先发展的战略地位。

（2）总体要求。

紧紧抓住乡村教师队伍建设的突出问题，促进城乡一体、加强区域协同，定向发力、精准施策，破瓶颈、强弱项，大力推进乡村教师队伍建设高效率改革和高质量发展。力争经过3~5年努力，乡村教师数量基本满足需求，质量水平明显提升，队伍结构明显优化，地位大幅提高，待遇得到有效保障，职业吸引力持续增强，贫困地区乡村教师队伍建设明显加强。

2. 加强师德师风建设，激发教师奉献乡村教育的内生动力

（1）提升思想政治素质。

加强乡村学校教师党支部标准化、规范化建设，注重选拔党性强、业务精、有情怀、有担当、有威信、肯奉献的党员教师担任党支部书记，鼓励书记、校长一肩挑。做好在乡村优秀青年教师中发展党员工作。鼓励乡村学校党组织与乡镇党委、村党支部开展联学联建活动。建强乡村学校思政教师队伍。创新思想政治教育方式，强化社会实践参与，引导乡村教师真正深入当地百姓生活，通晓乡情民意，增强教育实效。

（2）厚植乡村教育情怀。

探索小班化教学模式，充分融合当地风土文化，跨学科开发校本教育教学资源，引导教师立足乡村大地，做乡村振兴和乡村教育现代化的推动者和实践者。培育乡村教师爱生优秀品质，特别关注留守儿童、特殊困难学生。引导乡村教师通过家访、谈心谈话等方式，帮助学生健康成长。注重加强与家长交流沟通，指导开展家庭教育，形成家校共育合力。注重发挥乡村教师新乡贤示范引领作用，塑造新时代文明乡风，促进乡村文化振兴。

3. 创新挖潜编制管理，提高乡村学校教师编制的使用效益

（1）创新乡村教师编制配备。

充分考虑新型城镇化、全面二孩政策、新课程改革、教育扶贫等情况，落实城乡统一的中小学教职工编制标准，科学合理核定教职工编制，向乡村小规模学校适当倾斜，按照班师比与生师比相结合的方式核定。对民族地区、寄宿制、承担较多教学点管理任务等的乡村学校，按一定比例核增编制。各地要结合实际制定小规模学校和寄宿制学校教职工编制的具体核定标准和实施办法。鼓励地方在符合现行编制管理规定的前提下，探索建立教职工编制"周转池"制度，妥善解决中小学教职工编制需要。

鼓励有条件的地区制定公办幼儿园教职工编制标准，在配备时向乡村倾斜。

（2）挖潜调整乡村学校编制。

挖潜调剂出来的各类事业编制资源优先用于补充中小学教职工编制，保障乡村教育事业发展需要。根据乡村学校布局结构调整、城乡区域人口流动、乡村学生规模变化等情况，调整人员编制配置，满足乡村教育需要。加大教职工编制统筹配置和跨市县调整力度，原则上以省为单位，每2～3年调整一次，市县根据生源变化情况可随时调整。鼓励地方探索教师跨学科、跨学段转岗机制，并为转岗教师提供专业化的转岗培训，缓解英语、音体美、综合实践等学科（领域）教师短缺矛盾。鼓励地方通过跨校兼课、教师走教等方式实现区域内教师资源共享。超编学校确需补充专任教师的，要加大现有人员编制跨校结构性调整统筹力度，保障开齐开足国家规定课程。

（3）规范乡村学校人员管理。

加强乡村教师编制使用效益评估，严禁挤占、挪用、截留乡村教师编制，严禁长期空编和有编不补、编外用人。逐步压缩使用编制的非教学人员比例，安保、后勤等事项，可通过政府购买服务等方式满足，所需经费由县级财政承担，对于财政能力确实薄弱的县（市、区），由市级或省级财政统筹。教师配置尚未达标的地区可通过政府购买服务等多种形式支持乡村教育事业，鼓励体育社会组织和专业艺术人才为乡村中小学提供体育、艺术教育服务。

4. 畅通城乡一体配置渠道，重点引导优秀人才向乡村学校流动

（1）健全县域交流轮岗机制。

深入推进县（区）域内义务教育学校教师"县管校聘"管理改革。县级教育行政部门在核定的教职工编制总额和岗位总量内，按照班额、生源等情况，充分考虑乡村小规模学校、寄宿制学校和城镇学校的实际需要，统筹分配各校教职工编制和岗位数量，并向同级机构编制部门、人力资源社会保障部门和财政部门备案。完善交流轮岗激励机制，将到农村学校或薄弱学校任教1年以上作为申报高级职称的必要条件，3年以上作为选任中小学校长的优先条件。城镇教师校长在乡村交流轮岗期间，按规定享受当地相关补助政策。村小、教学点新招聘的教师，5年内须安排到县城学校或乡镇中心校任教至少1年。

（2）加强城乡一体流动。

各地应采取定期交流、跨校竞聘、学区一体化管理、集团化办学、学校联盟、对口支援、乡镇中心学校教师走教、"管理团队+骨干教师"组团输出等多种途径和方式，重点引导城镇优秀校长和骨干教师向乡村学校流动。统筹安排乡镇中心学校和所辖村小、教学点教师交流任教。城镇学校要专设岗位，接受乡村教师入校交流锻炼。

（3）多种形式配备乡村教师。

结合乡村教育需要，探索构建招聘和支教等多渠道并举，高端人才、骨干教师和高校毕业生、退休教师多层次人员踊跃到乡村从教、支教的格局。创新教师公开招聘办法，鼓励人才到乡村任教。继续实施并完善"特岗计划"，各地应保障特岗教师工资待遇，并按时发放工资。各地可根据实际情况实施地方特岗教师计划。组织招募优秀教师到民族地区、艰苦边远地区支教服务，加大对贫困地区教师队伍建设的帮扶。

5. 创新教师教育模式，培育符合新时代要求的高质量乡村教师

（1）加强定向公费培养。

各地要加强面向乡村学校的师范生委托培养院校建设，高校和政府、学生签订三方协议，采取定向招生、定向培养、定向就业等方式，精准培养本土化乡村教师。面向乡村幼儿园、小学的师范生委托培养以地方专科、本科师范院校为主，面向乡村中学的师范生委托培养以地方本科师范院校为主，鼓励支持师范院校为乡村高中培养教育硕士。坚持以乡村教育需求为导向，加强师范生"三字一话"教学基本功和教学技能训练，强化教育实践和乡土文化熏陶，促进师范生职业素养提升和乡村教育情怀养成。鼓励师范院校协同县级政府，参与当地中小学教育教学实践指导，建立乡村教育实践基地，构建三方共建、共管、共享机制，确保教育质量。

（2）抓好乡村教师培训。

积极构建省、市、县教师发展机构、教师专业发展基地学校和名校（园）长、名班主任、名教师"三名"工作室五级一体化、分工合作的乡村教师专业发展体系。鼓励师范院校采取多种方式，长期跟踪、终身支持乡村教师专业成长，引导师范院校教师与乡村教师形成学习共同体、研究共同体和发展共同体。按照乡村教师的实际需求改进培训内容和方式，严把语言关，提升乡村教师自觉推广国家通用语言文字和中华传统文化的意识。加大送教下乡力度，推动名师名校长走进乡村学校讲学交流。注重开展"走出去"培训，让更多乡村教师获得前往教育发达地区研修、跟岗学习的机会。

6. 拓展职业成长通道，让乡村教师获得更广阔的发展空间

（1）职称评聘向乡村倾斜。

对长期在乡村和艰苦边远地区从教的中小学教师，职称评审放宽学历要求，不做论文、职称外语和计算机应用能力要求，坚决破除"唯论文、唯帽子"不良导向，提高教育教学实绩的评价权重。实行乡村教师和城镇教师分开评审。允许乡村小学教师按照所教学科评聘职称，不受所学专业限制。适当提高中小学中高级岗位结构比例，向乡村教师倾斜，乡村学校中高级专业技术岗位设置比例不低于当地城镇同类学校标准。对长期在乡村学校任教的教师，职称评聘可按规定"定向评价、定向使用"，并对中高级岗位实行总量控制、比例单列，可不受所在学校岗位结构比例限制。

（2）培育乡村教育带头人。

加强乡村校（园）长队伍建设，在各级培训中专门设立研修项目，全面提升乡村校（园）长队伍整体素质。实施名师名校长培养工程，在遴选时向乡村学校倾斜，搭建阶梯式成长平台，确保持续性培养。鼓励各地在乡村中小学遴选优秀教师校（园）长，支持他们立足乡村、大胆探索，努力成为教育家型乡村教师、校（园）长。全面实施中西部乡村中小学首席教师岗位计划，鼓励各地完善首席教师保障措施。重视乡村学校班主任队伍建设，加大推选表彰优秀班主任力度。积极探索"多校联聘""一校长多校区""乡村校长联盟"等机制，深入推进校长职级制改革，建立乡村校（园）长后备人才制度，加快乡村校（园）长职业成长。

（3）拓展多元发展空间。

乡村教师是乡村人才的重要来源，要加大从优秀乡村教师中培养选拔乡村振兴人才的力度。实施好"农村学校教育硕士师资培养计划"，扩大培养院校范围，让更多符

合条件的乡村教师有学习深造的机会。实施教育系统"鹊桥工程"，对两地分居的乡村教师，由人力资源社会保障、教育部门联合实施，通过在省域内跨区域协商对调等交流方式，解决两地分居问题。

7. 提高地位待遇，让乡村教师享有应有的社会声望

（1）提高社会地位。

开展多种形式的乡村教师服务慰问活动。建立乡镇党委和政府组织、村委会和乡村学校等参加的联席会议制度，重点研究和解决乡村教师队伍建设的困难和问题。研究涉及中小学重大事项时，应吸收教师代表参加，听取教师意见。为更多优秀乡村教师参与乡村治理、推动乡村振兴提供多种渠道。

（2）提高生活待遇。

完善乡村教师待遇保障机制，确保平均工资收入水平不低于或高于当地公务员平均工资收入水平。完善绩效工资政策，在核定绩效工资时，对乡村小规模学校、寄宿制学校、民族地区、艰苦边远地区学校给予适当倾斜；支持各地因地制宜调整绩效工资结构，合理确定奖励性绩效工资占比；加大课时量和教学实绩在考核评价和绩效工资分配中的权重，绩效工资分配向班主任、教学一线和教育教学效果突出的教师倾斜。全面落实集中连片特困地区乡村教师生活补助政策，依据学校艰苦边远程度实行差别化的补助标准。将符合条件的乡村学校教师纳入当地政府住房保障体系，鼓励各地采取多种形式对符合条件的乡村教师在城镇购买住房给予一定优惠。同时，通过改建、配建和新建等渠道建设好乡村教师周转宿舍。各地按照有关规定使符合条件的乡村教师享受医疗救助等政策。保障基本医疗卫生服务，定期对乡村教师进行身体健康检查，以学区为单位建立心理辅导中心。

（3）完善荣誉制度。

国家继续对在乡村学校从教30年以上的教师颁发荣誉证书，各地结合实际给予奖励。在各类人才项目、荣誉表彰、评奖评优中，向乡村教师倾斜。鼓励各地加大育人先进事迹和教学典型经验的宣传推介力度，组织开展集体外出学习交流。鼓励和引导社会力量建立专项基金，对长期在乡村学校任教的优秀教师给予物质奖励、培训机会和荣誉表彰。

8. 关心青年教师工作生活，优化在乡村建功立业的制度和人文环境

（1）促进专业成长。

优化乡村青年教师发展环境，在培训、职称评聘、表彰奖励等方面向乡村青年教师倾斜，实施多种形式的乡村青年教师成长项目，加快乡村青年教师成长步伐。健全传帮带机制，充分发挥名师、名校长、骨干教师的示范引领作用，通过结对子、组建学科小组、纳入工作室等方式，主动为青年教师当导师、做榜样，帮助青年教师提高专业发展能力。继续实施乡村优秀青年教师培养奖励计划，提供更多学习机会。

（2）丰富精神文化生活。

在保障教育教学的情况下，组织青年教师参加乡村各种文化活动，主动融入当地百姓生活。关心乡村青年教师婚恋问题，发挥工会、共青团、妇联等群众组织的作用，帮助他们幸福成家、美满生活。

9. 强化组织领导，确保各项政策措施落到实处

（1）明确责任主体。

地方党委和政府是乡村教师队伍建设的责任主体。实行一把手负责制，把乡村教师队伍建设成效列入地方党委教育工作领导小组议事日程和地方政府工作考核指标体系，把解决乡村教师队伍建设问题作为县、乡党委和政府为民办实事的重点考量内容。加强统筹力度，建立教育部门牵头，编制、发展改革、财政、人力资源社会保障等部门协同机制，形成工作合力。各地要把乡村教师队伍建设纳入对地方政府履行教育职责评价内容，对落实不到位的严肃问责。

（2）加强经费保障。

健全以政府投入为主、多渠道筹集经费的投入机制。中央财政继续对中西部地区予以重点支持，地方要切实发挥省级统筹作用，强化县级政府管理主体责任，将乡村教师队伍建设作为教育投入重点予以优先保障。严格经费管理，规范经费使用，提高资金使用效益。

（三）《教育部等六部门关于加强新时代乡村教师队伍建设的意见》的主要亮点

1. 注重政策的延续性和衔接

从《意见》中的相关内容不难发现，《意见》是对《计划》的衔接和延续，体现了新时代、新思想、新要求。《意见》中注意与党和国家有关教育政策、教师政策、农业农村政策的衔接，保证各项政策的集中发力和有效落地。

2. 继续巩固"下得去、留得住"局面

"下得去、留得住"是决定乡村教师队伍建设成功的根本所在，为了巩固《计划》实施以来形成的"下得去、留得住"的局面，《意见》提出了更多新的措施。首先，《意见》极其重视乡村教师师德师风的建设，强调要激发教师风险乡村教育的内生力量，并要求以厚植乡村教育情怀为切入点，培育乡村教师热爱乡村，奉献乡村的精神，在乡村教师心中播下乡村教育情怀的种子，播下扎根乡村、热爱乡村的种子。其次，《意见》要求不断提高乡村教师的社会地位和收入水平，不断提高乡村教师的政治地位、社会地位和职业新引力。

3. 关注乡村教师普遍关切的问题

《意见》中全面聚焦乡村教师关心的核心问题，对乡村教师普遍关注的职称问题、发展问题、工资绩效等问题提出了新的福利政策，继续加强对乡村教师的支持力度。比如在评职称时，对乡村教师不再有那么严格的论文、英语等方面的要求，并且把乡村教师和城镇教师分开评审，允许乡村小学教师按照所教学科评聘职称，不受所学专业的限制。

4. 关注乡村青年教师的发展问题

随着乡村青年教师的人数增加，乡村青年教师的专业发展问题、生活问题、婚恋问题也逐渐凸显出来。为了解决乡村青年教师的后顾之忧，让青年教师能够更安心、静心、舒心的在乡村工作，《意见》中提出了一系列相关政策，比如实施多种形式的"乡村青年教师成长项目""在培训、职称评聘、表彰奖励等方面给乡村青年教师倾斜""关心乡村青年教师的婚姻问题，帮助他们幸福成家、美满生活"。这些都是在新形势下根据乡村教育的实际情况提出的新举措。

四、新时代涌现出的最美乡村教师

（一）贵州省望谟县实验高级中学副校长——刘秀祥[1]

1988 年，刘秀祥出生在贵州省望谟县的一个小山村，在他 4 岁那年，父亲因病去世，而母亲也因为太过思念父亲伤心过度，患上了间歇性精神失常。哥哥和姐姐看到家中的精神支柱倒下后，他们选择离家出走、外出谋生。家里就仅仅剩下了毫无工作能力的母亲和年纪轻轻的刘秀祥。刘秀祥这个名字是他自己改的，"秀"是他的辈分，"祥"是他的梦想——希望跟母亲平平安安过一辈子。因为家里没有人种地，所以只能将土地转租给别人，一年收取 250 千克的稻谷作为他和母亲的粮食。

1995 年，进入学校的刘秀祥，第一次接触到书本，他爱上了学习，他的梦想也变了，变成能用自己的知识，让自己和母亲过得更好。语文老师了解到刘秀祥的情况后，送给他一本《平凡的世界》。看完这本书，刘秀祥深受鼓舞，认定勤劳和读书能改变自己的命运。小学毕业考试，刘秀祥排名全县城第三，但他没有钱读县里最好的中学，只能找到一家县里的民办学校，因为这个学校有个政策，即考试优秀的学生，可以免学费。于是他走出山村，进入这所中学。

从小山村到县城，没有房子，也没有收入，没有以前熟悉的邻居，一般人很难在这样的环境下继续读书，但是刘秀祥没有想过放弃，他用稻草在学校旁的山坡上搭了间棚子和简陋的灶台，下午放学后去卖废品，周末就问问有没有打零工的机会，一周有 20 元钱的收入。就这样，他带着母亲在这里，一边读书一边生活。

2004 年，刘秀祥初中毕业，考入安龙县第一中学。这也是他最劳累的三年，周末和假期做家教、去餐厅做服务员、去工地当小工。学习之余，他必须养活自己、照顾母亲。在他的精心照顾下，母亲的健康状况有所好转，犯病次数越来越少。但因长期照顾患病母亲，再加上营养不良，体重只有 40 多千克的刘秀祥，在高考之时病倒，这一病让他发挥失常，以 6 分之差与大学失之交臂。

刘秀祥说："第一次觉得上天这么不公平，对生活充满失望。我拼命读书，多少困难都挺过来了，但这个结果我承受不了，甚至有了最坏的想法。"一蹶不振时，他翻开自己的日记本，发现之前写过一句话："当你在抱怨自己没有鞋穿的时候，回过头发现别人没有脚。"刘秀祥说："那一刻，我发现自己不是世界上最不幸的人，因为我还有母亲，虽然她什么都不能给我，但只要她健康活着，我就拥有打败一切困难的力量！"

那一年，贵州省义兴市一所高中的校长获知刘秀祥的情况，被他的孝心和上进心感动，邀请他进校免费复读。于是，刘秀祥背上母亲，拎着一包锅碗瓢盆来到兴义市。他以每年 200 元价格，租下农户家闲置猪圈当家。猪圈四面通透，就用编织袋遮风。他说："时间就是海绵里的水，只要取，总是能够取出来的，我除了上课和学习，其他时间基本都在打工挣钱。"刘秀祥终于如愿以偿，在 2008 年夏天收到临沂师范学院（现改名为临沂大学）的录取通知书。他抱着母亲号啕大哭，说自己去哪里，就会背着母亲去哪里。

---

[1] 房霞，王依扬，张新志. 他，回母校为万名师生演讲［EB/OL］. https://www.sohu.com/a/422794523_500249,2021-12-25.

"贵州第一孝子"刘秀祥"千里背母上大学"获得社会关注，随之而来还有方方面面的帮助。临沂师范学院为他们提供临时住处，并为他安排勤工助学岗位。入学后，不少热心人士和企业曾找到刘秀祥，表示愿意提供帮助，但都被他婉言谢绝。刘秀祥说："一个人活着不应该让人觉得可怜，而应让人觉得可亲可敬。"

大四那年，很多企业找到刘秀祥，愿意与他提前签订就业合同，待遇也比较优厚，刘秀祥在读大学之前想的就是留在城市工作，毕竟大城市机会多、选择多、挣钱多，方便给母亲治病。就在刘秀祥纠结时，曾经一起捡废品的一个妹妹打来电话，说自己不想读书，准备结婚。那一刻，刘秀祥震惊又心酸，感觉还有很多人正经历自己的过往。"我要回去，告诉贫困和迷惘中的孩子，人生必须有梦想，还要告诉他们梦想力量有多大。"于是，刘秀祥收拾行囊，带上母亲回到望谟。

县城里总有很多因为家庭问题放弃学业的孩子，也有很多觉得读书没用的孩子。除了在课堂上的教学，他最常做的是，就是骑着小摩托车到处跑，跑到工地上拉回因为想赚点钱就不读书的孩子，跑到网吧拉回沉迷游戏对学习没兴趣的孩子，跑到学生家里拉回父母不让再上学的孩子。他一遍遍地对固执的孩子父母和世界观还没有形成的孩子说读书有多重要，梦想有多重要。在他执教生涯的 8 年里，摩托车跑坏了 8 辆，50 名孩子重返课堂，曾经问题班的学生，通过他带的 3 年，也全部都考上了大学。无数学生在进入大学后，都写信或者打电话回来感谢他。

2018 年，刘秀祥入选了"中国好教师"，同时，他成了望谟县实验高级中学副校长。这个 12 年前"背着疯母上大学"的孩子，依然和母亲健康平安地生活在一起。

从乡村走出来的刘秀祥，选择了一条这样的路：回到乡村当老师，用余生去帮助像他一样出身困苦绝望的孩子，把希望和爱护传递给被社会遗忘的底层。

（二）百个孩子的最美"妈妈"——张桂梅①

张桂梅，女，满族，中共党员，1957 年 6 月出生，辽宁岫岩人，丽江华坪女子高级中学书记、校长，华坪县儿童福利院院长（义务兼任）。她是改革开放中成长起来的忠诚的共产主义信仰者，她总是以自己的思想、人格、情感、行为和学识起到先锋引领作用。她以共产主义信仰为办学教育模式，改革创新锻造了丽江教育史上的奇迹，展示了锐意改革、敢打敢拼的光辉形象，先后荣获了"全国先进工作者""全国十佳师德标兵""全国十大女杰""全国精神文明十佳人物""'五一'劳动奖章""全国十佳知识女性""中国十大教育年度人""全国百名优秀母亲""全国最美乡村教师"等称号。

1. 建起第一所免费女子高中

1974 年 10 月，17 岁的张桂梅跟随姐姐从家乡黑龙江来到云南，支援边疆建设。40 多年来，她不是一步步走向大城市，而是一步步走向贫困山区。

1996 年 8 月，她的丈夫去世，父母双亡、无儿无女的张桂梅黯然神伤，她决定离开伤心之地，调入丽江市华坪县。她放弃进入全县条件最好的华坪一中，选择了师资最弱、条件最差的民族中学任教，承担起 4 个毕业班的教学任务。

---

① 佚名. 一千多个孩子的"妈妈"——学习"全国优秀教师"张桂梅同志先进事迹［EB/OL］. (2020-09-16)［2022-03-05］. http://fdc.neu.edu.cn/2020/0916/c5117a178823/pagem.htm.

一年后，不幸再次降临。1997 年 4 月，她查出患有子宫肌瘤，且肌瘤已经有 5 个月胎儿那么大，需要立即住院治疗。

张桂梅忍着疼痛继续站在讲台上，她不愿意因为自己影响学生们中考。直到 7 月中考结束，她才住进医院。打开她的腹腔，医生们倒吸了口冷气：腹腔内的器官全都移了位，肠子已经粘连在后壁上了，取出的肿瘤重达 2 千克。

2001 年，张桂梅兼任新建的华坪县儿童福利院（又称"儿童之家"）的院长。第一天，儿童之家收了 36 个孩子，最小的 2 岁，最大的 12 岁。此后，张桂梅除了上课，还要一把屎一把尿地照顾这些幼小的孤儿。

儿童之家的工作，让她萌生了创办一所学校、让贫困山区女孩免费接受高中教育的想法。她到处游说，这一善举得到了各级党委政府的支持。华坪县委、县政府协调出土地，省、市党委政府划拨了 100 万元的办学经费。2008 年 8 月，全国第一所全免费的女子高级中学在华坪建成。11 年来，华坪女子高级中学连续 10 年高考综合上线率 100%，1 645 名贫困女孩从这里走进大学。

2. 12 万千米家访路

女子高中成立之初的困难，是张桂梅始料不及的。山区条件艰苦，再加上张桂梅对工作要求严格，很多年轻教师难以适应。建校才半年，17 名教师中有 9 名辞职，教学工作近乎瘫痪。焦虑、沮丧的情绪包围了张桂梅。在留下来的 8 名教师中，有 6 名是共产党员。张桂梅把 6 名党员教师集中起来，重温了入党誓词，诵读了《为人民服务》《纪念白求恩》等篇章。有的教师眼里泛起泪花，他们被张桂梅的无私打动，他们要和张桂梅一起，把女子高中办好，把大山里的女孩送入大学。留住了教师，还要留住学生。家访成了张桂梅最重要的工作。很多学生的家在偏远山区，有的地方只能靠步行到达，但张桂梅要求自己"亲自到每一个学生的家里去看看"。

与张桂梅多次同去的华坪县电视台记者王秀丽，对家访的路心有余悸。"在路上，我害怕得腿发抖，甚至觉得鞋底会被脚趾抓穿。在一些路段停车休息时，我连车都不敢下，害怕自己会不小心跌下山崖。"其实，张桂梅也害怕。一次，她坐乡政府工作人员的摩托车上山，"不敢低头，摩托车稍微歪一点，就会跌下悬崖粉身碎骨"。11 年来，张桂梅在大山里走了近 12 万千米，对 1 345 名学生进行了家访。家访途中，她摔断过肋骨、发过高烧、迷过路，还曾因身体虚弱晕倒在路上。为了把儿童之家和女子高中顺利办下去，张桂梅不得不四处筹款，但这条路同样艰难。一次，张桂梅到昆明某企业寻求帮助，未等她把话说完，企业领导就叫保安赶她走。张桂梅不走，保安就放狗出来追咬，小脑萎缩的她不能很好地保持平衡，衣服被狗撕破，脚上鲜血直流。无助的张桂梅坐在地上放声大哭。

还有一次，她在街头募捐，被认为是骗子，有人还朝她脸上吐口水。离开人群后，疲惫、伤心、无助的她坐在街头靠着墙睡了过去，醒来时已是万家灯火。后来中央电视台经济频道邀请她到北京录制了一期节目，这期节目为她募到了 100 多万元。然而，没人知道，她才到北京就接到哥哥病危的电话，哥哥想在弥留之际见见离家几十年的妹妹。张桂梅思前想后，最终决定去录制节目。她怕错过时间人家就不让她上节目了，她怕不上节目就会失去筹款的机会。等她录完节目，哥哥已经过世。

3. "我一直就在她们身边"

无论是在民族中学还是后来的女子高中，教学质量一直是张桂梅最看重的事。在民族中学时，曾经有一个班令老师们头疼，张桂梅却主动要求担任班主任。她进山找回那些不读书的学生，为看住那些晚上总想跑出去的学生，她把行李搬进男生宿舍，和 32 名男生住在一起。男生们渐渐接受了张桂梅，感觉"就像在家里，和妈妈住在一起"一样。但是，男生们不知道，他们粗重的鼾声、梦话和脚臭，常常让张桂梅睡不好觉。她甚至从下午开始就不敢喝水，担心晚上起夜时会有学生趁机溜出去。

在女子高中，张桂梅在宿舍里铺了两张床，一张自己睡，一张留给需要特别关心的学生。为了随时关照学生，她睡觉不脱衣服。有个和张桂梅住在一起的学生，始终不肯和她多说话。这期间，张桂梅在食堂打饭时，摔了一跤，肋骨断了三根。她没有住院就又回了学校。每天早晨仍然 5 点起床，但要靠学生抱起来；夜里很晚睡下，还要忍着疼痛和学生聊会儿天。3 个月后，这名学生抱着张老师大哭起来，说一定不会辜负张老师。

如今，张桂梅的右腹部、右臂上能摸到肿块，头上还有骨瘤，她的肺也出现了问题，嘴唇经常没有知觉，但她仍然每天拿着小喇叭喊起床，喊吃饭，喊跑步，喊睡觉……"我要让孩子们知道，我一直就在她们身边"张桂梅说。

为给学生解馋，张桂梅每个月轮流带着学生出去"加餐"。直到有一次，张桂梅去付账时，学生发现她翻遍了所有的包才凑足了钱。学生们这才知道，张老师每顿饭只舍得吃 2 角钱一份的小菜，每天的生活费仅 3 元。

她至今还在用一部老式诺基亚，手机里存着学生和家长的电话，"听说智能手机容易坏，怕换手机后这些电话号码会丢失"。

她的衣服很土，有些是别人买给她的。她去参加党的十七大前，华坪县委给她 7 000 元置装费，让她买套西服去北京开会，她却用这笔钱为学校买了台电脑。

她把获得的 3 万多元奖金捐给了灾区；5 000 元的劳模奖金，她用来一次性交了党费；她把 30 万元的"兴滇人才奖"奖金捐给了华坪县丁王民族小学；昆明市总工会千叮咛万嘱咐拨给她治病的 2 万元，她也捐了；她甚至还想预支自己的丧葬费，把这些钱用在山区孩子们身上。

她把自己的十七大党代表证、五一劳动奖章、奥运火炬和毕生的荣誉证书，全部捐给了县档案馆，可她说："我的一切都是党和人民给的，我奉献给党和人民的还远远不够。"

（三）26 年"摆渡"人生——石兰松[①]

"石老师来喽！石老师来喽！"

晨雾蒙蒙的大龙湖畔，6 个背着书包的孩子欢呼着。不远处的田埂上，一位身穿褐色衣衫的中年人从雾中走来。到湖边，中年人一一点名招呼孩子。他用力将船拉到岸边，双手扶住船舷，让大一点的孩子先上船，又把个小的一个个抱上去，嘱咐他们按前大后小坐好。

---

① 刘昆. 最美乡村教师石兰松：26 年"摆渡"人生 [EB/OL]. (2011-09-07) [2022-03-05]. https://learning.sohu.com/20110907/n318669792.shtml.

一切停当后，他跑到岸上，拉起锚链，撑开木桨，朝岸边一杵，说了声"坐稳了哦，走了啵"便划水而去。这位中年人，名字如一幅国画——石兰松，是广西南宁市上林县大龙洞村刁望教学点的老师。26年，这撑篙划船的动作，他已做了近4万次，经他摆渡上学的乡村孩子有1 000多人。

26年，桨声风雨中，小小木船，摆渡人生，承载了多少的爱和梦想……

"山里的孩子不能没有老师，你回村里来当代课老师吧。"1985年夏天的一个傍晚，刁望教学点唯一的老师病危，在弥留中拉着石兰松的手说。

石兰松想都没想，应声道："得！"

可就在回家的路上，他犹豫了。

这一年高考，石兰松以2分之差，与自己心仪的大学失之交臂。正在中学复读的他听说启蒙老师病了，赶回来看望。老师的托付，他嘴上答应了，可心里一点准备都没有。父亲正指望着儿子走出贫瘠的大山光宗耀祖，他自己也憧憬着美好的前程，如果放弃复读回村里代课，也许就再也走不出这大山了。

晚上，石兰松坐在自家门前的台阶上，眺望着石崖环抱的大龙湖出神。"山里的孩子不能没有老师！"恩师的这句话，仿佛一次又一次从空蒙深远的湖面传来，在他心头激荡。石兰松打定了主意：自己留下来，把山区的下一代送出去，不让山区的贫困"代代相传"！

第二天一大早，他就把铺盖卷从学校搬了回来，紧接着又去了教学点。

说是教学点，其实只有一间教室、一间办公室；说是分为两个年级，其实只有一个班。因为没有老师上课，孩子们只能自己看看书上的图画。石兰松向他们打招呼，但是，山里的孩子根本听不懂普通话，脸上写满了不信任。

石兰松试着问孩子们："知道为什么要读书吗？"

"不知道！"孩子们的回答让他吃惊。

其实，怪不得孩子，就算是孩子的爸妈，也常常习惯性地说："读书有啥用？"他们一有事就把孩子从学校叫回去，或者根本不往学校里送。

石兰松知道，孩子是大山里的希望，只有知识才能改变他们的命运。他硬着头皮，挨家挨户去动员村民们送孩子上学。他不讲大道理，只是告诉大家：孩子们长大了起码要会写自己的名字吧，去卖鱼时总要会算账吧。一趟，两趟，三趟……石兰松的坚持终于感动了村民们。最后，村里的十几个女娃也都上了学。

在大龙洞村，导致孩子失学或辍学的，除了"读书无用"的老观念，交通不便也是一个现实的难题。石兰松所在的刁望教学点，负责接收村内泽庄、刁望、北乐、岜那、石盘5个自然屯二年级以下孩子就读。内泽庄和刁望两屯之间直线距离大约有1千米，但背后是陡峭的石山，脚下是深不见底的湖水。石山深崖和大龙湖阻隔了内泽庄屯和刁望屯，内泽庄屯的孩子要到刁望教学点，就得翻山越岭。

要想保证入学率，就要想办法改善交通。可是，打通山路几乎是不可能的。一天，石兰松凝视着自家门前的几棵椿树，忽然有了主意：把椿树砍了，做一艘小木船，自己撑船接送孩子们上学！

征得父母同意，他砍下自家的椿树，又拿出半年多积攒下来的200元工资，请来造船匠造船。

不久之后，小木船终于下水了。望着孩子们稚气的脸庞和船尾浅浅的 V 形波痕，石兰松像有使不完的劲儿！

从这一天起，大龙洞村再没有一个儿童辍学。

从这一天起，石兰松的"摆渡"人生开始启航。

如果我走了，谁给孩子撑船、上课？

走出大山打工赚钱，是村里人祖辈相传的选择。26 年里，山外的世界日新月异，村里像石兰松一样年轻的人，一批又一批地走出了大山，石兰松是同龄人中文化水平最高的，他完全可以到外面闯荡一番，但自打撑起船，拾起教鞭，他就再也难离开这方水土。

做代课教师，工资本来就很低，可是这点工资，石兰松几乎都补贴到困难的孩子身上，石兰松最愧疚的是，自己的儿子初中毕业后，本来想去一所中专继续读书，却因为出不起学费，只好放弃。

1994 年的一天，在广东打工的三哥兴冲冲回到家，告诉他，在广州帮他找了一份好工作，一个月可以赚 1 000 多元，当时只有 200 多元的他心动了。然而，石兰松很快就犹豫了："如果我走了，谁给孩子们撑船、上课，耽误了孩子们怎么办，自己当初把考大学的机会都放弃了，为的又是什么？"

彻夜难眠的他心里纠结了很久，他说："自己最对不起的就是家人。"

过了几天，石兰松告诉妻子："我还是留下来吧，以前是孩子们不能没有我，现在，我也离不开孩子们！"